传播学导读

本书的编撰得到了西北民族大学教学建设项目——传播理论教学团队（编号12SFJXTD-16706104）和西北民族大学研究生示范性课程建设项目（《传播学理论专题研究》）的资金支持，系项目成果。

西北民族大学2012年中央高校基本科研业务费专项资金项目"延安时期陕甘宁边区新闻体制流变研究"成果，项目编号：ZYZ2012028。

刘俭云　祁嫒　王昆　编著

中国社会科学出版社

图书在版编目(CIP)数据

传播学导读/刘俭云,祁媛,王昆编著. —北京:中国社会科学出版社,2016.9
ISBN 978 - 7 - 5161 - 9383 - 9

Ⅰ.①传… Ⅱ.①刘…②祁…③王… Ⅲ.①传播学 Ⅳ.①G206

中国版本图书馆 CIP 数据核字(2016)第 273556 号

出 版 人	赵剑英
责任编辑	陈肖静
责任校对	禹 冰
责任印制	戴 宽

出 版	中国社会科学出版社
社 址	北京鼓楼西大街甲 158 号
邮 编	100720
网 址	http://www.csspw.cn
发 行 部	010 - 84083685
门 市 部	010 - 84029450
经 销	新华书店及其他书店
印 刷	北京君升印刷有限公司
装 订	廊坊市广阳区广增装订厂
版 次	2016 年 9 月第 1 版
印 次	2016 年 9 月第 1 次印刷
开 本	710×1000 1/16
印 张	27.75
插 页	2
字 数	405 千字
定 价	99.00 元

凡购买中国社会科学出版社图书,如有质量问题请与本社营销中心联系调换
电话:010 - 84083683

目　录

第二篇　传播学派篇

第三篇　学科经典篇

第四篇　概念、理论篇

4

前　言

（代序）

2016 年夏季，中国传媒大学胡正荣教授在教育部组织的新闻传播学骨干教师培训班上释放了一组数据：全国共有 681 所高校开办了新闻传播学类本科专业，7 个本科专业共布点 1244 个，在校本科学生 22.5691 万人，从事新闻传播学类教师 6912 人。这无疑是一些庞大的数字。学习新闻传播学类专业本科学生的出口基本是两个方向：就业和深造。深造无非是继续读书，读硕士，读博士，甚至进站成为博士后。传播学专业方向的硕博考试，传播学史和传播学理论都是必须考核的内容；即便选择新闻学专业方向，上述知识范畴也是重要的考核内容。这些年来，关于传播学的理论专著、历史传记、翻译教材、自编教材，从数量到种类呈不断增加的趋势，阵容庞大繁杂，令人目不暇接。学生在细化传播学知识或准备深造读研考博的同时，往往有了应对和选择之苦。

《传播学导读》一书的编撰，主要想解决归纳融合的问题，即归纳融合传播学史和传播学理论的基本知识，使专业学生或非专业学生，能够在较短时间内快速把握传播学史和传播学理论的主要轮廓脉络，给有志于在传播学方向继续深造的同学提供一个简洁的上升通道。《传播学导读》编撰的基本思路是：将传播学的发展背景、发展路径、主要奠基人物、主要学派、经典书籍及基本概念、理论重新归纳融合，梳理形成人物、学派、著作、理论四大板块：第一，人物篇。以时间为序介绍那些奠基传播学的先驱人物，重点论述他们对传播学的影响与贡献；第二，学派篇。纵向梳理传播学三大经典学派各自的发展历程、思想来源、主要观点和社会影响力；第三，经典导读篇。重点介绍 20 部传播学必读书目的核心观点并努力解决阅读导向问题；第四，概念理论篇。以"传播"为关键词，以"传播"的微观到"传播"的宏观为线索，将传播学的重要概念、理论重新归类，形成对传播学理论的全面认识。

本书在编撰过程中参考借鉴了许多国内外学者的思想，对于书中引用、借用和参阅的观点、著述、文章、文字，表示真诚的谢意；所使用的参考文献都在书的结尾处一一标出。本书的编撰得到了西北民族大学教学建设项目——传播理论教学团队（编号 12SFJXTD - 16706104）、西北民族大学研究生示范性课程建设项目（《传播学理论专题研究》）及西北民族大学 2012 年中央高校基本科研业务费专项资金项目"延安时期陕甘宁边区新闻体制流变研究"（项目编号 ZYZ 2012028）的资金支持，系项目成果。本书由刘俭云教授确定总体思路、目录框架和内容逻辑，编写完成第一篇（字数约 12.8 万），祁媛编撰第二篇和第三篇（字数约 14 万字），王昆编撰第四篇（字数约 14 万字），英文部分由王昆完成。本书的英文部分得到了西北民族大学外国语学院刘福生副教授的悉心指导，在此一并表示感谢。由于编撰者水平所限，书中的错误、遗漏和不当之处在所难免，垦请专家和读者批评指正。

2016 年 7 月

第 一 篇

人物篇

兴起于20世纪三四十年代的传播学是一门年轻的学科，一路走来，他像是个拾樵者，将社会学、政治学、心理学、文学、语言学、符号学、哲学、经济学等学科的精华，不断拾进自己学科的框篮，从而搭建起传播学的学科框架。这个新兴学科的最初搭建者是施拉姆，事实上，在施拉姆之前，还有许多学者的思想都成为构建传播学的理论源泉，从这个角度看，传播学是由众学者共同奠基而成的，因此，认识、学习传播学也应该从了解、熟悉这些学者开始，把握他们与传播学的理论渊源。

一　查尔斯·罗伯特·达尔文

查尔斯·罗伯特·达尔文（Charles Robert Darwin，1809—1882），19世纪英国杰出的生物学家、博物学家、地质学家，物种起源和发展学说的创立人。1809年2月12日，达尔文出生于英国什罗普郡希鲁斯伯里镇的一个富有的医生家庭，祖父伊拉兹马斯·达尔文是一位名医，并且还是一个生物演化论者，可以说，演化论就流淌在C.罗伯特·达尔文的血液里。父亲罗伯特·达尔文19岁就获得了医学博士学位，21岁到希鲁斯伯里开业行医。达尔文的童年和少年时期就在希鲁斯伯里度过，儿时的达尔文并没有过人的聪颖之处，希鲁斯伯里中学的古典教育压抑了达尔文的个性，被他看作是人生的一个"空白"。① 达尔文中学还没毕业就遵从父命到爱丁堡学医，由于不忍心看病人无麻醉的手术惨状，读了两年就自动停学。为满足父亲给他寻求一个收入稳定的牧师职业的愿望，达尔文进入剑桥大学基督学院，在剑桥达尔文将许多时间花在猎游和搜集甲虫上，而不是花在学习怎样成为一个牧师上。在剑桥达尔文结识了对他人生至关重要的人——植物学教授亨斯洛，在亨斯洛的帮助下，达尔文从一个花花公子式的学生变成一个认真刻苦的自然主义者。1831年，经亨斯洛教授推荐，达尔文作为自然科学家在英国皇家海军舰艇"贝格尔号"上航行。临行前，亨斯洛送给达尔文一本C.罗伯特莱尔②的《地质学原理》，它为达尔文即将问世的生物演化论提供了有用的背景。达尔文说："参加贝格尔舰的航行是我一生中最重要的一件事，它决定了我的整个事业。"③ 5年的环球考察中，达尔文采集了数以千计的动物、植物、化石、矿物和岩石标本，写下了几十本日记和笔记，不仅获得了丰富的经验知识，而且冲破了神创论思想的牢笼，为创立生物演化学说打下了基础。达尔文回国后，

3

---

① 陈克晶、周祝红编著：《达尔文传（1809—1882）》，湖北辞书出版社1998年版，第1页。
② 查尔斯·莱尔（1797—1875），19世纪英国著名地质学家，地质学渐进论的奠基人。
③ 陈克晶、周祝红编著：《达尔文传（1809—1882）》，湖北辞书出版社1998年版，第1页。

一方面，整理 5 年的旅行日记和搜集的动物资料、地质资料，撰写了《贝格尔号航行期间的博物研究和地质研究日记》《贝格尔舰航行中的地质学》（3 卷），主编了《贝格尔号航行中的动物学》（5 卷）；另一方面，又加紧搜集有关物种变异的材料，思考物种理论问题。然而，达尔文没有急于公布自己的思考和发现，从 1837 年 7 月第一本有关物种变异的笔记算起，到 1859 年 10 月第一部阐述生物演化思想的著作《物种起源》的校改完成，达尔文为建立演化学说花了整整 22 年时间。1859 年 11 月，《物种起源》公开发行，1250 册当天销售一空，[①]该书的出版，犹如重磅炸弹投入平静的水面，有来自各方面猛烈攻击，也有支持的声音。继《物种起源》之后，达尔文又出版了进一步系统阐述生物演化理论的巨著《动物和植物在家养条件下的变异》和用自然选择原理说明人类起源的专著《人类的由来及性选择》。达尔文为自己的学说建立了一个从简单物种的变异开始，经过生存斗争和自然选择一直进化到人类的完备体系。达尔文学说彻底改变了生物科学的面貌，被恩格斯誉为 19 世纪三个最伟大的科学成就之一。

达尔文 1839 年 1 月与表姐爱玛·韦奇伍德成婚，婚后退回到一种隐居的个人主义的生活中，时常受到各种病痛的折磨，后搬到肯特郡的唐别墅过着阅读、写作、抚育 6 个孩子的休养式的生活。1882 年 4 月 18 日，达尔文因患心脏病去世，他被葬在肯特的家族墓地，但科学家、教士和议员签名请愿，呼吁将他葬在威斯敏斯特教堂，因此达尔文最终葬在威斯敏斯特大教堂。达尔文的遗体安放在英国伟大的名流之中，紧邻著名的科学家艾萨克·牛顿爵士，旁边还躺着反对了达尔文一辈子的英国科学家凯尔文。

4

达尔文一生最重要、最著名的成果是提出了"生物演化论"，这是一种以自然选择为核心的生物演化论。它的基本内容是：生物的演化不是由其内部特性决定的，而是由外在的自然选择决定的，自然选择是生物演化的动因；在生物界，变异是普遍存在的，而在自然界的

---

① 陈克晶、周祝红编著：《达尔文传（1809—1882）》，湖北辞书出版社 1998 年版，第 344 页。

生存斗争中，有利的变异会趋向于保存下来，不利的变异将被淘汰，这一结果将导致新物种的形成和生物的演化。这就是说，是自然选择最终影响了生物演变的历程。[1] 生物演化论第一次对整个生物界的发生和发展作出了唯物的、规律性的解释，从而推翻了神创论的统治地位，使生物学发生了革命性的变革。

自《物种起源》发表以来，达尔文的演化论对于社会科学思想和传播学也产生了重要影响：首先，达尔文在系统阐述辩证唯物主义方面直接影响了卡尔·马克思；其次，库利、帕克等芝加哥学派领袖关于城市生态学的著作直接受到达尔文演化论影响；再次，达尔文有助于非语言传播研究的开展，这是传播学的一个专业，目前仍引起人们的广泛兴趣；[2] 最后，演化论的许多概念和机制现在成为媒介环境学派的理论基础，尤其是莱文森的媒介演进理论。

二　卡尔·海因里希·马克思

卡尔·海因里希·马克思（Karl Heinrich Marx，1818—1883），马克思主义创始人。犹太裔德国人，1818 年 5 月 5 日生于德国特里尔市（时属普鲁士王国）一个律师家庭，他的家庭有着悠久的犹太法学传统，祖父是一名犹太律法学家，父亲是一位律师，然而他在年轻时却成为一个基督教新教徒，并在读大学时成为一个无神论者。1830 年马克思进入特里尔中学，1835 年 10 月，进入波恩大学攻读法学，一年后转入柏林大学法律系。在大学，他除了研究法学外，将主要精力放在历史和哲学方面。1837 年开始钻研黑格尔哲学，并参加青年黑格尔派的"博士俱乐部"。1841 年初，他大学毕业，以题为《德谟克里特的自然哲学和伊壁鸠鲁自然哲学的差别》的论文获得耶拿大学的博士学位。1842 年 4 月马克思开始为《莱茵报》撰稿，同年 10 月任该报

5

---

[1]　耿步健：《达尔文的"进化论"思想及对人生观的影响》，《求索》2009 年第 12 期。

[2]　［美］E. M. 罗杰斯：《传播学史——一种传记式的方法》，殷晓蓉译，上海译文出版社 2002 年版，第 66 页。

编辑，1843年《莱茵报》因发表马克思批评俄国沙皇的文章被查禁，马克思也因此失业。在此期间内，马克思认识了弗里德里希·恩格斯，恩格斯是富家子弟，十分欣赏马克思的主张，经常出钱赞助马克斯的活动与生活，还时常协助马克思的工作并代笔部分文章。1843年3月，马克思创办《德法年鉴》，同年6月，马克思与等了他7年之久的德国贵族家庭出身的女友燕妮·冯·威斯特华伦结婚，同年10月夫妻俩被流放巴黎。1844年2月马克思在《德法年鉴》上发表《论犹太人问题》和《〈黑格尔法哲学批判〉导言》两部重要文稿，分别对社会主义革命和无产阶级进行全新的系统论述。这期间马克思完成了从唯心主义向唯物主义、从革命民主主义向共产主义的转变。同年4—8月马克思完成《哲学经济学手稿》，这部书从唯物主义和共产主义的立场出发，对资产阶级政治经济学和资本主义制度进行批判性研究，对共产主义作初步理论论证，并提出了异化劳动的理论。这份手稿直到1933年才被发现并发表，被称为《1844年哲学经济学手稿》。

1844年8月，恩格斯从英国来到巴黎，拜访了马克思，这是一次历史性会见，从此两人开始了前无古人的伟大合作。他们合写了《神圣家族》，该书批判了青年黑格尔派的唯心主义哲学，阐明了物质生产对历史起决定作用和人民群众是历史创造者等历史唯物主义的基本原理。1845年，马克思参与编写《前进周刊》，因不满德国专制主义发表批评文章被驱逐出法国，迁居比利时首都布鲁塞尔。在这里他与恩格斯一起完成了《德意志意识形态》，进一步批判青年黑格尔派的唯心史观，揭露德国"真正的社会主义"的假社会主义面目，指出费尔巴哈唯物主义的不彻底性，第一次系统地阐述了唯物主义历史观。1846年初，马克思和恩格斯建立布鲁塞尔共产主义通讯委员会。1847年，马克思和恩格斯应邀参加正义者同盟，1847年6月，正义者同盟更名为共产主义者同盟，马克思起草了同盟的纲领《共产党宣言》——这是科学社会主义的第一个纲领性文献，标志着马克思主义的诞生。此后1848年革命席卷欧洲，也波及比利时，同年3月，马克思遭到比利时当局的驱逐。1848年4月，在德国无产者的资助下，马克思和恩格斯一起回到普鲁士科隆，创办了《新莱茵报》。1849年5

月马克思被逐出普鲁士,先到巴黎,后定居伦敦。在伦敦,马克思度过了一生中最困难的日子。在5年时间里,马克思因为经济和债务问题,精神焦虑,受疾病所苦情绪不佳,由于境遇潦倒,他四个孩子中有三个在此期间死亡。在这段时间,马克思先后写了《1848年至1850年的法兰西阶级斗争》和《路易·波拿巴的雾月十八日》等重要著作,进一步阐发了马克思主义的国家学说,论述了无产阶级革命必须打碎旧的国家机器的思想,提出了无产阶级专政理论,阐述了不断革命和工农联盟的思想。从1851年开始,马克思为美国《纽约每日论坛报》和英国及其他国家的一些报刊撰稿,评述了各种重大的国际问题,其中包括中国问题。在19世纪50年代和60年代,他把主要精力用于研究政治经济学,写作经济学巨著《资本论》。1864年9月,马克思参加了第一国际成立大会,被选入领导委员会,并为第一国际起草《成立宣言》《临时章程》和其他重要文件。在第一国际存在的整个时期,他领导了第一国际内部反对工联主义、蒲鲁东主义、拉萨尔主义和巴枯宁主义的斗争。1867年9月14日,《资本论》第一卷出版,后两卷在马克思死后,由恩格斯整理其遗稿,分别在1885年、1894年出版。1871年3月28日,人类历史上第一个无产阶级的政权——巴黎公社建立。马克思对巴黎无产阶级的革命首创精神作了高度评价,积极支持巴黎公社,公社失败后,写了《法兰西内战》一书,总结了公社的经验,进一步发展了马克思主义关于无产阶级革命和无产阶级专政的学说。70年代到80年代初,马克思以主要精力继续写作《资本论》第二、三卷,同时也十分关心国际共产主义运动的发展。1875年德国工人运动爱森纳赫派和拉萨尔派合并时,马克思抱病撰写《哥达纲领批判》。1876—1878年同恩格斯一起,对德国哲学家杜林进行批判,支持恩格斯写作《反杜林论》,并为该书写了《批判史论述》一章。1879年同恩格斯合写著名的《通告信》,批判德国党内苏黎世三人团的改良主义和投降主义路线,还同恩格斯一起对法、英、美等国工人运动内部的机会主义派别进行揭露和批判。1879—1882年对人类古代社会史进行研究,写成《人类学笔记》。1881年12月2日,燕妮·马克思去世。1883年3月14日,马克思在

7

伦敦寓所辞世，后与燕妮合葬于伦敦北郊的海格特公墓内。

无可争辩，马克思是一切时代中最有影响的社会理论家，没有任何其他的理论家像他那样构成了历史进程。① 传播学者罗杰斯这样评价马克思主义，法兰克福学派将马克思主义和精神分析理论结合起来，间接影响了 1900 年后在美国崛起的传播学。② 马克思对于传播学的直接贡献，主要是他的社会交往观、新闻出版自由观、无产阶级党报思想和大众媒介观③以及关于报刊和社会舆论的许多思维片段。

马克思的社会交往思想萌发于《1844 年经济学哲学手稿》，确立于 1845 年的《德意志意识形态》，指个人、社会团体、民族、国家间的物质交往和精神流通，是一个宏观的社会性概念。④ 马克思主义交往观体现在五个方面：其一，一定的精神生产与一定的物质生产相适应，观念、范畴不是永恒的，是历史的暂时产物。思想的产生是不断变动的，并造成了各个时代迥异的精神交往形式与内容，精神生产与物质生产的关系不是简单的物质决定精神，更多表现在相互作用中；其二，生产力、社会状况和意识——彼此间可能而且一定会发生矛盾，在这三个因素中，生产力自然是基础，但社会状况和意识同时对生产力的发展产生制约。这三大因素，任何一个都可以作为原因来解释社会的变化，但任何一个因素又摆脱不了其他两个因素的制约。精神交往的发展在社会状况、生产力夹击下发展自身，并同时又推动着生产力和社会状况发展；其三，马克思把需要分为历史自行产生的需要和社会需要两大类，社会需要既决定人们精神交往的程度、水平和内容，又受制于具体的社会生产结构。一定历史时期人们的精神需要与满足这种需要的手段（如语言、文字、书写工具、印刷术、铁路、轮船、电报等）的发展是相互影响和制约的，这些手段本身又是社会的

8

---

① ［美］E. M. 罗杰斯：《传播学史——一种传记式的方法》，殷晓蓉译，上海译文出版社2002 年版，第 107 页。

② 同上书，第 36 页。

③ 许正林、钱锋：《马克思传播思想中的四个核心观念》，《上海大学学报》（社会科学版）2007 年第 14 卷第 1 期。

④ 同上。

生产和生产结构决定的；其四，马克思认为，精神交往的内容和形式不同于一般的物质活动，一旦形成传统，会在没有经济基础的情况下延续存在很长时间，这种延续性现象的发生是自发的，不以个人或团体的计划为转移，不能人为消灭某种交往内容和形式，精神交往的内容和形式的延续性会随着时间的推移发生衰退，但这种新旧精神交往的更替过程非常缓慢；其五，马克思在谈到人与动物的生命活动的区别时强调，人与动物的直接区别在于有自觉的精神活动和交往。马克思的这种论述昭示了精神活动和交往对人的本体论的意义，在这个意义上，精神活动和交往是人生命存在的组成部分，并且是人生命的展开部分，在展开之中，主体不断感知外部世界，完善心理结构，从而构成了主体生命的存在。①从精神交往和人的本质的角度来看，人是社会的全息。每个人都既是他自己，又是社会一切关系的体现者，他的精神交往活动，不论是何种形式，都带有社会的性质。马克思把人类历史看作一个由民族历史向世界历史转变的过程，实现这一转变的重要动力，是交往的普遍发展。

　　新闻自由观是马克思主义传播思想的重要组成部分。马克思曾详尽论述了近代出版自由思想的起源，认为自由观念的原始起点是简单商品交换，出版自由在法律上的确立，是在商品经济占统治地位后对社会主导意识形态的反映。马克思不仅坚决反对精神性的书报检查，对于针对各种书刊的保证金制度和对报纸实行的税收制度（即知识税），他同样进行了毫不留情的批判，认为这是以另外一种形式扼杀了自由的精神交往。当新闻自由成为地无产阶级的革命口号时，马克思明确指出，社会主义新闻自由必须超越资本主义新闻自由。社会主义新闻自由是建立在资本主义新闻自由普遍形式的基础上，消除了金钱的制约作用后所获取的更大一种精神交往权利。

　　马克思的大众媒介观主要体现在他对报刊职能的认识与评价上。他在青年时期指出："管理机构和被管理者都同样需要有第三个因素，

___

① 许正林、钱锋：《马克思传播思想中的四个核心观念》，《上海大学学报》（社会科学版）2007 年第 14 卷第 1 期。

这个因素是政治的因素，但同时又不是官方的因素……这个具有公民头脑和市民胸怀的补充因素就是自由报刊"。① 马克思后来进一步论述："当报刊匿名发表文章时，它是广泛的无名的社会舆论的工具，它是国家中的第三种权力。"② 其次，马克思在论述人的发展同社会发展的关系时，指出在人的全面发展过程中，人民报刊（自由报刊）起了重要作用，当然他重视报刊对人的全面发展的积极作用的同时，并不认为报刊是万能的，无论报刊的影响多么广泛，它毕竟只是一种精神力量。

党报理论是马克思传播思想中的重要内容，正是这些理论奠定了马克思主义新闻观的基础，构成了马克思主义新闻观的主要内容。党报理论内容包括：第一，党的报刊应成为全体党员的论坛。恩格斯说，党首先需要的是一个形式上独立的党的刊物，马克思、恩格斯并不赞成把党的报纸都变成党的机关报。后来召开的党的代表大会也确实拒绝了把所有党的报刊改为党的正式机关刊物的建议；第二，党报党刊有权批评党的领袖。马克思、恩格斯认为，对党的领导机关和领袖人物进行批评，是包括党报工作者在内的每个党员的民主权利，他们甚至将阻挠党的报刊履行监督和批评使命的言行同专制政权的书报检查相提并论，予以痛斥。

马克思对于西方传播学的重要的意义，是作为价值关怀的标杆而存在的。首先，马克思对人类命运的终极关怀。他秉承欧洲文艺复兴的人文主义精神和启蒙运动的理性思想，始终关注人类的终极命运，对当时的统治秩序发出深深质疑，对人类命运进行深刻自省，这无疑具有元批判的价值。马克思的这种批判精神给后来的法兰克福学派提供了强有力的理论武器，如唯物主义立场、阶级分析、辩证分析等方法；其次，冲突论对后来研究者的启示。马克思对西方社会学的一大贡献在于，作为冲突论的代表人物，把对社会的关注

---

① 许正林、钱锋：《马克思传播思想中的四个核心观念》，《上海大学学报》（社会科学版）2007 年第 14 卷第 1 期。

② 同上。

点放在社会正义及根源方面，较之于符号互动论和结构功能主义，它呈现了全新的方法论视角，给后继的研究者带来启迪，如阿多诺和霍克海默的文化工业理论、赫伯特·席勒的文化帝国主义等；最后，马克思主义的方法、立场对传播学的深远影响。在欧美，真正贴标签的马克思主义者并不多，想在西方理论中寻找一条清晰的马克思主义链条，可以说是徒劳的。传播学理论中的葛兰西、法兰克福学派、符号学和文化研究等理论家或流派，只是共享一些马克思主义的基本概念、核心逻辑和立场，如他们在批判大众传媒受国家的影响以维护现存秩序等问题。

三　西格蒙德·弗洛伊德

西格蒙德·弗洛伊德（Sigmund Freud，1856—1939 年），奥地利心理学家、精神病专家、精神分析学创始人。1856 年出生在摩拉维亚的弗赖堡（今捷克斯洛伐克的普莱波）一个犹太人家庭。他的父亲雅各·弗洛伊德是一位经济拮据的羊毛商人，母亲阿玛莉亚是他父亲的第三任妻子，复杂的家庭关系给他带来了许多困惑，这对他精神分析理论的产生有所影响。[1] 弗洛伊德 4 岁时，全家迁移到维也纳，并在那里度过他一生的主要时光。1873 年弗洛伊德进入维也纳大学医学院学医，1881 年获得医学博士学位。在此期间曾在恩斯特·冯·布吕克的生理实验室里从事了 6 年关于神经系统组织学方面的研究，不仅受到了严格的科学训练，而且布吕克的人格也对弗洛伊德产生了不可磨灭的影响，[2] 这期间弗洛伊德的研究主要涉及神经系统组织学方面的课题。1885 年 10 月，弗洛伊德来到当时被称为世界精神病研究中心的巴黎，在著名精神病学家沙尔科的指导下，开始从事精神病心理原因的研究。1886 年 2 月回到维也纳后，弗洛伊德以自己的名义开了私

11

---

① 陆丽青：《弗洛伊德的宗教思想研究》，博士学位论文，中央民族大学，2009 年，第 20 页。

② 孙鼎国、王杰主编：《西方思想 3000 年》（上），九洲图书出版社 1998 年版，第 200—202 页。

人诊所，并与生理学家布鲁尔合作研究歇斯底里及其疗法。从此，他逐渐走上了研究心理学的道路，创立了心理分析学说，① 1902 年弗洛伊德成立"心理学研究小组"，后改名为"维也纳精神分析协会"。1909 年弗洛伊德应邀去美国克拉克大学做了五次演讲，这代表着将精神分析理论引入美国的一个重要转折点，② 自此，他的著作开始在美国得到广泛阅读，他的精神分析理论也开始影响某些社会科学。1933 年弗洛伊德遭纳粹迫害，1938 年流亡英国，1939 年因口腔癌死于伦敦。弗洛伊德一生著作很多，主要有《歇斯底里症研究》（与约瑟夫·布鲁尔合著，1895）、《梦的解析》（1899）、《日常生活之精神病学》（1901）、《性学三论》（1905）、《图腾与禁忌》（1913）、《论自恋》（1914）、《超越快乐原则》（1920）、《自我和本我》（1923）、《幻象之未来》（1927）、《文明及其不满》（1929）、《摩西与一神教》（1939）、《精神分析引论》（1940）等。

弗洛伊德关于心理分析学说的创建历经了两个阶段：前一阶段，弗洛伊德主要研究心理治疗方法并提出心理过程的一般理论，形成了精神分析学说。该理论认为，人的潜意识也是一种真实存在，虽然无法用单纯的物理学、化学、生理学的概念来解释，但还是有原因可寻的。由于弗洛伊德开创性的研究，人的潜意识成了科学研究的对象，精神分析学也从而成为一个心理学中新的学科分支；后一阶段，他把心理分析的基本理论应用到人类社会生活和文化历史发展的各个方面，他研究的立足点越来越高，探讨的问题越来越一般化，研究的对象从精神病患者扩大到了整个人类，他的学说对人类问题提供的解释远远超出了神经精神病学的狭隘范围，他的研究开始哲学化了，他的精神分析学成了一种哲学，一种社会历史学说。正是在这种情况下，精神分析学又被称为弗洛伊德主义。③

弗洛伊德根据 19 世纪德国唯意志论者叔本华、尼采的伦理思想，

---

① 卢之超主编：《马克思主义大辞典》，中国和平出版社 1993 年版，第 180—181 页。

② ［美］E. M. 罗杰斯：《传播学史——一种传记式的方法》，殷晓蓉译，上海译文出版社 2002 年版，第 88 页。

③ 卢之超主编：《马克思主义大辞典》，中国和平出版社 1993 年版，第 180—181 页。

提出决定人的行为的不是人的意识和理性，而是人的情欲；在人的整个心理过程中，"无意识"起决定作用，并以此作为解释道德问题的起点。弗洛伊德把人的心理结构分为自我、本我和超我三部分。在这三种心理要素中，本我是根本，是人性的本质所在，人的全部行为和心理活动都受以"性欲为中心的本能欲望的推动"，但本我总是受到超我的抵制和压抑。至于自我，则力图对二者进行调节，以使目的得以实现。由此，弗洛伊德认为，人的行为的根本动机是无意识的性欲，即"力比多"，人的一切行为无不带有性欲的色彩。在他看来，这种与生俱来的心理因素是人类社会道德、宗教产生的根源。弗洛伊德据此还得出了一些有影响的结论：上述心理结构要素平衡状态的失调是产生精神病的根源；人类文明是性本能遭受压抑的产物；科学家和艺术家的天才在于其性本能遭受极深压抑后的升华；社会文明的发展，必将导致人的内心冲突和精神官能症的加剧。①

弗洛伊德思想的影响极其深远，其直接结果是导致新弗洛伊德主义在美国的产生。他对于传播学的贡献并不直接表现在传播学相关理论和研究中，美国传播学者罗杰斯这样评价弗洛伊德，"对于社会科学在美国的发展，弗洛伊德是自 19 世纪以来欧洲的三大影响力量之一。"② 相较于达尔文和马克思对社会科学的宏观影响，弗洛伊德的思想是个体性的，是在人体的范围之内、特别是在个体的儿童经历——它们掩盖在无意识中——之中寻求对于行为的解释。③ 今天所使用的许多重要的传播学理论都在个体当中寻求推动行为变化的力量，如 F. 海德的平衡理论、L. 费斯廷格的认识不和谐理论等，同时，C.I 霍夫兰所开创的人格研究的学术传统，H.D 拉斯韦尔有关政治领袖的精神分析研究都受到弗洛伊德思想的影响。法兰克福学派在 20 世纪 30—40 年代将弗洛伊德精神分析理论和马克思主义结合起来，为我们提供了今天的批判的传播理论。可以肯定的是，弗洛伊德思想的涓流

---

① 卢之超主编：《马克思主义大辞典》，中国和平出版社 1993 年版，第 180—181 页。

② ［美］E.M. 罗杰斯：《传播学史——一种传记式的方法》，殷晓蓉译，上海译文出版社 2002 年版，第 90 页。

③ 同上。

已渗入传播学的泥土。

四　约翰·杜威

约翰·杜威（John Dewey，1859—1952）美国实用主义哲学代表人物，在哲学、伦理学、社会学、政治学、教育学、心理学等诸多领域都有卓越贡献的美国学者，被罗杰斯认为"这个世纪所产生的最广为人知的、最有影响的哲学家"[①]。1859 年 10 月 20 日杜威出生在美国佛蒙特州的伯灵顿，他的父亲是当地的一个杂货商，有一个稳定舒适的家庭。1879 年杜威从佛蒙特大学毕业后，他度过了三年中学老师生活，在这段时间他广泛阅读了哲学和心理学著作。1882 年杜威在霍普金斯大学攻读哲学博士学位，在那里他跟随查尔斯·桑德斯·皮尔士[②]学习过逻辑学，他的导师 J. S. 莫里斯传授给他一种黑格尔的视野，同时他还接受了 G. S. 霍尔[③]和 W. 冯特[④]关于实验心理学方面的理论。1884 年杜威获得霍普金斯大学哲学博士学位后，到密歇根大学任教，此后十年，除 1888—1889 年在明尼苏达大学外，杜威一直执教于密歇根大学。1886 年杜威和哈丽雅特·艾丽斯·奇普曼结婚，奇普曼毕业于密歇根大学，她对哲学和社会学问题有浓厚的兴趣，极大地影响了杜威对社会问题的关注。

在密歇根期间，杜威结识了一些日后很有影响的哲学家，其中包括乔治·赫伯特·米德，杜威曾同他一起在密歇根和芝加哥执教，他评价米德具有"一流的原创性的头脑"。1892 年他进行了此生唯一的

14

---

① ［美］E. M. 罗杰斯：《传播学史——一种传记式的方法》，殷晓蓉译，上海译文出版社 2002 年版，第 163 页。

② 查尔斯·桑德斯·皮尔士（1839—1914），被认为是美国的通才，学历背景为化学，是数学、研究方法论、科学哲学、知识论和形而上学领域中的改革者，发现并创建了符号学分支——逻辑学。

③ 斯坦利·霍尔（1844—1924），美国心理学家，教育家，发展心理学的创始人，将精神分析引入新大陆的第一人，冯特的第一个美国弟子。

④ 威廉·冯特（1832—1920），德国心理学家，哲学家，第一个心理实验室的创建者，构造主义心理学的代表人物。

一次新闻报业的尝试，与福兰克林·福特①、帕克等人创办了出版物《思想新闻——问询与纪实》，很快以失败告终，他在后来的文章中这样解释此次办报活动，"不是要靠引入哲学来改革报业，而是要靠引入一点报纸来改造哲学"②。1894 年，芝加哥大学校长 W. R. 哈珀为杜威提供了哲学、心理学和教育学三系合并的新系的系主任职位，这个合并起来的系对于杜威极有吸引力，因为他对思想过程的心理学和循序渐进的教育越来越有兴趣。在芝加哥大学的十年间，杜威主要致力于心理学，他将心理学运用于教育和哲学问题，而不仅仅致力于心理学本身。

杜威有 5 个孩子，这些孩子在他的越来越强烈的要改革教育的愿望中起了某些作用。杜威教育哲学产生于他自己对早年学校经历的厌恶和难以理解。他认为从生活中学习的东西远比在学校学习的东西要令人激动得多，他希望正规教育能够捕捉到孩子们的自然好奇心。杜威在芝加哥大学创建了一个小学，用作哲学系的试验点，这个学校通常被称为"杜威学校"。在整个美国教育史上，它是最重要的试验冒险行动，它为杜威的改良主义思想提供了理想条件。1904 年杜威因实验学校的一系列问题与芝加哥大学校方产生分歧，杜威辞去芝加哥大学教职，由于他在哲学界的声望，很快被任命为哥伦比亚大学哲学教授，他在那里度过后半生，1930 年退休，继续写作和发表有关民主、教育改革和实证哲学方面的文章，直到 1952 年去世。杜威一生为世人留下 36 部专著和 815 篇论文，主要著作有《经验与自然》《民主与教育》《公众及其问题》《自由与文化》等。

杜威的一生以哲学研究为主线，他哲学研究的一大特点是不限于一般地谈论实用主义的哲学理论，而是竭力把这种理论推广、运用于政治、教育、宗教、道德及现实生活的许多领域。因此，现代传播对于杜威漫长丰富的一生事业来说是个次要的小题目，但他又是一个专

15

---

① 福兰克林·福特，19 世纪 80 年代，纽约商业报刊《角钉街》的记者。

② ［美］丹尼尔·杰·切特罗姆：《传播媒介与美国人的思想》，曹静生等译，中国广播电视出版社 1991 年版，第 116 页。

注于传播过程玄奥复杂之处的传播哲学家。① 杜威的传播思想是他为新时期的进步主义确定基调的集中表现，也是在重要的社会转型时期，通过对传播本质和社会作用的论述，为库利、米德等其他早期传播思想家奠定理论基础，并为理解现代西方传播思想的发展变化提供了独特视角。

简而言之，杜威的传播思想可概括为以下几点：一是为新时期传播与进步的关系确定了基调。19 世纪 90 年代末至第一次世界大战爆发前，由工业化引发的种种社会问题，导致人们开始怀疑原有的进步观念。杜威多学科的综合学术背景，使他致力于寻找实现新时代进步的工具。他声称，"由蒸汽机和电创造的大社会可能是一个社会，但它不是一个共同体。"不过，共同体感觉的恢复是可能的。"直到大社会被转变成一个大共同体，公众仍然处于被遮蔽之中，仅凭传播就能够创造一个大共同体。"② 在《民主与教育》一书中，他一方面将传播过程作为一种人人熟悉的日常活动，另一方面又将传播看作是新时期推动社会进步的力量，在此杜威认为的进步不完全是进化论者的进步，而是相信人的主观要求和能力可以改善社会，强调人的智慧对社会进步的推动作用。

二是社会有机体中的交往思想。杜威的社会有机体思想可大致概括为：社会有机体的活动是一个完整过程。社会有机体在适应环境和控制环境的过程中会实现各种功能，而"交往"是社会有机体中一个非常重要的机制。杜威认为个人之间的互动过程塑造了个人行为，人与人之间的交往是理解个人行为和社会的重要切入点。在此背景下，他提出了关于"传播"的脍炙人口、影响至今的著名论述："社会不仅是由于传递、传播而得以持续存在，而且还应该说是在传递、传播之中存在着。在公共、共同体和传播这些词之间的联系不只是字面上的。人们由于共有的事物而生活于一个社会中，传播就是人们达到共

---

① ［美］丹尼尔·杰·切特罗姆：《传播媒介与美国人的思想》，曹静生等译，中国广播电视出版社 1991 年版，第 110 页。

② ［美］E. M. 罗杰斯：《传播学史——一种传记式的方法》，殷晓蓉译，上海译文出版社 2002 年版，第 169 页。

同占有事物的手段。"① 总之，他强调传播的功能可使个人自由和社会责任相谐调。

三是共同参与的传播手段。传播之所以能推动社会进步，离不开"参与"作用。"参与"是个人与个人、个人与社会实现互动的重要表现。参与也是新时期民主政治的深层要素，杜威指出，民主既是一种政治制度，又是一种生活方式。它的实现有另一个必不可少的途径：互相讨论，互相咨询，最后通过综合和归纳一切人的观念与表现，达到社会支配。杜威认为，社会拥有着前所未有的传播的物质力量，可是与之相应的思想和精神却没有传播，并因此而不为人知。"我们的伟大目标不是由语言而是由信号和符号构成。没有这种信号和符号，共享体验是不可能的。"只有发现与现代传播手段相配的信号和符号才能使大众恢复活力。作为这种相互依赖的活动的结果，一种真正的共享利益能够激发意愿和努力，从而指导行动。② 杜威对于传播学的影响主要体现在思想史的意义上。第一，杜威在社会重大转型时期，从社会有机体、传播的社会功能、传播的本质和传播的社会实践意义等方面，启发了库利、帕克和米德等一大批思想家，激励后者致力于将传播逐步开拓为一个新的研究领域，营造了一种有利于早期传播思想家活动的知识氛围；第二，杜威以分析现代媒介技术社会综合意义为前提，兼容哲学、心理学等学科背景，提出了对"传播"内涵更加宽泛的理解，形成了有关传播在社会中的位置的更为统一的理论，由此构成了与经验主义传播学的重大区别；第三，杜威对传播的探讨主要从哲学、政治、道德等维度展开，几个视野的融合多少导致了他相关论述的矛盾。

总而言之，在所有早期有关现代传播的理论中，杜威具有最宽广的眼界，他给我们提供了一个丰富的多层次的范例，但没能对现代传播力量作进一步的分析。③ 杜威的作品远远高于大部分传播学学者的

17

---

① 殷晓蓉：《社会转型与杜威的传播思想》，《新闻大学》2008 年第 3 期。

② ［美］丹尼尔·杰·切特罗姆：《传播媒介与美国人的思想》，曹静生等译，中国广播电视出版社 1991 年版，第 120 页。

③ 同上。

视野，以致使其影响不能为之所认识，而且他的许多思想的确只是当代传播学的间接先行者。①

五 罗伯特·E. 帕克

罗伯特·E. 帕克（Robert Ezra Park，1864—1944），被称为"大众传播的第一个理论家"②，也被描绘成"美国社会学中的一个最有影响的人"③。帕克一生开创了 4 个重要论题的学术研究：大众传播、种族关系、人类生态学和集体行为，是芝加哥学派的代表人物。帕克是一个大器晚成的人，39 岁获得博士学位，50 岁开始社会学教学，59 岁获得他的第一次教授任命，这个在 50 岁时认定自己是失败者的人，成了一场伟大的社会调查运动的中心。④

帕克 1864 年出生在美国宾西法尼亚的一个农庄，后随父母迁到明尼苏达的雷德温，雷德温是密西西比河岸的一个小镇，这里有许多来自外国的斯堪的纳维亚家庭，年轻的帕克对他们着了迷，想知道他们是怎样适应美国生活的，他一生对移民文化的兴趣大概始于此时。1883 年，帕克进入密执安大学，成了杜威在密执安最热情的年轻信徒之一，受杜威思想的影响，帕克对传播作为一种整合社会的力量的作用，对传播的手段特别是报纸和电话等问题有了终身的兴趣。⑤ 1887 年帕克大学毕业，在明尼阿波斯、底特律、纽约和芝加哥当了 11 年记者，这一工作使他的目光投向都市生活丑恶的底层，这对他的社会学生涯来说是良好的准备阶段。帕克认为，一个社会学家只不过是一个更准确的、更负责的和更科学的记者。⑥ 帕克从事报业的经历极大地帮助了他后来对于这座城市所作的社会学调查。

18

---

① ［美］E. M. 罗杰斯：《传播学史——一种传记式的方法》，殷晓蓉译，上海译文出版社 2002 年版，第 164 页。
② 同上书，第 197 页。
③ 同上书，第 179 页。
④ 同上书，第 180 页。
⑤ 同上。
⑥ 同上书，第 196 页。

1890 年前后，由杜威介绍，帕克结识了福兰克林·福特，并与他们一起创办了出版物《思想新闻》，但很快失败，这一经历使帕克对报刊与舆论的关系发生了兴趣。1897—1898 年，帕克在哈佛大学研究哲学，旨在"洞悉我们称之为新闻的那种知识的本质和功能。除此之外，我希望能获得一个基本的着眼点，从中能够对在新闻影响下的社会行为用精确和通用的科学语言进行描述"①，1898 年他获得哈佛大学哲学硕士学位。随后的四年，帕克在德国的海德堡大学攻读哲学博士学位，并完成了题为《群体和公众》的博士论文，这篇论文在创立关于集体行为和舆论的美国理论方面作了首次探索。② 1903—1912 年，他先后在刚果重建协会和亚拉巴马州的华盛顿塔斯基吉学院做公共关系工作，1914 年，帕克受芝加哥大学社会学家 W.T·托马斯的邀请到芝加哥大学社会学系工作，这时，50 岁的他才作为大学的社会学家安下身来。帕克不是一个多产的学者，他一生只有一本专著——《移民报刊及其管理》，其他不多的著作都是与人合著，如《社会学科学导论》（与 E.W. 伯吉斯合著，1921）、《旧世界特征的迁移》（与托马斯合作）。

帕克作为社会学家，他的思想体系主要包括"人类生态学"与"城市社会学"两部分。人文生态学作为一种方法论，贯穿于帕克的整个研究体系，成为他社会学研究的框架。帕克试图以生态的、进化的发展模式来探索社会发展的规律，从生态的角度观察资本主义社会中人们的生存方式。社会控制问题是帕克研究的主要问题之一，他在阐述社会控制与社会变化时，提出了新闻观、公共意见与社会控制理论。帕克的很多思想都预见了后来耳熟能详的大众传播理论。帕克关于新闻报纸与社会控制的种种观点，潜在地将包括"议程设置理论""把关人理论""知沟理论"在内的不同研究整合起来，所有这些都对"公共意见"进程产生了重要影响。③ 帕克甚至比拉斯韦尔更早地论及

19

---

① ［美］丹尼尔·杰·切特罗姆：《传播媒介与美国人的思想》，曹静生等译，中国广播电视出版社 1991 年版，第 123 页。

② 同上。

③ 戴元光主编：《影响传播学发展的西方学人》，中国大百科全书出版社 2012 年版，第 52 页。

大众传媒的三大功能，他表述为监测功能、联系功能、承传功能，连大众媒介的娱乐功能他在讲黄色报刊时也有论述，由此可见，帕克在传播领域思考的前瞻性。

帕克是传播学先驱中对传播媒介体验最多的人，也是对传播媒介的历史和作用研究最多的人，他的一生关于传播学研究集中体现于以下几方面：一是专著《移民报刊及其管理》一书，主张对外国移民所办的犹太文、波兰文、德文及其他报纸进行控制，因为这些报纸使移民融入美国主流生活的脚步放缓。这是有关报纸内容、读者、所有权结构的第一次大众传播研究，改变了传播学四大奠基人侧重于个人主义的、短期效果的研究样式；① 二是《报纸的历史》一文，论述了报人对传播内容的决定作用和传播者受到的有效制约；三是帕克被称为"大众传播的第一个理论家"，他将传播限定为"一个社会心理的过程，凭借这个过程，在某种意义和某种程度上，个人能假设其他人的态度和观点；凭借这个过程，人们之间合理的和道德的秩序能代替单纯心理的和本能的秩序"。② 帕克把传播看作人类联结的同义词，将它称为城市社会问题的潜在解决办法。帕克作为芝加哥学派最有影响的成员和思想领袖，他开创了大众传播研究，③ 也因此成为芝加哥学派与传播学之间的强有力的纽带。

六　乔治·赫伯特·米德

乔治·赫伯特·米德（George Herbert Mead，1863—1931），被杜威认为是美国近代在哲学上最有创见头脑的人④，被公认为符号互动理论最有影响的创立者。⑤ 米德1863年2月出生于美国马萨诸塞州的

20

---

① ［美］E.M. 罗杰斯：《传播学史——一种传记式的方法》，殷晓蓉译，上海译文出版社2002年版，第205页。

② 同上书，第197页。

③ 同上书，第144页。

④ ［美］刘易斯·A. 科塞：《社会学思想名家》，石人译，中国社会科学出版社1990年版，第366页。

⑤ 于海：《西方社会思想史》（第三版），复旦大学出版社2010年版，第250页。

小城镇哈得莱，他的父亲是当地一个公理会①的牧师，后来，老米德成为俄亥俄州奥伯林学院的一名教授，米德也就在该校读学士。1887年，米德在哈佛大学随著名的实证主义者 W. 詹姆斯学习一年，这使米德由原来的清教主义转而信奉实用主义哲学。次年，米德在莱比锡大学随实验心理学家 W. 冯特学习手势理论，这对米德后来的工作产生了深刻影响。1889 年米德到柏林大学进一步学习心理学和哲学。1891 年，米德与海伦·卡斯尔结婚，并于同年来到密歇根大学担任哲学和心理学系讲师，这一时期，库利、杜威、塔夫茨等人都在该校执教，他们很快成为米德学术上的伙伴。1894 年，应杜威的邀请，米德从密歇根大学迁往芝加哥，他在芝加哥大学执教 37 年，直到 1931 年去世。

米德生前很少出版著作，所教授的课程是哲学而非社会学，他留存后世的作品主要是他的学生将其授课笔记汇编整理而成，主要有《现代哲学》《心灵、自我与社会》《19 世纪的思想运动》《行动哲学》等。

米德具有开创性精神，他通过开创后来被称为符号互动论的理论观点而对社会科学作出了卓越的贡献。米德的基本思想——个人、自我、社会均产生于持续不断的对话与交往，而人类交往则是通过"有意义"动作，即有别于非人类行为的自觉的行动实现的。米德对交往的分析是从"姿态"这一概念开始的，他认为，符号的互动是人类社会行为的本质特点。

米德最重要的成就之一是：他认为人从孩提时期开始，就具有一种扮演他人的角色并从他人的角度来观察自身行为的能力，这种能力处于不断发展的过程中，而人的意识和自我就产生于这一过程。② 这就是著名的"角色扮演"概念。米德认为心灵是社会性的，是通过与他人的传播而得到发展的。米德理论声称，自我是通过与他人的互动

21

---

① 基督教新教公理宗教会的统称，主张各个教堂独立自主，由教徒公众管理，故名之。公理会的信仰比较自由化，强调个人信仰自由，尊重个人理解上的差异。——《基督教大辞典》

② ［美］刘易斯·A. 科塞：《社会学思想名家》，石人译，中国社会科学出版社 1990 年版，第 366 页。

的社会过程而得到发展的。个体使对各种他人的解释和意义——它们特别是在早年获得——内在化,以创造一个"普遍化的他人",后者是由许多其他个体的平均期望所逐渐建立起来的。① 米德的自我理论标志着社会学的行动理论的一个重要进步:行动和自我是同社会过程联系在一起的结构,但又是创造的和反思的。

米德为社会学作出杰出的贡献的同时,也为传播学留下了丰富的遗产:米德把意识视为运用有意义的社会符号而进行的内心谈话,同时把社会情境纳入川流不息的主观释义中(普遍化他人),这为填平向来分隔开原子个体与社会结构之间的鸿沟提示了一条启发性的思路。

七 查尔斯·霍顿·库利

查尔斯·霍顿·库利(Charles Horton Cooley,1864—1927),美国早期著名的社会学家和社会心理学家,也是美国传播学研究的鼻祖。② 与传播学四大先驱不同的是,传播问题是库利思想的中心,他的全部理论都与人类社会的信息传播密切相关,他的哲学、社会学理论就建立在对人类社会信息传播思考的基础上,他的许多思想对后世的传播研究有着直接或间接的影响。

库利 1864 年生于美国密执安州安阿伯的一个公理会教派的家庭,他的父亲是密执安州高等法院的法官,与父亲自信、顽强、富于竞争的精神截然不同的是,年轻的库利温和而内向,这与他 8—20 多岁时饱受疾病之苦不无关系,他长期遭受慢性便秘、口吃和过分羞怯的折磨,因此更愿意从小心翼翼保护着的内心生活中寻求庇护。日记是库利宣泄情感的主要方式,他年轻时的沉思和白日梦都写成了日记,他一直坚持有规律地写日记达 40 年之久。库利不间断地通过日记来把握和控制自己的生命,也通过日记来扩展与检验他关于社会问题的思考。

---

① [美] E. M. 罗杰斯:《传学史——一种传记式的方法》,殷晓蓉译,上海译文出版社2002 年版,第 175 页。

② 邵培仁:《论库利在传播研究史上的学术地位》,《杭州师范学院学报》(人文社会科学版)2001 年第 3 期。

日记对于某一类人来说，是畏惧交往，躲进心灵庇护所之后的自我开放，而库利也将整个社会看作是有组织的、有秩序的系统，将社会学看作是自成体系的自传，或曰社会本身的"日记"。①

库利糟糕的健康状况使他花了七年时间才在密执安大学获得学士学位。他父母优裕的经济条件使他能够长途旅行，横跨美国到达欧洲。1890年，库利获得工程学学位时，他已干过各种各样的工作，包括州际商业委员会的统计员和华盛顿人口调查局的调查员。1894年库利于密执安获得哲学博士学位后，他开始有系统地阐述自己已成熟的社会学，此后他一直留在安阿伯度过他安静平淡的一生，一心沉浸在学术研究的愉快中。身后留下了三部极具份量的著作：《人类本性与社会秩序》（1902）、《社会组织》（1909）和《社会过程》（1918）。

库利很早就开始对传播感兴趣，他的博士论文题目就是"传递的理论"。库利认为"在最广泛意义上的此时与彼时、此地与彼地之间的交流，思想的交流，物质日用品的交流。有许多线索将整个社会联在一起，所有这一切离不开交流。"② 库利三部主要著作的核心都是试图将所有的生命和社会作为一个有机的整体来阐释，而传播是其中的重要内容或核心部分，这三部著作可归纳出三个主要命题：自我与社会的有机统一；作为一种精神现象的社会；以及"基本团体"学说。③

库利的第一本著作《人类本性与社会秩序》，主要讨论自我与他人、自我与社会的关系。库利从对自己孩子的观察、从广泛的文学和历史上的渊源吸收养料，他将这一切加以整理归纳，对斯宾塞关于完全自治、独立的个人的观点做了深入批驳。他表明，意识、情感（譬如同情和敌视）、领导品质，以至人类的全部个性是如何通过社会性的"获得给予"这一过程而发展起来的。④ 在书中库利提出了著名的"镜中我"思想和"基本团体"（又名初级群体）的概念。

23

---

① 殷晓蓉：《库利：生性腼腆的传播思想家》，《今传媒》2008年第1期。
② ［美］丹尼尔·杰·切特罗姆：《传播媒介与美国人的思想》，曹静生等译，中国广播电视出版社1991年版，第103页。
③ 同上书，第101页。
④ 同上书，第105页。

　　库利的第二本主要著作是《社会组织》。在这本著作中，他论证了大众传媒对于连结社会的作用，详细地阐述了乌托邦式的未来展望。他为传播下了一个很宽的定义："人类关系赖以存在和发展的手段即头脑中的所有信号，以及穿越空间传送它们和在时间中保存它们的手段。"① 后来，他的注意力转移到现代传播上，他认为这是拯救社会的工具。库利确信，19世纪展示的现代传播的新纪元使一个真正的民主的美国社会的可能性成为现实。②

　　库利的第三部主要著作是《社会过程》，在这本书中他继续展开整体与部分、社会与个人"互动"的思想，即个人如何存在于群体中，群体又如何存在于个体之中？因此，重要的不是无休止地争论个人与社会孰先孰后的问题，而是强调对立面的有机连接，而作为构成社会关系的机制，进而作为维系社会的重要工具，传播之于个人，是获得人性的土壤，也是学习的唯一方式。③

　　简而言之，库利对传播学的贡献主要有三方面：第一，完善了传播学学科体系的构建。库利强调传播的社会关系性，强调传播与社会的关系，强调传播和社会之间的相互影响，为传播学的研究引入了社会学传统；库利还开创了传播学研究的人际传播和人内传播者的领域，较之于四大先驱集中研究的大众传播来说，拓深了传播研究的视域。第二，丰富了传播学的理论体系。库利的"镜中我"理论很好地解释了人际传播的动机问题，对人际传播和内向传播理论的产生做出了贡献；"初级群体"概念对后来的"意见领袖"和"两级传播"理论有直接指导意义；库利的自由观与后来的社会责任论颇为相近，或可看作为社会责任论提供了思想养料。第三，对传播学方法论体系的启示。库利的研究方法主要是靠思考和反省，被国内学者划入人文主义方法，这与传播学长期热衷实地调查和实验研究的主流方法截然不同，库利也因此被后世经验主义学者嘲笑为"安乐椅上的社会学家"，然而科

---

　　① ［美］丹尼尔·杰·切特罗姆：《传播媒介与美国人的思想》，曹静生等译，中国广播电视出版社1991年版，第106页。

　　② 同上。

　　③ 殷晓蓉：《库利：生性腼腆的传播思想家》，《今传媒》2008年第1期。

学方法和注重思辨的人文方法不过是人类在追求真理道路上向前迈步的左右腿，彼此不可偏废。在美国传播者学研究早期侧重于实证研究的热潮中，库利采用人文主义方法给传播学研究带来了重要启示。

八　库尔特·卢因

库尔特·卢因（Kurt Lewin，1880—1947），又译勒温。他既是心理学完形学派①的代表，又是社会心理学团体动力学的鼻祖，而且由于率先将类似自然科学的实验方法应用于社会心理学，也被誉为"实验社会心理学之父"。卢因出生于德国的莫吉尔诺（今属波兰），父母是贫穷的犹太农民，由于当时德国严重的反犹主义和强烈的偏见，卢因一家迁往柏林。1914 年卢因获柏林大学心理学博士学位，柏林大学的心理研究所是格式塔心理学的中心，这使得该研究所声名远扬。第一次世界大战期间，卢因作为志愿兵在德国陆军服役 4 年，曾任陆军中尉，获颁过铁十字勋章。1917 年卢因和教师玛利亚结婚，有两个孩子，这场婚姻维持了 10 年。第一次世界大战结束后，卢因回到柏林大学任心理研究所教员，1927 年晋升为教授，在此期间，他与格式塔心理学派建立联系，并成为该学派的积极倡导者。1932 年卢因应邀赴美任斯坦福大学客座教授 6 个月，任期结束后，为逃避纳粹对犹太人的迫害，于 1933 年到美国定居，1940 年加入美国籍。1944 年卢因到麻省理工学院任教，1945 年在麻省理工学院创立了团体动力学研究中心，并担任中心主任。1947 年 2 月 12 日，卢因因心脏衰竭于马萨诸塞州纽顿维尔突然逝世，终年 56 岁。卢因一生著作颇丰，在他来美国之前，发表了 40 多篇文章，流亡之后，出版了大约 60 种作品，主要代表作为：《拓扑心理学原理》（1936 年）、《心理的力的表述和测量》（1938 年）、《解放社会冲突》（1948 年）、《形势心理学原理》

25

①　又译格式塔心理学，是西方现代心理学主要派别之一。德语格式塔是一种动力结构，其机理是整体决定局部的性质，整体内部的任一局部有变动会引起整体变动，引起格式塔的改组。该派认为，心理现象的最基本特征是在意识经验中所显现的整体性、结构性。——《世界文化大辞典》

（1949）、《社会科学中的场论》（1951）。

研究团体动力学（亦称群体动力学），是卢因对社会心理学的一大贡献。他在这方面的研究，不仅丰富了社会心理学的理论学说，而且对正在崛起的传播学领域有直接贡献，它有助于将群体置于传播理论和传播研究中。具体来说，团体动力学主要探究团体和个体二者间关系，尤其致力于揭示团体规范对个体行为的制约与影响。卢因认为，在团体与个体的关系中起决定作用的是团体而不是个体，团体固然会受到其中每位个体成员的心理因素影响，但更重要的却是个体须受所属团体的左右。基于这种理论，要改变一个人的某种态度，不仅要考虑他的个人因素，更要考虑他所属的团体因素，这就是卢因团体动力学给传播学的一大启发，同时也是他为传播学所做的一大贡献。

第二次世界大战期间，美国政府为了解决食品短缺、配给不足的战时困难，鼓励并资助了一批关于改变公众食品习惯的应用研究，卢因有关改变食品习惯的胰脏实验就是其中之一。这项实验想通过传播试图让家庭主妇们把以前不受欢迎的牛心、牛胰脏、牛肾等牛杂碎端上餐桌。实验在衣阿华大学进行，研究者们把参与实验的家庭主妇们分为两组，一组只听演讲，内容是关于饮食习惯于人的健康；另一组除了听同一内容的演讲外，还围绕演讲进行讨论。结果表明，演讲组只有3%的人表示愿意接受演讲者的观点，改变他们的饮食习惯；而讨论组的这一比例高达32%，也就是说讨论组中的态度改变者比演讲组高出10倍。卢因的这项研究是对团体动力学的具体解说，体现了团体动力学的基本思想，要改变个体的态度，首先须从团体方面入手，进而由团体影响个体。

除了团体动力学，卢因对传播学的另一大贡献，是他在去世那年发表的一篇论文里提出的"把关人"理论。把关人，又译守门人，是传播学的一个基本概念。如果说把关是对信息进行筛选和过滤的行为——即传播学所讲的控制，那么凡是具有或表现这种行为的人，就是把关人，如报纸的编辑等。1950年美国学者 D. M. 怀特运用这个概念，对一位报纸编辑的新闻选择过程做了有名的个案研究，开创了传播学的把关研究。

卢因的思考方式较之同时期其他学者有一个显著而有趣的区别：通过与别人的谈话而工作。卢因说，不与别人谈话，他就不能卓有成效地思考①，他相信，创造力是一个社会过程，而不是一个个体行为。他把全部工作日都花费在谈话上，他在每一个执教过的大学都创建了名叫"聊天活动"的小组，这个小组通常会在学校附近的咖啡馆里活动。一般来说，一个学生交一篇研究计划或讨论对某些研究结果的解释，"聊天活动"的讨论是公开的，但不允许任何批评，因为讨论的目的是帮助和鼓励有关研究。卢因总是在聊天现场，但他不居主导地位，任何人都可以谈话，也鼓励每一个人谈话。各种"聊天活动"的作用表明：研究是一个非常社会化的过程，在这个过程中，研究计划和短期结果的自由讨论有可能是卓有成效的。这种通过谈话来思考的方法，对于当下我们的社科研究不啻为有益的经验和借鉴。

九　保罗·拉扎斯菲尔德

保罗·拉扎斯菲尔德（Paul Lazarsfeld，1901—1976），他是一个数学家，1924 年获维也纳大学应用数学博士学位；他是一个心理学家，1925 年在维也纳创办"经济心理学研究中心"，1939 年该中心迁往美国哥伦比亚大学，改为"应用社会研究局"，该局成为美国最有影响的研究机构；他是美国著名的传播学学者，开创了以研究个人行为为研究重点和以定量分析为研究方法的传播学研究范式；他的媒体效果研究成为美国大众传播研究的主体。事实上，拉扎斯菲尔德是一个多学科的研究者，他不是很注意学科界限，侧重学术问题。他擅于制造工具，并将这些工具运用到范围广泛的学术和非学术问题上。

拉扎斯菲尔德，1901 年生于奥地利维也纳，犹太人。他的父亲非常贫穷，是个不成功的律师，他的母亲索菲，没有受过正规教育，却因撰写婚姻指导专栏和《妇女如何体验男性》一书而广为人知。拉扎

27

---

① ［美］E. M. 罗杰斯：《传学史——一种传记式的方法》，殷晓蓉译，上海译文出版社 2002 年版，第 356 页。

斯菲尔德的家庭给了他极好的正规教育，他的青少年时期在维也纳度过。20 世纪 20 年代的维也纳，知识汇聚达到了令人难以置信的顶峰，政治学、精神分析学和马克思主义融合在一起，在这里，拉扎斯菲尔德构成了他一生的兴趣，并在这一时期作为一个社会主义者积极投身政治活动，由此转变成美国"行政研究"（他自己发明的名称）的领袖，① 也正是在这些政治活动中他开始尝试将统计学方法运用到问卷调查中，这后来构成了他第一篇论文的基础，亦是他提出调查方法论的滥觞。1925 年拉扎斯菲尔德毕业于维也纳大学，获哲学博士学位，之后又在美国芝加哥大学获人文学和法学博士学位。20 年代末，拉扎斯菲尔德受弗洛伊德的影响，转向研究心理学和社会心理学。1937 年，拉扎斯菲尔德在普林斯顿大学担任了洛克菲勒基金会赞助的广播研究室主任，这是他涉足传播研究的开端。1940 年，该研究室迁往哥伦比亚大学，同时更名为应用社会学研究所，他成为研究所所长，并任哥伦比亚大学社会学系的系主任。拉扎斯菲尔德所在的应用社会学研究所在 1940 年美国总统竞选期间，对美国俄亥俄州伊里县的 3000 名选民进行访谈调查，然后对调查结果加以分析，据此探究选民政治态度的形成及其变化规律。这次调查历时半年多，规模巨大，方法先进，被称为"社会科学史上最复杂的调查研究之一"②，以此调查为基础，拉扎斯菲尔德于八年后成书《人民的选择》。该书的一个基本结论是：大众媒介对选民们的影响非常有限，换句话说大众传播的效果甚微，这与当时人们普遍认为大众媒介威力强大，影响广泛的观点大相径庭，同时该书还提出了著名的两级传播理论。按照这个理论，大众传播媒介的信息并不是一步到位地传给受众，这个过程其实分为两步。第一步，是从大众媒介到受众中的一小部分人，这一小部分人由于在传播者中表现活跃（如经常听广播、看报纸、了解许多情况），被称为"意见领袖"；第二步，由这一小部分意见领袖，将媒介信息

28

---

① ［美］E. M. 罗杰斯：《传学史——一种传记式的方法》，殷晓蓉译，上海译文出版社 2002 年版，第 263 页。

② 熊澄宇：《传播学十大经典解读》，《清华大学学报》（哲学社会科学版）2003 年第 5 期第 18 卷。

扩散到广大受众那里。这个信息的两步流程，就是所谓的两级传播。除《人民的选择》外，他的代表作还有：《社会科学中的数学思考》《个人的影响：人在大众传播流通中的作用》和《社会学的应用》等。拉扎斯菲尔德一生的学术研究涉及多个方面，如失业、大众传播、选举与政治活动、教育与心理、社会研究方法与程序、数理社会学、市场研究等，传播研究只是他整个研究活动中的一个部分，由此也可看出，他深厚的社会学背景和数学方法对传播研究的渗透和影响。1943年，拉扎斯菲尔德正式加入美国籍，1976 年去世。

拉扎斯菲尔德对传播学的贡献：第一，开创了媒体效果研究的传统，这一传统成为美国大众传播研究中占统治地位的范式。第二，他通过收集资料的方法提出了调查方法论，包括收集不醒目的测度、焦点访谈、三角策略以及各种资料分析方法，并将民意测验的方法变成调查分析；第三，他开创了以大学为基础的研究机构的原型，使传播学首次被引入大学，与大学的各系相比，研究机构更灵活，更有侧重点，也不大容易因采纳了创新方向而受到批评。这种创新使得传播理论具有了行政研究的特色。①

十　哈罗德·德怀特·拉斯韦尔

哈罗德·德怀特·拉斯韦尔（Harold Dwight Lasswell，1902—1978），美国著名的政治学家。1902 年 2 月 13 日生于美国伊利诺伊州的唐尼尔逊，属于早慧的天才型人物，进入大学之前思想上就受马克思和弗洛伊德的影响，1918 年考入芝加哥大学，受到"芝加哥学派"领军人物罗伯特·帕克、象征互动论提出者乔治·米德、实用主义哲学家杜威等人思想的深深吸引和影响，4 年后拉斯韦尔获哲学学士学位。此后他又分别在伦敦大学、日内瓦大学、巴黎大学和柏林大学攻读研究生，24 岁获哲学博士学位，他的博士论文题为《世界大战中宣

———————

① ［美］E. M. 罗杰斯：《传学史——一种传记式的方法》，殷晓蓉译，上海译文出版社2002 年版，第 25 页。

29

传技巧》，集中探讨了第一次世界大战中的宣传活动，成为传播学的一篇重要文献。拉斯韦尔因此一举成名，为学术界所瞩目。1926年回母校芝加哥大学政治学系任教，其间还曾到我国燕京大学做过讲学活动。

拉斯韦尔还是美国行为主义政治学创始人之一。1922—1938年在芝加哥大学教授政治学；1939年在纽约社会研究新学院执教；1952年任耶鲁大学生法学院法学教授；1954年受聘任行为科学高级研究中心研究员；1955年当选美国政治学会会长；1978年12月18日在美国去世。终身未婚。

拉斯韦尔一生写了大量文章和著作，总数达600万言之多。1948年，他发表了一篇题为《社会传播的结构和功能》的文章。对传播学来说，这是一部纲领性的力作，一部传播学的独立宣言，它可被视为构筑传播学大厦的蓝图。①《社会传播的结构和功能》一文对传播学的意义主要体现在两方面：一是从内部结构上，分析了传播过程中的要素；二是从外部功能上，概括了传播活动的作用。拉斯韦尔认为，一个传播过程包含五大要素：谁（Who）、说什么（Say What）、通过什么渠道（In Which Channel）、对谁说（To Whom）、产生什么效果（With What Effect）。这五大要素及其相互关系可用一个模式来显示：

WHO 谁	WHAT 什么	WHICH CHANNEL 渠道	TO WHOM 向谁	WHAT EFFECT 效果

这就是著名的5W模式。它描述了任何一个传播过程都由五个部分组成：传播主体、传播内容、传播渠道、传播对象和传播效果，并提出五种与之相对应的传播研究：对应着"谁"即传播主体研究称为"控制分析"，对应着"说什么"即传播内容研究称为"内容分析"，对应着"通过什么渠道"即传播媒介研究称为"媒介分析"，对应着"对谁说"即传播对象研究称为"受众分析"，对应着"产生什么效果"即传播效果研究称为"效果分析"。这五种分析涵盖了传播研究

---

① 李彬：《传播学引论》（增补版），新华出版社2003年版，第71页。

的主要领域，一切真正致力于传播及其规律的科学探讨都离不开这五种分析。《社会传播的结构和功能》一文的第二点重要意义，就是从外部功能上概括了传播的三大作用或大三功能，即所谓监视环境、协调社会、传承文化，后来美国社会学家赖特又在此基础上增加了第四项功能——提供娱乐。拉斯韦尔的三大功能说，同他的五大要素论一样，对传播学来说都是开天辟地的事件，传播学自身的研究最初就是从这片新辟的天地中逐渐发展完善起来的。

在传播学领域，除了《世界大战中的宣传技巧》《社会传播的结构和功能》外，拉斯韦尔还编著有：《宣传与独裁》《世界革命宣传：芝加哥研究》《宣传、传播与公众舆论》《世界传播的未来：生活的质量与方式》《世界历史上的宣传与传播》等。

拉斯韦尔主要政治学著作有：《世界政治与个人不安全》《政治学：谁得到什么？什么时候和如何得到？》《政治面对经济》《权力与人格》等几十部。

拉斯韦尔对传播学的贡献主要表现在五个方面。第一，他的五 W模式导致了传播学对确定效果的重视[①]，"5W"模式，比较完善地描述了传播的过程，明确了传播学控制研究、内容分析、媒介研究、受众研究和效果研究五个基本内容，为当代传播学研究指明了方向，他还从政治学的角度着眼，分析了大众传播的三种基本功能：监视环境、协调社会以及文化传承，并分析了其可能存在的负功能，这为赖特等学者以后对传播功能作出进一步的理论阐述，奠定了基础；第二，他开创了内容分析方法，实际上发明了定性和定量测度传播信息的方法论[②]，由于该法精确定量的特色，为使传播学成为一门精确的科学立下了功勋；第三，他关于政治宣传和战时宣传的研究代表着一种重要的早期传播学类型，宣传分析已被纳入传播研究的一般体系中，是公认的"宣传和政治符号理论发展的先驱"；第四，他将弗洛伊德的精

---

① ［美］E. M. 罗杰斯：《传学史——一种传记式的方法》，殷晓蓉译，上海译文出版社2002年版，第242页。

② 同上书，第243页。

神分析理论引入美国社会科学，通过内容分析的途径将弗洛伊德的本我—自我—超我运用到政治学问题中，从本质上说，他在社会层面上运用了个体内部的弗洛伊德理论；第五，他帮助创办了政策学，这是一门将社会科学知识与公共行为整合起来的跨学科的运动。①

十一　威尔伯·施拉姆

威尔伯·施拉姆（Wilbur Schramm，1907—1987），第一位把传播学作为独立学科来研究，并力图使之系统化、正规化、完善化的人，被公认为"传播学鼻祖""传播学之父"。② 1907 年出生于美国俄亥俄州，父母都是音乐迷，受家庭环境熏陶，施拉姆从小就酷爱音乐。这个如今在传播学界言必提及的名字，在 1930 年时还寂寂无名，彼时的施拉姆还只是在美国哈佛大学攻读硕士学位的普通青年。1932 年，施拉姆进入衣阿华大学攻读文学博士，当时，他的理想是当一名长笛演奏家或作家。读书期间，他曾先后在《波士顿先驱报》和美联社做过兼职记者、编辑，1932 年，获得英国文学博士学位的施拉姆，在衣阿华大学心理学系随 C. E. 西肖尔③教授进行了 2 年有关言语行为的实验研究，在这里，他受到科学训练，学习了实验设计，实验室设备的使用，以及如何像一个心理学家那样思考问题，获得了定量研究的基本方法。

施拉姆的求学生涯之所以会从哈佛大学转入衣阿华大学，原因有二，一是因为哈佛高昂的学费对施拉姆形成了巨大的财务压力，二是衣阿华大学有全美最杰出的研究和治疗口吃的专家——L. E. 特拉维斯和 W. 约翰逊。施拉姆在 5 岁时因扁桃体手术而得了严重的口吃，这使他在讲话方面有严重困难，这种表达上的障碍后来对他的职业生涯产生了某种影响，并最终导致他进入传播领域。W. 约翰逊将口吃看

①　[美]E. M. 罗杰斯：《传学史——一种传记式的方法》，殷晓蓉译，上海译文出版社 2002 年版，第 243 页。

②　李彬：《传播学引论》（增补版），新华出版社 2003 年版，第 87 页。

③　C. E. 西肖尔，瑞典裔美国心理学家，开拓性的实验研究者。

作一种在今天会被称作是一个传播问题的东西，他把对口吃的治疗和研究与语言学理论联系起来，与一般的语义学联系起来。这个观点被施拉姆接受，并成为他早期对传播学感兴趣的一个理由，也因此使他在文学博士毕业后转后心理学领域的言语行为研究。

施拉姆虽在口头表达方面有问题，但他擅长写作。1935—1942年，他在衣阿华大英语系的写作班担任指导工作，他自己的小说在这一时期获得了"欧·享利短篇小说奖"。第二次世界大战爆发后，施拉姆成为华盛顿统计局和战时新闻局的教育主任，并在那时形成了他自己的传播学观。

1943年，施拉姆出任衣阿华大学新闻学院院长，创办了世界上最早的传播研究所，并第一个开设了大众传播的博士课程，这大概是传播学研究的滥觞。1947年，施拉姆就任伊利诺伊大学校长助理兼伊利诺伊大学出版社社长，在这里他出版了信息论的奠基之作——香农的《通信的数学理论》，该书的出版不仅引发了信息论的兴盛，而且对传播研究发生了重大影响，后期施拉姆信息传播模式的灵感和启发恰恰来自该书。20世纪40年代，施拉姆创办伊利诺伊大学传播研究所，它的成立第一次为传播研究提供了一个稳固的基地，从此传播研究有了大本营，传播研究由此开始走上正规化。[①] 1949年他编辑出版了《大众传播》一书，被视为传播学的第一部权威性教科书，书中收录了政治家、心理学家、社会学家、语言学家以及许多其他学科的专家对传播的论述，可以看出这一时期施拉姆对传播学的研究主要在于挖掘前人的传播研究成果，整理前人有关传播问题的有价值的思想学说。

1955年，施拉姆受聘为斯坦福大学传播学教授，创办了斯坦福大学传播研究所。从此，他便开始逐渐确立其传播学集大成者的学术地位，他的研究开始由以往单纯地挖掘整理传播学素材转向对各家学说的整合，继而构建传播学理论的自身体系。1956年，施拉姆参与撰写的《报刊的四种理论》出版，这部书虽然篇幅不大，但却立即在西方新闻传播界和学术研究界引起巨大反响。该书对有史以来和当时盛行

33

---

① 李彬：《传播学引论》（增补版），新华出版社2003年版，第89页。

的所有传播体制及传播观念进行了总结性的比较研究，当时便成为新闻与传播研究方面的经典之作。1964年，他应联合国教科文组织之邀撰写了《大众媒介与国家发展》一书，提出了一对很有名的概念——"大媒介"和"小媒介"。所谓大媒介，是指那些现代化程度高，需要调动大量人力、物力才能发展的媒介，如电影、电视、电脑教学等；所谓小媒介，是指那些花钱少、见效快的媒介，如幻灯、广播、教科书等。在他看来，发展中国家应首先发展小媒介，而不应模仿发达国家，盲目追逐大媒介。他的这种观点对今天的第三世界来讲，仍具有普遍现实意义。施拉姆也因这本书成为研究媒介与发展问题的权威。

1973年，65岁的施拉姆从美国加州漂洋过海来到夏威夷，创办了"东西方中心"传播研究所，并出任所长，这个中心是以研究亚太经济及社会发展问题为主的科研机构。年逾花甲的他开始全身心地投入国际传播研究领域，并在晚年完成了他最负盛名的代表作《男人、女人、信息、媒介》（中译本为《传播学概论》），这部书是第一部全面、系统地阐释传播学理论的著作，可说是施拉姆一生从事传播体系建构与完善的心血结晶，是其一生学术思想的总结性著作。虽然在此之前，他已是享誉海内外的传播学权威，但这部书的问世才最终确定了他作为传播学集大成者的学术地位。[①] 施拉姆的其他著作如今或许已很少有人去翻阅，但他的《传播学概论》至今仍是研究传播学的必读书。

施拉姆一生共写有30余部传播学论著，总计约500万字。这些著作可分为两大类：一类是理论性的，如《报刊的四种理论》；另一类是应用性，如《大众媒介与国家发展》。除勤奋笔耕、著书立说外，施拉姆还苦心孤诣培养了一批传播学研究生，造就了不少学有所成的后起之秀。当今美国许多独当一面的传播学学者都出自他门下，有的甚至还是他的学生。正是在他的精心培植下，到20世纪六七十年代便形成以他为学术领袖的施拉姆学派。该学派的兴起实际上也标志着传播学的诞生。它不仅是美国首屈一指的传播学流派，而且对传播学在

---

① 李彬：《传播学引论》（增补版），新华出版社2003年版，第91页。

全球范围的兴起也产生重大影响。在传播学界，施拉姆学派就如希腊奥林匹亚山上的众神，而施拉姆则是众神之王宙斯。[①]

根据上述总结施拉姆一生对传播学的贡献，主要表现在以下三方面：第一，他建立了最早的一批专门致力于传播学研究与教学的基地，并因此使传播学发展成一门独立的学科。第二，他培养了一大批传播学研究的后起之秀，为传播学科的未来发展提供了最初的研究者。第三，他出版了一系列流传甚广的传播学著作，包括迄今为止对传播学影响深远的《报刊的四种理论》和《传播学概论》等，这些著作构建了传播学科最初发展的基础框架。

简而言之，施拉姆一生对传播学的最大功绩就在于"集大成"。所谓"集大成"就是对许多与传播研究有关的学科和理论进行整理、提炼与综合，进而勾勒出它的框架结构，丰富和充实它的学说内容，使之具有独立学科的面貌。集大成的关键在于对他人已有成果的吸收、消化与借鉴，而不在于自己的独特创见、开拓与革新。他的学生、传播学者坦卡德，在一篇题为《威尔伯·施应姆：一门学科的完善者》（原文载美国的《新闻教育者》杂志愿者 1988 年秋季号）的评传文章中写道："施拉姆对这门学科的最大贡献或许并不在于他自己的理论观点——尽管这些理论观点也很重要，而在于他对传播的核心问题所勾勒的学说框架，也正是在这一点上，他使这门学科得到完善。"[②]

十二　卡尔·I. 霍夫兰

卡尔·I. 霍夫兰（Carl Hovland，1912—1961），传播学四大先驱之一，行为主义在社会心理学研究方面的代表人物，与传播学四大先驱中卢因和拉扎斯菲尔德一样，同属外来移民定居美国，不同的是，霍夫兰与拉斯韦尔一样都是土生土长的美国人。1912 年 6 月出生于芝加哥，在西北大学攻读学士学位和硕士学位，1934 年获得硕士学位，

35

---

① 李彬：《传播学引论》（增补版），新华出版社 2003 年版，第 91 页。
② 同上书，第 92 页。

1936 年获得耶鲁大学心理学博士学位，后跟随人类学杰出的行为主义学者 C. L. 赫尔学习。20 世纪 30 年代中期耶鲁大学的心理学极为出色，30 岁时他作为一名实验心理学家就已经名声远扬了。1942 年，霍夫兰被任命为美国陆军部信息和教育局研究处的首席心理学家，领导了一个有关士兵士气的研究项目，主要是对七部系列军事教育影片——说服材料的说服效果进行研究，这个项目旨在帮助美国陆军找到鼓舞士兵战斗的更有效手段。1945 年，霍夫兰返回耶鲁担任心理学系主任，这时他的研究转向了传播和说服领域，并把有关人类学习的思想带入传播学。1953 年，霍夫兰与贾尼斯、凯利等人进行了关于信源可信度的著名实验室研究，它代表着对于遵循线形模式的传播效果研究的一种精粹阐述，[①] 为后来的各种学者的数以千计的说服实验构建了模型研究设计。1961 年，49 岁的霍夫兰因癌症去世。

作为开宗立派的心理学家，霍夫兰是以探讨社会态度的形成与转变而闻名的。在研究态度的形成与转变时，他始终围绕着一个主题即"劝服"。通过探究如何劝说更见成效，如何开展传播更有利于态度的变化，霍夫兰的社会心理学研究实际上渗入传播学的效果分析领域，进而为传播学研究贡献了许多具有实际意义的观点。他的研究可分为两个阶段，第一阶段是第二次世界大战后期的 1943—1945 年，主要是对战时宣传问题特别是宣传的效果问题展开大规模研究；第二阶段，1945—1961 年，他在耶鲁大学继续进行劝服与态度改变的研究，并以他为核心形成了传播研究的耶鲁学派。耶鲁学派的研究旨在提出科学见解，以辨别哪些条件可使不同的劝服性传播的效果有所增强或减弱。耶鲁研究是霍夫兰领导的战时研究的继续，但它涉及的范围更广，探讨问题更深入，产生反响更大，在当时代表着传播研究的主流与方向。可以这样认为，霍夫兰传播研究的两个阶段是一脉相承的，后一阶段的耶鲁研究是前一阶段战时研究的扩大和延伸，前者是序幕，后者是高潮；前者为了大战，后者为了冷战，二者都直接服务于美国国家利

36

① ［美］E. M. 罗杰斯：《传学史——一种传记式的方法》，殷晓蓉译，上海译文出版社 2002 年版，第 396 页。

益。霍夫兰的著作主要是二战期间在美国陆军领导研究项目和战后在耶鲁研究小组的研究成果积累而成，因此成果形式多为与人合著，主要代表作有《大众传播实验》《传播与说服》《说服的表达次序》《态度的形成和改变》等。

霍夫兰对传播学的贡献在于：一是把心理实验方法引进传播学领域，开创了实验控制研究方法；二是他的研究揭示了传播效果形成的条件性和复杂性，为否认早期"魔弹论"效果观提供依据。[①] 霍夫兰的劝服艺术和传播技巧研究更关注具体的传播环节和实际的传播效果，代表了美国实用主义的研究取向，开了效果问题研究的风气之先，完善了传播学的理论体系，并一度支配传播学的发展，推动了传播学朝着独立学科的方向跃进。当然，霍夫兰的传播研究也存在局限性：他将传播放置在个人心理的微观层面，忽视了传播活动的整体特征，较少分析传播系统与社会系统的有机关联，缺乏传播研究的宏观视野。

十三 雅克·艾吕尔

雅克·艾吕尔（Jacques Ellul，1921—1994）法国社会理论家。1921 年生于法国，青年时期在波尔多大学和巴黎大学求学，同时接受马克思主义和耶稣基督信仰两种世界观，前者让他获得条理清晰的框架，用以解释和理解经济社会现实；后者给了他达到社会和人生境界的眼界，并使他对人类前途满怀信心。1936 年艾吕尔获得法学博士学位，由此开始他的教学生涯，担任教职时间不长，因反对法西斯运动被维希政府解除教职，后参加反对维希政府的抵抗运动，有短暂的从政经历。在政治理想破灭后，艾吕尔成为波尔多大学的法学、政治学教授，从此著书立说，论述现代社会问题，尤其是有关技术、宣传和大众社会总体性质的问题。他最早的成名作是《王国的存在》，该书展示了他对基督教知识分子角色的信仰。此后艾吕尔的研究触及广泛

37

---

① 熊澄宇：《传播学十大经典解读》，《清华大学学报》（哲学社会科学版）2003 年第 5 期第 18 卷。

的学科领域，从传播学到神学，到政治学都有涉及，但却有几个问题始终成为他研究的核心，它们是：传播、技术和宣传。艾吕尔一生著书约五十多本，发表各类文章和论文约一千多篇，主要代表作是：《技术社会》《宣传：态度的形成》《技术系统》《语词的羞辱》《技术的悬崖》《技术垄断》等。由于长期生病，艾吕尔于 1994 年去世。

艾吕尔本人从来就不是真正意义上的媒介研究者，但他广泛的研究领域，使他在研究社会时把重点放在了媒介及媒介与社会的关系上，所以，他的许多研究在事实上预示和拓宽了后来成为媒介环境学领域的主题，被认为是媒介环境学派的先驱人物，他的媒介思想主要体现在以下几方面。

首先，关于现代社会和现代传播技术的尖锐评述。艾吕尔认为，越是依靠传播的技术手段，人们就越不能互相了解。媒介不会给跨越边界的交流带来更多理解，而是妨碍深思熟虑的思想，干扰注意力，使人看不见自己面对的真正问题，使人不可能实现真正的交流。

其次，艾吕尔强调技术是现代社会的界定性特征。这个观点与芒福德一致，但艾吕尔强调的是技术固有的意识方式对技术手段过分依赖。过去若干代技术的特征，与其说是技术本身的特征，不如说是人在多大程度上有技术的意识。艾吕尔的理解是，技术预设压倒了文化价值。在他看来，技术本身不是问题，问题在于人的意识。

最后，艾吕尔表达了对语词或不同传播技术的关切。他认为，无论口语或书面词都产生一种重要的视角和存在，形象则不可能产生这样的视角和存在。口语也好，文字也好，一切语词都诱发批判性反思和论辩的复杂性，然而，形象却颠覆这种批判性反思，使人受情感的支配。艾吕尔强调，视觉和线性结构是对立的，同时关于口语和形象对人意识的影响作了区别：口语需要序列结构的、条理清晰的思想，口语有助于抽象和反思；而形象是直接而强大的实体，形象没有鼓励批判性思维的手段，更不会需要批判性思维。

上述关于媒介的理论阐述并不能让艾吕尔的传播学者身份清晰起来，他本人只是关心社会发展中技术至上的社会政治维度，并未对具体的传播问题给予足够研究，但仅就媒介与社会的研究，他的技术意识视野，则已经给媒介研究，尤其是新媒介技术条件下的传播研究带来很大启示。①

十四 刘易斯·芒福德

刘易斯·芒福德（Lewis Mumford，1895—1990），被认为是工业时代的第一位先知②，媒介环境学派的奠基人，遗憾的是他的奠基作用常常被人忘却。芒福德 1895 年出生于美国纽约昆士区的弗拉辛小区，他的母亲艾尔维纳，是个德国移民，工人阶级，新教徒，有短暂婚史，母亲保留了前夫的姓作为芒福德的名。童年的芒福德常常陪爷爷在纽约街头散步，耳闻目睹纽约的物理景观和人口构成的变化，在他的成长期，新的建筑、运输和传播形式强有力地改变着城市的面貌，同时也改变着文化的结构。少年时期的经历使他爱上了城市社区研究，并在他身上注入了一种浓厚兴趣，使他经久不衰地把城市、建筑和技术作为研究课题。1912 年，芒福德毕业于斯图维森特中学，在纽约城市学院夜校部有过短暂学习，继而先后在纽约社会研究新型学院（现已更名为新型学院）、哥伦比亚大学、纽约大学选修一些课程，但他更喜欢自己探索思想的世界，在图书馆里度过了大量的青年时光，他把图书馆当作世俗的教会，广泛涉猎各种研究领域，这形成了他思想和学术成就的跨学科性，使他的研究具有百科全书式的广度。1915—1916 年，芒福德开始接触帕特里克·格迪斯论城市规划的著作，后者是苏格兰生物学家、城市规划理论家、社会学家和教育学家，同时，格迪斯被认为是人类生态学之父。他对芒福德产生了重要影响，主要为以下三方面：第一，格迪斯给了芒福德生态学的视角；第二，格迪斯跨学科、通才型的思维方式、治学方法和城市规划视野对芒福德研

39

---

① ［美］林文刚编：《媒介环境学——思维沿革与多维视野》，何道宽译，北京大学出版社 2007 年版，第 78—81 页。

② 同上书，第 51 页。

究视域的形成有所影响；第三，格迪斯关于知识分子应该行动的观点对芒福德有深远影响，这种影响可在芒福德积极推动生态区域规划，发起成立美国区域规划学会的实践中看到。①

1918 年前后，芒福德在海军服役一年，期间曾在马萨诸塞州剑桥的无线电学校接受过培训。1919 年他参与了文学批评杂志《日晷》的工作，在这里认识了杜威和凡勃伦。凡勃伦是芝加哥大学经济学家，芒福德曾在纽约社会研究新型学院选修过他的课程，凡勃伦是对芒福德思想发展产生重要影响的另一人。

20 世纪 20 年代芒福德开始在美国思想界展露头脚，先后出版四本书：《乌托邦的故事》《柱头与石头》《黄金岁月》和《赫尔曼·梅尔维尔传》。在这段时间，他组建了美国区域规划学会。到 20 年代末，他应聘到特茅斯大学做访问教授，参与《纽约客》杂志的编辑。1931 年，他出版了《褐色年代》一书，1934 年，他被聘为纽约市教育董事会董事，此外，他还出版了"生命复兴"系列丛书，包括《技艺与文明》和《城市文化》。第二次世界大战期间，芒福德的独子在意大利阵亡，由此，他展开了对军事力量的严厉批判，出版了一系列论著：《人类必须行动》《生活的信念》《以建筑透视南部》《人类的境遇》和《城市的发展》等。这一时期，他还担任斯坦福大学人文学院院长。战后芒福德参加了反对发展原子武器运动，和罗伯特·摩西——美国城市规划史上的标志人物，展开了旷日持久的论战，因此而成就了"20 世纪最重要的城市政策辩论之一"。1951 年，他应聘成为宾西法尼亚大学访问教授；1957 年，他又应聘担任麻省理工学院访问教授，期间出版了《生存的价值》《绿色的追思》《生命的操守》《艺术与技术》《以心智健全的名义》《从基础做起》《人类的变化》《历史名城》和《公路和城市》等。20 世纪 60 年代，芒福德参加了反战运动，同时获得了总统自由勋章。60 年代末，他完成了关于科技史和文化史的两部作品：《机器的神话之一：技术与人类发展》和《机器的

40

---

① ［美］林文刚编：《媒介环境学——思维沿革与多维视野》，何道宽译，北京大学出版社2007 年版，第 55 页。

神话之二：权力的五边形》，这两本书成为他的学术顶峰，1968 年，他论述城市的最后一部重要著作《都市的前景》面世。芒福德晚年著作有论文集《解释和预言》，三部自传：《发现和保存》《著述与岁月》和《生命的素描》。

芒福德的一生可用叹为观止来形容，关系曲折的家庭环境，波折辗转的求学经历，丰富的人生经历：经历了两次世界大战，经受了战争带来的丧子之痛，见证了美国的崛起和快速发展，波澜起伏的时代给了他波澜壮阔的人生。青年时期没有获得任何学位，晚年却成为多个学科的开山之父，尽享庆贺、荣誉嘉奖，包括 1972 年的全国文学奖章和 1986 年的全国艺术奖章，1990 年，刘易斯·芒福德去世，享年94 岁。

芒福德的思想遗产主要有四方面。第一是关于技术历史分期。芒福德以技术作为历史分期的主要依据和界限，把机器和机器文明的发展划分为"三个前后相继，但互相交叠和互相渗透的阶段"：前技术阶段（约公元 1000—1750 年）、旧技术阶段（1750 年之后）和新技术阶段（20 世纪发轫）。[1] 他认为，文明的不同阶段实际上是机器产生的结果，而技术的形态是产生结果的原因，这一理论的意义在于，给后续研究者勾勒了一个人类历史的新视角：技术的领导作用。这一研究成果为后来的技术研究搭建了舞台，在尼尔·波兹曼的《技术垄断》一书中，波兹曼提出了三个技术时代：工具使用时代、技术统治时代和技术垄断时代，大体相当于芒福德的技术历史分期。

第二是关于技术有机论。"技术有机"这个专用术语，芒福德本人并未明确使用过，但这个观点以多种方式体现在他的思想中。芒福德认为，技术和生物间的分割是人为的，是机械化和工业化的结果。在《艺术与技术》里，他揭示了技术和生物有机力量间的相似性，并在《技术与人类发展》一书中，把这个观点向前推进了一步，认为技术是有机现象的一部分，主张有机力量、审美力量和技术力量间的平

41

---

[1] ［美］林文刚编：《媒介环境学——思维沿革与多维视野》，何道宽译，北京大学出版社 2007 年版，第 58 页。

衡，认为新技术时代能够扭转旧技术时代的偏向，从而导致生命的复兴。此外，芒福德还提出技术即容器的观点，这一理论更接近媒介环境的观念或技术系统的观念。

第三是关于对"王者机器"的批判。在《技艺与文明》一书中，芒福德提出了两极对立的机器意识形态和有机论意识形态的观点。机器意识形态的基础是秩序、控制、效率和权力，有机论意识形态则扎根于生命、生存和繁殖。芒福德在思考两者发生相互逆转时提出了"王者机器"的概念：现代强权国家只不过是古代官僚军事体制的现代版，只不过是古代官僚军事体制极度放大的版本而已，这个体制叫王者机器，也就是用人体配件组成的劳动机器。其间，芒福德揉合了伊尼斯、麦克卢汉和艾吕尔的洞见，形成了自己的技术生态思想，并终其一生都在反抗王者机器的意识形态，因为正如芒福德自己所云，古今王者机器最重要的共同特征是："古今王者机器都有一个潜隐的共同意识形态的纽带，为了加强权力复合体，为了扩大控制范围，它们都忽视生命的需求与宗旨"。

第四是关于生态伦理观。首先，芒福德肯定人的能动作用，强调个人责任，他主张积极行动参与公共事务，在他看来，伦理就是对整个世界的关怀；其次，他倡导理性与规划。芒福德在技术膨胀里看到了人们渴望权力的非理性驱动力，看到了位于其核心的利润驱动，这种非理性会把人们推向异化边缘，并导致人性的丧失。他认为，唯一的出路就是有意识地践行理性的思考，用理性来指导行动，并学会用逻辑来设计更稳定、持久和公平的生活安排；最后，芒福德认为，即使面对王者机器和超级技术，通过有机论来获救的可能性是存在的。

他希望和憧憬技术有机论的未来，希望机器重新回到人们的掌控中，希望机器进入有机和谐与生态平衡的状态。因为生态伦理的含义是和谐与平衡，是比例均衡的意识。①

芒福德一生的学术著作主要围绕技术和城市展开，虽然在芒福德

42

———————

① ［美］林文刚编：《媒介环境学——思维沿革与多维视野》，何道宽译，北京大学出版社2007年版，第58—70页。

的技术哲学中并未有大篇幅的关于媒介的讨论，但作为技术的媒介依然是他关注的重要内容，且他的思想始终贯穿着对人和人性的关注，被称为人文主义学者。芒福德关于技术哲学的思想及浓厚的人文关怀深刻影响了媒介环境学派的后继者，成为媒介环境学派的先驱和奠基者。①

十五　哈罗德·伊尼斯

哈罗德·伊尼斯（1894—1952）被誉为北美 20 世纪传播和媒介研究领域中最富原创性、最深刻的思想家之一。② 1894 年，伊尼斯出生于加拿大安大略省西南部的一个农业小镇奥特维尔，他上的小学是典型的只有一间农舍的学校，上学往返的铁路叫大干线，他接触这种交通运输工具，耳闻来来往往的人讲述这种交输工具，开阔了眼界，使他接触到历史地理思想，这些思想在他的学术生涯中都有所展现。青年伊尼斯求学于浸礼会的麦克马斯特大学，毕业后应征入伍，成为一个信号兵，这个岗位对他后期的媒介史研究或许有相当重要的意义。③第一次世界大战动用的运输工具和通信工具无所不包——从牲口到飞机，从信鸽到无线电，这次战争成为验证技术史和传播史的一个横剖面，伊尼斯的信号兵经历恰好让他把握了这个见证历史的机会。1917年，伊尼斯在维米岭战役中负伤回国，战后继续他的学业，获得麦克马斯特大学硕士学位，后进入美国芝加哥大学攻读经济学博士学位，师从社会学巨匠罗伯特·帕克，被麦克卢汉认为是芝加哥学派的杰出代表。在这里伊尼斯还成就了他的婚姻——妻子是他在芝加哥大学教过的一位本科生，玛丽·魁尔·伊尼斯。拿到博士学位后，伊尼斯返回多伦多大学在政治经济学系任教，期间芝加哥大学曾多次以优厚待遇请他回去执教，都被婉言谢绝。

43

---

①　刘婷：《芒福德的媒介思想及其对媒介环境学派的影响——基于人文主义的视角》，《东南传播》2012 年第 7 期。

②　［美］林文刚编：《媒介环境学——思维沿革与多维视野》，何道宽译，北京大学出版社2007 年版，第 106 页。

③　同上书，第 108 页。

20 世纪 30—40 年代，伊尼斯的主要研究领域是：铁路、皮货贸易、木材、矿产品、捕鱼业、小麦等，这些研究领域形成了他的"大宗初级产品论"。第二次世界大战爆发后，他从大宗产品纸浆和纸张的研究追溯到后继各个阶段——报纸、新闻、书籍和广告，由此开始进入新兴的传播研究领域，与此相关的最早的论文是 1946 年发表的《报纸在经济发展中的作用》。伊尼斯的传播学研究尤其倾向于传播在古今文明历史中的作用，导致这种研究倾向的一个重要影响因素是古典学术。多伦多大学的古典学术是北美最优秀的系科，该领域的领袖人物查尔斯·诺里斯·柯克雷因和爱德华·托马斯·欧文对伊尼斯的影响最重要，他在 1950 年出版的《帝国与传播》自序里表达了此种影响。

1947 年伊尼斯被任命为多伦多大学研究生院院长，不久，牛津大学邀请他去做系列讲座，讲稿最终成书为《帝国与传播》，讲稿的素材取自于他不曾问世的《传播史》手稿和论古代文明和古典文明的材料。次年《传播的偏向》出版，进一步阐述了传播与文化的相关概念和思想。伊尼斯一生的研究分为两个阶段：前期是纯粹的经济学家、经济史学家，主要代表作有：《加拿大太平洋铁路史》《加拿大皮货贸易》《加拿大经济史导论》《鳕鱼业：一部国际经济史》等；后期成为历史哲学家、媒介理论家、传播学家，两本代表作成为传播学的经典，它们是《帝国与传播》和《传播的偏向》。

以政治经济学为本位研究的伊尼斯，在传播史与文明史的研究中也独树一帜，他开创了"媒介决定论"，成为媒介环境学派的先驱。他的媒介思想的理论主要有以下几方面：一是传播偏向论。伊尼斯认为，任何媒介都有时间偏向和空间偏向，大体分为：口头传播的偏向与书面传播的偏向、时间的偏向与空间的偏向。易于长久保存却不便远距离运输的媒介，属于时间偏向媒介，如汉字、羊皮纸、书籍等，它们利于树立权威，从而形成等级性社会体制；便于远距离传送但长久保存性差的媒介，属于空间偏向性媒介，如拼音文字、电报、广播等，这种媒介有利于远距离管理和控制，从而形成中央集权但等级性不强的社会体制。二是媒介对社会的影响。伊尼斯认为，媒介的形态对社会形态、社会心理都产生深重的影响。他断言，"一种新媒介的长处，将导致一种新文明的产生。"① 他把传播技术视为政治和经济进步的基础。三是文明分期。伊尼斯对文明的分期与麦克卢汉一样，都是以媒介为划分标准，只是比麦克卢汉更细，共分为9个时期：①埃及文明（莎草纸和圣书文字）；②希腊—罗马文明（拼音字母）；③中世纪时期（羊皮纸和抄本）；④中国纸笔时期；⑤印刷术初期；⑥启蒙时期（报纸的诞生）；⑦机器印刷时期（印刷机、铸字机、铅版、机制纸等）；⑧电影时期；⑨广播时期；② 这种历史分期来自于伊尼斯的理论认知：文化在时间上的延续和空间上的延展，主要源于它能否调动一个民族的思想资源，③ 而这又被媒介所决定和影响；四是知识垄断。伊尼斯认为，由主导媒介造成的知识垄断，使知识和权力集中在富裕的权势集团手中，要避免知识垄断才能避免文明的危机。④ 形成知识垄断的两个条件是：主要媒介的占有和媒介使用技能的掌握。伊尼斯的上述思想虽以媒介为主线，但最终指向是西方世界咄咄逼人的扩展文明，他的研究也算是对西方文明危机开的一剂救治良方。

伊尼斯的研究特征是构拟宏大模式，从内部深挖历史运行机制，推出"总体场论"。他跳脱了芝加哥学派专注于小社区的微观研究，研究兴趣不仅在不列颠帝国，还包括西方历史上的其他帝国和东方帝国，这种宏观历史的研究方法，后来成为媒介环境学派主流方法和理论特色。伊尼斯的思想经麦克卢汉的继承与发扬，成为20世纪最显赫的传播学思想，并成为媒介环境学派的思想源流。

十六　马歇尔·麦克卢汉

马歇尔·麦克卢汉（Marshall Mcluhan，1911—1980），加拿大文

45

---

① ［加］哈罗德·伊尼斯：《传播的偏向》，何道宽译，中国人民大学出版社2003年版，译者序，第11页。

② 何道宽：《加拿大传播学派的双星——伊尼斯与麦克卢汉》，《深圳大学学报》（人文社会科学版）2002年第19卷。

③ ［加］哈罗德·伊尼斯：《传播的偏向》，何道宽译，中国人民大学出版社2003年版，译者序，第8页。

④ 同上书，第13页。

学批评家、传播学家，传播学媒介环境学派一代宗师，被誉为 20 世纪的"思想家""先知""圣人"。① 1911 年 7 月 1 日，麦克卢汉出生于加拿大艾伯塔省埃德蒙顿市，他的父亲喜欢哲学和心理学，是个虔诚的宗教徒，他的母亲深谙讲演术和朗诵技巧，麦克卢汉 5 岁时，他们举家迁往曼尼托巴省的温尼伯市。1933 年，青年麦克卢汉在曼尼托巴大学拿到学士学位，荣获文理科金质奖章。次年又在母校获硕士学位，1934—1936 年求学于英国剑桥大学，深受文学批评大师理查兹②、燕卜荪③和利维斯④的影响，他们的文学批评方法使麦克卢汉的注意力开始从文本内容转向文本形式，"媒介即讯息"的灵感或就产生于此。麦克卢汉先后获得剑桥大学学士、硕士和博士学位，毕业后的 1936—1940 年，他曾先后在美国的威斯康星大学、圣路易斯大学执教，1940 年回到加拿大阿桑普星大学教授英语和文学，1946 年转至多伦多大学任教，在这里麦克卢汉结识了哈罗德·伊尼斯，并结下深厚友谊。伊尼斯关于媒介属性的研究给麦克卢汉提供了灵感，可以说要想研究麦克卢汉，伊尼斯是个重要人物。除了在纽约市的福德汉姆大学讲学一年外，他的余生都在多伦多的生活和教学中度过，1979 年，麦克卢汉中风，丧失语言能力，1980 年 12 月 31 日在睡眠中去世。

麦克卢汉的学术生涯始于 20 世纪 40 年代中叶，初露锋芒的成果发表在标准的学术刊物上。他的第一部专著是 1951 年出版的《机器新娘》，这本书分析的是报纸、广播、电影和广告产生的社会冲击和心理影响。50 年代，他用福特基金会的赞助费创办《探索》期刊，成为北美最重要的跨学科杂志之一。1959 年，他成为全美教育台和教育署"媒介工程"项目的主持人，这个项目的成果就是《理解媒介》的初

46

---

① 戴元光主编：《影响传播学发展的西方学人》，中国大百科全书出版社 2012 年版，第 218 页。

② 理查兹（A. Richards, 1893—1979），英国文学评论家和诗人，"新批评"代表人物，代表作有《意义之意义》《实用批评》《内心的对话》等。

③ 燕卜荪（William Empson, 1906—1984），英国文学批评家、诗人，著有《晦涩的七种类型》，20 世纪中叶曾在西南联大和北京大学执教。

④ 利维斯（E. R. Leavis, 1895—1978）英国文学批评家，"新批评"主帅之一，著有《英国诗歌的新方向》《伟大的传统》《文化与环境》等。

稿。自1963年起，麦克卢汉执掌多伦多大学文化与技术研究所，使之成为一个颇具规模的传播学文化产业基地。1964年《理解媒介》的出版，使麦克卢汉成为名噪一时的风云人物。麦克卢汉的声誉沉浮颇具戏剧性，他在世时，毁誉之声，别若天壤。90年代，他的声誉重新崛起。今天，他的思想不仅顽强地保存下来，而且仍然雄踞传播理论的首要地位。麦克卢汉一生主要著作：《机器新娘》（1951）、《谷登堡星汉：印刷人的诞生》（1962）、《理解媒介：论人的延伸》（1964）、《媒介即讯息：效果一览》（1967）。

麦克卢汉曾在20世纪60年代被《纽约先驱论坛报》列为牛顿、达尔文、弗洛伊德和爱因斯坦之后"最重要的思想家"，[1] 这种评价今天看来不论是否有过誉之嫌，但有一点可以肯定，麦克卢汉的思想检视历史过往，预言未来社会，为人类社会发展贡献了有益的思考，且这种思考正在被现实证明极有价值。麦克卢汉首创媒介论、预言地球村、互联网和重新部落化的社会，他的媒介思想的基本观点是：传播媒介是文明历史的中心主题，并由此得出若干结论，主要包括媒介延伸论、媒介冷热论等，其中对传播学带来最大冲击的是媒介讯息论，即媒介形式远比媒介内容重要，这个著名论断认为，由媒介形式上的任何进展所引起的人类的规模、步伐或类型上的变化，这是媒介形式除了传递媒介内容之外给人类社会带来的"信息"。媒介讯息论是麦氏媒介观的核心所在，是凝聚麦氏学说之精华的结晶，这种媒介观强调和突出媒介本身对人类社会和历史发展所起的巨大作用，而这种作用同媒介所传播的具体信息无关，或关系甚微。这一思想的提出和阐述，突破了美国传播学研究的传统，从文化角度对媒介形式本身进行探讨，并赋予媒介形式以前所未有的意义，由伊尼斯开始，麦克卢汉继承发扬，传播学界开始倡导并强化媒介技术研究，并形成了媒介环境学派，这二人也因此成为加拿大传播学派的璀璨双星。

47

---

[1]　李彬：《传播学引论》（增补版），新华出版社2003年版，第208页。

十七 尼尔·波兹曼

尼尔·波兹曼（Neil Postman，1931—2003），美国英语教育家、媒介理论家、社会批评家、媒介环境学派第二代精神领袖。1931年生于纽约，1953年毕业于纽约州立大学弗雷德尼亚分校，分别于1955年、1958年在哥伦比亚大学教育学院取得硕士及博士学位。1959年开始在纽约大学执教，1971年他在该校斯坦哈特教育学院首创了媒介环境学的研究生课程，1993年获教授衔，并任该校文化与传媒系主任，直到2002年。2003年10月5日波兹曼因肺癌在纽约皇后区法拉盛辞世。

波兹曼一生出版著作二十余部，发表论文及各类文章两百多篇。他学术生涯的第一本书是《电视和英语教学》，这也是他最重要的著作之一，在此书中波兹曼展示了媒介环境学的基本蓝图，之后陆续出版了与人合著的七本英语教材。成就和奠定波兹曼媒介环境学派领袖地位的著作主要是《童年的消逝：家庭生活的社会史》《娱乐至死：娱乐时代的公共话语》《技术垄断：文化向技术投降》，除此之外的作品还包括：《作为保存活动的教学》《认真的反对：给语言、技术和教育找麻烦》《如何看电视新闻》《教育的终结：重新界定学校价值》《修建通向18世纪的桥梁：历史如何帮助改进未来》等。

波兹曼的媒介环境学思想主要围绕三个主题展开：媒介隐喻论、技术垄断批判和媒介教育。首先，媒介隐喻论是关于媒介的静态与影响分析，它强调了媒介自身的力量，传播的效果来自媒介本身而不是传播的内容。在波兹曼看来，媒介从来都不是中性的，任何媒介都有自身的意识形态，媒介像是一种隐喻，用一种隐蔽但有力的暗示来定义现实世界。其次，波兹曼所定义的"技术垄断"是指技术专制文化，在这样的文化中，技术对我们的世界和生活施行的一种全面而独特的控制。它存在于技术的神化，表现为文化在技术中寻求认可和满足，并听命于技术。波兹曼对技术垄断文化持尖锐批评的态度，认为技术垄断文化是非人性的，人类在技术垄断文化中正在被技术异化。最后，波兹曼被视为美国媒介教育、媒介素养运动的奠基人，他的媒介环境学思想发轫于一个这样的假设：媒介影响教育，又必须是教育的主要课题。每一种媒介既直接影响我们使用和依赖媒介时能知道什么，又影响我们如何了解这些东西。波兹曼在构建媒介环境学理论时，遵循着类似生态平衡的平衡观。生态系统只有在平衡中才能长久的稳定，文化也一样，只有保持文化的平衡才能确保文化平稳与发展，文化若要保持平衡，最主要的调节机制就是教育，波兹曼强调媒介教育，尝试着用媒介教育来制衡技术的滥用，以确保文化系统的平衡。①

波兹曼一生最大的贡献在于，扮演了创建媒介环境学的首要角色，1970 年他在纽约大学创办了媒介环境学的博士点，这是媒介环境学制度化的标志，自此，波兹曼的名字最紧密地和媒介环境学及其一切所指联系在一起。他对后来者理解媒介的根源、沿革做出的一切贡献，构成了媒介环境学的总体理论，提供了一个内涵严密、说服性强和富有孳生力的视野，有助于理解媒介、文化以及作为文化的媒介。②

十八　保罗·莱文森

保罗·莱文森（Paul Levinson，1947— ）美国媒介理论家、科幻小说家、大学教授、教育公司总裁，社会批评家、音乐人、北美第三代媒介环境学派的代表人物，当代纽约学派的领军人物。③ 1947 年出生于美国纽约的布朗克拉斯，少年时期就读于纽约克里斯多佛哥伦布高中。1963—1967 年，莱文森在库尼城市学院主修心理学和社会学。1975 年取得纽约大学新闻专业学士学位，同年进入福德汉姆大学攻读媒介研究方面的硕士学位。1976 年莱文森到纽约大学攻读"媒介环境学"博士学位，师从媒介环境学纽约学派主要奠基人尼尔·波兹曼，并在他的举荐下为麦克卢汉的论文《媒介定律》写序，由此使莱文森结识

49

---

① 熊楚：《尼尔·波兹曼媒介环境学思想研究》，硕士学位论文，中南大学，2011 年，第 21 页。

② ［美］林文刚编：《媒介环境学：思想沿革与多维视野》，何道宽译，北京大学出版社 2007 年版，第 153 页。

③ 戴元光、夏寅：《莱文森对麦克卢汉媒介思想的继承与修正——兼论媒介进化论及理论来源》，《国际新闻界》2010 年第 4 期。

了麦克卢汉，成为其私交弟子。之后，莱文森受聘于多个高等学府，主要教授传播理论，从教 30 多年。莱文森是个多面手，立体型的知识分子，如果以年代为纲对其人生历程的梳理根本无法为他勾勒清晰的画像，在他身上完美体现了哲学、文学、美学、音乐与社会科学的结合。以下是他重要的人生标签。

20 岁刚出头，他创作、制作和演唱摇滚音乐，小有名气。

1979 年，以博士论文《人类历程回放：媒介进化理论》展露头脚，独创了"人性化趋势"和"补救性媒介"理论，奠定了媒介理论家的地位。后陆续出版《追求真理：波普尔哲学纪念文集》《思想无羁：技术时代的认识论》《软边缘：信息革命的自然历史与未来》《数字麦克卢汉：信息化新纪元指南》《真实空间：飞天梦解析》《手机：挡不住的呼唤》《新新媒介》《学习赛博空间》等。

1998—2001 年，他任美国科幻协会会长，科幻小说创作成就卓著，屡次获奖，共有作品二十余种，其中长篇五部：《丝绸密码》《松鼠炸弹》《记忆的丧失》《出入银河系》《拯救苏格拉底》等。

他是媒介理论的践行者。大学教授中率先使用、研究最新潮的电子媒介和新新媒介者，入选美国十大"微博客"的教授方阵。1985 年创建"联合教育公司"，与传统大学合作，开设网络课程，授予传播学硕士学位。

他是著名的社会批评家，评论时政、媒体、电影、广电节目，数百次上广播、电视、互联网发表评论、接受访谈、参与讨论。

莱文森的多才多艺描画出了一个立体型的跨学科奇才，他在多个领域成就卓著，却贯穿一个视角：媒介理论。在当今传播媒介研究领域被誉为"数字时代的麦克卢汉""后麦克卢汉第一人"等称号。

作为北美传播学媒介环境学派第三代领军人物的莱文森，他的媒介理论首先是对偶像麦克卢汉和恩师波兹曼思想的继承、诠释，在此基础上发展、超越并形成了以"媒介进化论"为核心的独特媒介理论。莱文森认为，"媒介进化是一种系统内的自调节和自组织，其机制就是补救媒介，即后生媒介对先生媒体有补救作用。"具体而言，莱文森的媒介进化论涵盖了三个主要理论，即"人性化趋势理论"

"补救性媒介理论"和"软媒介决定论"。人性化趋势理论是莱文森在他的博士论文里提出的，他认为，媒介进化的趋势并非具有越来越多的人为痕迹，而是越来越满足人的自然感知和自然需要。人类技术开发的历史说明，技术发展的趋势越来越像人，技术在模仿、复制人的感知模式和认知模式。补救性媒介理论是莱文森媒介进化论的核心观点，该理论用以说明人在媒介演化中进行的理性选择。在他看来，任何一种后继的媒介都是一种补救性措施，都是对一种先行媒介功能的补救或补偿。换言之，人类的技术越来越完美，越来越人性。软媒介决定论，是莱文森对学术偶像麦克卢汉技术决定论——硬媒介决定论的修正。他说"有些媒介学家认为信息系统对社会具有必然的、不可抗拒的影响，他们称这种关系为硬媒介决定论……理智地讲，媒介很少产生绝对的不可避免的社会结果。相反，它们提供事件产生的可能性，事件的状态和影响是诸多因素的结果，而不仅仅是信息技术的结果，这种关系为软媒介决定论。"① 莱文森认为，"人类发明的所有信息技术，没有任何一种技术能够和我们人类基本要素的语言中心相提并论，除非它是对语言的超越和通过某种方式所进行的替代。但是，这些技术还是在有限的层次上对我们的生存产生了深远影响。"② 他的这种表达或多或少地让传播技术决定论的观点走向折中。莱文森以技术乐观主义者自居，他的媒介演进路线图谱散发着浓郁的技术乐观主义，彻底丢掉了前辈们"技术悲观主义"的情绪，成为媒介环境学派的第三代中坚人物。

51

十九 詹姆斯·W. 凯瑞

詹姆斯·W. 凯瑞（James W. Carey，1934—2006），美国著名传播学者、新闻教育家、文化历史学家、媒体批评家，被德裔美国传播学

① ［美］保罗·莱文森：《软边缘：信息革命的历史与未来》，熊澄宇等译，清华大学出版社 2002 年版，第 3 页。

② 同上书，第 2—3 页。

家、美国批判传播研究的代表人物汉诺·哈特誉为美国文化研究"最杰出的代表",继李普曼之后最有影响的新闻思想家。① 凯瑞 1934 年出生于美国罗德岛州的普罗维登斯,他的家位于普罗维登斯北部边界处的 Woonasquatucket 河边,是一个传统的爱尔兰天主教家庭。凯瑞的家庭在大萧条中受到巨大影响,一直过着起伏不定的生活,家里的女人们都在工厂工作,他的家庭积极参加当时的社会运动,这让凯瑞形成了天主教工人联合的宗教传统。凯瑞有五个姊妹,他是六个孩子中的次子,也是家里第一位大学生,他的求学经历十分曲折。凯瑞小学一年级时被查出患有罕见心脏病,这种病几乎致命,且无药可医,凯瑞只能退学回家,体弱多病的他并没有消沉,他每天大部分时间用于读书,和退休的邻居们聊天,做些公益事业等,这不仅培养了他阅读和深入思考的习惯,而且这种和"没有工作的成年人闲荡"的街头教育让他在以后的学术生涯里认为,学科边界的划分是没有意义的。② 由于身体原因,直到 1948 年,凯瑞才进入中学,1950 年凯瑞在普罗维登斯一家广告公司任职以补贴家用,后获得了州政府为残疾人在罗德岛大学提供的奖学金,1952 年秋凯瑞进入这所大学学习工商管理,并在这里结识了他的妻子伊丽莎白·吉尔曼,两人于 1957 年结婚。1959 年,凯瑞获伊利诺伊大学广告学硕士学位,1963 年取得该大学新闻与广告学博士学位,并留在伊利诺伊大学任教,1979—1992 年任该校传播学院院长,1978 年当选新闻教育学会会长(现已更名为新闻教育与大众传播学会/AEJMC)。1993 年,他转到哥伦比亚大学新闻学院任教,直到 2006 年 5 月他因肺气肿去世,享年 72 岁。

凯瑞一生编著有《媒介、神话与叙事:电视与新闻》《作为文化的传播》《转变时代观念》《詹姆斯·W. 凯瑞——一个批判性读者》等 4 部论文集,发表百余篇学术论文。他的研究传统不同于经验学派

---

① 转引自戴元光主编《影响传播学发展的西方学人》,中国大百科全书出版社 2012 年版,第 464 页。

② 周鸿雁:《仪式华盖下的传播——詹姆斯·W. 凯瑞传播思想研究》,博士学位论文,上海大学,2011 年,第 36 页。

和批判学派，但又对两者有所结合，他的研究学统是以文化为路径，以杜威为代表的早期芝加哥学派和以经济学家的眼光研究媒介的英尼斯；在方法论方面，他信奉格尔兹①的文本阐释。他的学术志趣和理想用他自己的话来表达就是："一种历史的、经验的、阐释的和批判的学术型研究模式。"

　　凯瑞从事新闻、传播学教育与研究长达 40 余年，学术思想十分丰富多彩，他的主要学术贡献在以下几方面：第一，提出两种传播观的划分，开辟了传播学研究的新视野。凯瑞从传播的两种源头分析入手，提出了传播的传递观和传播的仪式观的命题。传播的传递观源自地理和运输的隐喻，指的是为了达到控制的目的，把信号或讯息从一端传送至另一端。② 传递观的核心在于讯息在地理上的拓展（以控制为目的）③，此时的传播被看作一种过程和技术，它为了达到控制空间和人的目的（有时也出于宗教的目的），更远、更快地扩散、传送、散播知识、思想和信息。④ 传播的仪式观源自这样一种宗教观——它并不看重布道、说教和教诲的作用，为的是强调祷告者、圣歌及典礼的重要性。传播的最高境界在于建构并维系一个有秩序、有意义、能够用来支配和容纳人类行为的文化世界。⑤ 由此看来，传播的仪式观是一种隐喻或视角，把作为文化内核的仪式置于传播的理论预设下，在更为宏观、更为本质的层面对传播的意义进行探究。仪式观并非指信号或讯息在空间的扩散，而是指在时间上对一个社会的维系；它不是指分享信息的行为，而是共享信仰的表征；其作用不是提供信息，而是一种确认；不是为了改变态度或思想，而是为了代表事物的基本秩序；不是为了履行功能，而是为了表明一个正在进行的、易逝的社会过程。⑥ 传播的仪式观的核心是将人们以团体或共同体的形式聚集在一

53

----

①　克利福德·格尔兹，又译为格尔茨，美国人类学家，解释人类学的提出者。代表作有《文化的诠释》《地方知识》等。

②　[美]詹姆斯·W. 凯瑞：《作为文化的传播》，丁未译，华夏出版社 2005 年版，第 4 页。

③　同上书，第 28 页。

④　同上书，第 6 页。

⑤　同上书，第 7 页。

⑥　同上书，第 8 页。

起的神圣典礼。① 凯瑞在《作为文化的传播》一书中写道："当我们审视报纸时，传播的仪式观着眼于完全不同的范畴。例如，它更多地不是把读报纸视为发送或获取信息，而是将其视为好比参加一次弥撒仪式。"② 虽然人们没学到什么新东西，但特定的世界观得到了描述和强化。这种对传播研究的崭新起点决定了凯瑞随之而来的人文批判的研究角度。

第二，提出"文化即传播"，推动了传播学的文化转向。③ 传播学早期研究的传统向来重视效果或社会控制等功能研究，对文化的特定形式——艺术、仪式、新闻，与社会秩序的关系、它们的历史性转型、它们对意义这一主观世界的介入、它们之间的关系、它们在创造整体文化中的作用，从来没有被认真对待。④ 凯瑞的"文化即传播"是想通过对研究方法和策略的不同选择来阐明传播学的文化研究取向的重要性。凯瑞认为，"传播的文化学把人类行为，或更准确地说是人类行动看作是一种文本，我们的任务是建构这一文本的'解读'。文本本身是一个符号序列——言谈、书写、姿势，它们包含了解释。"⑤ 凯瑞传播学研究的文化视角有助于给传播学研究重新定位，使之摆脱经验主义社会科学传统的支配，进入更宽广的人文主义语境。

第三，提出"技术即文化"，打破了"技术至上论"神话。通过对传播与技术进步进行考察，凯瑞对"电子革命的神话"提出了质疑，他认为，技术进步的作用并没有按照人们想象的那样去发展，随着时间的推移，技术给传播及文化带来的负面作用显现出来：现代技术不仅无益于沟通，反而使沟通变得更困难；技术进步带来了现代文化的悲剧，增加了文化帝国主义和文化入侵的可能；技术进步不是改

---

① ［美］詹姆斯·W. 凯瑞：《作为文化的传播》，丁未译，华夏出版社 2005 年版，第 28 页。
② 同上书，第 9 页。
③ 戴元光主编：《影响传播学发展的西方学人》，中国大百科全书出版社 2012 年版，第 496 页。
④ 同上书，第 497 页。
⑤ ［美］詹姆斯·W. 凯瑞：《作为文化的传播》，丁未译，华夏出版社 2005 年版，第 42 页。

善而是破坏了语言和新闻业。① 在凯瑞看来，媒介技术是人类思想、行动和社会关系的真实缩影，因而技术也就成了一种文化的阐释。技术既不是冷冰冰的硬件，也不是自动发射"讯息"或延伸人体的主体，技术从其诞生之日起就完全是文化的产物，从而导致文化的后果。② 把技术视为文化，是凯瑞传播研究文化转向的另一个重要标志。

第四，提出"新闻是民主的表达"，推动了公共新闻运动。凯瑞认为，新闻必须既是对信息的传输，又是传播的仪式。新闻是民主的表达，凯瑞通过传播的仪式观把媒介问题置入了美国民主的仪式里。凯瑞对新闻的贡献体现在推动公共新闻运动上，他评价说，公共新闻运动，是复活社区生活的尝试，再造新闻使之成为一种实践。另外，他对新闻的文化本质、新闻的仪式特征等的探讨，也都深深启发了后来学者的思想。

二十　沃尔特·李普曼

沃尔特·李普曼（Walter Lippmann，1889—1974）美国现代政论家、著名记者、舆论学的创始人，被西奥多·罗斯福称为"全美国同龄人中最才华横溢的年轻人"③。李普曼 1889 年 9 月 23 日出生在纽约列克星敦一个富有的犹太服装制造商家庭。虽为犹太人，但李普曼的兴趣不受种族约束，他的抱负也不为种族所限制，他不想被禁锢在犹太人居住区里，也不愿被它的物质主义、政治保守主义和狭隘思想及排他的犹太人习性所束缚。④ 李普曼从小就是要被培养成为一个有教养的人的，他殷实的家庭使他从小就有条件进最好的学校。从六岁起，父母每年都带他到欧洲进行文化旅行，把他引见给各种上层人物，当

55

---

① 戴元光主编：《影响传播学发展的西方学人》，中国大百科全书出版社 2012 年版，第503 页。

② 丁未：《电报的故事——詹姆斯·凯瑞〈作为文化的传播〉札记》，《新闻记者》2006年第 3 期。

③ ［美］罗纳德·斯蒂尔：《李普曼传》，于滨等译，新华出版社 1982 年版，第 1 页。

④ 贺婷婷：《李普曼舆论学思想及其影响研究》，硕士学位论文，山东大学，2008年，第 5 页。

他还是孩童时，就同麦金莱总统握过手，与海军上将杜威正式见过面，① 这种优于普通人的经历让他见多识广，从小学到中学一直都成绩优异，1906 年由萨克斯男校推荐直接进入哈佛大学，主修哲学。李普曼的哲学观基本是在哈佛形成的，美国宗教唯心主义批判实在论的创始人之一乔治·桑塔亚那和美国著名的实用主义哲学家威廉·詹姆斯两位老师对他产生了直接影响。李普曼身上体现着实用主义的科学精神，影响了他后来的世界观和人生观，从而也影响了他的著作和新闻思想。

1908 年哈佛附近切尔西城的贫民窟的一场火灾粉碎了新柏拉图主义在李普曼身上产生的微妙诱惑力，激发了他参与社会改革的愿望，这时他开始接触费边主义②的作品，与同学发起成立"社会主义俱乐部"，并担任主席。大学毕业后，李普曼继续留在哈佛攻读硕士研究生，在此期间，任桑塔亚那教授的助手，协助讲授哲学史。就在他即将获得哲学硕士学位前几个星期，他离开哈佛，成为新创办的社会党报纸《波士顿平民报》的记者，从此开始了他的新闻生涯。同年夏末，李普曼为当时著名的"扒粪"记者林肯·斯蒂芬斯工作。1911 年春，李普曼开始给社会主义月刊《国际》《大众》杂志及《号角》杂志撰写社论和文章，并与校际社会主义协会保持联系，参加了"自由主义俱乐部"。在此期间，他结识了美国早期社会主义者乔治·伦恩。1912 年元旦，李普曼应邀担任纽约州斯克内克塔迪市长伦恩的行政秘书。③ 1913 年，他的第一部著作《政治序论》问世，这本书的创见性在于把弗洛伊德关于人的多重性格的理论应用于政治学方面，获得很大成功。1913 年，李普曼应邀创办《新共和》杂志，1914 年他的第二本著作《趋势与主宰》出版，为他赢得更大的名声。1917 年 9 月，李普曼接受威尔逊总统的邀请，担任陆军部长牛顿·贝克的特别助理，负责处理劳工问题。接着，他又在白宫助理豪斯上校领导下，分担美

---

① ［美］罗纳德·斯蒂尔：《李普曼传》，于滨等译，新华出版社 1982 年版，第 1、11 页。

② 又称费边社会主义，其思想源于费边社。费边社是英国的一个社会主义派别，起源于 19 世纪末，由一群中产阶级知识分子发起，主张通过渐进温和的改良主义方式走向社会主义。

③ 刘建明主编：《宣传舆论学大辞典》，经济日报出版社 1993 年版，第 1182 页。

国参加巴黎和会准备资料与起草文件的工作，并协助起草威尔逊总统旨在重新划分势力范围的"十四点"声明。时隔不久，他担任美国陆军上尉，身兼宣传家和国务院特使二职，四年后，李普曼据此写出了关于民意和宣传对民主的作用的著作——《舆论学》，这是他最有影响力的代表作，此书问世后的半个多世纪里曾多次再版，一直被美、英等发达资本主义国家推崇为新闻学经典著作。李普曼的战时宣传工作经验使他认识到舆论在政治中的力量和作用，1920 年他写了三篇文章，合在一起取名《自由与新闻》标新立异地提出了他关于新闻学的基本观点。1922 年 1 月，李普曼参加纽约《世界报》社论版工作，3 月成为该版主编，他在《世界报》工作的 9 年里，共撰写 1200 多篇社论。1931 年 2 月《世界报》因美国的经济大萧条而停刊，同年夏天，李普曼接受《纽约先驱论坛报》邀请，开始为该报撰写"今日与明日"专栏，他的专栏是第一个完全用于阐述观点的政治专栏，并在今后的 36 年里成了李普曼的标志，是 20 世纪美国报刊上历时最久、内容最广、影响最大的专栏。[①] 1963 年 1 月，李普曼从《先驱论坛报》转到《华盛顿邮报》辛迪加，开始为《新闻周刊》撰写专栏文章，直到 1971 年 1 月 11 日撰写最后一篇文章。1974 年 12 月 14 日，李普曼在纽约病逝。他一生从事新闻写作和新闻学的研究，于 1958 年和 1962 年两次获普利策新闻奖，有专著 31 本、专栏文章 89 卷、社论集 10 卷以及其他类型文章 228 篇。

　　李普曼是一名伟大的旁观者和记录者，他的专栏文章通过报业辛迪加的转载，刊登在美国及全世界主要报纸上，为人们指点政治事务的迷津，对美国政治有很大影响，被认为是 20 世纪美国最富才华和最具影响的政治新闻工作者；他也是一名积极的参与者和思想者，身后留下了 30 余本著作，1922 年出版的《舆论学》被施拉姆称为传播研究领域的奠基之作，也因此对新闻传播学的研究产生深远意义。作为时代造就的伟大思想者，李普曼的学术思想，尤其是传播学思想，对传播学本身的创立和发展都产生了不可替代的作用，纵观其学术生涯，他较早提出了

57

后来被学者们深入研究、完善并发展为传播学重要理论组成部分的论断，如"议程设置""刻板印象""拟态环境"等。具体而言，关于大众媒体在构成舆论方面的作用，李普曼是最有影响的研究者，同时，从大众媒介与民主的关系着手，其研究根源可追溯到芝加哥学派，如果说芝加哥学派是美国传播研究的源泉的话，李普曼就是这个源流与美国当代传播的涓流中间不可缺少的中间环节，从这个意义上讲，李普曼与芝加哥学派确实存在一种学术上的承继关系，应该"从传播观念及其研究角度，为李普曼添加一个座位，置于芝加哥学派和传播学四大先驱之间，构成芝加哥学派、李普曼到拉斯韦尔等的历史链条"。

复旦大学黄旦教授这样评价李普曼："就传播研究变化的具体线路而论，李普曼是不能缺席的。之所以如此，还在于《舆论学》中的观点与后来大众传播研究的联系，更在于李普曼是芝加哥学派到大众传播建立间的一个中间环节，缺少了这一环，整个变化，尤其是其中的偏移，就难以具体展示。"①

二十一　埃弗里特·M. 罗杰斯

埃弗里特·M. 罗杰斯（Everett M. Rogers, 1931—2004）当代美国著名的传播学者、社会学家、作家和教授，因首创创新扩散理论而享誉全球，与勒纳、施拉姆被认为是传播学分支学科——发展传播学的创始人。1952 年毕业于美国爱荷华州（衣阿华州）立大学，获得学士学位，之后在朝鲜战争的空军服务两年，1954 年返回母校，1957 年获得社会学和统计学的博士学位。罗杰斯曾执教于美国多所大学，其中包括俄亥俄州立大学，供职于农村社会学系，在密歇根州立大学罗杰斯开始了传播学者的身份，供职于传播学系，之后任职于密歇根大学公共卫生学院，并且随后相继担任斯坦福大学国际传播 Janet M. Peck 教授，南加利福尼亚州大学的 Walter H. Annenberg 教授、以及

---

① 黄旦：《美国早期的传播思想及其流变——从芝加哥学派到大众传播研究的确立》，《新闻与传播研究》2005 年第 12 卷第 1 期。

新墨西哥大学的杰出教授。他还曾任教于六个在欧洲、远东和拉丁美洲的大学，包括哥伦比亚国立大学、法国巴黎大学、新加坡南洋理工大学等。罗杰斯在多个学术机构任教的经历为他在不同领域扩散研究提供了途径。他的研究领域非常广泛，涉及传播网络研究、议程设置研究、创新扩散研究、娱乐与教育、跨文化研究、组织传播、新的传播技术、健康运动、发展传播学、特殊问题和环境的研究及传播史研究等。自20世纪60年代开始，罗杰斯开始撰写或参与撰写一大批传播学著作和论文，其中包括：《创新的扩散》《大众传播与国家发展》《传播网络：趋向一种新的研究范式》《经验的传播学派和批判的传播学派》《传播技术：社会中的新媒介》《议程设置研究：它在哪里，它往何处去?》《90年代的艾滋病：一个公众问题的议程设置》《早期大众传播研究》《回溯与前瞻：百年传播学》《从布莱尔到施拉姆的传播学和新闻学：一种沉积》《传播学中的信息论的历史》《议程设置研究分析》等。罗杰斯获得过多种名誉、奖励，其中包括大众传播和新闻教育协会的杰出职务奖，技术改变社会协会的托马斯·杰弗逊奖，国际传播协会跨文化和发展分会的终身成就奖等。

　　在罗杰斯众多主题的研究中，最为重要的研究就是关于发展传播学的研究，这奠定了他在当代传播学界的权威地位。发展传播学第二次世界大战后首先在美国开展起来，并很快引起其他西方国家和发展中国家的重视，成为传播学研究的一个新领域，其中心议题是如何运用传播来促进国家发展，集中探讨大众媒体在实现社会变革，或在发展中国家向现代化过渡的过程中的作用问题。罗杰斯在20世纪60年代完成的《创新的扩散》及后来的《大众传播与国家发展》和《创新的传播：一种交叉文化的方法》成为发展传播学的奠基之作，在上述著作中，罗杰斯赋予传播以非常重要的地位，认为传播是社会变革的基本要素，而社会变革的过程就是创新与发明的传播推广过程。

　　罗杰斯对于传播学的另一贡献在于他对"议程设置"理论的重要发展。"议程设置"理论风行于20世纪60—70年代，是从告知功能的角度探讨大众传播的效果问题，标志着传播研究方向的一个转变。主要含义是：大众媒体之注意某些问题而忽略另一些问题的做法，本身可以影响公众舆论。罗杰斯在他的许多著作和文章中，探讨了"议程设置"理论的历史、发展状况和未来趋势，不仅对以往的理论做了总结和概括，而且进一步扩大了它的论述、检验范围。尤其重要的是他指出了以经验主义传播学为主流研究方法的缺陷，并提出应该加以补充和重视的方面：以一种三角测量方法取代以往的单一的调查方法，以便更全面地测定公众的议程；更清楚地理解个人议程设置过程中的认知过程；开展发达国家和发展中国家的议程设置的对比研究；对大众传媒工业进行结构上的分析；研究议程设置在大众传媒中如何影响社会方面的重要性等。①

对于传播学史的研究，是罗杰斯的一个更为重要的独特成就。早在1986年，罗杰斯在其《传播技术：社会中的新媒介》中，就对传播学产生和发展的历史进行了总结。1994年出版的《传播学史》则是罗杰斯传播学史研究的又一高峰。某种程度上，罗杰斯的个人经历和学术生涯似乎注定他是追溯传播学发源史的理想人选。罗杰斯早年涉足传播学领域后一直活跃在传播学领域的前沿，亲身经历和参与了传播学的理论变更及重大历史事件的发生和发展；同时，他与传播学的一些重要奠基人和开创者有过直接或间接的接触，这些都为《传播学史》的诞生提供了绝佳契机。该书以欧洲起源、三个学派、四个先驱者和一个集大成者为主线，清晰地勾勒了传播学发展百年来的历史轮廓。罗杰斯主张从一种更宽泛的角度出发，探讨传播学的发展历程及其所涵盖的问题领域，他将传播学的起源追溯至达尔文的进化论、弗洛伊德的精神分析理论和马克思主义。这种从欧洲思想中探寻传播学源起的论证过程表明：传播学史本质上是社会科学的历史，有着深厚的社会文化和文明基础。

60

二十二　赫伯特·马尔库塞

赫伯特·马尔库塞（Herbert Marcuse，1898—1979），德裔美籍哲

---

① ［美］E. M. 罗杰斯：《传学史——一种传记式的方法》，殷晓蓉译，上海译文出版社2002年版，第2—3页。

学家和社会理论家，是西方著名的马克思主义思想家，法兰克福学派的重要成员。1898 年 7 月出生于德国柏林一个犹太人家庭，1916 年应征入伍，并参加了第一次世界大战，但并未到前线。1919 年曾参加柏林一月起义，当局对起义进行了野蛮镇压，处死了罗莎·卢森堡①和卡尔·李卜克内西②。这个事件使马尔库塞同社会民主道路永远划清了界限，使他终生信奉作为革命变革学说的马克思主义。③ 第一次世界大战后，马尔库塞短暂地从事了一段时间的图书销售工作。1922年，他进入弗莱堡大学学习，在这里，马尔库塞结识了现象学大师胡塞尔并在海德格尔④的指导下以《黑格尔的本体论及其与历史哲学的关系》的论文获得博士学位。在弗莱堡学习期间，马尔库塞相继接触到存在主义、马克思主义学说。1923—1929 年，马尔库塞一方面继续从事哲学理论研究，另一方面在出版部门任职，参加了青年马克思著作的辨认和出版工作。1929 年马尔库塞重返弗莱堡大学，在现象学大师胡塞尔的指导下继续深造，并充任海德格尔的高级助手，但不久由于政治观点上的分歧，他和海德格尔反目，并离开了弗莱堡。两年后，他独立完成和出版了教授论文《黑格尔的本体论和历史性理论的基础》。1933 年马尔库塞加入法兰克福大学社会研究所，1934 年纳粹获得统治权，马尔库塞离开德国，法兰克福大学社会研究所也由于纳粹逼迫而关闭，马尔库塞随霍克海默⑤来到了美国哥伦比亚大学，从此留在美国。1940 年，马尔库塞加入美国国籍，1942 年 12 月，债务缠身的马尔库塞加入战时情报服务局，在知识分子署任高级研究员，他提供的《敌情报告》提出了同盟国的大众传媒如何揭露德国法西斯主

---

① 罗莎·卢森堡：德国著名的马克思主义思想家、理论家、革命家，代表作《社会改良还是革命?》《资本积累论》《狱中书简》等。

② 卡尔·李卜克内西：德国社会民主党和第二国际左派领袖，德国共产党创始人之一，国际共产主义运动中著名的宣传家和组织家。

③ ［美］理查德·沃林：《海德格尔的弟子——阿伦特、勒维特、约纳斯和马尔库塞》，张国清、王大林译，凤凰出版传媒集团 2005 年版，第 145 页。

④ 海德格尔：德国哲学家、思想家和教育家，20 世纪存在主义哲学的创始人和主要代表之一，代表作有《存在与时间》《林中路》等。

⑤ 马克斯·霍克海默：德国哲学家，社会学家，法兰克福学派创始人，代表作有《意识形态与乌托邦》《黑格尔与形而上学问题》《批判的理论》等。

义形象的各种办法。① 1943 年 3 月，马尔库塞进入秘密服务局工作，负责考察中西欧参战国的政治动态。二战结束后，他转到美国国务院，任情报研究处东欧局代科长。1951 年，马尔库塞重回哥伦比亚大学，后又在哈佛大学俄国研究中心工作，重新开始学术研究。在美国期间，马尔库塞一方面延续了自己对社会批判理论和马克思主义的持续兴趣，另一方面，他开始深入研究精神分析学，试图从弗洛伊德的思想中找到现代文明被压抑的根源。1964 年，马尔库塞发表了他一生中最有影响力的著作《单向度的人》，这部著作把马尔库塞推上了对发达资本主义批判第一人的位置，他的思想和批判锋芒也成为 60 年代席卷整个西方世界的学生革命运动的精神支柱，马尔库塞本人积极支持并参与到学生运动当中。1965 年马尔库塞来到加州大学圣地亚哥分校，直到 70 年代退休，在此期间，他陆续发表一批文章并经常对学生演讲，获得了美国大众媒体的广泛关注，被媒体和学生誉为"新左派之父"。晚年的马尔库塞还致力于美学研究，1979 年出版《审美之维》。1979 年 7 月 29 日，马尔库塞在德国讲学期间不幸病逝于慕尼黑附近的施塔恩贝克。

马尔库塞的思想是个复杂的混合体，涵盖了哲学、社会学及美学等领域，代表作主要有《黑格尔的本体论和历史性理论的基础》（1931）、《理性与革命》（1941）、《爱欲与文明》（1955）、《苏联的马克思主义》（1958）、《单向度的人》（1964）、《论解放》（1969）、《反革命与造反》（1972）、《审美之维》（1979）等。

马尔库塞一生有两个基本关注点，一是传统形而上的思辨哲学，二是基于早期哲学积累的现实批判，由这两点延发的思考建构了马尔库塞的整个理论大厦。在他的理论大厦上，对于大众媒介的专题研究是缺失的，然而马尔库塞对于大众媒介所带来的社会意识和文化层面的变化又是相当关注的，与阿多诺相类似，马尔库塞对于大众媒介的基本立场是批判和否定的。在他看来，媒介是发达工业社会意识形态的传输和撒播通道，但这个通道并非单纯的线性传输，而是在今天的

---

① 戴元光主编：《影响传播学发展的西方学人》，中国大百科全书出版社 2012 年版，第 58 页。

社会形成了新的意识形态传输网络，这个网络由于大众媒介自身的意识形态化和无所不在的渗透力侵入到社会的各个角落，因此，媒介显然对这个单向度社会和单向度的人的建构起到了不可忽视的作用。在马尔库塞的语境中，媒介便是今天这个单向度社会的建构者之一，由于社会和受众批判维度的丧失，使媒介成为发达工业社会的意识形态传输网络，从而逐渐丧失了自身的批判维度，沦为一个"单向度的传播渠道"。马尔库塞认为，发达资本主义社会自身的控制逻辑有两条，一是从掌握"话语权"到实现资产阶级统治的"合理化"以实施国家对媒介的控制；二是从普遍利益和特殊利益的虚假统一与需要的虚假满足以实现媒介对意识形态的控制。这两种控制逻辑是使媒介成为"单向度的传播渠道"的基本手段，并因此直接导致了"单向度的人"的出现。马尔库塞在批判否定大众媒介的同时，又表现出矛盾的态度，由于大众媒介固有的特征和功能，在新的历史时期中唤醒主体意识的使命必然还由大众媒介所承担，尤其是 20 世纪 60 年代，学生运动与某些激进的大众媒介相结合后所出现的新的革命希望，使马尔库塞对以大众媒介为代表的传播工具作出某种肯定性的理解。作为一个关注精神分析和资本主义意识形态批判的理论家，马尔库塞对传播学做出的最大贡献在于他对发达工业社会受众心理的独到分析。马尔库塞通过对发达工业社会的批判，对科学技术的批判，剖析媒介是如何成为意识形态工具的，为研究媒介提供了一个有趣的视角，即大众媒介、政治与意识形态之间的关系，具有高度抽象性，对现代传播学具有深刻的启示作用。[①]

二十三　特奥多尔·W. 阿多诺

特奥多尔·W. 阿多诺（Theodor Wiesengrund Adorno，1903—1969），德国 20 世纪最杰出的思想家之一，著名的"法兰克福学派"

---

① 戴元光主编：《影响传播学发展的西方学人》，中国大百科全书出版社 2012 年版，第67 页。

创始人之一，也是第二次世界大战后西方知识界最有影响力的人物之一。① 1903 年 9 月出生于德国法兰克福一个富裕的犹太族酒商家庭，他的父亲是改信新教的犹太人，母亲则信奉天主教，是一位职业歌唱家，这使阿多诺从小就迷上了音乐，并接受音乐教育和熏陶。1921 年进入法兰克福大学学习哲学、心理学和音乐，1924 年获哲学博士学位。1925 年，阿多诺到维也纳学习作曲两年，1928—1931 年成为维也纳音乐杂志《破晓》的编辑。1931 年获得法兰克福大学授课资格，并在那里任教。在这一时期，阿多诺与法兰克福大学社会研究所联系密切，开始在研究所机关刊物上发表文化批判的文章。1934 年由于纳粹迫害，阿多诺离开德国，先到英国后于 1938 年转赴美国。阿多诺到纽约后，接受了拉扎斯菲尔德为他提供的第一份工作：参加在纽瓦克大学研究中心的"广播研究项目"，承担其中的一个涉及广播音乐作用的子项目的研究工作，后进入迁往哥伦比亚大学的社会研究所继续从事研究。1941—1949 年，与霍克海默合著《启蒙的辩证法》。1949 年阿多诺返回法兰克福，协助霍克海默重建社会研究所，并任法兰克福大学哲学与社会学教授。1958 年他接替霍克海默任所长，1963 年阿多诺被选为德国社会学协会主席。在 60 年代由左派大学生领导的学生运动中，阿多诺站在左派学生对立面，遭到学生反对和声讨，被称为反革命分子。1969 年 8 月，阿多诺在瑞士度假时猝死于心脏病。

　　阿多诺一生著作颇丰，作品涉及哲学、社会学、音乐、美学等领域，1990 年德国著名出版社——苏尔坎普出版社出版了 24 卷《阿多诺文集》，其中包括《早期的哲学著作》《克尔凯郭尔：审美对象的建构》《启蒙辩证法》《最低限度的道德：对被损害的生活的反思》《认识论元批判／黑格尔三论》《否定的辩证法》（1966）、《美学理论》（1970，去世后出版）、《社会学论文集》（1—2）、《文化批判与社会》（1—2）、《论文学》、《音乐传记：瓦格纳、马勒和伯

_____

① 戴元光主编：《影响传播学发展的西方学人》，中国大百科全书出版社 2012 年版，第 166 页。

格》、《音乐社会学导论》、《电影作品》、《音乐文集》（1—6）、《其他著作》（1—2）。①

阿多诺的一生大致经历了少年早慧成名，中年异域流亡，晚年声誉日隆的波浪曲线，他精通哲学、社会学、社会心理学、美学以及音乐等许多学科，在许多领域中都有建树，并以其激进的批判否定态度在西方乃至整个世界都产生了广泛而重大的影响。阿多诺生前被认为是一个杰出的悲观的文化批判主义者，身后则更多作为一个现代主义美学家或原始形态的后现代理论家被反复讨论。按照著名的法兰克福学派研究者马丁·杰伊的说法，阿多诺的学术思想是一个星丛图，在这个星丛图中，包括五种影响阿多诺一生思想的基本因素，分别为：马克思主义、美学现代主义、上流文化保守主义、犹太情感和解构主义。② 阿多诺以自己渊博的学识和极深广的研究，揭示并深化了马克思主义所面临的一系列新课题，尤其是他在哲学领域中提出的"否定的辩证法"以及他对现代音乐的卓有成效的社会批评，使他在马克思主义思想史中占有极重要的地位。阿多诺一生的学术兴趣过于广泛，很难把他的理论强行归于某个学科或某种理论范式，然而阿多诺对西方资本主义工业文明的鞭辟入里的洞察力，的确成为今日传播批判研究不可或缺的思想源泉。

具体而言，阿多诺对于媒介和文化工业的否定思考是他对传播学最重要的理论贡献。③ "文化工业"是阿多诺批判理论的重要内容，这一概念是阿多诺与霍克海默合写《启蒙辩证法》时自创的，他将文化工业与当时普遍认同的大众文化概念拥护者的解释区分开来，认为"大众文化"是西方资本主义进入到发达的工业社会的时代产物，绝不是一种从大众本身，从流行艺术的当前形式自发地产生出来的文化，工业资本主义的发展改变了社会的阶级构成和阶级特性，资本主义制

65

---

① ［美］马丁·杰伊：《法兰克福学派的宗师——阿道尔诺》，胡湘译，湖南人民出版社1988年版，第4页。

② 同上书，第3页。

③ 戴元光主编：《影响传播学发展的西方学人》，中国大百科全书出版社2012年版，第186页。

度以其强大的极权统治和物质文明的高度发展，将各个阶层一起同化到现存的制度中，这种同化不仅表现在物质生活领域，更为严重的是渗透到人的心理、意识之中，这就带来了文化工业的同一性。阿多诺进一步认为大众媒介加剧了这种文化工业的绝对同一性，他认为，在资本主义社会，大众传播媒介已经完全资本化和商品化了，成了国家机器和利润之源的一个重要组成部分。大众传媒是统治者意识形态的传播和统治工具，带有很强的霸权性质，所有对自律艺术的技术复制变成了意识形态控制的手段，媒介成为加剧控制的帮凶。同时，作为法兰克福学派的核心成员，他对大众传播领域中的批判学派在立场、观念、方法及研究趋向等方面都有深远的影响。

二十四　让·鲍德里亚

让·鲍德里亚（Jean Baudrillard，1929—2007），译名有让·波德里亚，尚·布希亚，法国著名哲学家、社会学家，后现代理论家。1929 年 7 月生于法国东北部城市兰斯，这是一个香槟酒的重要产地，他的祖父是农民，父亲是政府的一个小公务员，用他自己的话说，他的家庭"连小布尔乔亚都谈不上，也许可以说是很低层的小布尔乔亚，那不是一个有文化的环境"①。鲍德里亚是家中的独子也是家族中最早接受高等教育的人，在高中阶段，鲍德里亚有希望考取巴黎高等师范学院，可是备考期间与父母决裂，离家出走当了一名农工，鲍德里亚这种"决裂的模式"深刻地影响了他此后的整个生活。② 后来鲍德里亚从索邦大学德文专业毕业，考取了德文教师资格，从 1956 年开始辗转于数所中学。青年鲍德里亚喜欢尼采③和路德④，对于赫尔

---

① 石义彬：《单向度超真实内爆——批判视野中的当代西方传播思想研究》，武汉大学出版社 2003 年版，第 222 页。

② 陈力丹、陆亨：《鲍德里亚的后现代传媒观及其对当代中国传媒的启示——纪念鲍德里亚》，《新闻与传播研究》2007 年第 14 卷第 3 期。

③ 尼采（1844—1900）德国哲学家、唯意志主义流派的主要代表、诗人、散文家。代表作《悲剧的诞生》《不合时宜的考察》《论道德的谱系》等。

④ 马丁·路德（1483—1546），德国宗教运动改革者，基督教新教路德宗的创始人。

德林①的作品也特别有兴趣，他在萨特②主编的《现代》杂志上连发了三篇译文和文学评论，是鲍德里亚学术生涯的正式开端。20 世纪 60 年代，鲍德里亚还翻译了彼得·魏斯③、布莱希特④等人的作品。1966 年，鲍德里亚完成博士论文《社会学的三种周期》，同年 9 月获得南特大学（巴黎第十大学）的社会学助教职位，主要研究语言学和社会学。南特大学是激进政治运动和学生运动的主要阵地，因为反对法国和美国介入阿尔及利亚和越南战争，鲍德里亚加入了法国左翼，并参与激进刊物《乌托邦》的编辑工作，还积极参与和支持 1968 年法国的"五月风暴"，这次革命事件导致大规模学生起义和工人总罢工，戴高乐政府几乎因此下台。在南特大学待了 20 年后，1986 年鲍德里亚转至巴黎第九大学任教，直到 1990 年辞职退休，2007 年 3 月 6 日病逝巴黎。鲍德里亚一生经历两次婚姻，育有一子一女。

自 20 世纪 70 年代后，鲍德里亚进入学术成果高产期，1971—2000 年，他为读者奉献了 20 多部专著和 200 多篇文章，以其"高产"和"高质"在当代社会思想家中声名显赫。鲍德里亚的文章较为艰深，他凭借大量充满智慧的著作成为当代法国最负盛名和影响力的思想家，他还是一位多才多艺的摄影师，举办过多次摄影展。他的研究兴趣广泛，从种族、性别、文学艺术、大众传播，到对于"9·11"事件的反思。主要著作有《物体系》（1968）、《消费社会》（1970）、《符号政治经济学批判》（1872）、《生产之镜》（1973）、《象征交换与死亡》（1976）、《忘记福柯》（1977）、《在沉默大多数的阴影中》（1978）、《论诱惑》（1979）、《拟像与仿真》（1981）、《致命策略》

67

---

① 又译荷尔德林（1770—1843）德国诗人。代表作《自由颂》《人类颂》《海德尔堡》《德国人的歌》等。

② 让·保罗·萨特（1905—1980），法国存在主义哲学家、文学家、社会活动家。主要哲学作品有《存在与虚无》《辩证理性批评》等，主要文学作品《厌恶》《苍蝇》《间隔》等。

③ 彼得·魏斯（1916—1982），德国剧作家、小说家、画家和电影艺术家。代表作品有戏剧《马拉／萨德》小说《反抗的美学》等。

④ 布莱希特（1898—1956），德国剧作家、诗人。表现主义戏剧美学代表人物。剧本作品《伽利略传》《高加索灰阑记》等，理论作品《表演艺术的新技巧》《戏剧辩证法》等。

（1983）、《冷记忆》（1987）、《美国》（1987）、《交往的迷狂》（1988）、《预言的报复》（1990）、《罪恶的透明》（1990）、《完美的罪行》（1995）。

鲍德里亚的思想较为庞杂，所涉列的问题十分丰富，其研究内容主要有以下四方面：①物的符号化及物体系的形成；②消费社会理论；③象征交换理论；④后现代媒介理论。他继承了西方马克思主义和法兰克福学派的社会批判理论，对现代高度媒介化和信息化的资本主义社会进行了有力批判。鲍德里亚提出的消费社会理论，从一个全新的视角揭示了资本主义社会已经进入到消费社会，消费成为社会的主导逻辑。他将符号学与马克思主义相结合，超越了马克思对于资本主义的分析，指出后工业社会是符号、传媒、符码生产的场所，物的实际意义已经消失。他通过研究消费社会的符号化现象，认识到人们消费的不再是物品本身，而是蕴含在物品中的符号价值，人们消费的目的从满足基本需求转变为自我价值的实现，而这种符号价值的彰显更多体现于消费社会的文化现象和社会关系层面。

鲍德里亚思想的贡献在于他发展了"异化"理论。鲍德里亚指出，在消费社会中，人在符号的包围中丧失了理性选择的能力，人被异化了，人的精神也被异化了，人的消费行为沦为被符号掌控的异化的消费。鲍德里亚对西方社会异化的批判，是从物的批判向符号的批判的过渡，也是从商品拜物教批判向符号拜物教批判的过渡，他的符号消费思想是对马克思的异化理论以及西方异化理论的进一步发展，具有深刻意义。①

鲍德里亚对于传播学的另一贡献是他的后现代媒介理论。他用"仿真""超真实""内爆""拟象"等概念解释消费社会中的符号化现象、人们对于符号价值的追求等问题，对于分析媒介技术发所带来的负面影响 思考媒介技术与人类的关系提供了一个全新视角。

68

---

① 戴元光主编：《影响传播学发展的西方学人》，中国大百科全书出版社2012年版，第312页。

二十五　尤尔根·哈贝马斯

尤尔根·哈贝马斯（Jürgen Habermas，1929—　）当今世界人文社会科学界最重要的思想家之一，法兰克福学派第二代的中坚人物，"批判理论"和新马克思主义的代表人物，被誉为"当代的黑格尔"和"后工业革命的最伟大的哲学家"①。哈贝马斯1929年4月18日出生在德国西部杜塞尔多夫附近的古墨斯堡小镇的一个中产阶级家庭，他的祖父是当地神学院的董事，父亲是当地工商协会的头面人物，在当地他的家庭可算作是上流社会了。从小生长在中产阶级家庭的哈贝马斯受到了良好的教育和教养，使他养成了严谨的作风和循规蹈矩的生活习惯。②哈贝马斯出生的那年，资本主义世界爆发了空前的经济危机，由于哈贝马斯的家庭属于中产阶级，受影响不是最大的，因此他的家庭生活仍然相对稳定。当哈贝马斯4岁时，德国纳粹获得了统治权，全国上下都笼罩在纳粹煽动的民族主义狂热中，而古墨斯堡小镇并没有浓厚的政治气氛，加之哈贝马斯家庭对政治也不热衷，这样哈贝马斯的童年就在动荡年代中相对平静的小环境中度过了。

哈贝马斯的青少年时代是在纳粹统治下度过的，他像其他少年一样，加入希特勒青年团，从没有对自己国家的历史和现状产生怀疑，直到1945年希特勒政权垮台，受到了极大震惊，这种震动使他终生难忘。哈贝马斯感到自己国家的历史突然为一种在基本方面完全不同的观点所对照，这促使他正视现实和历史，对自己、对国家的历史开始了一种痛苦的回顾与反思。③他开始如饥似渴地阅读英、法、美资本主义制度方面的书并接受马克思、列宁的新思想，这使他日后能够冲破德国文化生活中的偏狭，形成世界性的影响。1945年是世界历史的转折点，是德国历史的转折点，也是哈贝马斯个人

69

---

① 转引自戴元光主编《影响传播学发展的西方学人》，中国大百科全书出版社2012年版，第364页。

② 余灵灵：《哈贝马斯传》，河北人民出版社1998年版，第1页。

③ 同上书，第3页。

生活和思想的转折点。

1949—1954 年，哈贝马斯在哥廷根、苏黎世和波恩上大学，攻读哲学、历史学、心理学、德国文学、经济学。1954 年在波恩大学以论文《绝对性与历史，论谢林思想的二重性》获博士学位。1954—1956年，他任自由记者，获"德意志科研协会"助教奖学金。记者生涯给他的学术研究带来了两方面的影响：一是关注现实政治，政治如同影子般投射在哈贝马斯的理论当中；二是理论研究带有新闻政论文体的色彩。① 1956—1959 年哈贝马斯来到法兰克福，进入霍克海默和阿多诺领导的社会研究所，担任阿多诺的助手，正是这一时期他产生了对马克思主义理论的兴趣。1960—1963 年，任"法兰克福社会研究所"研究助理，1961 年获马尔堡大学授课资格，1962 年在海德堡大学担任教授。1964—1971 年在法兰克福大学讲授哲学、社会学。20 世纪 60年代中期，哈贝马斯发表了许多政论性文章，并在青年学生中产生了巨大影响。真正让哈贝马斯声名远播的是 1963 年出版的《理论与实践》，以及 1968 年出版的《认识与兴趣》。他的思想成为 1968 年学生抗议运动的精神力量，由于认识方面的分歧，哈贝马斯与学生运动组织决裂，并因此离开法兰克福，到慕尼黑市郊的斯塔恩贝格，参与创建马克斯·普朗克学会"科技时代生活条件"研究所。1971—1980年，任马克斯·普朗克学会"科技时代生活条件"研究所所长。在此之后，哈贝马斯出版了《合法性危机》（1979）、《交往行动理论》（1980），从而获得世界性声誉。1983 年，哈贝马斯重新回到法兰克福大学任哲学和社会学教授，直到 1994 年荣休。

半个世纪以来，他一直活跃于国际学术论坛，其学术观点深植于康德、黑格尔、马克思、韦伯等德国贤哲的哲学及社会学传统中，"经其高度综合分析，并以政治及道德的终极关怀贯穿其中，影响力遍及社会人文学科的各个领域，如社会学、哲学、心理学、语言学、政治学、思想史等"，他在如此众多的学术领域做出了十分重要的贡

---

① 戴元光主编：《影响传播学发展的西方学人》，中国大百科全书出版社 2012 年版，第366 页

献，是当代罕有的百科全书式的大学者。^① 哈贝马斯于 1973 年、1976 年、1980 年分别获得黑格尔奖金、弗洛伊德奖金和阿多诺奖金。1999 年，哈贝马斯 70 周年诞辰之时，德国授予他以战后联邦德国第一任总统的名字命名的"特奥多尔·霍伊斯"奖，以表彰他在哲学和社会学领域所做的杰出贡献。

哈贝马斯著述甚丰，从 20 世纪 50—90 年代，除散见于报纸杂志的数量可观的文章外，哈贝马斯共出版著作四十余部，几乎每年一部，其"多产"令人惊叹。在此对他的著作进行择要介绍，关于政治学方面主要有《大学生与政治》（1961）、《公众领域的结构转型》（1962）、《理论与实践》等；语言学方面主要有《后期资本主义的合法性问题》（1973）、《文化与批评》（1973）、《历史唯物主义的重建》（1976）、《合法性危机》（1979）、《交往行动理论》（1980）、《道德意识与交往行为》（1983）等；政治哲学方面主要有《新的不透明性》（1985）、《后形而上学思维》（1988）、《作为未来的过去》（1990）、《从感性印象到象征表现》（1997）等。

哈贝马斯自进入法兰克福大学社会研究所开始涉猎学术研究起，便以思想活跃、政治激进著称。他继承了法兰克福学派思想家的批判精神，建立了一种"批判的社会理论"对公共领域的形成和瓦解进行历史探讨。哈贝马斯所谓的公共领域是指社会生活中的一个领域，某种接近于公众舆论的东西能够在其中形成，是介乎国家与社会（即国家所不能触及的私人或民间活动范围）之间、公民参与公共事务的地方，它凸显了公民在政治过程中的互动。这种公共领域是以意识哲学为基础，研究作为主体的人和作为客体的世界之间的关系。

哈贝马斯的理论方向与他的先天疾病也有密切关联，他是先天兔唇，这使他很早就认识到个体的脆弱性，"交往"在他的幼年，乃至整个人生都占有重要地位，他认为，"非强制的交往是自由的本质，而符

71

① 戴元光主编：《影响传播学发展的西方学人》，中国大百科全书出版社 2012 年版，第 365 页。

号是交往的媒介"。成年后的哈贝马斯通过历史分析和社会分析,对西方思想史,特别是法兰克福学派自身的历史进行了清理和批判,在此基础上建立起了自成一说的"交往行为理论"。哈贝马斯交往行为理论所包含的内容十分复杂、详尽。首先他把行动区分为目的性行动、规范调节的行动、戏剧式行动和交往行动,认为交往行动是主体间以语言符号为媒介而建立起的一种理解和认同的活动,把语言视为交往行动的杠杆,并提出了语言交往的有效性要求。其次,哈贝马斯把"生活世界"这一概念看作是"交往行为"概念完备化不可缺少的补充概念。① 在他看来,生活世界是与客观世界、社会世界和主观世界有区别的"独特世界",它不是行为者与三个世界中的任何一个世界的关系,而只是行为者之间通过对三个世界的解释而达致相互理解,取得一致意见的关系。② 最后,哈贝马斯强调,交往行动的核心是建立"主体间性"。所谓主体间性,就是自主的、平等的主体间的平等的、合理的交互关系或相互作用。他的交往行为理论超越了既有的传播模式论,比通行的传受关系研究、媒介研究和传播效果研究更能揭示人类传播的本质特征,有利于说明语境在传播中的作用和意义的形成机制,可以从全新的角度认识以新媒体为代表的大众媒介多极主体交互传通的效果构成和舆论成因,给未来传播学的发展带来了方向性的启示和思考。

二十六 诺伯特·维纳

诺伯特·维纳(Norbert Wiener,1894—1964),美国著名数学家,控制论的创始人。1894 年 11 月出生于密苏里州的哥伦比亚市。维纳有犹太血统,他在自传里称,"就其祖系来讲,有八分之七的犹太血统"③。他的父亲利奥·维纳是哈佛大学的斯拉夫语言和文学教授,是

---

① 戴元光主编:《影响传播学发展的西方学人》,中国大百科全书出版社 2012 年版,第388 页。

② 同上书,第389 页。

③ [美]维纳:《昔日神童——我的童年和青年时期》,雪福译,上海科学技术出版社 1982 年版,第2 页。

在维纳童年和青少年时期对他影响最大的人。① 维纳是家中的长子，他还有两个妹妹和弟弟。维纳是个名符其实的神童，四岁就学会阅读，七岁时阅读范围已经很广，从达尔文和金斯利的《自然史》到夏尔科和雅内以及萨尔佩特里埃派其他人的精神病学著作②，从儒勒·凡尔纳的科幻小说到18、19世纪的文学名著几乎无所不读。维纳的早慧使他无法在正规的小学教育中得到满足，父亲很早就发现了儿子的天赋，他用艰苦而严格的训练为维纳提供了一套自创的教育体系，并让他在12岁以前就达到了普通人到18岁才能实现的教育水平。1906年9月，12岁的维纳被位于哈佛附近的塔夫茨学院录取，1909年春毕业于塔夫茨学院的数学专业。1909年秋，维纳作为5名神童之一进入哈佛大学读生物学研究生，一年后获得康奈尔大学奖学金，就读康奈尔大学的赛奇哲学院。1911年9月，维纳再次回到哈佛大学研究院哲学，并于1912年获得硕士学位。

　　1912年夏，18岁的维纳获得哈佛大学博士学位。博士毕业后，维纳先后留学于英国剑桥大学和德国哥廷根大学，师从伯特兰·罗素③，跟他学习数理逻辑和有关数学与科学的哲学。1914年第一次世界大战爆发，维纳辗转到哥伦比亚大学学习，师从杜威，并在此期间加入美国数学学会，使他第一次有机会和美国数学界老前辈见面并认识。1915—1916年，维纳回到哈佛大学当实习讲师和助教，这期间，维纳三次从军，却因视力等问题三次被拒。1916年维纳在缅因大学找到了工作，后来在他父亲的帮助下成为《美国百科全书》的编辑。1918年维纳受邀去美国马里兰州阿伯丁试验场参加弹道学研究，在这里维纳以公民的身份应征入伍，终于圆了自己的士兵梦。1919年战争结束，维纳荣誉退役。正是这段跨学科的经历，为维纳打下了从事交叉学科研究的基础。1919年，25岁的维纳在父亲朋友的推荐下任麻省

73

　　① ［美］维纳：《我是一个数学家——神童的后期生涯》，周昌忠译，上海科学技术出版社1987年版，第1页。

　　② 同上书，第2页。

　　③ 伯特兰·罗素（1872—1970），英国哲学家、数学家、逻辑学家。分析哲学的主要创始人，世界和平运动的倡导者和组织者。著有《哲学问题》《心的分析》《物的分析》等。

理工学院数学系讲师，从此维纳开始了真正意义上的学术研究和科学探索生涯。

1921 年，维纳开始陆续发表有关布朗运动的论文，维纳是第一个从数学上深刻地研究布朗运动的数学家。描述布朗运动的测度称为维纳测度，相应的随机过程称为维纳过程。维纳对概率的研究开辟了崭新的研究领域。1923—1925 年，他又对位势理论做出重大贡献。1925 年以后，维纳在调和分析的研究上又有重大突破，其成果成为后来巴拿赫代数理论的基础。1926 年，维纳与父亲的学生玛格丽特·恩格曼结婚。1929 年维纳任麻省理工学院副教授，1932 年起任教授，直到退休。1933 年，维纳任美国国家科学院院士，并获美国数学会的博赫尔奖。1934 年，维纳当选为美国数学学会副会长，并辞去科学院院士资格。30 年代起，维纳开始关注万尼瓦尔·布什研究的模拟计算机，并开始研究大脑对肢体的控制过程。1935 年维纳应邀到清华大学访问，与李郁荣合作，开始了控制论的研究。1940 年，国防研究委员会任命维纳为机械和电气计算工具领域研究的总顾问以及国防研究委员会科学研究与发展局统计研究小组运筹实验室的顾问。1943 年维纳与工程师朱利安·毕格罗、神经生理学家罗森勃吕特博士合作撰写了论文《行为、目的和目的性》，在这篇文章中提出了控制论的基本概念，描绘了控制论思想的基本轮廓，被认为是控制论思想的先导。1943 年冬，由维纳和冯·诺依曼发起，在普林斯顿大学召开了关于信息与反馈的讨论会，这是一次迈向控制论的会议，正是在这个时候，维纳的控制论思想已经成熟，可以说，通信与控制科学就是在这次会议上诞生的。1944 年 1 月，维纳参加了墨西哥数学会在瓦雅尔塔举行的会议，自此维纳开始转向运用现代数学的方法把神经系统作为一个通信问题来研究。1946—1953 年，梅西基金会举办了 10 次"控制论小组"会议，维纳是这些会议的主角，会议还聚集了一大批精神病学家、社会学家、人类学家、数学家通信专家以及计算机设计师等，是真正的跨学科会议。1948 年维纳出版划时代著作《控制论（或关于在动物和机器中控制和通信的科学）》，1950 年维纳出版《人有人的用处》，这是一本科普读物，比较通俗地论述了控制论，更多强调了社会因素，着重论述了通信、法律、社会政策等与控制论的联系。晚年的维纳经常到世界各地坊问，1953 年他出版自传《昔日神童——我的童年和青年时期》，1956 年出版另一本自传《我是一个数学家——神童的后期生涯》。1959 年，维纳从麻省理工学院退休。1964 年 1 月，维纳获得一生的最高荣誉——美国国家科学奖奖章，同年 3 月，维纳在斯德哥尔摩讲学时，因心脏病突发逝世。维纳一生发表论文 240 多篇，著作 14 本。其主要著作有《控制论》（1948）、《维纳选集》（1964）和《维纳数学论文集》（1980），以及两本自传《昔日神童——我的童年和青年时期》和《我是一个数学家——神童的后期生涯》。

维纳一生对科学发展的最大贡献就是创立了控制论。这是一门研究各类系统调节和控制规律的科学，它以数学为纽带，把自动调节、通信工程、计算机和计算技术及神经生理学和病理学等学科的共性问题联系起来，具有很大的跨学科性。维纳的控制论思想揭示了机器中的通信和控制机能与人的神经、感觉机能的共同规律，它从多方面突破了传统思想的束缚，为现代科学提供了崭新的科学方法，有力促进了现代科学思维方式和当代哲学观念的一系列变革。维纳对传播学研究的最大贡献之一在于把信息、反馈等概念引进传播学的研究领域，丰富和完善了传播学的研究。具体而言，控制论对传播学的影响如下：第一催生了帕洛·阿尔托学派。帕洛·阿尔托学派①产生于 20 世纪四五十年代的美国，该派研究者在动物学、人类学和心理分析学方面都有大体相似的学历背景，试图把上述学科的概念嫁接到社会科学，以期最终实现所有知识的整体化，是传播学初创时期的一个流派。该学派的主要理论模式源于控制论的系统理论，他们从维纳那里引入了反馈的概念，反对传统的线性传播模式，主张人类的传播问题应该由社会科学的模式来研究。可以这样认为，控制论在传统的经验主义范式和文化研究范式之间经由帕洛阿尔托学派架起了一座桥梁。② 第二启

75

---

① Palo Alto，名字源于旧金山效区的一个小城市，又译作"旧金山市郊学派"。——编者注
② 戴元光主编：《影响传播学发展的西方学人》，中国大百科全书出版社 2012 年版，第 147 页。

发卡尔·多伊奇开创了政治传播学。美国学者卡尔·多伊奇①的政治传播理论深受维纳控制论思想的影响，他把控制论的基本原理和方法应用于政策制定过程的分析，甚至可以说，维纳的控制论思想构成了多伊奇政治传播理论的基本框架。1963 年，多伊奇发表了他的政治传播理论代表作——《政府的神经：政治沟通与控制的模式》，形成了系统的政治传播理论，由此，逐步开创了传播学的一门分支政治传播学。第三有助于传播学的开创。控制论可普遍适用于包括传播学在内的社会学学科的研究，它不仅为传播学提供了信息、反馈等关键概念，而且把传播描绘为双向互动过程，这一研究路径完全颠覆了以往的线性传播模式，并主导了美国功能主义和效果研究的传统。

二十七　克劳德·E. 香农

克劳德·E. 香农（Claude Elwood Shannon，1916—2001），美国应用数学家，信息论创始人。1916 年生于密歇根州皮托斯基小城的盖洛德小镇，父亲是当地的一位法官。香农喜欢科学和数学，童年时的偶像是发明家爱迪生，并对密码学有强烈的好奇心。香农在少年时期参与过"西部联盟"儿童信使工作，这为他日后从事电子通信系统方面的工作打下了基础。1936 年香农毕业于密歇根大学，并获得两个学士学位：一个是电子工程，另一个是数学。同年进入麻省理工学院攻读数学专业的研究生，1940 年获麻省理工学院电子工程和数学的硕士学位和博士学位。他的硕士论文《转播和转换线路的符号分析》曾深刻影响了电话系统和其他电子线路的设计领域，这篇论文被认为是"业已完成的最重要的硕士论文之一"②。之后，香农在普林斯顿大学高级研究所作为博士后随 H. W. 韦尔学习数学，从事信息论工作。1941—

76

① 卡尔·多伊奇（1912—1992），美国国际政治学教授，科学行为主义学派的主要代表人物。主要代表作是《民族主义与社会沟通》《政治联合与北大西洋地区》《政府的神经》《国际关系分析》等。

② ［美］E. M. 罗杰斯：《传播学史——一种传记式的方法》，殷晓蓉译，上海译文出版社2002 年版，第 444 页。

1956 年香农被任命为贝尔实验室的研究数学家，在那里他发展信息论的同时还对密码问题进行了开创性的战时研究。期间，香农与贝尔实验室的数值分析员玛丽相识，两人于 1949 年结婚。1945 年，香农以贝尔实验室秘密备忘录的形式发表《密码学的数学理论》，文章包含信息论的基本概念和框架体系。1948 年，香农在《贝尔系统技术杂志》上发表了划时代的论文《传播的数学理论》，该论文由两部分构成，提出了一系列以数学形式表达的定理，涉及讯息从一个地方向另一个地方的传递，也从工程技术的角度阐述了传播过程所包含的基本概念和要素：信源、信道、讯息、发射器、信号、噪声、接受器和信宿。1949 年香农与 W. 韦弗①合著的《传播的数学理论》发表，这部著作除了把香农关于通信的数学理论译成较通俗的语言外，主要讨论从香农的有关工程传播的数学理论中如何可能发展出人类传播理论，且日后在传播学界中声名鼎鼎的香农—韦弗传播模式亦由此形成。1956 年，香农离开贝尔实验室前往麻省理工学院担任数学教授，直至60 年代退休。香农一生的大部分时光是在贝尔实验室和麻省理工学院度过的，除了学术研究，他爱好杂耍、骑独轮脚踏车和下棋，还发明了很多用于科学展览的设备。2001 年 2 月 26 日香农在马萨诸塞州麦德福特辞世，享年 85 岁。

　　信息论，无论从字面、还是内涵上，都是关于信息传输的科学，它主要研究信息的本质，并运用数学的方法研究信息的计量、传输、转换和存储。就传播技术思想的发展而言，香农的关键性作用始于对"信息"概念的阐述和改变。"信息"一词具有相当大的模糊性，但它能够离开一般陈述的语句意义，而成为通信交换的重要对象，可以说是香农信息论的功劳。② 香农以"不确定性的减少"为"信息"一词下定义，并因此引入了或然性、偶然性和选择性。也正是因为对"信息"概念有了脱离各种具象形态抽象出本质特征的认识，信息才能与物质和能量并列成为构成宇宙的三大元素。信息论产生之后，既被用

77

---

① W. 韦弗（1894—1978）美国数学科学家。
② 殷晓蓉：《香农—传播技术编年史的里程碑》，《今传媒》2010 年第 1 期。

于计算机科学，用于物理学、分子生物学和生物技术，也被用于人类科学、心理学及传播学。具体言及信息论对传播学的影响，可以认为，信息论所提出的信息、熵、比特等概念为传播学确定了主要的术语体系；香农的单向传播行为模式为传播行为中的主要组成部分提供了一个单一的、易于理解的明确说明，这一模式因此成为传播学研究的基本范式。信息论是迄今为止影响最为深远的科学突破之一①，它是理解传播的主要基础，也是新的传播技术的设计基础。从历史的眼光来说，信息论是传播研究发展的一个主要刺激因素，它使得在此之前的模糊的信息概念变得在数学上可以操纵，将它从涉及认识和传播术语的各种学科的有冲突的要求中解放出来，并赋予传播和信息过程的研究以合法性。②

① ［美］E. M. 罗杰斯：《传播学史———种传记式的方法》，殷晓蓉译，上海译文出版社2002 年版，第 436 页。
② 同上书，第 465 页。

第 二 篇

传播学派篇

传播学诞生于 20 世纪 40 年代，伴随传媒事业的发展及媒介技术对社会生活的深刻改变和社会历史的发展变迁，传播学内部在方法论、理论源流、研究指向等方面产生了分流，继而衍生出不同学派。学界对传播学的划分众说纷纭，但大同小异，多则五派，少则三派，五派之说一般是：经验—实证学派、法兰克福学派、英国文化研究学派、政治经济学学派、技术学派。三派之说持论者比较多，但主张各有不同：①经验—功能、控制论、结构主义①；②经验—功能、技术控制、结构主义符号—权力②；③结构功能主义、政治经济学、文化研究③；④社会科学研究、诠释研究、批判研究④；⑤社会科学研究范式、诠释研究范式、批判研究范式⑤。一般地说，为了简明起见，学界比较喜欢突出两个影响最大的学派：经验学派和批判学派。⑥

第一次对传播学进行划分的是经验学派代表人物之一的拉扎斯菲尔德，1941 年他在法兰克福学派学刊《哲学和社会科学研究》上发表《关于行政管理的和批判的传播研究》，这篇文章第一次区分了传播研究中的两种不同学派，并分别取名为"行政管理研究"和"批判研究"⑦。"行政管理研究"即指以拉扎斯菲尔德及其美国同行为代表的"为服务公共或私人的经营管理机构而进行的那种类型的研究"也就是为解决经济或社会问题而进行的研究。这种研究后来被称为传播学的经验主义研究，是传播学的传统学派。拉扎斯菲尔德把以阿多诺为

① 陈卫星：《西方当代传播学学术思想的回顾和展望》（上），《国外社会科学》1998 年第 1 期。

② 陈力丹：《试论传播学方法论的三个学派》，《新闻与传播研究》2005 年第 2 期。

③ 杨茵娟：《从冲突到对话——评传播学研究典范：结构功能主义、政治经济学与文化研究》，《国际新闻界》2004 年第 6 期。

④ 蔡骐：《传播研究范式与中国传播学的发展》，《国际新闻界》2005 年第 4 期。

⑤ 潘忠党：《传播媒介与文化：社会科学与人文学研究的三个模式》，《现代传播》1996 年第 4 期。

⑥ 何道宽：《异军突起的第三学派——媒介环境学评论之一》，《深圳大学学报》（人文社会科学版）2003 年第 23 卷第 6 期。

⑦ 王勇：《"双峰对峙"还是"三足鼎立"——传播学派刍议》，《新闻界》2007 年第 4 期。

代表的法兰福学派的研究称为"批判研究",指出他们的研究目的不是为了解决现实的社会问题,而是为了研究现代社会的一般趋势以及人的基本价值,并在此基础上探讨大众传播的社会作用。拉扎斯菲尔德对传播研究两大学派的划分在当时及很长一段时间并没有产生广泛影响和成为普遍共识。经验学派的实用主义的行政管理研究受到了政府和资本的青睐,得到了他们的大力支持。相反,批判学派的揭露、批判取向难以讨得财团、政府和传媒的欢心,因此,相当长的一段时间内,传播研究一直都是以美国学者为代表的经验学派一统天下,经验学派被尊为传播研究的主流学派。

大约在20世纪60年代,以欧洲学者为主的传播批判学派逐渐崛起。首先是英国的"文化研究"风靡欧洲,后波及全球,继而是传播政治经济学派大行其道,批判研究从传统的传播研究的边缘慢慢成为欧洲一些大学建制内的研究正统。直至80年代批判学派逐渐成长为与经验学派并驾齐驱、势均力敌的传播学派。从此,传播研究领域存在经验学派与批判学派的观念成为人们的广泛共识。

进入新世纪,学者们对传播学派的划分又提出了新的思考。国内知名传播学者胡翼青把传播学分为经验主义、技术主义、批判主义三种研究范式,陈卫星划分为经验—功能、控制论、结构主义方法论三个学派①,原本认同"二分法"的陈力丹也提出了"三分法":经验—功能学派、技术控制论学派和结构主义符号—权力学派,这些学者的表述虽然有异,但基本观点相同:都是在原有两大学派的基础上,开始注意和强调对媒介自身历史发展形态和历史意义的探讨。最重要的是,第三个学派的提出契合了媒介技术进步所带来的社会变革。日新月益的媒介技术已经渗透到社会生活的每个毛孔,日益媒介化生存的社会现实正在改变人们的生活方式和思维方式,这种改变要求学者对媒介技术的关注越来越迫切,确切地说,要求学者理性思考媒介技术对人类社会的影响和改变。以麦克卢汉、波兹曼和莱文森为三代核心人物的技术派,不仅提出了有别于两大学派的研究范式,而且形成了

---

① 陈力丹:《试论传播学方法论的三个学派》,《新闻与传播研究》2005年第12卷第2期。

相对独立和成熟的理论体系。国内学者何道宽在《异军突起的第三学派——媒介环境学评论之一》《媒介环境学派的理论命题、源流与阐释》《媒介环境学辨析》等文中，对技术学派的名称、理论范式等专门进行重新阐释。学者李明伟在《作为一个研究范式的媒介环境学派》一文中对媒介环境学派研究范式的合法性进行了论证。至此，媒介环境学派的研究方法论、思想谱系及研究成果已渐清晰，具备了学派必备的主要条件。经过三代人的戮力奋战，媒介环境学派于世纪之交跻身于传播学主流，成为与经验学派、批判学派三足鼎立的一个学派。①

　　从上述传播学学派的简单发展历程可以得出一个基本认识：传播学在发展初期是经验学派一枝独秀，60 年代批判学派与之形成"双峰对峙"，2000 年之后媒介环境学派异军突起，终于成就传播领域的"三足鼎立"之势。依据传播学的如此发展脉络，本书对于传播学学派的介绍，主要按照经验学派、批判学派和媒介环境学派展开。

---

　　① 戴元光主编：《影响传播学发展的西方学人》，中国大百科全书出版社 2012 年版，第 257 页。

第一章　经验学派

经验学派，顾名思义是主张从经验事实出发、运用经验性方法研究传播现象的学派①，是传播学研究的主流学派之一，在美国传播学的早期发展中一直居于主导地位。经验学派又叫"行政管理"学派、"经营管理学派"、"传统学派"等，这一术语来自于1941年拉扎斯菲尔德发表的一篇名为《论经营管理研究和批判研究》的文章，在文中，他区分了两种不同的研究或研究取向，一是以他及其美国同行为代表的"经营管理研究"；二是以法兰克福学派为代表的"批判研究"。他所说的经营管理研究，是指"为服务于公共或私人的经营管理机构而进行的那种类型的研究"②，实际上就是传统研究，"经验学派"又被称为"经营管理学派"。这个说法既概括了经验学派的研究指向，也在某种程度上交待了经验学派发展的背景。

一　经验学派的由来

一门学科的兴起与发展主要植根于它所处的社会现实，这种社会现实既表现为生产力发展、社会变革与社会矛盾等物质性要素，也包括文化思潮、文明成果与技术进步等精神要素。传播学勃兴的20世纪是一

①　郭庆光：《传播学教程》，中国人民大学出版社1999年版，第266—267页。
②　李彬：《略论批判学派的产生与发展》，《郑州大学学报》（哲学社会科学版）1994年第1期。

个充满重大变革的世纪，是人类创造力空前高涨与迸发，创造出远远超过 19 个世纪生产力总和的世纪，是人类科学文化突飞猛进、达到"知识爆炸"程度的世纪；当然也是发生过两次世界大战和无数次局部战乱、人类蒙受前所未有巨大灾难与牺牲的世纪。在这样一个充满动荡和激变的世纪中，人们从自然观、宇宙观、社会观、人生观、伦理观、审美观到生存方式、行为方式、思维方式都发生了并继续发生着剧烈而深刻的变化。① 在这种纷攘的认识变化中，可以辨识出两股强劲的、相反相成的精神轨迹或文化思潮，一是导源于科学—进步—发展的这一现实趋向的科学主义；一是植根于精神—价值—人性这一永恒主题的人本主义。② 传播学的两大学派——经验学派和批判学派，正是在这两种思潮中孕育发展出来的。就科学主义而言："20 世纪以来，自然科学和技术文明取得了突飞猛进的发展。爱因斯坦相对论的提出，量子力学的诞生，电子计算机的发明、应用和快速换代，DNA 生命密码的破译，系统论、控制论、信息论的创立，宇宙科学的突破，航天工业的发展，等等，使人类面前的世界图景变得同经典科学所描述的图景大不一样了。在此基础上形成的现代科学技术正在创造出远远超过过去几十个世纪总和的巨大生产力，从而把人类对自然界的开发与改造推进到一个前所未有的新阶段。在发达资本主义国家，不仅已达到高度的工业技术文明，而且已进入'后工业社会'和信息时代。这一现实极大地提高了人类认识自身、征服世界的理性能力。这正是科学主义、技术主义和实证主义思潮得以存在和发展的客观依据。"③ 以科学主义和实证精神为内核的传播学经验学派的现实基础就是由此延伸出来的。具体而言，传播学及经验学派的诞生托庇于以下社会条件的形成。

（一）信息社会的来临——传播现象成为研究对象

信息与人类的传播活动由来已久，但信息社会的到来，大约始于

---

① 朱立元主编：《当代西方文艺理论》，华东师范大学出版社 1997 年版，第 1 页。
② 李彬：《传播学引论》，新华出版社 2003 年版，第 39—40 页。
③ 朱立元主编：《当代西方文艺理论》，华东师范大学出版社 1997 年版，第 430 页。

20 世纪中叶①，这里所谓的信息社会，指信息成为与物质和能量同等重要甚至比之更重要的资源，整个社会的政治、经济和文化以信息为核心价值而得到发展的社会。②"信息社会"一词最早由日本和美国提出，不过让这个概念在全球范围内产生普遍影响的是美国社会学和未来学家丹尼尔·贝尔和阿尔温·托夫勒。丹尼尔·贝尔在 1973 年出版的《后工业社会的来临》一书中，把人类社会的发展分为三阶段：前工业社会、工业社会和后工业社会。前工业社会，是个日出而作日落而息的农业社会，人们或刀耕火种，或愚公移山，靠自身的劳力从自然里谋生存。工业社会，则是依靠机器制造业进行社会化大生产，生产的目的不是为了自给自足，而是为了追求利润。后工业社会，轴心又从生产转向管理，由机器转向信息，整个社会开始围绕知识即系统化的信息而运作，主要特征就是产品型经济向服务型经济的转变。

从贝尔的描述与界定中可看出，信息社会的到来完全以工业革命的成果为前提。工业革命开拓了西方国家城市化的进程，大量增加的城市人口改变了以往自我满足的封闭式的生活方式，转为以社会分工为前提的交换来获得生活需要的满足，同时城市人口的增加意味着读和写的传播成为生活的必需，城市人口比农村人口有更多更复杂的信息需求，报纸等大众传播媒介已成为城市人口的必要生活资料，至此，工业革命促成了传播手段和传播对象的社会性结合。这种结合对于传播学的意义在于，自古就有的传播现象，只有置于信息社会的条件下，才能成为一个独立的社会系统与其他社会条件互动并发挥越来越重要的影响，也才能成为独立的研究对象进入学者和受众的视野。

85

（二）社会发展和变革对传播研究的功能性需求激增

在传播学兴起和发展至关重要的 20 世纪，对于美国在资本主义道路上的崛起同样重要，美国正是在这一百年中积累财富并迅速崛起的。

---

① 李彬：《传播学引论》，新华出版社 2003 年版，第 19 页。

② ［日］《朝日现代用语》，朝日新闻社 1992 年版，第 245 页。转引自郭庆光《传播学教程》，中国人民大学出版社 1999 年版，第 35 页。

20 世纪初至 50 年代，美国社会经历了第一次世界大战和战后相对和平时期，随后又经历了经济大萧条和第二次世界大战，其间政治、经济和社会诸多领域出现的问题需要有效应对，当权者要求以改良和进步立法的手段解决社会矛盾，因而对传播研究有明确的功能主义指向，以保证政府在信息获取、社会调控方面的利益需求。比如，在以美国总统大选为代表的民主政治活动中，把握公众心理，了解媒介特性，灵活运用传播技巧，是展开有效的竞选传播的前提和必要条件，此种长效的政治活动使得围绕竞选展开的政治传播研究率先发展起来，拉扎斯菲尔德的"两级传播"理论就是 1940 年在俄亥俄州对伊里选民进行调查时发现并提出的。19 世纪 30 年代开始的报纸大众化，使广告的功能得以充分发挥，出版商、广告商和企业家们开始对消费者进行调查，分析购买习惯和广告效果，报刊的读者数量和人口学特征决定了广告商的广告支出和收入，并由此导致了市场调查技术的日趋完善。20 世纪 20 年代出现并普及的无线电广播与市场研究建立了合作关系，通过各种研究获得听众收听效果的经验资料，以此向广告商证明它的广告价值。可以说，广告机构的兴起导致文化的商业化，并刺激了传播研究市场化和商业化的导向，以设计和推销产品迎合消费者需要为目的的市场研究技术被创造出来，拉扎斯菲尔德与哥伦比亚广播公司合作的"广播研究项目"就是这种类型。尤其是第二次世界大战，美国宣布参战后，传播研究与战争结局的结合更紧密了，学者们的研究聚焦于传播如何改变态度、行为及传播效果形成的因素等方面，从 1940 年开始，美国军方大量资助媒介实证研究，以深入了解现代媒介对于社会的影响，传播效果成为研究重点，定量研究方法盛极一时，并由此主导了这一时期传播研究的方向，也使得效果研究和实现社会管理成为经验学派的内容标签和功能指向。

86

（三）行为科学和信息科学给传播研究提供了经验方法论和完善的学科背景

20 世纪初，有关社会行为的社会科学，如经济学、社会学、心理学、政治学、人类学等，先后在美国逐步形成。这一时期的社会科学把自然科学的方法论引入有关社会问题的研究领域，把社会行为研究置于严格的科学基础上，从而区别于以往的研究成为现代意义上的社会科学。后来，这种遵循自然科学规范的研究思想一度渗透到社会科学的诸多领域，尤其是在兴起于心理学领域的行为科学里得到进一步发挥。所谓行为科学又称行为主义，就是把人的外在行为而不是内在思想作为研究的客观依据，强调"怎么做"，而不管"怎么想"或"怎么说"，这种研究取向虽有其偏颇之处，但确实加强了社会科学的客观性与科学性。行为主义所倡导的实证精神给经验学派埋下了经验方法论的科学基因。

20 世纪中叶，组成信息科学的三论——信息论、控制论和系统论，相继出现。香农的信息论提出了"信息"的概念，并把信息与物质、能量并列为同等重要的地位，同时他还提出了一个传播过程的基本模式，这形成了经验学派早期研究的一个主要方向——传播模式研究。1948 年，维纳提出了控制论，这一理论对传播学的意义主要在于反馈这个概念，按照维纳的理论，控制的实质是通过信息对特定系统如自然、社会和工程等进行调节，使之达到所需状态，而信息的调节又是经由反馈机制进行的。也就是说，系统的状态取决于控制，控制的关键又在于信息，而信息的功能则体现于反馈。这一时期商业领域的应用性传播研究，如广播研究、效果研究等均得益于这一理论。

（四）芝加哥社会学派的深远影响

事实上，对经验学派具有深远影响的是芝加哥学派。芝加哥学派是对 1915—1940 年由芝加哥大学的一些教师与学生所进行的一系列研究工作的一种称谓。[①] 该学派在 20 世纪初成就了社会学研究的领导地位，同时对当时的传播研究乃至经验学派的形成都有深刻影响。首先，芝加哥学派的特点是经验研究，经验论倾向的标记是强调研究人员提出有助于解决具体社会问题的认识。[②] 经验研究是科学主义在社会研究领域的体现，它认为社会现象与自然现象一样具有客观性，这些客观性可以通过

87

---

① ［法］阿兰·库隆：《芝加哥学派》，郑文彬译，商务印书馆 2000 年版，第 1 页。
② 同上。

一定的科学方法加以揭示。芝加哥学派的核心人物，杜威、库利、帕克等人将对传播的研究建立在社会统计和现象观察（行为科学）的基础上，把理论探讨与应用研究相融合，这种方法论很快就与经验学派的实证立场结合起来，形成了传播学研究早期的许多成果。其次，芝加哥学派建立了一个较为完整的传播理论框架，提供了大量可供证实的理论假设和为数颇丰具有启发性的观点。[1] 在宏观层面，以帕克为代表的芝加哥学派学者广泛讨论传播技术通过何种途径影响人的生存方式、维系现代社会生存发展和实现民主政治。这条线索日后逐渐发展为传播学技术主义范式，传播生态学和发展传播学的某些主张。在中观层面，芝加哥学者们探讨了传媒与移民美国化、宣传与社会控制等问题。他们认为，现代大众传媒对社会具有较强的控制能力，需要有效地利用以保障社会的正常运作。这一线索为经验学派以服务于现存社会的实用主义研究目的奠定了基础。[2] 在微观层面，以米德为首的学者不仅把传播视为信息传递的过程，而且把它看作一种文化建构的符号象征过程，在这一过程中，社会意义被建构，人的意识、印象、态度、行为等因为传播而被赋予社会意义并最终成型，这条认识线索为后来的经验学派提供了较为直接的传播认识论，也确定了经验学派早期研究的微观层次——人际传播，为符号互动的大众传播理论与媒介环境学的兴起提供了基础性条件。

二　经验学派的理论源流

经验学派一词，在广义上指的是主要以经验性方法来考察社会现象的社会科学流派，在传播学中，它既是一个方法论的概念，又在很大程度上代表了一定的社会观和传播观。所谓经验性方法，是一种运用可观察、可测定、可量化的经验材料来对社会现象或社会行为进行实证考察的方法。[3] 这种研究方法论的获得与 19 世纪兴起的科学主义

---

① 胡翼青：《传播学四大奠基人神话的背后》，《国际新闻界》2007 年第 4 期。
② 同上。
③ 郭庆光：《传播学教程》，中国人民大学出版社 1999 年版，第 267 页。

和美国的实用主义哲学有直接关联。

（一）科学主义

科学主义兴起于 19 世纪中叶，主要包括实证主义、逻辑经验主义、分析哲学、实在主义、实用主义等流派。主张哲学应建立在实证自然科学的基础上，建立在作为科学的根据的经验和理性的基础上，强调哲学应限于描述经验事实，以取得实际效用为目标。[①] 在实证方法的创始人孔德看来，实证的就是科学的和可验证的。在具体操作上，遵循以下原则：第一，科学方法的程序设计应具有客观性和可重复性，以便为后来的研究提供验证理论的手段，以增强理论的有效性；第二，研究者的首要任务是致力于收集大量的经验材料，通过不断反复的"假设—验证"式的经验研究，进行理论建构和完善。[②] 经验学派继承了科学和实证的精神，主张从外部环境的变量出发，揭示事实和行为的原因或规律，依赖自然科学方法的精确性和客观性，研究传播现象和活动。比如 20 年代佩恩基金会关于电影对少年儿童影响的研究、1940 年拉扎斯菲尔德进行的"伊里调查"、60 年代的"耶鲁项目"等都是对实证研究方法的经典运用。

（二）实用主义

实用主义产生于 19 世纪末的美国，20 世纪初开始在资本主义各国流行，早期的代表人物有富兰克林、杰弗逊、爱默生、皮尔士、杜威等。这种哲学流派把经验作为世界的基础，把人的认识局限在主观的感觉经验的范围内[③]，认为真理不是观念对客观世界及其规律的正确反映，只要"有报酬""有效用""能满足需要"的就是真理。1878年皮尔士把实用主义的基本原则总结为：任何一个概念的全部内容和意义在于它所能引起的效果，并于 1901 年提出了"实用主义"这一

89

---

① 庞元正、丁冬红主编：《当代西方社会发展理论新词典》，吉林人民出版社 2001 年版，第 218—219 页。

② 陈力丹、闫伊默：《传播学纲要》，中国人民大学出版社 2007 年版，第 35 页。

③ 程志民、江怡主编：《当代西方哲学新词典》，吉林人民出版社 2004 年版，第 246 页。

术语。① 实用主义认为"真理就是效用",而社会科学研究必须立足于社会现实生活,解决实际问题。实用主义哲学通过皮尔士、杜威、米德等人的学术思想深刻地影响了美国人的传播学研究。经验学派的主要学者——拉斯韦尔和他的宣传研究、拉扎斯菲尔德等的"传播流"研究、霍夫兰等人的说服实验、卡兹等人的"创新与普及"研究,无不带有明确的实用目的。他们的着眼点在于考察传播过程的结构与功能,传播对人的心理、态度和行为的影响,以及如何通过传播来达成个人或群体目标,这使得传播效果问题一直是经验学派关注的核心和焦点。②

(三)多元主义

经验学派的价值取向为预设现存社会的合理性,其研究旨在维持现存社会并通过改进传播来实现社会管理。经验学派的价值观确切地说来自于多元主义的社会观,它否认西方资本主义社会是阶级支配的社会,认为是一个多元利益相互竞争、相互制衡的社会。多元主义是20世纪上半叶流行于西方国家的一种政治思想,以洛克③等人的个人主义为基础,认为社会政治生活中存在着许多的相互制衡的权力中心,它们为个人的自由发展提供了政治条件。④ 多元主义认为国家不是一元的,而是多元的,认为现代国家主权产生之前就有许多主权体存在,为保障个人权利和自由,人们按不同的利益和要求组成团体,即"元",国家是众多团体中权利平等的一"元",作用是为公众服务,各"元"相互制约,使社会处于和谐之中。⑤ 经验学派的大众传播研究背后的多元主义意识表现为:大众传媒是一种保持着自己独立领域

90

① 高狄主编:《毛泽东周恩来刘少奇朱德邓小平陈云著作大辞典》(下卷),辽宁人民出版社1991年版,第2699—2700页。
② 郭庆光:《传播学教程》,中国人民大学出版社1999年版,第268页。
③ 约翰·洛克(1632—1704),十七世纪英国哲学家和政治思想家,唯物主义经验论代表之一,著有《人类理智论》《人类悟性论》等。——《外国历史名人传·近代部分上册》。
④ 庞元正、丁冬红主编:《当代西方社会发展理论新词典》,吉林人民出版社2001年版,第71页。
⑤ 中国百科大辞典编委会编,袁世全、冯涛主编:《中国百科大辞典》,华夏出版社1990年版,第177页。

的组织体，它在国家、政党以及其他压力集团面前保有某种自治性。大众传播制度和受众之间基本上是一种均衡的、平等的关系。因此传播研究的重要任务不是批判、否定、变革现存资本主义制度，而是通过改进传播机制来实现社会管理。

三　经验学派的研究特点

经验学派在 20 世纪四五十年代进入成熟期，并主宰西方学术界近30 年①，该学派之所以能成为传播学早期的研究主流和主导学派，是因为它的研究方法，如实验研究、实地调查、资料统计等，在战后得到了极为广泛的拓展和巩固；它的一些有成就的研究，如模式研究、效果研究和受众研究等，在战后趋于系统和成熟，这些方面也成为它区别于后来的批判学派和媒介环境学派的研究特点。

（一）实证主义的研究方法论

任何科学研究传统都具有某些本体论和方法论的假设和前提。传播学中经验学派与其他两个学派相区别的根源就在于，以拉扎斯菲尔德为代表的早期学者们对传播学的研究对象和研究方法具有不同于批判学派的预设，正是这些关于研究方法的原理和原则体系决定了日后经验学派具体的研究方法和价值倾向。19 世纪，实证主义取得了原先宗教所具有的地位，其原则指导了大部分的社会学研究，并提供了方法论的基础。对当时大多数社会学家来说，掌握实证主义思想被认为是学养成熟的标志。② 实证主义的基本信念是认为社会科学与自然科学并无根本区别，实证主义者相信所有科学都只能采用自然科学的标准和方法。他们认为，因果律是建立在能够通过经验证实之上的，因而就排除了科学家个人的主观因素对一般规律和科学理论的影响。因此，实证主义者认为社会科学应当模仿自然科学的传统和方法，

91

---

① 殷晓蓉：《战后美国经验主义传播学的演变及启示》，《新闻大学》1999 年第 2 期。

② 于海：《西方社会思想史》，复旦大学出版社 2011 年版，第 138 页。

对社会现象做出因果性的说明，从而使社会科学成为精密的、实证的科学。

经验学派的认识前提是：确信整个世界是有序的；存在个人规律和社会规律，行为规律可以观察和测量；任何行为都有可以理解的原因；行为可以汇总统计；经过科学论证的抽样样本可以推断总体和依此预测未来。[1] 具体而言，经验学派遵循的实证主义方法论的基本原则有以下几点。第一，本体论的自然主义假设。认为传播现象与自然现象本质是同类的，假定有一个客观的真实存在可供研究。这种客观真实是可以被观察、被记录的，如选民的动态、受众的反应、消费者的爱好等。[2] 第二，方法论的自然主义假设。社会科学应以自然科学为楷模，并采用它的方法论观点。经验学派假定人类有能力找出可以"客观地研究真实"的方法。这种方法是看得见的，就是通过一种量化的研究方法去寻找真实。主要运用社会调查、控制实验和内容分析得出相关的经验性数据，从这些材料中推导出结论，因此它的研究逻辑是演绎而非归纳。第三，认识论的经验主义原则。实证主义被视为广义经验主义的一个别种。强调经验和感性资料在社会科学认识中的作用，断言社会知识的可靠性和真理性取决于观察与检验。因此，经验学派早期的研究成果都是建立在大量经验性数据的基础上的，事实是经验的囚徒。[3] 第四，"价值中立性"的要求。科学只与"是什么"有关，而对"应是什么"不感兴趣，作为实证主义者，应该放弃对被研究的现象与所获得的结果的本质作任何价值判断。因此，经验学派的研究总是着眼于事实判断，目的在于揭示传播活动的事实真相，进而把握其中的运行规律。第五，社会科学是社会工程的工具与基础，科学使预测成为可能，而预测则有助于控制社会的过程与结束它的自发性与破坏性。因此，社会知识本质上是实践取向的。[4] 经验学派旨

① 陈力丹：《试论传播学方法论的三个学派》，《新闻与传播研究》第 12 卷第 2 期。
② 陈卫星：《传播的观念》，人民出版社 2004 年版，第 103 页。
③ 同上书，第 64 页。
④ 此处实证主义方法论的五点原则参见于海《西方社会思想史》，复旦大学出版社 2011 年版，第 138—139 页。

在通过实证研究找到社会管理传播的技术，或经营传播业的技巧。它的研究成果表现为客观的话语，但同时无形中塑造着通过传播的社会认同、制度性秩序。它实际上寻找的不是客观真理，而是不同传媒的受众的某种共同认同的东西，以便更充分地利用这种资源，达到最大限度的政治控制或最大限度的市场开发的目的，因而它的功能主义价值取向预设现存社会的合理性。①

经验学派对传播学的最大贡献就是遵循逻辑实证主义的思想，鼓吹用自然科学的模式来研究社会传播现象，为广告代理、新闻制作、公关活动等树立起标准的具有数学公式特性的知识模型，让人们明白了传媒是可以策划、预测、组织的，传播学作为一门科学是可以成立的。②

（二）研究内容——侧重于效果研究

受实证主义方法论的制约和影响，经验学派的研究是一种"实然"研究，即"是什么"的研究。对应于这样的研究方向，经验学派的研究内容，总体而言，是如何传播或如何有效传播之类的问题，因而该学派致力于寻求传播活动的自身规律，落脚点在传播的效果上。描述如何传播或传播过程并寻找传播规律，首先带来的是传播模式研究。模式，就是对事物的内部结构和外部功能所做的直观而简洁的描绘，是再现现实的一种理论性的简化形式。一般而言，传播模式有构造、解释、启发和预测四种功用。构造，是指模式可以显示传播活动中各个方面、各个环节所存在着的那些无法直接观察的联系，再现这些联系；解释，是指模式可从一个角度说明传播运行及其规律；启发和预测，都是指一个好的模式，一个深刻而准确地概括传播过程的模式所具有的理论和实际意义。③ 简言之，传播模式相较于理论阐述可以清晰地显示传播的本质及规律。正因如此，传播研究特别重视模式

93

---

① 陈力丹、闫伊默：《传播学纲要》，中国人民大学出版社2007年版，第35页。

② 潘知常、林玮主编，郭英剑副主编：《传媒批判理论》，新华出版社2002年版，第3—4页。

③ 李彬：《传播学引论》，新华出版社2003年版，第95—96页。

研究。20 世纪 40 年代，拉斯韦尔提出了最早的也是最著名的"五W"传播模式，由此引发了传播模式的研究热潮，之后共出现过几十个不同的传播模式，其中影响较大的有香农—韦弗的数学模式、拉扎斯菲尔德的两级传播模式、施拉姆的大众传播模式等。这些传播模式的提出都试图抽象出所有传播活动的共性与规律，进而预测或控制传播效果，是后期进行效果研究的必要前提。

传播效果研究一直是经验学派关注的核心和焦点，两次世界大战开拓和加深了效果研究，并形成了强效果论，进而导致了战后反对强效果论而产生的弱效果论及以后的有限效果论。早期的效果研究只注重媒介对公众的直接影响，只问看一张报纸读者的思想有什么变化，听一次广播听众的认识有多大提高。也就是说，只关心传播的直接效果和近期效果，而忽视它的间接效果和远期效果，尤其侧重于政治传播和商业传播效果的研究。从拉扎斯菲尔德等人早期的传播研究来看，他们所关心的课题主要是媒介在政治竞选和商业流通过程中扮演何种角色，可能产生何种效果。也正是因为这样，才出现了伊里调查和二级传播理论。第二次世界大战期间，效果研究到达顶峰，拉扎斯菲尔德与贝雷尔森等学者加入了战时宣传效果研究，直接为美国政府服务。"学者们聚焦于能使信息产生态度与行为效果的内部过程、机制及因素的研究，效果不光写在研究小组的备忘录中，而且在学者们的实际研究中被不断强化和凸显"①。20 世纪 60 年代，经验学派对效果问题的研究发生重大转折，摆脱了媒介影响与态度改变的思维定势，开始探讨传播的多维效果，如媒介对思维习惯的影响，媒介对生活方式的影响等，效果研究逐渐脱离局狭的功能主义空间，开始具有更宽广的思维视野。

同时，经验学派侧重效果研究也是杜威实用主义效用观的体现。拉斯韦尔的宣传研究、霍夫兰的说服研究、拉扎斯菲尔德的广播研究项目等，都带有强烈的实用主义目的。该学派在媒介研究中很注意政

94

---

① 周葆华：《大众传播效果研究的历史考察》，博士学位论文，复旦大学，2005 年，第42 页。

府的管理功能，在国内直接为政府、军方和工商企业提供咨询服务，在国际上直接服务于以"自由发展主义"为导向的美国对第三世界的"发展政策"。① 这一实用主义的功能取向导致了经验学派的研究着眼于传播对人的心理、态度与行为的影响，研究各种传播所形成的效果及如何达成效果的问题，并服务于政治、军事和商业目的。

（三）技术特征——定量的

定量研究是实证主义方法论的基本技术特征的概括性表达，主要采用科学主义的研究范式。具体到经验学派的研究而言，首先选择可观察、可测定、可量化的经验性传播现象作为研究对象，并提出某种假设；其次，通过问卷调查、量表测量、结构性访谈及控制实验等方法获得量化数据，并分析变量间因果关联，由此演绎出某种结论，证明或证伪之前的假设。简单地说就是：提出命题→定量分析→得出结论，这一过程同自然科学中的实验法在本质上是一脉相承的。经验学派定量的技术特征，一则指整个研究过程强调量的方面，研究结论的支撑性在于精确的量化数据的取得；二则指研究过程需要以数学、统计学等可量化的科学方法为前提。统计学和概率论数学的发展为使用定量研究探讨传播问题提供了条件。经验学派的代表人物和奠基者拉扎斯菲尔德，毕业于维也纳大学应用数学专业，并获得博士学位，这让他更强调规范性和定量研究的重要性，并发明和完善了许多定量研究的方法，给他的经验研究提供了强大的方法支持。通过运用实证主义的定量方法，经验学派提出了一系列传播学经典理论，如"社会责任"论、"把关人"理论、"议程设置"理论、"二级传播"理论等。这些理论使传播学作为一门新兴学科在 20 世纪迅速扎稳根基，并快速发展起来。梅尔·德弗勒在《传播学研究的里程碑》一书中，总结了美国传播学研究领域中 13 个里程碑式的理论学说，这些学说均依循实证主义方法论，在定量的方法框架内进行，属于纯粹实证和量化的科学研究。

95

---

① 陈卫星：《传播的观念》，人民出版社 2004 年版，第 108 页。

然而，定量研究的局限性也是显而易见的，与经验学派对应的批判学派，从认识论上对实证主义的定量研究进行否定，他们认为，实证主义的定量研究是孤立的、机械的，着眼于微观的研究，这种研究根本不可能揭示传播活动的深层联系与内在本质，更不可能揭示传播活动的历史的与文化的广阔背景。这种貌似科学的研究方法，只不过是一种掩饰其意识形态背景的标签，除了能为当权者提供一点立竿见影的实用策略外，根本不可能说明纷纭复杂的传播现象。① 尽管受到了种种批评与质疑，这种研究范式仍然给当时的美国社会和传播学科的建立提供了强大的有用性。第二次世界大战前后的国际背景使美国政府迫切需要一套有用的社会科学理论和方法来帮助控制国际国内环境，用数据这样"坚实"的证据来证明美国意识形态的优越性。尤其是两次世界大战，使得以自然科学的方法进行社会科学研究成为当时传播研究唯一可行的方法，因为只有定量研究的信度和效率，才能满足战争决策的需要。② 实证主义的定量研究天生是一种工具性知识，天生是"对国家统治者所提出的社会工程有用的、可资利用的知识"③。同时，实证主义的定量研究有助于一门新兴学科的建立，它能提供一整套严密的学科规训，使传播学区别于其他社会科学，形成自己的专业主义，进而迅速成长起来，因此定量研究成为传播学早期研究的主导性特征。

（四）"肯定"的研究立场

研究立场是研究者在研究问题时所持的态度或主观倾向。不同的研究立场决定不同的研究方法、研究内容，进而导致不同的研究结论。经验学派与批判学派的分歧、差异，归根结底源于两派研究立场的不同，主观态度的不同。这种研究立场的不同是根本性的，是关键之所在。一般而言，经验学派的种种研究，都对既定的传播现状持肯定的

① 李彬：《传统学派与批判学派的比较研究》，《新闻大学》1995 年第 2 期。
② 胡翼青：《美国传播学传统学派形成的学理探究》，《当代传播》2009 年第 4 期。
③ ［英］吉尔德·德兰逊：《社会科学——超越建构论与实在论》，张茂元译，吉林人民出版社 2005 年版，第 16 页。

态度。所谓"肯定"，不一定是"歌功颂德"，它也可以用间接的形式表现出来，这就是把现状视为天经地义，永恒不变的事实，并以接受这一事实为前提来从事研究。对经验学派来说，存在的就是合理的，接受现行的资本主义传播体制犹如呼吸空气一般的自然，在他们的意识中根本就没有什么怀疑或否定的念头。① 可以这么认为，经验学派是肯定现状，服务现状，是对现存社会及其传播体制持一种非批判的肯定态度，总把自己置于现存秩序"之内"，把现存秩序当一种固定不变的既定事实接受下来，从而自觉不自觉地以维护现存秩序为己任，奉行的是同现存社会秩序相一致相调和的"服从主义"。这种"服从主义"主要源自于经验学派的研究立场——维护现存社会，基于这种肯定的研究立场，经验学派把资本主义的传播体制当作不容质疑的事实全盘接受下来，然后对它展开实证性、经验性的研究，以期从中发现它的运行"规律"，从而指导媒介开展更有效的、更事半功倍的传播。至于这种体制是否有问题，这种传播是否有意义，他们从不过问，经验学派作为美国传播学的主流学派，在传播学发展的初期主导了传播研究的方法、内容及研究取向等，可以说主宰了传播学界近 30 年，对划分传播学与其他社会科学，形成传播学独立的学科地位功不可没，但也因为狭窄的理论视角和技术主义的研究方法而广受批评，主要集中于以下几点。

第一，在知识层面上落入科学主义的意识形态，缺乏一种翔实的分析理论，缺乏具有学术内涵的解释体系。

第二，在社会理论层面上，"隐藏"一套未经验证的功能论和多元论，刻意生产一种没有深度的社会表象。

第三，在传播理论层面上，重可见的、个人、微观的和行为的研究，忽略宏观的、结构的和历史的研究，技术分析限制了理论观察。

第四，在社会实践层面上，趋向于行政与市场导向，流于保守和维护现存秩序，把政治效果等同于商业效果。②

97

---

① 李彬：《传统学派与批判学派的比较研究》，《新闻大学》1995 年第 2 期。
② 陈卫星：《传播的观念》，人民出版社 2004 年版，第 112 页。

　　20 世纪 60 年代，欧洲的批判学派及后来的媒介环境学派陆续发展起来，给传播学带来多元的理论视角和新的研究方法，然而经验学派作为传播学的传统学派，仍然在以下方面给传播学研究带来了价值。首先，擅长于效果研究的经验方法论，启示我们应该对真实的媒介效果进行思考，认真考察大众传媒的效力。其次，经验学派经验—功能主义的研究取向提示我们未来的媒介研究还应思考媒介的属性、结构和功能及其有限性。最后，经验学派实用主义的效用观提示我们应该思考政治对媒介的影响。

第二章　批判学派

　　批判学派是在社会科学的法兰克福学派的影响下，以欧洲学者为主形成和发展起来的学派。他们以马克思主义的异化理论和人道主义为出发点，整合弗洛伊德、阿图舍等人的精神分析、结构主义等现代思想，对现代社会，尤其是处于后工业时代的发达资本主义工业社会的文化形态进行了跨学科考察，并提出尖锐批评，使得对现有媒介传播活动及其文化的批判有了广阔的历史、文化视角。①

　　批判学派的"批判"，可从两个方面理解：一是对当时不合理的、异化的传播现象进行批判性的揭露和分析；二是对商业化、实用化、经验化的传统理论进行否定性的抨击与扬弃。② 20 世纪 60 年代以前，传播学的研究一直都是经验学派一统天下，后来，欧洲的批判学派异军突起，才打破了这种一枝独秀的局面，形成了两家分庭抗礼之势。可以说，批判与对抗在批判学派诞生之日起就存在了。这种批判与对抗可以看作是欧洲古老文化传统与美国现代文明之间的较量，也可认为是复兴后的欧洲文明对以世界霸主自居的"美国文化"的挑战。追溯根源，两个学派的对立其实是源自两种文化传统的差异及诞生不同文化的社会文明之间的对立。

---

　　① 石义彬：《单向度超真实内爆：批判视野中的当代西方传播思想研究》，武汉大学出版社 2003 年版，第 4 页。

　　② 李彬：《传统学派与批判学派的比较研究》，《新闻大学》1995 年第 2 期。

一 批判学派的历史缘起

如果要追溯批判学派的思想渊源，仅就具体内容而言，可以溯源到 20 世纪哲学思潮中占一席重要地位的法兰克福学派。事实上，在西方文化中批判的思潮源远流长，从近代早期的莎士比亚到 19 世纪的巴尔扎克，从浪漫派到现代派，无不表现出鲜明的批判意识，尤其是马克思对发达工业社会的深刻批判等，都为孕育批判学派提供了肥沃的精神土壤，可以说它的思想脐带已深入到近代欧洲文艺思潮，然而批判学派的真正诞生却发生在 20 世纪 60 年代，这应该不是历史的偶然，而是进入 20 世纪后，发达的工业文明和资本主义制度所积累的矛盾爆发后对"价值理性"需要的一种反映。

（一）资本主义社会危机

具体表现为："20 世纪爆发了两次世界大战。在战争中，现代科学技术的一些先进成果被用来充当杀人武器，这不仅给人类造成巨大灾难，而且在世界各国人民的心灵上留下了难以磨灭的创伤。另外，人类在快速走向现代化的过程中，在用先进科技征服、改造自然的同时，也在许多场合破坏了自然界的生态平衡，环境污染、气候改变、职业病的增多等一系列问题，使人类面临着新的生存困境与危机。以上两种情况，一是社会性的，一是自然性的，但其共同之处在于：人凭借自身的理性能力创造了无与伦比的物质、技术文明，但这种文明却反过来成为压迫人、毁灭人的强大异己力量。尤为突出的是，资本主义条件下高度发展的物质技术文明严重地压抑、窒息、吞噬着人们的心灵，使人的心灵异化了。高度的技术文明与深刻的精神危机形成巨大的反差。"① 资本主义社会发展到一定阶段所爆发的危机与矛盾，把"人""人的自由""人的理性"在社会发展中的价值问题，极为迫切地提出来，尤其是法西斯主义和美国大众文化这两种迥然不同的事

---

① 朱立元主编：《当代西方文艺理论》，华东师范大学出版社 1997 年版，第 431 页。

物，却能本质相同地钳制人的思想与行为，使人失去自由，这种现象让批判学者们满怀忧虑和义愤，他们旗帜鲜明地举起"批判"的大旗，对社会现实进行全面剖析与否定，并证明它们同人的本质相背离。

（二）欧洲历史文化传统的渗透

欧洲作为西方文明的发祥地，有着浓厚的哲学思辨和批判现实的历史文化传统，先后出现了柏拉图、亚里士多德、培根、笛卡尔、斯宾诺莎、黑格尔、马克思、恩格斯、罗素等杰出的哲学家和思想家。这种文化传统必然会渗透到人文科学、社会科学的各个研究领域中。传播学领域自然也不例外。传播学批判学派与其说是一种特定的流派，不如说是一个开放的领域，它除了从欧洲久远的历史文化传统中汲取理论养料外，还从当代西方的各种流派中吸收有益的成分。批判学派诞生的 20 世纪 60 年代，西方产生了一批丰富的、让人耳目一新的批判性学术资源，如符号学、解释学、结构主义、解构主义、女权主义、新历史主义、后殖民主义、后现代主义等。对批判学派影响最深的当属西方马克思主义，这是一种西方哲学流派和思潮，诞生于第一次世界大战之后。西方马克思主义以"批判"发达资本主义为主要任务，主张将马克思主义与当代其他各种哲学相结合[1]，是批判学派重要的思想来源。这些理论、思想与批判学派交相呼应，形同一体，给批判学派提供了强大的"批判的武器"。随着媒介技术和传播事业的快速发展，大众传媒与当代社会的关系日益突显，人文社会科学的几乎各个学科，如哲学、美学、文学、法学、历史学、政治学、社会学、心理学、经济学等，无不开始从批判性的立场涉足传媒研究，从批判性的视角审视传播现象，从而形成一种交叉态势和一个全新领域，而这个领域也就是传播学批判学派赖以生成的学科土壤，正如当代传媒在政治、经济、文化、心理等方面诸多触目惊心的弊端是批判学派赖以存在的现实土壤一样。"[2]

101

---

①　冯契、徐孝通主编：《外国哲学大辞典》，上海辞书出版社 2000 年版，第 239 页。

②　李彬：《批判学派纵横谈》，《国际新闻界》2001 年第 2 期。

（三）欧洲不同于美国的传播实践

不同的传播实践会导引、决定不同的传播理论。美国的新闻传播业自诞生起就与欧洲的新闻传播业迥乎不同，自 19 世纪 30 年代，美国进入报纸的大众化时期，新闻传播事业开始独立发展起来，与社会其他系统互动、作用，并逐步发挥、加强它的影响。在此过程中，受实用主义影响，美国新闻业始终与商业紧密结合，以盈利为主要目的，维护现存社会发展。新闻体制以单一的私有制为主，除少数传播媒介为官方直接掌握外，大部分媒介被私人控制，新闻实践中强调新闻自由。欧洲则不同，14 世纪就有"新闻信"和"手抄报"，17 世纪有世界上最早的现代报纸，新闻事业的源头和传统比美国早几百年，且新闻事业在资产阶级革命的几起几落中，也经历了理性与自由的较量，并让欧洲人在新闻实践中强调社会责任。欧洲的新闻体制也与美国有较大差异，全国性电台和电视台一般都作为公共事业，由国家或社会团体控制和资助，这种体制上的差异及由此产生的传播实践方面的其他不同，也必然影响欧洲传播学的研究。

（四）传播学发展规律使然

根据学术发展的一般规律，一门学科在开始阶段总是只有一种流派、一种搞法，当它发展到一定阶段，往往就会出现新的流派或新的分支，对既有的研究提出质疑和批判，并尝试新的研究方法，提出新的理论主张。这种现象虽然会引起某个学科内部的对立、冲突甚至是内战，但同时也标志着一门学科走向新的发展阶段。传播学的发展也顺应这一规律。自 20 世纪二三十年代，传播学首先在美国兴起，一个较长时期内，传播学的代表人物、理论成果皆出自美国，可以说传播学是"美国的传播学"，直至第二次世界大战以后，传播学在欧洲大陆全面展开，出现了以反美国传统理论而崛起的欧洲批判学派的传播学研究，传播学作为一门社会科学，从方法论到内容才有了全面的发展，从这个意义上说，欧洲批判学派的出现标志着传播学发展到了一个比较高的阶段。

二 批判学派的发展脉络

（一）孕育期（20世纪30—60年代）

对于传播学批判学派而言，法兰克福学派无疑是其始作俑者①。可以说，批判理论的这一流派起始于1923年法兰克福社会研究所的麦克斯·霍克海默、特奥多尔·W. 阿多诺、赫伯特·马尔库塞以及他们的同事们的研究工作。②"社会科学研究所"由德国的一个大谷物商人捐建，1923年成立于德国法兰克福。这家研究所名义上隶属于法兰克福大学，实际上却是独立的。"社会科学研究所"从马克思主义理论出发对资本主义社会进行批判性研究，传播在其中占核心地位而且对大众传播的研究一直是特别重要的部分，主要代表人物有麦克斯·霍克海默、赫伯特·马尔库塞、特奥多尔·W. 阿多诺等人。"社会科学研究所"起初并没有什么突出的表现，直到1930年曾经参与建所工作的霍克海默接任所长后，才逐渐脱颖而出。

霍克海默是德国哲学家，35岁时即成为法兰克福大学哲学系教授，作为法兰克福学派的创始人，他对该学派的一大贡献就是，在他任社会研究所所长时，网罗了一批志合道合、学识渊博的人才，如文学批评家洛文塔尔、哲学家本雅明、心理学家弗洛姆、经济学家格罗斯曼等，其中最重要的还要数后来同霍克海默一起成为法兰克福学派代表人物的阿多诺和马尔库塞。霍克海默对法兰克福学派的另一大贡献在于，他创办了专业学术期刊，让该学派的名望日渐兴起。1932年，霍克海默创办了社会研究所的专刊《社会研究杂志》，从此，这本学术期刊成为法兰克福学派思想家们阐发学理、批判现实的阵地，这群对现实充满忧虑与义愤的青年思想家的才华也得以施展，法兰克福学派也因此成为社会科学中令人瞩目的一派。

103

---

① 石义彬：《单向度超真实内爆：批判视野中的当代西方传播思想研究》，武汉大学出版社2003年版，第4页。

② ［美］斯蒂文·小约翰：《传播理论》，陈德民等译，中国社会科学出版社1999年版，第413页。

1933 年希特勒上台，社会研究所因其主要成员多为犹太人而被迫于 1934 年辗转迁往瑞士日内瓦，后又迁到纽约隶属于哥伦比亚大学。在美国，他们对资本主义社会中作为压迫性结构的大众传播与媒体产生了浓厚兴趣。同年，传播学经验学派的先驱拉扎斯菲尔德也从欧洲来到哥伦比亚大学，并在此创办了著名的应用社会学研究所，而经验学派与批判学派的第一次合作与冲突也正是发生在此时此地。[①] 第二次世界大战结束后的 1949—1950 年，应西德政府邀请，霍克海默、阿多诺等人由美国返回德国，在法兰克福恢复了社会研究所，霍克海默与阿多诺一同担任所长。不久，霍克海默成为法兰克福大学校长，阿多诺正式接任研究所所长。"法兰克福学派"这一术语从此叫响，法兰克福也成了批判学派的大本营。

近 30 年的孕育期对于法兰克福学派的发展而言是非常关键的准备阶段，在这一阶段，该学派初具结构雏形。首先，日后成为法兰克福学派核心的代表人物，如霍克海默、阿多诺、马尔库塞等人都是在这时聚拢在"批判"的大旗之下，相互影响与渗透，日渐地使法兰克福学派思想疆域与界限清晰起来。1937 年，霍克海默在《社会研究杂志》上发表了一篇题为《传统理论和批判理论》的文章，该文成为法兰克福学派思想奠基之作，不仅成为法兰克福学派社会批判理论的宣言，而且也是当今各种批判思潮的源头；[②] 其次，法兰克福学派的理论阵地——《社会研究杂志》也是在这一时期建立的，这本学术理论期刊对于该学派来说，是让外界对他们获得认知的主要途径，也是法兰学派思想和理论发挥影响和作用的重要平台。最重要的是，这一时期法兰克福学派作为一个整体从结构到思想开始完整起来，并且经过了战争与内在的双重洗礼，变得"坚实"，为日后的勃兴拓展了空间。

---

① 李彬：《传播学引论》，新华出版社 2003 年版，第 312 页。
② 同上书，第 313 页。

（二）勃兴时期（20世纪60年代以来）

20世纪60年代的欧洲，是个风起云涌、波涛起伏的时代，是个动荡的时代、造反的时代、批判的时代，否定所有的传统，砸碎既定的秩序，重估一切的价值，简言之就是"反潮流"。正是在这样一个"武器的批判"时代，作为"批判的武器"的批判理论骤然风行于世，大放异彩。① 它不仅成为当时欧洲激进运动的思想旗帜，而且其锋芒触角几乎深入所有的学科领域，传播学的研究自然也深受影响。批判学派真正崭露头脚也是从这时候开始的。这一时期的研究首先是从英国的"文化研究"开始，逐渐风靡欧洲。英国的文化研究包罗广泛，从葛兰西的"文化霸权"到阿尔都塞的"意识形态"，从法国结构主义的符号分析到英国伯明翰大学的传媒文化解剖等。以美国思想家丹尼尔·贝尔为例，他在《资本主义文化矛盾》一书中，对资本主义的文化危机包括大众传播问题，进行了鞭辟入里的解剖和深思熟虑的分析，揭示了大众传媒与资本主义文化危机的关系。又如法国哲学家米歇尔·福柯的"知识考古学"，主要从历史发展的维度，关注知识与权力的关系，揭示各种知识、各种言说、各种话语在其形成过程所体现、所隐含的权力，这些研究在当时的欧洲都产生了巨大影响。

70年代，传播政治经济学派大行其道。这部分研究从经典的马克思主义立场出发，分析和揭示传媒的所有制结构及其权势集团的利益关系，从而拆穿传媒领域诸多流行的神话即意识形态，如所谓客观、公正、多元化、新闻自由等，② 产生了斯迈思③、默多克④、戈尔丁等

---

① 李彬：《传播学引论》，新华出版社2003年版，第316页。

② 同上书，第297页。

③ 达拉斯·斯迈思（1907—1992），北美传播政治经济学的重要先驱。致力于对西方主流媒体在维护资本主义的意识形态方面所起作用的分析，尤其是对加拿大和美国的传播依附关系的批判。参与了美国和加拿大广播电视领域几乎所有重大政策的制定和许多国际性的进程。主要作品有：《传播：西方马克思主义的盲点》《电子传播的结构与政策》《附属之路：传播、资本、意识和加拿大》等。

④ 格雷厄姆·默多克（1946— ），英国拉夫堡大学传媒研究中心教授。西方传媒政治经济学的主要开创者，当今"新左派"的代表人物。研究领域：传播政治经济学，传播学与文化研究。主要作品多为与人合著，代表作：《研究传播》《媒介的政治经济学》《欧洲电视》等。

一批代表学者，他们的著作及影响使得批判研究在传播学的边缘地位慢慢趋于主流。由于批判学派的逐渐崛起和影响日益扩大，从 1970 年代开始批判学派受到广泛重视，1983 年，美国主要的大众传播季刊之一的《传播杂志》出版了专刊《发酵中的园地》，以传播批判研究对主流传播研究的冲击为题，广邀各国知名学者撰文发表意见，首次正式肯定了传播批判研究。1985 年，以经验学派学者为主的国际传播学术组织——国际传播协会召开国际传播年会，以"典范对话"为主题，特意请来英国"文化研究"大师霍尔作专题演讲，首次形成了两大学派共同探讨的局面。① 至此，批判学派逐渐成长为与经验学派并驾齐驱、势均力敌的传播学派，同时，这种传播学内部"双峰对峙"的局面也影响了学者们对传播研究学派的观念。1968 年美国社会学家默顿，在其著作《社会理论和社会结构》一书中，开始把大众传媒研究区分为欧洲传统和美国传统；1977 年和 1982 年出版的英国开放大学的媒介课程教材中，正式把美国传播研究所根植的多元主义社会观和批判研究的马克思主义观点对立起来。②

80 年代，美国著名的经验学派学者罗杰斯先后发表《经验的传播学派和批判的传播学派》《传播学两大学派的对立与交融》，正式把传播学界分为两个主要学派即"经验学派"和"批判学派"，并对两大学派的产生、发展及对立作了阐述。这一时期，批判学派在传播学界已形成一种"国际现象"，势力扩展到东欧、日本、加拿大以及第三世界，甚至在经验学派的大后方——美国也涌现出不少响应批判研究的学者，其中最著名的当属赫伯特·席勒。1981 年，美国还出了一个旨在促进批判研究的"民主传播联盟"，并创办了一份《大众传播的批判研究》（季刊），与此同时，批判学派也成立了自己的国际组织即"大众传播研究国际协会"，与经验学派的"国际传播协会"相呼应。当时批判学派代表人物有：累斯特大学的詹姆斯·哈洛伦、芬兰坦佩雷大学的 K. 努登施特伦、荷兰海牙社会研究所的 C. 哈默林克和法兰

---

① 王勇：《"双峰对峙"还是"三足鼎立"——传播学派刍议》，《新闻界》2007 年第 4 期。
② 同上。

克福学派第二代传人尤尔根·哈贝马斯。哈贝马斯对实证主义的论战及对社会系统理论的分析，使之对人文科学和哲学的发展起了决定性的影响，也因此在国际学术界享有崇高声誉，被奉为批判学派的精神领袖。

三 批判学派的三个路径

法兰克福学派从早期开始，它的成员们就从未形成过完全一致和统一的理论。① 随着批判学派的勃兴与发展，学者们因为研究的对象课题、分析问题的角度和理论方法的差异，学派内部也形成了各种各样的流派。

（一）政治经济学派

批判学派的策源地在英国。20 世纪 60 年代的英国曾有两股学术势力：一是累斯特大学（又译莱斯特大学）所属的大众传播研究中心，以 G. 默多克和 P. 戈尔丁②为代表的一批学者；二是伯明翰大学所属现代文化研究中心，以 R. 霍加特③、S. 霍尔④为代表的一批学者。前者用马克思主义有关上层建筑与经济基础的理论，探讨媒介的所有制结构及其控制问题。马克思认为，一个阶级是社会中占统治地位的物质力量，同时也是社会中占统治地位的精神力量，支配着物质生产资料的阶级同时也支配着精神生产资料，用经济基础对上层建筑的决定作用来揭示资本主义社会大众传媒支配与控制的现状。⑤ 他们

---

① ［美］斯蒂文·小约翰：《传播理论》，陈德民等译，中国社会科学出版社 1999 年版，第 413 页。

② 彼得·戈尔丁，英国累斯特大学大众传播研究中心主任，传播政治经济学派代表人物之一。1973 年，与格雷厄姆·默多克在《社会主义文摘》上发表《呼唤大众传播的政治经济学》一文，被认为是欧洲传播政治经济学的宣言性与纲领性文件。

③ 理查德·霍加特（1918—　 ）英国文学教授。1957 年《识字的用途》的发表开始了文化研究的雏形，认为社会精英通过他们的文化形式和实践的合法化来表现他们的权力。

④ 斯图亚特·霍尔（1931—2014），英国文化研究的杰出代表之一，终身致力于媒介和大众文化研究。提出了编码与解码理论，方要著作有《电视讨论中的编码和译码》《文化研究：两种范式》《意识形态与传播理论》等。

⑤ 郭庆光：《传播学教程》，中国人民大学出版社 1999 年版，第 273 页。

的研究着眼点在经济方面，所以默多克、戈尔丁一派在批判传播研究中，被称为"政治经济学派"。

政治经济学派关心的一个焦点问题是现代媒介高度集中和垄断的趋势及其带来的社会后果。他们认为大众媒介的高度独占和集中正是垄断资本控制着文化生产和流通的明证，大众传媒的活动最终是为了维护垄断资本的利益。1970 年英国累斯特大学的哈洛伦等学者，就英国媒体对 1968 年伦敦反对越战大游行所做的"歪曲"报道进行了一项专题研究，出版了批判学派的一部经典之作——《示威游行与传播：一个个案研究》。这部著作针对媒体关于此事的报道展开研究，得出一系列令人深思的结论。他们指出"商业竞争非但没有给媒体内容带来繁荣和多样，反而经常使它们呈现出千篇一律的面孔，其标新立异也只能在类似的媒体诠释和观众预期的框架中进行。"① 所谓民主社会的多元化信息，在传媒日趋垄断的时代，正日益趋向非民主化。

哈洛伦等人的研究进一步认为，18 世纪后期，以英国为代表的西方国家出现了以盈利为目的的廉价商业报纸，并逐步取代了过去的政党报纸。这些商业报纸为了在激烈的市场竞争中争取到更多的读者，进行新闻报道时有意避开鲜明的政治立场，标榜价值中立和客观报道。久而久之，所谓的不加任何主观价值判断的事实报道，即缺乏背景介绍的硬新闻便成了报纸的主角。突发事件也了新闻报道的主要对象，事实的过程往往被忽略了。《示威游行与传播》一书中研究的大游行，就是被媒体用视觉上刺激和精彩的镜头、照片呈现为事实上为数极少的暴力冲突事件，而没有呈现事件的全部过程及社会意义。该书在批判学派的历史上具有里程碑的意义。借用北京大学赵斌先生的话说，它"开创了英语世界批判传播研究的先河，打破了以往几十年经验学派的伪科学倾向及其对媒体效果的行为主义研究，提倡将传媒还原到大的社会和历史背景中，而不是将它们孤立起来分析"②。同时，这本书所体现的批判性研究取向、总体性研究思路和综合性研究方法，至

108

① 李彬：《传播学引论》，新华出版社 2003 年版，第 298 页。
② 同上书，第 299 页。

今仍被批判学派所沿袭，并成为一种"学术规范"。总体而言，政治经济学派主要从所有制关系和经济结构上来揭示资本主义大众传播的内在矛盾和制度的非合理性，对于传播内容本身没有给予更多关注。

（二）文化研究

文化研究需要研究文化通过意识形态间的斗争产生的方式。在这方面最有名的一群文化研究者是英国文化研究学派，它是与伯明翰大学当代文化研究中心联系在一起的。① 1964 年，英国伯明翰大学成立了当代文化研究中心，这个中心是为博士生研究"文化形式、实践和制度，以及它们与社会和社会变迁的关系"而建立的，英国文学教授理查德·霍加特成为中心第一任主任。1968 年，英国文化学者斯图亚特·霍尔继任主任，这一时期，当代文化研究中心声名鹊起，这也是新左派崛起的时期。作家理查德·霍加特、雷蒙德·威廉姆斯②以及历史学家爱德华·P. 汤普森③被公认为是伯明翰中心开创性思想的奠基人。④

对大众传播的研究是当代文化研究中心的工作核心，因为媒体被看作是占有支配地位的意识形态的有力工具，媒体有潜在的能力来提高人们对阶级、权力和统治的意识，是学者们关注和研究的主要问题，但又不是唯一问题，因为媒体只是更大的一套制度力量中的一部分，因此，文化研究中心的研究领域被称作"文化研究"而非"媒体研究"。研究者着重从文化方面透视当代大众传播的本质，通过解读传播符号、讯息、文本进而揭示其中的意识形态背景，故被称为"文化研究学派"。

该派继承了葛兰西、阿尔都塞等新马克思主义者的观点，反对简

---

① ［美］斯蒂文·小约翰：《传播理论》，陈德民等译，中国社会科学出版社 1999 年版，第 419 页。

② 雷蒙德·威廉姆斯（1921—1988），英国学者，小说家，批评家。主要作品有：《政治与文化》《马克思主义与文学》《漫长的革命》等。

③ 爱德华·P. 汤普森（1924—1993），英国历史学家，社会主义者。第二次世界大战期间在意大利服役，后在利兹大学与沃里克大学任教。主要著作有《英国工人阶级的形成》与《沉重的舞者》等。

④ ［法］阿芒·马特拉、米歇尔·马特拉：《传播学简史》，孙五三译，中国人民大学出版社 2008 年版，第 67 页。

单的"经济基础还原"论，主张从上层建筑和意识形态的相对独立性出发来研究资本主义社会的大众传播。阿尔都塞的关于大众传媒是从事"合意"的生产和再生产的"国家意识形态机器"的观点，对"文化研究"有重要影响。霍尔等"文化研究"学者认为，大众传媒在传播过程中，通过"符号化"对每一样社会事物"赋予意义"，以此作为"国家意识形态机器"实现"合意"的生产与再生产。大众传媒的"符号化"和"赋予意义"的传播活动每日每时都在进行，但"赋予意义"的活动并非客观中立，其背后有着利益和意识形态的驱动。资本主义媒介有一种突出倾向，即把统治阶级的特殊利益作为似乎得到广泛社会"合意"的普遍利益加以提示。[1] 霍尔关于媒介意识形态作用及性质的研究为批驳北美功能主义分析基本原理提供了理论准备，也为媒介批判研究的新形式奠定了基础。

意大利马克思主义者安东尼奥·葛兰西[2]对伯明翰中心的影响明显大于它对法国其他研究团体的影响。葛兰西的贡献主要在于他提出了霸权的概念，把霸权定义为一个社会集团对社会实行知识和道德导向，并围绕自己的目标建立新的社会联盟系统，或新的"历史集团"能力。[3] 葛兰西的霸权理论表明，他较早就反对仅以阶级或经济基础等概念机械地认识文化和意识形态问题。伯明翰中心的理论发展还受到多方面因素的影响，包括芝加哥学派的社会互动理论、西方马克思主义的鼻祖卢卡奇[4]的"物化"思想、法国符号学家罗兰·巴尔特[5]的

---

[1] 郭庆光：《传播学教程》，中国人民大学出版社 1999 年版，第 274 页。

[2] 安东尼奥·葛兰西（1891—1937），意大利共产主义思想家、意大利共产党创始人和领导者之一。1928 年因反墨索里尼被捕入狱，在狱中写下 32 本《狱中札记》，完成了霸权理论。

[3] ［法］阿芒·马特拉、米歇尔·马特拉：《传播学简史》，孙五三译，中国人民大学出版社 2008 年版，第 69 页。

[4] 格奥尔格·卢卡奇（1885—1971），匈牙利哲学家和文学批评家。1923 年他以著名的《历史和阶级意识》开启了西方马克思主义思潮，被誉为西方马克思主义的创始人和奠基人。主要作品有：《十九世纪文学理论和马克思主义》《青年黑格尔》《社会存在的本体论》等。

[5] 罗兰·巴尔特（1915—1980），法国文学批评家、文学家、社会学家、哲学家、符号学家。他创造性地将索绪尔的符号学理论引入文学领域，建立了自己的理论体系，并形成了独到的文本分析方法——解构主义，对法国以致欧美文学批评影响颇深。许多著作对于后现代主义思想发展有很大影响。主要作品有：《写作的零度》《神话学》《恋人絮语》《符号学原理》等。

语言学理论。伯明翰中心批判地采用了上述理论和观点，建立了针对各种领域的一系列研究小组，如民族志、媒介研究、语言和主体性理论等。

简单地说，"文化研究"学者的主要观点可以总结如下：第一，大众传播是资本主义社会系统的一个相对独立的组成部分，它对于社会关系、政治统治都能发挥重要的意识形态功能。第二，大众传播可被分为两部分，一是生产文化产品的过程，二是消费文化产品的过程。在文化产品的生产中，媒介通过选择和加工象征性事物，把社会事物加以"符号化"并"赋予其意义"，是一个编码过程。在文化产品的消费过程中，受众接触媒介讯息，解读媒介符号并解释其意义，是一个解码过程。第三，讯息符号是与一定的价值体系或意义体系联系在一起的。大众传媒的符号化活动，在本质上说是按照支配阶级的价值体系为事物"赋予意义"，通常支配阶级都是在经济基础方面占统治地位的阶级。第四，大众传播中的受众在符号解读过程中并非完全被动，由于受众社会背景的多样性和符号的多义性，受众可以对文本讯息作出多种不同的理解。①

（三）结构主义

批判学派实际上是众多具有社会批判意向的传播学派的总称，与其说它是一个学派不如说它是一种批判思潮，聚集在"批判"大旗下的学者可谓多矣。众多学者的批判研究使整个传播批判学派的研究内容广泛而多元，造成了批判学派的轮廓与界限比较模糊，因此学界在介绍该学派时一般会从三个路径展开。然而，前两个路径——政治经济学派和文化研究之所以可以被清晰地区分出来，是因为这两路研究依托了累斯特大学和伯明翰大学两个具体的研究机构，且有公认的代表人物及理论，谈至批判学派的第三路研究时，学界的看法则不太一致，国内学者如李彬在《传播学引论》中指出，批判学派的第三路研究是"文化帝国主义"，郭庆光在《传播学教程》中提出，批判学派

111

---

① 上述四点总结参见郭庆光《传播学教程》，中国人民大学出版社 1999 年版，第 274 页。

可分为四个流派，在政治经济学派、文化研究之外，还有"意识形态霸权理论"和"哈贝马斯的批判理论"。本书综观国内外学者观点，采用法国学者阿芒·马特拉和米歇尔·马特拉在《传播学简史》一书中的提法，认为批判学派的第三路研究是结构主义。如果说前两个研究路径是针对研究内容而言的，那么结构主义则可看作是一种理论视角和研究方法。

结构主义是一种现代西方哲学思潮，也是一种社会研究方法，20世纪初在欧洲出现，50—60年代盛行，尤在法国为甚。结构主义认为各学科都有共同的不变的结构，通过对社会形态和文化活动进行结构分析而达到认识事物结构的目的。① 这种方法被广泛运用于语言学、社会学、人类学、历史学、心理学和文学理论中。结构主义的先驱，瑞士语言学家索绪尔②于1906—1911年在日内瓦大学开设的3门课程被认为奠定了语言学的理论基础。③ 索绪尔认为，语言是一种"社会制度"，而言语是个人行为。语言作为一种社会制度，它是表达思想的有组织的信号系统。语言学的任务就是研究，支配有组织系统，并使其产生意义的规则。索绪尔曾设想建立一门称之为"符号学"的科学通论，它应该包含所有语言（包括言语和非言语）和社会符号，用以展示符号的构成和管理符号的规则。罗兰·巴尔特最终成为索绪尔设想的实现者。在1964年出版的《符号学原理》一书中，他勾勒了"符号学"基本的学科轮廓，并给符号学下了定义。在这本书中他总结了构成符号的基本要素：语言结构和言语，能指和所指，系统和组合段，直接意指和含蓄意指。巴尔特的这一理论使得符号学研究从对显性内容的功能主义分析转向了意义的描述。巴尔特在他的另一代表作——《神话》中，强调大量的广告、主流报纸、广播和图文杂志的

---

① 冯契、徐孝通主编：《外国哲学大辞典》，上海辞书出版社2000年版，第669页。

② 费迪南·德·索绪尔（1857—1913），瑞士语言学家。1878年发表成名作《论印欧系语言元音的原始系统》，代表作《普通语言学教程》由其学生整理笔记而成，该书提出了全新的语言理论、原则和概念，为语言的研究和和语言学的发展奠定了科学基础，被称为"现代语言学之父"。

③ ［法］阿芒·马特拉、米歇尔·马特拉：《传播学简史》，孙五三译，中国人民大学出版社2008年版，第53页。

发展，使得建立一门符号学的任务更为紧迫。在书中，他阐述了在各种大众传播形式中发现的"当代神话"的符号理论，并将其定义为内涵语言。

20世纪60年代，大众传播研究中心在巴黎高等研究实践学院成立。研究中心的首要任务是为传播研究提供一个环境并建立理论框架，包括分析社会整体与作为其功能性构成的大众传播之间的关系。乔治·弗里德曼①和埃德加·莫兰②在这方面颇有建树。弗里德曼的研究集中于作品和技术，通过研究大规模生产和消费、大众观众、休闲时间的出现和休闲行为的发展，来阐明技术文明及其"大众化现象"。埃德加·莫兰是法国第一位阐释文化工业概念的人，也是最早思考媒介重要性和新文化价值问题的学者之一③，他在研究中心工作期间，更多关注与社会学信息资源相关的事件。进入70年代，他的研究越来越倾向于控制论、系统论和认知科学。

结构主义最重要的倾向之一就是重温马克思主义的基础文本。法国哲学家路易·阿尔都塞④是这个领域最重要的人物。⑤ 阿尔都塞批判对马克思主义庸俗化及枯燥无味的解读，认为这种解读使马克思主义落入了"人道主义"陷阱。阿尔都塞还强调，他发现了马克思早期文本与资本论之间认识断裂，他和他的学生在马克思晚期著作中找到了基本的创造性理论——真正的"社会构造"学。在资本主义系统的"有机整体"中，个人仅仅是历史通过的点，是构成社会结构的介质，

---

① 乔治·弗里德曼，法国社会学家。他是第二次世界大战后产生的人类工作社会学的创始人，他的大部分研究涉及20世纪上半叶工业社会中人与机器的关系。

② 埃德加·莫兰（1921—　），法国当代最重要的思想家之一。提出了"复杂思维范式"，旨在批判西方割裂、简化各学科的传统思维模式，通过阐述现实的复杂性，寻求建立一种能将各种知识融通的复杂思维模式。主要著作有《方法：思想观念》《方法：天然之天性》《复杂思想：自觉的科学》《迷失的范式：人性研究》等。

③ ［法］阿芒·马特拉、米歇尔·马特拉：《传播学简史》，孙五三译，中国人民大学出版社2008年版，第57页。

④ 路易·阿尔都塞（1918—1990），法国哲学家，结构主义主要代表之一。提出了著名的"意识形态理论"，主要著作有《保卫马克思》《读〈资本论〉》等。

⑤ ［法］阿芒·马特拉、米歇尔·马特拉：《传播学简史》，孙五三译，中国人民大学出版社2008年版，第59页。

个人通过行为和态度参与社会构成，或已经被历史性决定的社会中的社会关系再生产。① 阿尔都塞的"国家意识形态机器"理论对传播学批判理论产生了深刻影响。他认为，大众传媒是从事"合意"的生产和再生产的"国家意识形态机器"，一个国家想要维持其统治秩序，必须要有维持、形成和创造社会"合意"的机制或"机器"。传统社会中，这种机器主要由学校、家庭和教会来充当；在现代社会，大众传媒成为了这种机器的主要形式。阿尔都塞进一步提出了大众传媒的二律背反功能：一方面，媒介以"不偏不党"或社会纠纷"仲裁者"、公共利益"代表者"的面目出现，提高社会成员对现存制度的向心力；另一方面，它通过消除统治阶级的内部矛盾以保证其对政治权利的支配，与此同时，又通过阻碍被统治阶级的觉醒和组织化过程而把他们排除在政治权力之外。

米歇尔·福柯②是结构主义的另一个高峰。福柯在他的著作中的提出了"知识考古学"，这一概念提出，"知识考古学"的对象不是人类关于客观世界知识的日益完善及其进步的历史，而是关于知识得以成立的条件，以及生成知识的社会结构、机制等。他揭示了从古代到现代西方文化构成中思想体系的沿革和清晰的谱系。1975年，福柯出版了著作《规训与惩戒》，该书通过"监视装置"概念彻底更新了权力行使模式的研究。在书中，福柯的权力概念不再是国家、社会阶级和支配性意识形态这类宏大主体，而是一种权力关系。在这种关系中，权力通过人们相互传递，对人们施压，而被压迫者对权力的反抗也处于这一关系中。福柯的这一观点帮助人们在权力——传播的组织形式中识别它们的部署。

上述这些结构理论在20世纪70年代末，与其他宏大解释系统一

114

---

① ［法］阿芒·马特拉、米歇尔·马特拉：《传播学简史》，孙五三译，中国人民大学出版社2008年版，第59页。

② 米歇尔·福柯（1926—1984），法国哲学家、历史学家、结构主义代表之一。他的研究主要涉及医学、精神病学、自然科学史、经济学、语言学和犯罪学等，并从这些学科中吸取养料探讨思想发展的结构。主要作品有：《疯狂的历史》《医院的诞生》《词与物》《知识考古学》《话语的秩序》等。

起开始衰落，对结构理论的批判主要围绕着主体、社会行动者与受众的中介作用与社会角色等核心问题。

四 批判学派的研究特点

传播学批判学派是相对于美国传播学的经验主义学派而言的，如何区分这两个学派学界并无清晰的衡量标准，只是依据研究方法论、研究内容和研究立场等进行大致的划分。因此，要给批判学派勾勒一个完整的轮廓需要对其方法论、研究内容和立场进行较为全面的介绍。

（一）人文主义的研究方法论

传播学在 20 世纪上半叶正式成为一门新兴学科以前，是孕育于社会学、经济学、心理学、政治学等领域的，可以说，传播学是社会科学大融合的产物，因此，它在方法论上的运用及产生的分歧，必然与整个社会科学方法论的发展演变有着千丝万缕的联系。一般认为，人类社会进入资本主义时代之前并没有独立的社会科学研究方法，人们或套用道德哲学，或套用哲学本体论和自然科学方法对社会进行研究。19 世纪以来，人类社会进入资本主义时代后，"社会的关系"占统治地位，社会成为相对独立的研究对象，人们在方法论问题上基本形成了人文主义和实证主义两种倾向。

批判学派的"批判"，可以说有两个指向：一是对奴役人、操纵人、控制人的传播现象进行批判性的揭露和分析，二是对商业化、实用化、经验化的传统理论进行否定性的抨击与扬弃。这使得批判学派自诞生之日起，就与经验学派处于天然的对立中。[1] 两派对立和分歧的根源主要是方法论的差异。法兰克福学派，作为传播学批判学派的源起和重要代表，在 20 世纪 20 年代对现代资本主义危机进行全面批判，并把危机归结为孕育实证科学的"理性主义"。马尔库塞进一步指出，经验科学对事实的描述是局部的、不完整的，许多决定性的事

115

---

[1] 李彬：《传播学引论》，新华出版社 2003 年版，第 331 页。

实为它所排斥；经验科学是非批判的，它是以承认现状的合理性为前提的；经验科学是单面的压抑体系中的稳固化因素，它对事实的描述性分析阻碍了对事实的认识，从而成为维持事实的一种意识形态因素。① 很明显，批判学派对经验学派的否定与不屑来自它的方法论。批判学派对经验主义方法论的批判和否定，结合资本主义社会危机与矛盾的深刻性，自身历史传统中人文主义思潮的渊源，使得该学派的方法论趋向于人文主义。人文主义的方法论于传播学批判学派而言，基本确定了日后他们研究的哲学基础、价值倾向和逻辑体系，并由此决定了它们的研究内容和研究结论。

作为方法论的人文主义认为，社会现象和人们的行为与自然界的运动是不相同的，人类自身的特殊性要求对社会现象和人类行为的研究采用特殊的方法和视角。② 以马克思·韦伯③为代表的人文主义学者提出用"理解解释的方法"，通过深入到被研究者的内心世界去理解他们的行为及其所产生的社会后果，人文主义者结合人类行为主体对社会世界的认识能力和能动特性、思维与意志等，来描述或建构研究对象的经验世界。这种方法论的哲学基础是，关心人文世界特别是人的内心世界，以及人生活的目的、信念和理想，人的情感、道德、审美等一系列关系到人生存和发展的根本价值。对人的关注，对人的行为、人的精神世界的理解是人文主义方法的基本原则。从这一原则出发审视批判学派的各路研究：文化研究学派主要研究作为文化生产和消费过程的大众传媒，其中人的价值是研究重点；政治经济学派从所有制关系和经济结构层面揭示资本主义大众传媒的内在矛盾和不合理性，这种不合理性的指向是作为受众的人；以阿尔都塞和福柯为代表的结构主义从社会结构、社会关系出发，批判大

---

① 李彬：《传统学派与批判学派的比较研究》，《新闻大学》1995 年第 2 期。

② 郑杭生主编：《社会学概论新修》，中国人民大学出版社 2003 年版，第 459 页。

③ 马克思·韦伯（1864—1920）德国社会学家、历史学家、经济学家，是公认的现代社会学和公共行政学最重要的创始人之一。他在各种学术领域提出的重要思想被称为"韦伯命题"，主要作品有：《新教伦理与资本主义精神》《印度宗教：印度教和佛教的社会学》《古代犹太教》《科学论文集》《经济与社会》等。

众传媒对人性的压抑。因此，批判学派的诸路研究最终的落脚点都在于：批判发达的器物文明和大众文化对人真正的生命欲望的压制，具有浓郁的人文主义色彩。

批判学派在价值倾向方面坚持一种"强烈价值介入"的定性研究。[①] 与经验学派进行"事实判断"不同的是，批判学派着眼于价值判断，目的在于探究传播活动的意义，从而为传播活动提供一种价值上的标高。经验学派研究的方法论基础是自然科学的实证主义，因此它总是标榜所谓"价值中立"，而批判学派人文主义的方法论基础，使它毫不讳言自己鲜明的"价值评判"。由价值中立所带来的事实判断回答"是什么"的问题，而价值判断解决"为什么""怎么样"的问题。这两种价值倾向导致，经验学派关心的是传播效率，批判学派则关注传播的意义与价值。

批判学派对经验学派强调积累经验事实的研究方法的不满和批判在于：这种方法仅仅满足于对现象的描述，对支离破碎的孤立事实进行归纳，是只见树木不见森林的短浅视野，只能看到眼前各种事实的累积而不可能真正从总体上把握现实。因此，从与"具体的""经验性"的事实的对立面出发，批判学派采用的研究方法可总结为"总体性"方法，这种方法来自于西方马克思主义的鼻祖卢卡奇。总体性方法认为，总体并不等于部分的和，总体包含着部分所没有的东西，用总体的目光审视传播，才能洞见其内在的历史关联，也就是说把传播现象置于一定的历史背景和社会关系中加以考察，而不是孤立地进行解剖。[②] 正如马克思所强调，只有总体的才是具体的、现实的。[③] 批判学派研究方法上的这一"总体性"特征，使它不可避免地带有较多哲学思辨的色彩。事实上，总体性方法，可以被认为是一种以人文主义为落脚点的思维方式，它在具体研究技术上更多表现为定性的。定性研究的技术侧重于对行为主体的意义以及行为过程的描述和阐释，强

117

① 陈全黎：《现代性的两副面孔——论传媒批判学派与经验学派的分野》，《文艺理论与批评》2003 年第 5 期。

② 李彬：《传播学引论》，新华出版社 2003 年版，第 339 页。

③ 李彬：《传统学派与批判学派的比较研究》，《新闻大学》1995 年第 2 期。

调行为背景因素对社会生活的影响。① 可以说,定性的技术特征实现了总体性方法的研究目的。当然,批判学派与经验学派在研究方法论上的对立,并非意味着在现实研究中传统学派只定量而不定性,它定量的目的还是为定性;同样,批判学派也不是只定性而不定量,它的定性同样离不开定量。两派都会根据具体研究课题,借签采纳彼此的研究方法,但根本差异依然存在。

(二) 研究内容——政治、经济、文化

批判学派的研究内容主要是从广阔的社会背景上,对传播进行宏观考察和深层分析,着重于传播的阶级性、历史性和社会性,对传播规律和具体的传播实践并不进行应用性研究。这种立意高远的研究内容是被其人文主义方法论所决定的,它的哲学思辨的总体性研究方法也为这种宏观研究提供了技术保障。具体而言,它的研究领域分别涵盖政治、经济、文化三方面。

1. 研究内容——传播与意识形态

政治方面表现最为突出的研究主题是传播与意识形态。作为批判学派思想来源之一的西方马克思主义认为,革命斗争问题归根结底是意识形态问题。西方马克思主义的先驱人物卢卡奇在"物化"概念中指出,以商品拜物教形式表现出来的物化意识是资本主义社会的保护层。另一位先驱人物葛兰西的"文化霸权"理论认为,资本主义社会不仅仰赖于政治经济秩序的现实统治,还必须建立在统治者与被统治者统一的意识形态之上。由此可见,意识形态的重要性。可以说,批判理论的核心就是意识形态批判。批判学派继承了上述西方马克思主义的思想传统,从政治角度对传播进行思考,坚持认为,大众传播与意识形态存在密不可分的关系。在大众媒介日复一日传播的大量信息中,无不包含着特定的意识形态要素,它们在潜移默化中打造着一个又一个资本主义文明机器上运转自如的匹配零件。②

---

① 郑杭生主编:《社会学概论新修》,中国人民大学出版社 2003 年版,第 462 页。

② 李彬:《传播学引论》,新华出版社 2003 年版,第 321 页。

批判学派在对大众传播与意识形态提出尖锐批评的同时，还对经验学派为既定意识形态效力的实质作了有力批判。著名的文化研究学者斯图亚特·霍尔在《意识形态的再发现》一文中指出，经验学派貌似中立的行为主义实际上隐含着意识形态的背景——为统治阶级服务的多元观。多元观与马克思主义的阶级观相对立，认为资本主义社会是由多元的社会群体和个人所组成的。在这种多元社会中，起决定作用的是社会成员对社会价值和规范的共同意向，即所谓"广泛的社会合意"，而媒介无非是它的反映和表现。霍尔及同事经过对媒介信息的内容分析后确认，媒介信息并不是"社会合意"的反映和体现，正相反它是这种虚伪合意的制造者。媒介并不止于消极地传达新闻和信息，而是积极地从事着某种有意识的灌输活动，它在意识形态内容的生产和再生产中充当着重要角色。①

除上述研究外，关于传播与意识形态还有其他研究结论和观点，概括总结如下：第一，大众传媒具有强大的政治和意识形态影响力；第二，这种影响力主要通过媒介所特有的"议程设置"功能得以发挥；第三，大众传媒所谓的"议程设置"是一种高度人工合成的过程，它被传播者的新闻价值标准所过滤和筛选，通常采取支持现存制度的立场；第四，大众传媒的"议程设置"功能一般以"非党派性"和"中立"面目出现，让受众产生依赖感，以使媒介设定和提示的"议程"产生巨大影响；第五，资产阶级媒介的立场与价值观基本与人民对立。

2. 研究内容——垄断控制

如果说经验学派的研究侧重于效果分析，解决的是"如何传播"，"如何取得最佳传播效果"的问题的话，那么批判学派则侧重于控制分析，着力解决的是"谁控制着传播""为什么控制""为谁的利益而控制"的问题。可以说"控制"命题是批判学派的一条主线，贯穿于它的诸路研究领域——无论意识形态还是文化工业及传媒所有制的批判与研究。批判学派对控制问题的重视，集中体现于对传播媒介的结

119

---

① 李彬：《传播学引论》，新华出版社 2003 年版，第 321 页。

构、运作及所有制的研究和批判方面。以格雷厄姆·默多克和彼得·戈尔丁为代表的政治经济学派在这个领域建树颇多。他们根据马克思关于"一个阶级是社会上占统治地位的物质力量，同时也是社会上占统治地位的精神力量，支配物质生产资料的同时也是支配着精神生产资料"的著名论断，致力于分析西方媒介的所有制结构，进而揭示其中垄断与控制的实质。

1982 年默多克在《大企业与传播产业的控制》一文中，对经验学派根据"所有权分散论"和"管理革命论"得出传播媒介不存在垄断控制的结论进行了批驳。他认为，包括传播媒介在内的资本主义股份公司，名义上分散了资本所有权，但事实上，人数众多的小股东只持有零星股份，在董事会并没有多少发言权，真正控制企业的还是持有大额股份的少数股东，因此，所有权的表面分散并没有削弱资本家对企业的控制权，反而使之加强扩大了。另外，随着股份公司的发展，并不拥有资本的管理阶层将取代资本家对企业进行管理，但这只是社会分工精细化的结果，并非是资本家企业控制权的丧失，资本家仍可通过董事会控制企业。经验学派还有一种研究倾向，就是否认传播者一方对传播的制约包括意识上的操纵和经济上的控制，同时尽量强调受传者在传播中的主导作用。他们宣称，媒介为了实现获取利润的首要目的，就得通过满足多样化的需求来争取尽可能多的受众，这样一来，大众传播就是信息生产和消费的过程，其中受众作为信息的消费者享有"至高无上的主权"，如果说传播中存在控制的话，那么也主要来自受传者一方。针对这种结论，批判学派认为，对传播起决定作用的是广告主的意志，所谓受众主权形同虚设。因为媒介的收入绝大部分来自于广告主而非来自一般受众。广告的发布是以社会财产的分布为转移的，充分满足了需要的只是有钱人和企业主，而穷人和社会地位低下者则被无视。默多克等人通过对美国电视连续剧的考察，揭示了资本以广告的形式对传播活动做了有力的干涉。

总之批判学派的研究表明，媒介与其他物质生产企业一样，在维护整个资本主义制度中起着重要作用。传播并不是一种满足受众需要的自发行为，而是一种受到操纵、为统治阶级服务的自觉活动，归根结底受制于经济基础。[①]

3. 研究内容——文化工业

"文化工业"是由阿多诺和霍克海默在撰写《启蒙时期辩证法》时自创的一个词汇，他们在原稿中用的是"大众文化"，后来决定用"文化工业"来取代它，因为大众文化和它字面上鼓吹的含义是有所区别的。大众文化一词总让人误解为文化是从"大众"中产生的，而事实上它只是在大众中自发产生的类似文化的东西，是流行艺术的短期表现形式。在这个意义上，必须用"文化工业"一词来与"大众文化"划清界限。[②]

那么到底是什么文化？怎样理解大众文化？回答这些问题得先从法兰克福学派早期对"文化"的理解入手。批判学派之前的研究对文化的界定是"人类征服自然活动的所有成果，是社会生活的自然史"，或"人类一切活动都可说成是文化"之类。阿多诺等人对这种"文化"定义极为反感，他们认为文化绝不简单地等同于劳动生产，也绝不是任何人都可以无差异享用的产品，更不是以"可用"为标志甚至为目的的人类活动。文化是高尚的，它给予人全面的教育，帮助人类发扬那些纯粹属于人和人性的品质，只有付出了艰辛的劳动和不懈努力的人才能获得它和完善它。人类文化活动的成果应该是艺术。[③] 法兰克福学派否认文化的实用性，提出文化的基本功能是"否定"和"对幸福的承诺"。"否定"是指文化应该从根本上具有对现实的批判性和否定性。即文化必须超越现实，表达目前现实没有而应该有、不是而应该是的事物，从而鼓励人们探求一个目前还不被现实所容的美好世界。[④] 正因为文化有"否定"功能，人类才有可能从"生活越来越好了"的表象中突围，追寻另一种幸福世界。文化应该让人们看到一个真正有价值的世界，与将生存作为目标的现实生活有着本质不同

121

---

① 李彬：《传播学引论》，新华出版社 2003 年版，第 325 页。

② 石义彬：《单向度、超真实、内爆——批判视野中的当代西方传播思想研究》，武汉大学出版社 2003 年版，第 26 页。

③ 同上书，第 27 页。

④ 同上书，第 28 页。

的世界，文化应该不断地反映这个世界的存在。① 这就是文化"对幸福的承诺"功能。或许这种幸福是"乌托邦"，但向人们描述一个"乌托邦"世界以及它存在的无限可能，始终是文化的职责。

马尔库塞对文化的探讨，走得更远。他在论述文化时经常用"异化"一词，并认为真正的文化应该是"异化"的。"异化"是个复杂的哲学概念，不同时代有不同的理解。一般来说，异化是指人的物质生产与精神生产及其产品蜕变为脱离生产者，而且同生产者相对的异己力量，反过来统治生产者的一种社会现象。② 马尔库塞对工业社会分析时受异化思想影响，认为工业社会中人们越来越不自由，而且还不自知，这就是人的异化。要改变这种状态，需要文化的异化。"文化的异化"是指文化中应包含与社会现实的不合理现象相互排斥而不是相互调和的成分。"文化的异化"帮助人们摆脱人的异化，文化的同化将最终导致人的异化。③ 然而，工业社会的文化生产所导致的文化同化是不可避免的。在工业社会，文化生产同其他物质生产没有本质区别，在工业体系中，文化产品首先已经沦为商品，具备了可用于交换的商品性、标准化的生产流水线及批量销售的其他商品皆有的一切品质。这种文化商品事实上是商品社会中政治经济霸权的一种反映形式。其次，文化工业的文化产品具有其他商品所没有的特质——隐蔽的欺骗性。以貌似的自由代替不自由，以"快感"麻痹人们思考的神经。在工业社会，可以自由地对资本主义制度发泄不满，但不能从根本上威胁资本主义制度，这种批评自由的表象偷换了精神不自由的实质。文化产品的批量生产和可实现的高额利润，使人们的情感、幸福与不幸，被当作商品和噱头大批复制，继而成为人们的谈资与参考模本。在大众文化中，人最终被文化工业异化和同质化了，成为一个个原子。人类最内在的反应也已经被彻底僵化，任何特殊个

---

① 石义彬：《单向度、超真实、内爆——批判视野中的当代西方传播思想研究》，武汉大学出版社 2003 年版，第 28 页。。
② 李彬：《传播学引论》，新华出版社 2003 年版，第 326 页。
③ 石义彬：《单向度、超真实、内爆——批判视野中的当代西方传播思想研究》，武汉大学出版社 2003 年版，第 29 页。

性都完全成了抽象的概念，文化工业彻底取得了胜利。

文化工业不可避免地造成文化的枯竭，从而把文化降低到仅仅是商品的地位，大众媒介就是给文化贴上价格标签的黑手，从而抹杀了文化的批判权，也因此，媒介成为批判学派的"耙子"受到诟病。从这个意义上说，快速发展的媒介所带来的日益发达的文化工业最终将导致文化的哲学角色和存在意义的堕落。

（三）"否定"的研究立场

根据前述批判学派的研究内容可看出，无论是意识形态、传媒所有制还是文化工业，批判学派的矛头都指向资本主义社会的传播现状，对其持强烈否定态度。认为资本主义社会现行传播体制压抑了人的深层意识，通过"意识形态机器"模式化人们的认识和思维，进而操纵人的意识和行为。批判学派内部的种种研究首先都是以"否定"传播现状为态度倾向和前提的。正如霍克海默所指出的，批判理论首先是一种立场，其次才是一种理论。[①] 批判理论使自己超越于既定秩序之外，从理想出发，通过批判性分析，得出与既定秩序相抵触的叛逆化结论。传媒批判理论继承了人文主义传统，以"人"为中心，强调"人"和"人性"，从俯视众生的视角探索解救众生的方法，与大众保持距离，并因此看到了身处其中的大众无法意识到的大众文化的局限，从而提出尖锐而独到的观点。这种批判的视野和立场对于发展中的每一种文明来说，都好比高速列车上的制动闸一样，不可或缺。

当然，传媒批判理论也因其不切实际的理想化色彩，只批判不建构的片面性而受到批评。具体而言，传媒批判理论的局限性如下：第一，传媒批判理论继承了马克思主义的批判意识，但却未将辩证的思维贯穿始终。他们的社会批判是一种纯理论的批判，对资本主义文明的否定、揭露只是站在抽象的人道主义立场上对社会现实进行声讨，是一种价值层面上的道德批判，而不是立足于科学基础上的剖析，与马克思主义所强调的实践批判背道而驰。第二，早期法兰克福学派对

123

---

① 李彬：《传播学引论》，新华出版社 2003 年版，第 42 页。

大众文化的分析缺乏辩证的眼光和视角，只看到媒介文化中受意识形态控制的一面，看不到媒介文化中的进步力量和革命潜力，显得过于片面和形而上学。第三，传媒批判理论虽然不断地对文化工业社会提出批评，但却没有提出一个科学的理论体系和建立新世界的科学方法。他们想砸碎这个让人绝望的社会，却没有给出通往希望的路径，是离开了建设性的形而上学批判。①

---

① 上述三点参阅石义彬《单向度、超真实、内爆——批判视野中的当代西方传播思想研究》，武汉大学出版社 2003 年版，第42—43 页。

第三章　媒介环境学派

媒介环境学派是一个十分复杂且相对年轻的学术领域。[①] 该学派萌芽于 20 世纪 30 年代，成长于 50 年代，至 20 世纪 60 年代晚期，媒介环境学每 20 年为一代，已经走完了 3 代人的历程[②]，有自己独特的研究模式，并形成了独立、系统的研究内容和研究成果。

一　为媒介环境学派正名

媒介环境学即 Media Ecology，Ecology 意为"生态学"，英文释义中强调生物与环境的关系。[③] 这一词早期译为"媒介生态学"，后学界统一为"媒介环境学"。对学派的命名及名称译法的统一过程事实上是对媒介环境学派研究命题再认识的过程。

（一）Media Ecology：从修辞比喻到学术领域

Media Ecology 一词最早由加拿大媒介理论家和哲学家马歇尔·麦克卢汉在 20 世纪 60 年代提出，现在已无法知悉麦克卢汉提出"Media Ecology"的确切起源，但根据其诸多著述，通常认为他创立这一表述方式是将其作为一种比喻，来帮助理解传播技术和媒介对文化在深度

---

① 林文刚：《媒介生态学在北美之起源简史》，《中国传媒报告》2003 年第 2 期。
② 何道宽：《媒介环境学辨析》，《国际新闻界》2007 年第 1 期。
③ 张芳杰主编：《牛津现代高级英汉双解辞典》（第三版），牛津大学出版社 1984 年版，第 377 页。

和广度方面所起到生态式的影响。① 20 世纪 60 年代晚期，美国传播学者尼尔·波兹曼在纽约大学拓展媒介研究课程时把"Media Ecology"当作学术名词来用，这使得"Media Ecology"转变为用于学术领域的媒介研究专有名词。1968 年，波兹曼在"英语教师全国委员会"年会上发表题为《革新的英语课程》的演讲，在其中首次公开介绍"Media Ecology"一词。② 波兹曼对"Media Ecology"定义是：将媒介作为环境的研究。30 多年后的 2000 年，波兹曼再次使用了生物学比喻来解释为什么采用"Media Ecology"命名这个新的学术领域。波兹曼受到皮氏培养皿的启发，在生物学中，媒介就是培养基的一种物质，就是能使培养的微生物生长的一种物质。如果用技术一词取代这种物质，这个定义就成为媒介环境学的一个基本原理：媒介是文化能够在其中生长的技术；也就是说，媒介能够使文化里的政治、社会组织和思维方式具有一定的形态。那么"Media Ecology"的基本原理就是：技术是文化繁衍的媒介。波兹曼还从亚里士多德那里借鉴了"生态意味着家庭"的概念，又从德国动物学家恩斯特·海克尔③处汲取了现代意义上"生态"一词的含义——指自然环境中各种因素的相互作用，特别强调这种互动如何产生一种平衡和健康的环境。他进一步指出，把"媒介"放在"生态"前，是为了说明学者感兴趣的不仅仅是媒介，还有媒介和人类之间的互动给予文化以特性的方式，也可以说帮助文化保持象征意义的平衡。④

麦克卢汉在 20 世纪 60 年代提出"Media Ecology"一词是作为一个比喻（传播媒介塑造或界定的环境），中文将之译为"媒介生态"，这个诗意的文字游戏帮助许多人从一个崭新的角度来审视媒介与文化。波兹曼在 1968 年演讲中把"Media Ecology"正式用作媒介研究专有术语，其涵盖范围大大超过比喻的范围，使媒介环境学成为一个全新的领域，中

---

① 林文刚：《媒介生态学在北美之学术起源简史》，香港《中国传媒报告》2003 年第 2 期。

② 同上。

③ 恩斯特·海克尔（1834—1919），德国哲学家、博物学家、动物学家。支持达尔文主义，提出生物发生律和突变律，著有《人类发展史》和《生命的奇迹》等。

④ 林文刚：《媒介生态学在北美之学术起源简史》，香港《中国传媒报告》2003 年第 2 期。

文译为"媒介生生态学",然而英文中的"媒介生态"和"媒介生态学"在写法、拼法上都是一样的,即"Media Ecology"。因此1968年波兹曼对"Media Ecology"一词在学术研究领域的首次公开介绍是媒介研究领域发中具有相当意义的一步,标志着"Media Ecology"一词从比喻转为媒介研究专有名词。从这个意义上说,虽然麦克卢汉是首位将"Media Ecology"一词作为比喻的学者,但波兹曼则是首位将"Media E-cology"命名为媒介研究中一块正式学术领域的学者。①

(二)"Media Ecology":国内与北美两种不同的学派

媒介生态学研究在中国的展开,不同于传播学研究引自海外,它的最初开展开与北美没有什么渊源,而是来自于我国传播学者的自觉。中国学者的媒介生态研究意识是原发的,他们的关注点与国外学者也不一样,侧重在媒介的发展生存环境研究方面。② 国内传播学者邵培仁在《媒介生态学研究的基本原则》一文中,将媒介生态学定义为"用生态学的观点和方法来探索和揭示人与媒介、社会、自然四者之间的相互关系及其发变化的本质和规律的科学。"这一定义着重强调的是人—媒介—社会—自然所构造的媒介生态,为了进一步阐明国内媒介生态学的理论框架,邵培仁在《媒介生态的五大观念》一文里提出展开媒介生态学研究的五个观念:第一,媒介生态整体观。主张充分考虑媒介系统与外部世界复杂的有机联系,强调媒介经营管理中由各要素和资源共同构成的整体关系。即媒介生态学不只研究支撑传播活动的几种要素(如信息、媒介、受众)和某些重要资源(如人力资源、财力资源),而且研究的是一个有机的相互联系、相互依赖的整体生态系统。第二,媒介生态互动观。主张媒介与媒介、媒介与社会、社会与环境和谐协调、携手并进。反对与自然对立的"二元论"观点,并质疑"人定胜天"的合理性,倾向于人与自然是一体的"一元

127

---

① 林文刚:《媒介生态学在北美之学术起源简史》,香港《中国传媒报告》2003年第2期。
② 崔保国:《理解媒介生态——媒介生态学教学与研究的展开》,载《全球信息化时代的华人传播研究:力量汇聚与学术创新——2003年中国传播学论坛暨CAC/CCA中华传播学术研讨会论文集》(上册),复旦大学出版社2004年版,第258页。

论"。第三，媒介生态平衡观。借鉴生物世界中自我控制、自我调节的属性，认为在媒介生态系统中，各种媒介的数量比例、运行模式、功能结构、资源配置和能量交换等应处于相对稳定的状态，以使媒介发展潜能与环境阻力恰当地处于动态平衡中。强调媒介生态系统的自控、自净能力和社会自动调节装置的监督作用，是有效保持媒介生态平衡和稳定的重要机制。第四，媒介生态循环观。根据传播生产过程中，信息的连锁性、流动性及信息资源的衰减性，提出媒介生态系统只有保持其内部以及内部与外部之间稳定而有规则的资源流动与循环，才能维持媒介特定的结构和功能。第五，媒介生态资源观。① 因为信息资源对于媒介系统控制社会系统的战略性地位和作用，主张确立媒介与环境、人与自然和谐相处的新型价值观和资源观，构建正确的信息传播与消费模式，建立科学的媒介经营与管理机制，确保媒介生态的总体平衡和良性循环。

邵培仁的观点可以认为是中国学者进行媒介生态学研究在观念方面的集中表达和概括。以他为代表的国内媒介生态学者，从生态学角度出发，将传播理论与本土传播实践相结合，以媒介为中心，将之与周围子系统看成一个互动、循环的有机体系，探讨媒介与各子系统的互动关系，及其对总系统的影响、作用。具体而言，针对中国新闻传播领域的实践，主要关注：媒体经营管理，媒体间关系，媒体与社会关系，媒体如何健康发展，如何为社会和谐作贡献等。这就是国内原生的传播学派——媒介生态学，英文名"Media Ecology"。

根据前述，北美的媒介生态学从 20 世纪 30 年代萌芽算起，至今差不多有百年的发展历史，历经三代学者传承，基本构建了完整的思想体系，形成了较成熟的理论框架。第一代的代表人物有埃里克·哈弗洛克②、哈罗德·伊尼斯和马歇尔·麦克卢汉，其中的伊尼斯和麦克卢汉已经在国内广为人知。20 世纪 70 年代以后，第二代学者日趋

---

① 邵培仁：《论媒介生态的五大观念》，《新闻大学》2001 年第 4 期。

② 埃里克·哈弗洛克（1903—1988），美国古典学家，媒介环境学派第一代代表人物，著有《柏拉图导论》《缪斯学会写字》《希腊的拼音文字革命及其文化影响》《西方书面文化的源头》等。

活跃，代表人物有尼尔·波兹曼、沃尔特·翁①，主帅是波兹曼。20世纪90年代以后，第三代代表人物成名，他们是保罗·莱文森、约书亚·梅罗维茨②、林文刚③、埃里克·麦克卢汉④、德里克·德克霍夫⑤，他们多半在90年代以后登场，目前活跃在世界各地。⑥ 虽然与国内原生的媒介生态学同名，但北美的媒介生态学在理论体系与研究框架等方面与国内学派迥然相异。北美这一学派主张泛媒介论，其关注点涵盖整个人类文化的健康和平衡，既有微观的媒介媒体研究，也有宏观的文明演进研究，研究重点集中在各种传播符号和传播的物理结构是如何对文化产生深远而根本的影响的，从人类传播的结构和过程来解析文化的形成、延伸和变迁，非常注重广义技术的发生、发展，具有强烈的人文关怀和道德关怀。

（三）"Media Ecology"：学派名称和译名

"Media Ecology"的最早出现，是20世纪60年代在麦克卢汉的著作《谷登堡星汉》和《理解媒介》中，作为媒介研究术语是由波兹曼在1968年正式提出的，然而"Media Ecology"成为一个学派的名称，却是1998年的事了。从诞生到正式举旗，中间迁延辗转了30年。如何给以麦克卢汉为代表的传播学派命名，并非简单的技术工作，其中

---

①　沃尔特·翁（1912—2003），美国圣路易斯大学教授，媒介环境学派第二代核心人物，以研究中世纪人文学者彼得·拉米斯和口语文化著称。主要作品：《口语文化与书面文化》等。

②　梅罗维茨，美国纽约大学媒介环境学专业早期毕业生，波兹曼的博士生，被认为是媒介环境学派的第三代代表人物，主要作品有《消失的地域——电子媒介对社会行为的影响》等。

③　林文刚（Casey Man Kong Lum），美国传播学家、媒介环境学会副会长，编著：《媒介环境学：思想沿革和多维视野》，著有《寻找声音：卡拉OK与美籍华人身份的构建》《代代传承：文化身份的维持》《我们的声音：文化、族裔身份和传播》《世界卡OK研究：全球技术、地方歌声》等。

④　埃里克·麦克卢汉，加拿大多伦多大学麦克卢汉技术与文化研究中心主任，马歇尔·麦克卢汉的儿子。

⑤　德里克·德克霍夫（1941—　）加拿大传播学家、麦克卢汉的博士生、多伦多大学"麦克卢汉计划"主持人，继承了麦克卢汉跨学科研究的才干，著作涵盖传播学和管理学等学科。主要作品有：《字母与大脑》《文化肌肤》《连接智能》《智能建筑》《经理们的麦克卢汉》等。

⑥　何道宽：《媒介环境学派的理论命题、源流与阐释——媒介环境学评论之五》。

的关键在于对执该学派思想牛耳的麦克卢汉思想如何评价。技术乐观主义？技术悲观主义？亦或是技术决定论？这种争议更多来自该学派内部。以麦克卢汉的私淑弟子保罗·莱文森——媒介环境学派第三代核心人物为例，他在1979年的博士论文《人类历程回放：媒介进化理论》一文中，认为麦克卢汉的思想是技术决定论，麦克卢汉知道后当即予以反驳。10年后，莱文森修正了对麦克卢汉的评价"用技术决定论描写他未必妥当"①。可见，用"单因论"阐述技术与文化的关系不能全面代表麦克卢汉的媒介思想，更无法表达以麦克卢汉为主线及其所衍生的思想脉络。1970年，媒介环境学派第二代核心人物波兹曼首次公开了学派的定义：媒介环境学把环境当作媒介来研究，并用10个命题概括总结媒介环境学的核心内容，第三代核心人物林文刚提出三个深层理论命题，环伺该学派历经三代发展出来的理论体系，主线清晰，内涵却十分丰富复杂。然而，整个媒介环境学有一个较统一的概念基础，即四个"泛论"（泛技术论、泛媒介论、泛环境论、泛文化论）和三个环境层次（符号环境、感知环境、社会环境），这充分体现了"Media"的核心地位。

同时，"Media Ecology"有多学科交叉的复杂学术背景，但究其渊源主要还是媒介研究和生物学的生态学。②"生态学"一词，英文即"ecology"，eco源自希腊文，意思是"家庭"或"家居环境"，"logy"意思是"学问"。"ecology"一词由德国动物学家恩斯特·海克尔于1869年提出，他在动物学著作中将其定义为：研究动物与有机及无机环境之间相互关系的科学，后来他将生态一词用于指自然环境中各因素的相互作用，特别强调这种互动如何产生一种平衡、健康环境。③媒介环境学奠基人芒福德最早将媒介与生态联系在一起，仅把生态作为一种隐喻，还将生物学和科学上的一些习惯转化成研究过程中具体

130

---

① ［美］莱文森：《数字麦克卢汉》，何道宽译，社会科学文献出版社2001年版，第127页。

② 崔保国：《理解媒介生态——媒介生态学教学与研究的展开》，载《全球信息化时代的华人传播研究：力量汇聚与学术创新——2003年中国传播学论坛暨CAC/CCA中华传播学术研讨会论文集》（上册），复旦大学出版社2004年版，第259页。

③ 同上。

可行的方式。芒福德将"Media"与"ecology"关联在一起是受他的老师帕特里克·格迪斯①——苏格兰生物学家"人类生态学"观念的影响。至此，媒介环境学派"Media"路径和"ecology"思想已清晰浮出水面，故而"Media Ecology"是比某种单因论更妥贴的学派名称。

那么如何翻译"Media Ecology"，这是反映国内学者如何理解媒介环境学派研究内容的理论问题，而非单纯的技术问题。起初，大陆学者将"Media Ecology"直译为"媒介生态学"，旅美学者林文刚也采用这种直译法，但这个"媒介生态学"和国内首创的"媒介生态学"并不是一回事，用同一名称，易引起混乱。随着对"Media Ecology"研究的深入，国内以何道宽为代表的相关学者与媒介环境学派第三代核心人物林文刚关于"Media Ecology"的重新译名问题，专门进行了书面讨论，他们决定采用究其实而不据其形的办法给学派定名。② 具体来说有两点。第一，1970 年，波兹曼在首次公开这门学科的定义和范式时这样表述：媒介环境学派把环境当作媒介来研究。在这个意义上，媒介环境学至少有 3 个层次上的概念：符号环境、感知环境和社会环境。换句话说，媒介环境学研究作为符号环境的媒介、作为感知环境的媒介和作为社会环境的媒介。③ 可以认为，波兹曼的观点强调人在媒介研究中的作用，强调人与传播媒介的关系。应该把这种相互关系在名称中体现出来。第二，"媒介环境学"这个词可体现并唤起环境保护主义的观念和实践，同时，它使人看清媒介环境学人文关怀和身体力行的一面，说明它是一种实践哲学、一种社会思想学说。媒介环境学的天然使命是促使这个世界成为更加适合人生存的地方和环境。④ 为了维持理念上和一致和清晰度，学者何道宽建议将"Media Ecology"的译名从媒介生态学更改为媒介环境学。

---

① 帕特里克·格迪斯（1854—1932），英国生物学家、社会学家、城市规划和区域规划理论先驱之一，媒介环境学先驱之一，首次提出"人类生态"术语。著有《城市发展》《演变中的城市》《性的演进》等。

② 何道宽：《异军突起的第三学派——媒介环境学评论之一》，《深圳大学学报》（人文社会科学版）2006 年第 23 卷第 6 期。

③ 同上。

④ 同上。

二　媒介环境学派的历史述略

媒介环境学派如果从波兹曼正式给媒介环境学下定义的 1968 年算起，始至今约 48 年；如果从波兹曼在纽约大学创建媒介环境学博士点的 1970 年算起，至今约 46 年；如果从媒介环境学会在纽约正式成立的 1998 年算起，至今约 18 年，无论怎么算，它都是年轻的学派，对它的发展脉络进行梳理，无法洋洋洒洒作万言书，只能对其三代发展历程及制度化的建设作框架性介绍。

（一）思想先驱的奠基时代

媒介环境学派萌芽于 20 世纪 30 年代，生长于 50 年代，它在学术界的声名鹊起，确切地说，是由麦克卢汉的媒介"怪论"所引发的。然而，麦克卢汉并不是媒介环境学的老祖宗，这个学派的思想应该追溯到 20 世纪初的相对论原理，应该追溯到 19 世纪的德国动物学家恩斯特·海克尔、帕特里克·格迪斯，还可以追溯到 20 世纪 30 年代成名的刘易斯·芒福德、本杰明·李·沃尔夫和苏珊·朗格。① 因此媒介环境学作为一个学派的思想根基正是由上述学者在 20 世纪 30 年代奠定起来的。

美国媒介环境学者克里斯琴·尼斯特洛姆的博士论文《媒介环境学初探：研究人类传播系统的一体化概念范式》是研究媒介环境学的第一篇重要论文，在文章中他指出，芒福德的《技艺与文明》是媒介环境学的奠基之作。② 之后，芒福德在媒介环境学领域的思想先驱地位日渐地被确定下来。事实上，芒福德的真正研究领域在于城市规划、社会和文学批评，然而，他对技术史与技术哲学的评论和著述深刻地影响了媒介环境学派，尤其是他的人文主义视角和

_132_

---

① 何道宽：《媒介环境学辨析》，《国际新闻界》2007 年第 1 期。
② ［美］林文刚编：《媒介环境学：思想沿革与多维视野》，何道宽译，北京大学出版社 2007 年版，第 52 页。

生态伦理观。具体而言，芒福德的思想在四个方面表现出媒介环境学的特征：技术历史分期、技术有机论、对"王者机器"的批判和生态伦理观。芒福德一生着眼于"技术"研究，为了强调技术的领导作用，他用技术作为历史分期的主要依据和界限，提出了技术即容器的观点；以反抗王者机器的意识形态为基础形成了自己的技术生态思想；指出生态伦理的含义包括和谐与平衡、比例均衡的意识。

如果说芒福德媒介环境学的思想先驱地位主要归功于他的生态伦理观的话，那么这种生态伦理观其实是来自他的老师——帕特里克·格迪斯。格迪斯是苏格兰生物学家，但他的著作范围跨越植物学、生态学、古生物学、社会学、人口学、经济学、人类学、宗教研究和城市研究等。① 格迪斯提出"人类生态"的概念，这是塑造芒福德历史研究法和广泛兴趣的重要因素，② 他也因此成为人类生态学之父。他的人类生态学思想包括技术史，他率先倡导电气技术的革命潜力，这个思想被芒福德表现在他的早期著作中，后又成为麦克卢汉《理解媒介》的主题之一。同时他既对伊尼斯产生了直接影响，也通过芝加哥学派对伊尼斯产生了间接影响。格迪斯的思想涵盖范围从口语直到电气技术，有理由认为，媒介环境学的真正创始人是格迪斯而不是芒福德或伊尼斯。③

20 世纪初，一种对人们理解现实具有重大意义的极具冲击力的思想刷新了科学研究和人文研究的一切领域，这种思想就是：相对论。简要地说，这个观点认为，人们接触的现实并非外在于人的存在，而是人们的感知、探索、表征和传播工具提供的外在现实的版本。④ 可以说相对论是媒介环境学赖以建立的思想，但真正把这种思想转化为媒介环境学基石的是美国语言学家本杰明·李·沃尔夫。他的语言相

133

---

① ［美］林文刚编：《媒介环境学：思想沿革与多维视野》，何道宽译，北京大学出版社 2007 年版，第 54 页。

② 同上书，第 55 页。

③ 同上。

④ 同上书，第 212 页。

对论认为，人不仅生活在客观世界里，而且还生活在思想、交流和文化的象征性环境里，这样的象征性环境建立在表征性经验系统上。最早最根本的表征性系统是语言。① 可以这样认为，每一种语言因其不同的词汇和语法系统，具有不同的切分和重组现实的方式，因而成为具有倾向性的思想工具；不同的语言具有不同的语言结构，这些语言结构插在人和现实之间，既影响了现实的构造，也影响人们对现实的认识，继而影响对现实的改造。以语言为代表的符号表征系统对现实切分和重组的原理是否能推广到其他表征系统和传播工具，这正是媒介环境学派的关注点，从这个角度看，沃尔夫提出了以语言为代表的符号系统切分和重组现实的方式，为媒介环境学的后期发展提出了基本原理。

最早意识到沃尔夫著作重要意义的学者之一是苏珊·朗格。在她早期研究符号哲家和美学的著作《哲学新解》里，着力研究的是符号表征的本质，符号表征在各种变化形式里、在人的思想和回应的构建过程中如何起作用。她的核心论断是，人类心灵的底层活动是这样一个过程：它抽象经验、表征经验，用激发观念的符号来抽象和表征经验，就是说，它唤起头脑中的观念。② 她认为人类心灵的底层活动就是把经验转化为表征性符号的过程，这与动物使用一般性符号的过程有根本区别。她认为，语言起源时并不是实用信号的产物，语言是人类心灵把经验转化为表征性符号的体现，指出艺术和推理性语言作为人类符号活动的两种基本形式，是一切人类思想的特征。苏珊朗格的《哲学新解》大大拓展了沃尔夫语言相对论的洞见，将之用于更广阔的表现代码和模式的领域。她提出，语言并不是人构建现实的唯一途径，语言仅仅是途径之一；符号转化的不同系统对人类经验频谱的不同侧面进行编码。③ 朗格和沃尔夫作为媒介环境学的奠基人，他们的意义和价值并不在于对语言和其他符号

---

① ［美］林文刚编：《媒介环境学：思想沿革与多维视野》，何道宽译，北京大学出版社2007年版，第223页。

② 同上书，第225页。

③ 同上书，第233页。

形式的分析是完全的、正确的，而是因为他们提出了应该问的问题。对于媒介环境学这样的新兴学派而言，提出问题也许比解决问题更重要。

（二）媒介环境学派的三代历程①

媒介环境学派勃兴于 20 世纪 50 年代大概是以伊尼斯为起点的，1950 年和 1951 年，伊尼斯分别出版了《帝国与传播》和《传播的偏向》两本著作，探讨传播媒介内在的时空偏向如何影响文化，关注点主要是西方文明史。他因此开启了以媒介形态为核心的研究先声，更重要的是他的著述还启发了后继者的研究。伊尼斯确定了媒介的属性：媒介在时间和空间上对社会组织产生决定性的影响，他的研究给麦克卢汉提供了灵感。毫无疑问，麦克卢汉一直是媒介环境学历史上最具影响力的人物之一，也是第一代中最显赫的代表人物之一。虽然他于 1964 年出版的经典著作《理解媒介》五十多年来一直处于毁誉参半的状态，但这本书在媒介环境学的历史上却扮演着极为重要的角色，该书在探寻媒介的本质和媒介的内在结构如何影响文化的问题时，开拓了一套全新的方法，提出"延伸论""讯息论""冷热论"等著名的"老三论"和 14 条媒介理论，把传播学从书斋里解放出来送到千家万户的普通人手中。他在为伊尼斯的《传播的偏向》作序时，宣称甘愿做伊尼斯的"注脚"②，为传播伊尼斯的思想立下汗马功劳。在之后的 20 年里，他擎起多伦多学派的大旗，成为世界级的传播学大师，他创建"文化与技术研究所"，创办了多学科研究的杂志《探索》和《预警线通讯》，出版了《机器新娘》《谷登堡星汉璀璨》等传世之作。麦克卢汉确立了以媒介形态为核心的研究传统，是媒介环境学派前后师承关系中的灵魂人物，当之无愧地成为第一代的领军人物。

135

---

① 此处的三代历程及代表人物参见何道宽《媒介环境学辨析》，《国际新闻界》2007 年第 1 期。

② ［加］哈罗德·伊尼斯：《传播的偏向》，何道宽译，中国人民大学出版社 2003 年版，麦克卢汉序言，第 3 页。

尼尔·波兹曼是媒介环境学真正的开山之父①，也是媒介环境学派第二代的精神领袖。正是在他的学术领导下，许多学术著作得以整合，形成了媒介环境学的经典理论基础，1970 年他在纽约大学创建并主持"Media Ecology"博士点，这为媒介环境学派培养和输送了源源不断的后继人才，也是该学派组织化的起点。波兹曼与美国、加拿大两国的第一代媒介环境学者有很深的缘分，早在 1955 年他就结识了麦克卢汉，莱文森正是通过他成为麦克卢汉的私淑弟子，他成为媒介环境学派中承上启下的关键人物。他本人著作等身，一生著书 20 余部，其中《作为保存活动的教学》《童年的消逝》《娱乐至死》《尽责的异议》《技术垄断：文化向技术的屈服》等都是经典代表作。媒介环境学派第二代人物中还有一个不得不提的名字：詹姆斯·凯瑞②，他对媒介研究和媒体实务的影响大致始于 20 世纪 60 年代。当时的传播研究正日益废敝，经验学派完全靠定量研究界定一些狭隘的问题，批判学派的研究才刚开始③，凯瑞坚持主张，传播界认真地把传播当作文化来研究，即在传播领域运用文化研究的方法展开研究。他认为，媒介研究的症结在于国家民主话语的健康发展，坚持把民主当作话语，以使他们了解传播对于大众民主隐含的命题。

20 世纪末，第三代的代表人物纷纷登场，其中非常活跃并为中国学者所熟知的有保罗·莱文森、约书亚·梅罗维茨、林文刚和埃里克·麦克卢汉等。被誉为"数字时代的麦克卢汉"的莱文森，是媒介环境学派第三代的领军人物，他沿着"人文—技术"的研究视角，考量媒介技术、媒介形态变化与人类文明、自然环境和社会环境的关系，考察媒介技术演进过程中所构建的环境对人类和自然的反作用，提出了以"人性化趋势媒介进化理论"为核心的媒介进化理论。这种理论强调人类在媒介技术进化过程中的主体地位和能动性，强调当下媒介技术

136

---

① ［美］林文刚：《媒介生态学在北美之学术起源简史》，香港《中国传媒报告》2003 年第 2 期。

② 林文刚在《媒介环境学：思想沿革与多维视野》一书中，将他译为詹姆斯·凯利。

③ ［美］林文刚编：《媒介环境学：思想沿革与多维视野》，何道宽译，北京大学出版社 2007 年版，第 196 页。

进化与人类文明传播和发展的重要意义以及未来媒介技术趋势，具有强烈的现实关怀。麦克卢汉、波兹曼和莱文森是媒介环境学派三个世代的代表人物，他们三人有深厚的师徒关系，甚至非同寻常的"父子情结"①，莱文森是波兹曼的学生，但他继承和扬弃的主要是麦克卢汉的学说，坚决反对波兹曼的"媒介悲观主义"，三位学者一条线，有传承，有偏离，亦有"反叛"，更有超越。② 梅罗维茨作为媒介环境学派第三代的中坚力量，与同代其他学者相较，他在中国的知名度更高，2002 年梅罗维茨的代表作《消失的地域：电子媒介对社会行为的影响》在中国出版，他嫁接于社会学理论之上的媒介分析成为中国学者研究媒介环境学的一个新领域。梅罗维茨继承了麦克卢汉和伊尼斯的媒介技术理论，并融合了戈夫曼的"剧场院"理论，把社会情境及其变迁作为切入点，通过将媒介及其变化同社会环境及其变化联系起来加以分析，认为"电子媒介影响社会行为的原理并不是神秘的感官平衡，而是我们表演的社会舞台的重新组合，以及所带来的我们对'恰当行为'认识的变化。"③

（三）媒介环境学派的组织建构

Media Ecology 一词最初只是麦克卢汉口中的一个隐喻，它正式进入学术视野是由波兹曼最早正式提出的，后来在波兹曼的领导下逐渐发展成一个与经验学派、批判学派三足鼎立的学派，这其间经历了从一个松散的理论结合体到理念趋同、制度成熟的独立学派的艰辛过程。实现这一转变的关键是，需要领袖学者廓清概念，提出研究命题，并做出示范性研究。这一聚合思想的过程，又以大量行之有效的组织工作为前提，如研究计划和教学计划的设计、管理，相关学术会议的筹划，相关研究内容的宣传管理等，尤其是研究人才的传承等。根据斯

137

---

① 戴元光主编：《影响传播学发展的西方学人》，中国大百科全书出版社 2012 年版，第538 页。

② 同上。

③ ［美］约书亚梅罗维茨：《消失的地域：电子媒介对社会行为的影响》，肖志军译，清华大学出版社 2002 年版，第 94 页。

蒂芬·穆雷的观点：一个严密的学派必须具备三个先决条件：好的理念，思想领导和组织领导。① 据此判断，媒介环境学派作为一个学派最终形成，其组织化的工作尤为重要。

为了更好地梳理媒介环境学派的形成过程，笔者在此人为地将媒介环境学派切分为三个阶段，分层次理清它的组织过程。

第一阶段：（1968—1992 年）关键期，从松散的理论结合体到学术体制初建。

美国传播学者林文刚在《媒介环境学：思想沿革与多维视野》一书中，对媒介环境学派有三种预设，其中之一是媒介环境学或多或少有一个可以指认出来的思想史。这个思想史对应的是时代是 19 世纪末，一群旨趣类似的学者组成无形的"学苑"，他们来自不同的学术背景，比如媒介与文化（麦克卢汉），历史与技术（芒福德），都市研究（芒福德），技术文化社会学和宣传（艾吕尔），历史与传播（伊尼斯），媒介的时空分析（伊尼斯），古典研究（埃弗洛克），印刷史（爱森斯坦）等，他们联系紧密，相互交织，并且在"媒介技术与变革"的问题上形成了类似的关切。然而这些思想家的视野太广阔，理论阐释太复杂，想要汇聚成清晰一致的研究主线，并不轻松。

这一阶段有两个关键人物：麦克卢汉和波兹曼。麦克卢汉作为媒介环境学派的教父，在此阶段的作用有二：一是在 20 世纪 60 年代，率先使用"媒介环境"一词抓住公众幻想力，使人们首次注意媒介环境学思想。然而，麦克卢汉是将"Media Ecology"作为一个隐喻提出，喜欢用隐喻来表达是麦克卢汉的用语习惯。麦克卢汉认为，他提出的许多信条和其他东西超出了当前科学的审视范围②，用主观的方式——感知去了解比较合适，不适合用客观方式去理解。麦克卢汉最精深的思想是用隐喻表达的，这种散漫的、非连续的格言警句式的思想表述虽然显示了无与伦比的洞见，却常常表现出令人迷茫的风格，使后来者

138

---

① ［美］林文刚编：《媒介环境学：思想沿革与多维视野》，何道宽译，北京大学出版社 2007 年版，第 8 页。

② ［加］埃里克·麦克卢汉、［加］弗兰克·秦格龙编：《麦克卢汉精粹》，南京大学出版社 2000 年版，第 271 页。

不易准确把握其研究主题，但无论如何，他的媒介理论探索和隽语使人们从一个崭新角度审视媒介与文化，并为日后的"媒介环境学"指出了核心命题，这是麦克卢汉的第二个贡献。

至于使媒介环境学成为一个学派的组织建构，真正的奠基人是波兹曼。1968 年波兹曼在题为《改革后的英语课程》的演讲中，首次公开使用"媒介环境学"这个术语，并将媒介环境学定义为对媒介环境的研究，使"Media Ecology"从隐喻变为一个专有名词，其涵盖范围大大超过比喻的范围，媒介环境学成为一个全新领域。

1966—1967 年年底，波兹曼成为纽约大学英语教育系统硕士生导师，他教授两大类课程：一类是口语传播和书面传播的语言基础；另一类是教育传播类。其中的课程之一"传播的语言"后来成为媒介环境学的理论基础。1967—1970 年，波兹曼逐渐把媒介环境研究的课程嵌入英语教育课程体系，课程建设明显以传播学为中心，不仅将原来的"教育传播"类课程体系改名为"传播学"，还新增了"传播与劝说"类课程，如社会宣传、传播与政治宣传等。

1970 年，波兹曼创建了传播学博士研讨班（两学期 6 学分），这是波兹曼展开媒介环境学博士教学计划开始的标志，也是媒介环境学博士点的创建时间。至此，媒介环境学这门关于文化与技术的学问开始形成，同时，波兹曼被任命为媒介环境学博士点负责人，在文献上确立了他在媒介环境学制度化初期的领导地位。[①] 在媒介环境学初创的几十年中，波兹曼的两个学生也成为该学派的重要支柱，他们是特伦斯·莫兰和克里斯琴·尼斯特洛姆，两人都是波兹曼 60 年代的英语教育专业博士，在波兹曼的指导下，成为媒介环境学派的幕后建设者。特伦斯·莫兰以"媒介与宣传"为研究方向，与尼斯特洛姆一道创建了传播研究的学士学位项目，并成为了媒介环境学研究生教学计划的重要经济来源。尼斯特洛姆，可以说是这个学位点的理论构建者和制度规范人，以"语言与文化"为研究方向，并协助波兹曼凝炼了媒介

139

---

① ［美］林文刚编：《媒介环境学：思想沿革与多维视野》，何道宽译，北京大学出版社2007 年版，第 20 页。

环境学范式内容的思想。应该说,尼斯特洛姆、莫兰和波兹曼一道构成了媒介环境学学位点在思想上的三驾马车,形成了该学位点早期理论构建和制度化过程中的三位一体。[①]

第二阶段:(1992—2002 年)成长期,成立媒介环境学会。

媒介环境学派最初创立的十几年,对于传播学者而言,这完全是个不知名的学派,直到 1985 年波兹曼的《娱乐至死》一炮走红,这部书成为媒介环境学对美国电视文化的有力批判,也成为媒介环境学派进入学术界主流视野的转折点,该书在某种程度上推动该学派进一步走进了北美主流的传播学研究领域。同年,另一位媒介环境学者约书亚·梅罗维茨出版了《地域感的消失》一书,也引起了传播学界的广泛关注,推动了媒介环境学的向外推广。

进入 90 年代后,随着越来越多的媒介环境学研究生的毕业,媒介环境学的学术圈子不断扩大。一方面,一部分学者宣传普及了媒介环境学的理论成就,把规范的文献带到了各自的机构,使媒介环境学进入传播学界更广阔的圈子;另一方面,人数不多的媒介环境学研究生的分散又妨碍了该学派作为一个整体的理论团队的长期发展。这样的发展困境使得一个问题迫在眉睫,即媒介环境学作为一个学派怎样超越一个学位点的制度局限,摆脱当下的边缘地位,进入传播学的主流视野。那么,成立一个学会给媒介环境学提供一个全国性的论坛,也许是明智的做法。1992 年,媒介环境学人托马斯·金卡雷利、兰斯·斯特雷特和林文刚三人在纽约聚会,并萌发了要建立一个以媒介环境学为主题的学会。

经过 6 年的酝酿准备,1998 年 9 月,媒介环境学会(MEA)在福德姆大学成立,斯特雷特当选首任会长。媒介环境学派有了自己的组织机构后,呈现了健康发展的局面,1999 年,学会成为美国传播学会(NCA)分会,并自 2000 年始参加 NCA 的年会,同时,NCA 给该学会提供传播学的国际论坛,使其有机会展示、推动媒介环境学的学术

---

① [美]林文刚编:《媒介环境学:思想沿革与多维视野》,何道宽译,北京大学出版社 2007 年版,第 21 页。

研究。

媒介环境学会是媒介环境学发展成为一个学派的重要催生力量，它提供一个正式的、独立于任何大学或学位点的制度结构，推进了媒介环境学的学术发展，是该学派发展历程中的重要一环。

第三阶段：（2002 年至今）上升期，媒介环境学派不断扩大影响。

媒介环境学会成立之后的主要任务就是推广媒介环境学的理论、思想，扩大该学派的影响。2002 年媒介环境学会成为美国东部传播学会的分会，2003 年又成为国际传播学会的团体会员，该学会在 NCA 的每届年会上平均提交、宣讲七篇论文或组织七个讨论组，逐步使媒介环境学的重要概念和理论被传播学主流所关注。另一件使媒介环境学会组织建构日益成熟的工作是创办《媒介环境学探索》，该刊为季刊，创刊号于2002 年问世，宗旨是催生下一代学者的学术成果，并使之合法化。

进入移动互联时代以后，媒介技术对人及社会发展所产生的重要改变及影响，使得该学派提出的三个环境（符号环境、感知环境、社会环境）和四个"泛"论（"泛"技术论、"泛"媒介论、"泛"环境论、"泛"文化论），以及在此基础上对媒介环境与社会发展的探讨，显得极为重要和意义非凡。也正是基于社会条件的如此变化，媒介环境学及其相关命题无论在民间还是学界已成为关注热点。

三 媒介环境学派的理论框架

媒介环境学派从不同媒介的特性出发，研究媒介环境及其变化所产生的深远社会影响。[①] 该学派在不同时期的研究重点和思路各有不同，如学派第一代代表人物之一的伊尼斯主要从政治经济视角探讨媒介与政治、经济和知识权力的变化间的关系；麦克卢汉主要用文学、心理学的思维和表达方式，考察媒介卷入感官的程度、方式、数量及其导致的心理认知和社会结构的变化；第三代中的梅罗维茨则从社会

141

---

① 李明伟：《媒介环境学派的理论分析框架》，《北京理工大学学报》（社会科学版）2008年第 10 卷第 3 期。

学角度，研究媒介环境的变化所导致的人们的行为方式和社会角色的变化，但是媒介环境学作为一个学派，整体有一个内在的理论框架。

（一）理解作为环境的媒介

1968 年波兹曼公开介绍界定媒介环境学派时，要求把环境当作媒介来研究，他的意思是：媒介是复杂的讯息系统，媒介环境学试图揭示其隐含的、固有的结构，揭示它们对人的感知、理解和感情的影响。① 关于媒介如何影响人的观念，媒介环境学派先驱有不同的研究方向。给媒介环境学贡献了"生态"观的格迪斯，最早研究了自然环境和人造环境及人类文化教育的相互关系。格迪斯最著名的弟子芒福德——媒介环境学派最早的思想奠基人，他在许多论著里阐述了人造环境，如城市，对人和人类文明的影响。媒介环境学派的另两位思想先驱苏珊·朗格②和沃尔夫·翁，从语文化角度研究人们继承或内化的符号系统的形式和结构，在塑造人与周围世界交往的方式中所发挥的作用。麦克卢汉也曾经指出，一旦社会的主导传播媒介变化，符号系统就会发生根本变化，这样的变化必然使人的感官发生根本变化。上述学者们不同的研究视角至少可以提供三个层次来理解媒介环境。

1. 作为感知环境的媒介

媒介环境学派在深刻把握各种媒介属性的基础上，概括并区分了不同媒介，伊尼斯从偏向论出发，把媒介分为：时间偏向媒介和空间偏向媒介。麦克卢汉则根据媒介卷入感官的程度把媒介分为光投射型媒介和光照射型媒介、冷媒介和热媒介、视觉偏向媒介和声觉偏向媒介三组。麦克卢汉通过分析媒介本身的感官偏向性，来探究媒介之于人类心理认知和社会结构的影响。③ 比如，拼音文字发明前的社会是

① ［美］林文刚编：《媒介环境学：思想沿革与多维视野》，何道宽译，北京大学出版社2007 年版，第 27 页。

② 苏珊·朗格（1895—1981），美国哲学家，美学家。主要著作：《哲学的实践》《符号逻辑导言》《哲学新解》《情感与形式》等。

③ 李明伟：《媒介环境学派的理论分析框架》，《北京理工大学学报》（社会科学版）2008 年第 10 卷第 3 期。

受听觉支配的口语社会，这使得耳朵的官能突出，形成了口头文化的部落式特点：各种感官同步互动，以此为媒介所感知的世界是有机的、整体的、共鸣的。拼音文字的线性序列延伸和强化了视觉功能，由此打破了口头文化的声觉空间平衡。电视作用于人的整个感知系统，扭转了拼音文字造成的视觉垄断局面，很大程度上恢复了拼音文字之前的声觉空间世界。① 从这个意义上说，每一种传媒可以被设想为一种感知环境，就生理层面而言，靠遗传获得的感觉器官的状况，在一定程度上决定了对周围世界的感知，这就正如麦克卢汉所指出的那样，传媒是感官的延伸，每一种媒介都体现着一套感官特征，对每一种媒介的使用都要求使用者用特定方式使用自己的感觉器官。②

人们使用媒介的特定行为必然调整感觉器官的轮廓。可以这样理解：媒介使人的感官形貌发生变化。这种变化又改变人们接收感觉资料的方式，继而人们又用这些感觉资料来理解和重构周围世界。在这个层面上，把媒介作为环境来研究则要求：人们利用媒介理解世界时，必然要考察人们已进入的感知环境；具体而言，人们凭借感知到的资料构建外部世界，以便能更好地理解；人们感知到的资料就是多种媒介（或某一媒介）按设计特征必须进行编码和解码的基本素材。③

2. 作为符号环境的媒介

如果说，依靠生理层面的感觉器官获得的感觉资料所构建的感知环境是第一层面的话，那么第二层面，就是由独特的代码和句法所构成的符号环境。因为人们要使用某种媒介之前，必须掌握它的词汇（它的符号及其规定意义）和语法（由管束意义构建的句法规则）。比如，要成为电影人，必须掌握电影词汇和句法中声音元素和形象元素。通常人们使用某种媒介时，自己会同时融入这种符号环境，这个符号环境也就是媒介本身。第一层次的感知环境使得人们凭借视觉、声觉、

143

① 李明伟：《媒介环境学派的理论分析框架》，《北京理工大学学报》（社会科学版）2008年第10卷第3期。

② ［美］林文刚编：《媒介环境学：思想沿革与多维视野》，何道宽译，北京大学出版社2007年版，第27页。

③ 同上书，第28页。

嗅觉、触觉和味觉来感知周围的特质世界。第二层次的符号环境，让人们进入媒介的符号世界内部去思考、感知、言说或表征物质世界。借用维特根斯坦①的名言，人们知识的局限就是世界的局限。因为语言的内部符号结构或逻辑是人们认识世界的参数，人们构建的所有关于周围世界的概念或理念，都在这些参数之内，也就是说，由符号建构的世界就是人们"认为"或"了解"的世界。

从上述微观的符号层面理解"媒介即环境"发现，人们并没有置身于正在使用的传播媒介之外，相反，人们一直身处其中。在这个方面，媒介环境学派的一个旨归就是要理解：传播媒介所固有的符号结构在人的感知、意识或心灵活动过程中究竟扮演什么样的角色，比如，影像如何去构建或界定使用者构想和描写其经验的方式。

需要说明的是，人们在实际生活中使用媒介来获取信息或与人交流时，并没有总是有意识地区分感知层面和符号层面。这种浑然不分的情况，给研究带来了复杂性：既无法把媒介截然区分为两套环境（感知环境和符号环境），又要研究作为感知环境的媒介和作为符号环境的媒介在人们构建周围世界时如何相互作用。

3. 作为社会环境的媒介

在理论层面，研究者可以只考察单个传播媒介的感知—符号环境所固有的特征，但事实上，人们生活在多媒介的社会中，为了获取信息、娱乐或交流，人们不止使用或曝露在一种媒介中，而是使用若干媒介即符号系统的组合，这种多媒介的感知—符号环境相互作用产生或构成总体传播效果大于部分之和的结果。在这种多媒介的社会层面理解"媒介即环境"，事实上也是在说"环境即媒介"。当研究者在谈媒介时，他们通常指的是传统意义上的信息设备，如广播、电视、报纸、电影、唱片、电脑等，媒介环境学派把这些设备当作研究重点。然而，它同时又审视环境（如社会环境）的符号结构如何界定人的互动或文化的生产。从这个角度看，可以把环境当作媒介或把媒介当作

① 维特根斯坦（1889—1951）英籍奥地利哲学家，数理逻辑学家，语言学奠基人。主要作品有：《逻辑哲学论》《哲学研究》等。

环境来研究问题，人们使用传播媒介进行交流时，是身处媒介的符号结构中，即人们参与到媒介中去达到交流的目的。

（二）媒介环境学派的三个理论命题

媒介环境学派认为，"媒介即环境""环境即媒介"，这个概念里嵌入了三个相互联系的理论命题，以支持其核心内容。

命题一，传播媒介不是中性的。

媒介环境学派假设，传播媒介在将资料或资讯从一个地方传递到另一地方时并不是中性的，透明的和无价值标准的渠道。① 事实上，媒介本身固有的物质结构和符号形式发挥着规定性的作用，即它决定了哪些信息被编码和传输，以及如何被编码和传输，又如何被解码。在这样的理论表述层面，可以认为，一种媒介的符号形式产生它编码的特征，这种编码方式又被媒介用来表达信息；同时，媒介的符号形式又决定着符号组合的结构。这里所说的媒介的物质结构既指承载编码技术的特征，又指编码、传输、储存、检索、解码和流通信息的物质设备。从这个命题中可以推导出媒介环境学派的一个重要主张："媒介的结构界定信息的性质。比如，一部文学作品用文字和影像同时表现出来，可能会收到完全不同的传播效果。按媒介环境学派的主张，文字和影像这两种媒介是两套截然不同的符号结构和物质结构或物质形式，它们送达受众的东西是完全不同的，文字读者和影像观众得到的是两套不同的信息或"现实"，把文字和影像看成同样的信息是毫无意义的。因此，第一个命题可以理解为，媒介的物质属性结构和符号形式具有规定性的作用，对信息的编码、传输、解码、储存产生影响。②

命题二，传播媒介具有偏向性。

传播媒介具有偏向性，这是第一个理论命题的逻辑延伸。因为每

145

---

① ［美］林文刚编：《媒介环境学：思想沿革与多维视野》，何道宽译，北京大学出版社2007年版，第30页。

② 何道宽：《媒介环境学辨析》，《国际新闻界》2007年第1期。

一种媒介独特的物质属性、结构和符号形式在信息传输、编码和解码过程中发挥着规定性的作用，这种规定性自然带有一定的偏向。为了便于说明，借用林文刚在《媒介环境学：思想沿革与多维视野》一书的原文来概括："①由于不同的媒介给信息编码的符号形式是不同的，所以它们就具有不同的思想和情感偏向。②由于不同的媒介给信息编码、储存、传输的物质形式是不同的，所以它们就具有不同的时间、空间和感知偏向。③由于给信息编码的符号形式在被人获取的可能性上是不一样的，因此不同的媒介就具有不同的政治偏向。④由于物质形式决定着人亲临现场的条件差异，因此不同的媒介就具有不同的社会偏向。⑤由于不同的媒介组织时间和空间的方式不一样，所以它们就具有不同的形而上的偏向。⑥由于不同的媒介在物质形式和符号形式上是不一样的，所以它们就具有不同的内容偏向。⑦由于不同的媒介在物质形式和符号形式上是不一样的，因此而产生的思想、情感、时间、空间、政治、社会、抽象和内容上的偏向就有所不同，所以不同的媒介就具有不同的认识论偏向。"①

简言之，不同传播媒介本身所固有的不同的物质结构和符号形式的限定性，预先就设定了相应的不同偏向。这个命题的意义在于，每一种传播技术里都体现着一些思想，这些思想旨在解决传播中的各种问题。

命题三，传播技术对文化产生影响。

命题3是命题2的逻辑延伸。按媒介环境学派的观点，传播技术促成的各种心理或感觉的、社会的、经济的、政治的、文化的结果，往往和传播技术固有的偏向有关系。当然，这并不意味着媒介和文化之间是简单、直接的因果关系。传播是人类社会互动的过程，文化是这一互动的产物。从这个视角来看，媒介在人类文化中扮演着关键角色，因为媒介的变迁促进了传播在本质和过程上的变化，而后传播的变化又促进了文化上的变化。事实上，媒介和文化间的共生关系复杂

146

---

① ［美］林文刚编：《媒介环境学：思想沿革与多维视野》，何道宽译，北京大学出版社2007年版，第31页。

且不可预知。

（三）理论连续体：软决定论——文化/技术共生论——硬决定论

前述的三个理论命题，在逻辑上是互相关联、互为因果的，并构成了一个理论连续体。这个连续体的两端是两种不同的解释性视角，一端是所谓的"软决定论"，即媒介对文化的影响是必备条件，而不是充足条件，也就是说，在媒介的发展、传播和使用过程中，人的能动性是决定性因素之一。连续体的另一端是"硬决定论"，其主张是：技术是必然的社会变革的首要决定因素，或者更加广义地说，技术是必然的历史变化的首要决定因素。① 这个连续体的中间部分是所谓"文化/技术共生论"，这个观点认为，人类文化是人与技术或媒介不间断的、互相依存的因而互相影响的互动关系。② 也可以认为，社会力量或人类自主力量，也能在技术变化中扮演角色。文化/技术共生论，虽居于这个理论连续体的中间位置，在理解这个共生关系时，它既不会对媒介/技术抱偏见，也不会对人的因素抱偏见。

事实上，媒介环境学派构筑的理论连续体，分别从三个视角提供了对技术（媒介技术）与文化的关系的认识。它们的共性是都承认传播技术在文化或人类交流中发挥的界定性作用，但解释各不相同。"软决定论"看到了人在技术传播或媒介变革中的能动性作用，认为任何结果都是多种原因造成的，媒介只是文化形成、发展的因素之一。"硬决定论"强调技术在文化发展过程中的决定性作用，确切地说，强调媒介的技术形态在决定社会关系中的作用超过了媒介的文化内容。"文化/技术共生论"更多指出技术与文化相互作用而形成的依存关系。需要说明的是，这三个视角并非僵死的、条块切割、黑白分明的范畴，在论及具体问题时选择不同的解释。

147

---

① ［美］林文刚编：《媒介环境学：思想沿革与多维视野》，何道宽译，北京大学出版社2007年版，第32页。

② 同上。

四　媒介环境学派的理论源流

开创于 20 世纪 40 年代的媒介环境学派，以媒介的外部特性为着力点，研究媒介环境及其变化所产生的深远社会影响，它经历了从最初的"面目模糊"到如今的"日渐丰瞻"。尽管媒介环境学派在不同时期的研究重点和思路各有侧重，但追溯其思想渊源，清理其流变，仍能发现媒介环境学派的思想源流，主要有以下几方面。

（一）语言相对论

媒介环境学认为，最重要、最早诞生的人类媒介是口语，这是人类媒介演化的第一场革命，所以他们要把语言作为人与环境交流的最重要的中介。语言学家本杰明·李·沃尔夫与他的老师萨丕尔提出的语言相对论，正是强调了语言在塑造人关于现实的观念时扮演着重要的角色。

语言相对论有着较为抽象和复杂的内容，提炼其精髓，概括其主旨，可从以下方面对其进行总体把握：①每种语言中的语法不仅是表达思想的再生工具，而且它本身还塑造人们的思想、规划和引导个人心理活动。语言是切分、重组感官所经验的现实的特殊方式，人们通过语言表征经验，用语词构建现实世界和幻想世界，但语言只是一种代码，它无法复写世界。语言运行的规则也并非人体经验的规则，亦不是感知—动觉—生物化学世界的规则。②没有两种语言会以完全相同的方式切分世界，每种语言都有它独特的词汇，而词汇系统的差异与人们的生产方式和生活方式关系密切。值得注意的是，任何语言的词汇特色都不足以反映自然界无穷的细微差别。然而，真正重要的是，语言提供的词汇范畴界定人们构想现实的方式，即一个言语社群的词汇特色决定人们对事物差别的注意；反之，不同的语言倾向于使用相同的词汇表达相同的事物。③每个人在学习语言的过程中，同时学会了切分并重组现实的方式，这是由语法结构决定的。人们在学习过程中，每一次说话、书写或思考时，人们都无意之间把语法结构投射到现实中，可以说，某种程度上，人是语言的囚徒。

语言相对论的上述内容可以这样理解，人不仅生活在客观世界里，而且还生活在思想、交流和文化的象征性环境里，这样的象征性环境是以语言作为表征性经验的基础的。因此，沃尔夫提出，语言并非思想的中性的容器和传送带，而是自有其特点的思想工具，不同的语言社群有不同的语言结构，这些语言结构插在人与现实之间。具体地说，每一种语言结构都是为形而上的观念编码，这些观念是关于物体和事件的时间关系和空间关系的设想。人们用语言对这些观念进行编码的过程，实际上就是使人们的注意力指向某些经验，使人们在解决问题时会因特定的语言而联想到特定的社会布局、文化习俗等，对这些社会布局、文化习俗的使用又反馈给语言模式，并在持续不断的语言、思维和文化变迁过程中，反过来改变语言。

沃尔夫的语言相对论使这样一个问题进入了研究者的视野，那就是：符号表征和传播的不同形式切分和重组现实的方式，是否和语言不一样，是否随着每一种媒介的不同而有所不同。这个问题其实是将媒介环境学派的核心概念——三个环境层次（符号环境、感知环境和社会环境）及其相互关系提了出来。媒介环境学者认为，一切"第二自然"、一切人工干预过的社会现象都是技术、文化、环境和媒介，在他们看来，技术、文化、环境和媒介几乎是可以划等号的。因此，从这个角度看，沃尔夫其实是媒介环境学者，他为媒介环境学的发展奠定了思想基础。

（二）城市生态学

媒介环境学的第二个思想源头是刘易斯·芒福德的城市生态学。芒福德作为社会哲学家、建筑评论家，主要凭借城市规划与技术哲学方面的研究成果获得国际声望，同时，芒福德是一位百科全书式的奇才，他对城市与传播、技术与传播、全球传播等问题也有深切关注。然而他一直没有进入传播学主流学者的行列，如果总结梳理他的传播思想与媒介观，就得从他关于大众传播与城市空间、大众传播与城市文化、人类技术与大众传播的论述中寻找。芒福德作为媒介环境学派的奠基人，主要源于他的《技术与文明》《城市文化》《城市发展史》等书为媒介环境学派贡献了城市生态学的思想。芒福德的城市生态学思想，来自苏格兰生物学家、城市规划理论家、社会学家帕特里克·格迪斯，格迪斯的人类生态学思想包括科技发展史、电子技术革命潜力，这些主题在芒福德的著作中都得以表述。

芒福德关于城市生态学的阐述并无专门的论著，只是在他的著作《城市发展史》《城市文化》《技术与文明》等作品中可见两个清晰的主题——技术与城市。他关于传播与城市，传播与技术的研究基本构成了城市生态学的轮廓。首先，他指出了大众传媒与都市生活塑造的关系。芒福德认为，大众传媒不仅是故事的呈现者，而且其本身越来越成了机械时代城市视觉景观的重要组成部分。他指出，金融、保险和广告三者一起主宰着现代大都市景象，大都市也通过金融、保险、广告把自己的规划扩展到了它的附属区域。① 大众媒介的普及使得社会功能具有了均质化的属性，为人们创造了统一的生活方式，极大推进了都市垄断和社会控制的集中。同时，大众媒介呈现的是一种都市消费时尚和中上阶层趣味，以使整个国家的消费品味集中于那些大都市可以出售并从中获利的产品。此外，乡村在大众传媒影响下也逐渐失去一种自主性，呈现出一种都市情形。"城市无目的的扩张，切断了一切本土存在的联系，糟蹋自己的家园，犹如水中捞月；纸面上利润越来越多，生活越来越被间接的代用品所替换。在这种制度下，越来越多的权力集中到越来越少的人手中，离真实越来越远。"②

其次，芒福德对大众传媒与城市空间、社会控制的关系提出了思考。他认为，城市的扩大化让人们对城市整体感了解匮乏，媒体在其中起到了告知作用。同时指出，无论电话还是收音机都无法抹杀在所有初级形式交往中空间靠近性的重要，缺乏这种靠近性，公共机构及其效能的实现则会打折扣，因此，空间的靠近性对现代民主发展十分

150

① ［法］刘易斯·芒福德：《城市文化》，宋俊岭等译，中国建筑工业出版社 2009 年版，第 269 页。

② 同上书，第 294 页。

重要。芒福德还提出，对话和交流在城市和社区生活中占有核心位置，有益于公共空间建造和公共利益实现，大众传媒有助于更多的人参与对话，让城市生活充满更多的人格内涵，同时也会因运用不当而损害了公共交流。

最后关于传播与技术，芒福德的技术理论张扬着一种媒介延伸观念，即人们所使用的工具和器具总体来说都是人体及其功能的延伸。"工具和机器的发展过程，是人们试图改造环境，使人的机体得以加强和维系的过程，这种努力给人的机体以原来所没有的能力，或者在人的机体之外创造出一系列有利于自身平衡和生存的条件。"[①] 在此，机器不再是简单的机械化手段，它与人性、文化联系在一起，对人类生命世界的平衡做出贡献。芒福德还把机器作为历史分期的界限和依据，他把机器体系和机器文明划分成了三个连续但又相互重叠、相互渗透的阶段：始生代技术时期、古生代技术时期和新生代技术时期。他认为，文明的不同阶段实际上是机器产生的结果，而技术的形态是产生结果的原因，这一理论的意义在于，给后续研究者勾勒了一个人类历史的新视角：技术在社会展中的领导作用。

芒福德的城市生态学思想实际上反映一种媒介观，即把媒介、技术与文化当作一种环境来理解，而此种媒介观正是媒介环境学派的核心命题。

（三）芝加哥社会学派

一般来说，社会学界普遍把芝加哥大学社会学系所涌现出的学者群称为社会学芝加哥学派或简称为芝加哥学派，该学派在社会学史上的地位和贡献已得到公认，但在传播学史上，人们经常忽略以帕克和米德为代表的芝加哥社会学派的贡献，尤其是它与媒介环境学派的思想渊源，并没有得到充分认识。

美国芝加哥社会学派兴起于 1915—1940 年，它关于传播的社会功

---

① ［法］刘易斯·芒福德：《技术与文明》，陈允明等译，中国建筑工业出版社 2009 年版，第 11 页。

能与地位、媒介技术与社会发展、人际传播等领域都有独到的理论建树，它不同于传统的结构功能主义，强调一种更加宏大的理论视野，主要突出人的主体性与传播社会的互动性，是一种具有人本主义色彩的传播研究范式。此种研究范式在媒介观与研究方法论上对媒介环境学派都影响深远。

首先，关于"传播与社会的关系"。在芝加哥社会学派看来，传播是现代社会最为重要的社会控制手段，是应对现代社会问题最主要的方法之一，也是社会生态的重要组成部分。芝加哥学派的早期代表人物帕克进一步提出，传播是人类最基本的行为方式，是人类社会关系的本质所在。"传播远远超出单纯的信息传递与交流：传播创造维持社会"①。这种认识直接启发了媒介环境学派的研究，它们认为媒介生存或传播生存是现代社会生存方式的特征，并指出信息技术和传播范式正在改变诸多社会行为和观念。

其次，关于"媒介技术与社会发展"。芝加哥社会学派对这一命题的高度关注与经典阐述，在媒介环境学派第一代代表人物伊尼斯那里得到了更为深入的开掘，并最终形成了传播学的技术主义范式。帕克很早就在他的论文《物理学与社会》中，就关注到了技术的作用，他看到了物理学使传播手段处于不断改进的状态，从而对社会发挥了至关重要的作用。自他之后，受杜威、库利的影响，芝加哥学派对传播技术所带来的社会后果表现出了一定程度的乐观情绪。很显然，伊尼斯在芝加哥大学求学期间，受到了这种思想的熏染，在他晚年建构了"媒介偏向论"，由此开启了对媒介本身及其深远社会意义的研究。

再次，"泛媒介观"。芝加哥社会学派对于传播媒介的界定十分宽泛，交通、大众传媒，甚至包括金钱在内的一切有利于交流的中介都被看作是媒介，是一种完全的"泛媒介论"，这种无所不包的媒介观亦是伊尼斯、麦克卢汉等人的媒介理论特色，伊尼斯的媒介偏向论和以媒介为核心分析人类社会发展史的思路就是以此为基础形成的，自

152

---

① ［美］E. M. 罗杰斯：《传播学史——一种传记式的方法》，殷晓蓉译，上海译文出版社2000年版，第203页。

伊尼斯始，这种媒介观历经媒介环境学派三代人的发展，现已成为媒介环境学派的主要理论命题。

最后，"人文主义的研究范式"。芝加哥社会学派不同于结构功能主义对传播的认识，反对把传播当作静态结构来认识，认为传播是一种动态的社会过程，指出传播与社会的互动性，并引发了媒介与社会变迁的思考。这是一种更为宏大的理论视野，与此相适应的是，在研究方法上芝加哥社会学派也更多采用实地观察法和访谈法，这些方法在信度上可能略显粗鄙，但它更适于研究复杂的社会与人。这种研究范式自伊尼斯一脉传承下来，形成了今天媒介环境学派宏大的模式识别研究范式和媒介文化观。

（四）文学新批评

媒介环境学派的核心命题之一就是媒介即环境，媒介即讯息，这一理论命题主要来自麦克卢汉，并通过他深深内嵌在媒介环境学派的理论框架中。麦克卢汉在成为传播学一代宗师之前，主要致力于文学批评研究。1928—1934 年青年麦克卢汉先后在加拿大的曼尼托巴大学和英国剑桥大学学习文学，在剑桥受到的文学新批评的思想极大改变了麦克卢汉，尤其是日后他关于传播研究的方向。麦克卢汉的传记作者马尔尚说，文学新批评"对他思想产生的影响，超过了其他的东西，也许只有改信天主教对他的影响才能与之匹敌"①。

文学新批评是西方文学史上的一个重要流派，20 世纪 30 年代发端于英国，40—50 年代流行于英、美，70 年代式微，至今影响犹存。这一流派的先驱是休姆、庞德，代表人物是艾略特、理查兹、布鲁克斯等人，其文学批评带有形式主义倾向，为区别于 19 世纪以来的传统文学批评而名之新批评。休姆和庞德主张诗歌应表现客观的意象而不是发泄主观的情感。艾略特在此基础之上，进一步提出文学"有机形式主义"的观点和诗歌"非个人化"的主张。所谓文学"有机形式主

153

---

① ［加］马尔尚：《麦克卢汉：媒介及信使》，何道宽译，中国人民大学出版社 2003 年版，作者序。

义"就是强调关注诗歌本身，认为诗歌欣赏和批评无须关注诗人，应把文学作品看作是与作品之外的一切事物——时代背景、作者生平和读者反应——绝缘的、自足的有机体。"非个人化"则认为诗人主观的感受只是创作的素材，这种个人主观情绪和经验必须经过一道非个人化的过程转变为普遍的、艺术的蕴意。

在艾略特之后，理查兹提出了另一重要理论——语义分析理论。这一理论与有机形式主义和非个人化思想一脉相承，提出诗歌的前言后语是相互应照的，诗歌语言受上下文语境影响而具有复杂意义，要求读者和批评家必须深入作品内部对语义进行仔细分析，探究作品各个部分之间和词语之间的相互关系和互生意义。

一言以概括文学新批评的核心思想，就是强调对文学作品本身的理解，认为理解文学作品应把重点放在语言、语义、语境等表达手段或作品形式方面。作品的意义不是作品语言表面字义的集合，而是来自作品语言的互生意义、语境的结构性意义以及字面意义与隐喻意义之间的张力。这些思想几乎被麦克卢汉复刻在他的媒介观里，他是这样说的，传播媒介是独立自足的有机体，传播的意义不在于传播内容的可见效果，而是传播形式潜在的巨大隐喻意义。可以说，麦克卢汉的"媒介讯息论"就是文学新批评的传播学版。

第 三 篇

学科经典篇

传播学自诞生之日起，就是多学科相互融合的产物，它的这种多学科来源，使其在思想源流方面具有广阔而渊深的背景。笼统地讲，几乎所有社会科学和人文科学在思想根源层面对传播学都有强大的理论补给。如果细数对传播学兴起及发展有直接贡献的学科，恐怕社会学、政治学、心理学、语言学、符号学、经济学、哲学等都无法排除在外。因此，若论及传播经典作品，有一半应该是来自传播学之外，给传播学研究带来灵感、启发，提供思想基础、补给理论根源的学科外作品。理解研读这些作品，一则可以提供或还原传播学研究某个领域的学术背景，以便后来者可以更深入地理解某种传播现象或传播命题；二则社会发展和时代变迁让原来作为传播学的学科来源，在新的背景下呈现出区别于从前的认识角度和认识意义。在此种背景下，重读这些"源头性"作品，或许会给研究者带来新的启发和思考；三则传播学的产生、发展一直得益于广泛的学科来源和背景，它的理论根系必须深埋在广褒的社会科学和人文科学的土壤里，虽然传播学作为独立学科已蓬勃发展了半个多世纪，且在媒介化生存的社会趋势中，传播学在未来势必会以加速度发展，此种急速前进中的传播学，更需要新的理论动力和理论补给，让传播学不断显示新的内涵和发展潜力。前述三者或可谓重读传播学源流文献的理由吧。

至于说在传播学发展历程中积累沉淀下来的经典文献，何止十数，且不同学人对"经典"的理解存在较大差异。为避免因个人见识浅陋而造成见解偏狭，编者在此荐选的学科内文献，以学术界公认度较高的作品为基础，① 在其中臻选出奠定传播学基本理论框架、研究范式，对传播学学科发展提供思想、理论支撑，对传播学发展影响深远，对于解读现下传播环境和传播现象意义深刻的作品，内容基本涵盖传播学三大学派的研究领域，涉及传播学史、传播理论和传播应用等方面。

---

① 此部分荐选作品主要以熊澄宇在《传播学十大经典解读》一文中的书目为依据，参考了张国良《20世纪传播学经典文本》的书目，以及李彬等知名学者开列的传播学必读书目的书单。

囿于本书"导读"的性质和使初学者迅速进入学科内部的实用性功能，学科内和学科外文献各选十部，这区区二十部著作，根本无法穷尽传播学精华，更遑论能绵延传播学发展史缩影，所以难免挂一漏万，只望抛砖引玉，为新来者引领学科门径。因前文对相关学者和学派已有介绍，此处只着重于文献内容和价值的阐述。

一　李普曼——《舆论学》

[荐读理由]：李普曼，美国最伟大的专栏作家，美国最伟大的新闻记者，两获普利策新闻奖，传播学史上具有重要影响的学者，美国报界执牛耳者，美国总统们敬畏的智者。李普曼一生专著有30多本，《舆论学》是他早期的著作，也是他的代表作。这部书问世后，得到了美国乃至整个新闻学界和政治学界的极大推崇，几十年中已经被翻译成几十种文字，至今仍保持着这个领域中的权威地位，美国的许多著名院校一直将该书的有关章节作为教材编入新闻传播学的教科学，被出版界公认为新闻学的"标准理论著作"。20世纪80年代，传播学创建者韦尔伯·施拉姆来华讲学时，曾把李普曼奉为美国新闻传播学的奠基人之一，并把《舆论学》列为新闻传播学的奠基作品。①

《舆论学》成书于1922年，当时的一些政治领袖已意识到舆论的重要性，然而，传统的美国政治学对舆论问题没有从理论上进行分析和研究，因此，该书一出版，就在美国政界和学术界产生了较大反响。在李普曼创作《舆论学》的20世纪20年代，整个世界发生了两件大事：一是资本主义强国为各自的利益互相角逐，引发了第一次世界大战；二是在列宁领导下，俄国爆发了社会主义革命，并建立了全世界第一个社会主义国家。这两件大事都引起了李普曼的极大关注，也促成了李普曼对《舆论学》的创作。第一次世界大战的爆发，使李普曼有机会亲自参与到战时的宣传工作中，让他充分体会到舆论的力量，而且对舆论的原理形成了比较系统的设想。俄国社会主义革命的胜利和苏联社会主义国家的建立，让李普曼进一步深刻观察舆论发生的机理，并认识到舆论的重要作用和价值。

[内容提示]：在李普曼一生的多部著作中，流传度最广、知名度最高的就是《舆论学》。作为一部经典的传播学著作，该书第一次对

---

① ［美］李普曼：《舆论学》，林珊译，华夏出版社1989年版，译者前言，第1页。

公众舆论的形成过程作全面梳理。舆论在近代社会中更多时候是作为一种政治现象出现，它有两个制造系统，即开放的舆论生成、流通系统和封闭的舆论制造灌输系统，两个系统都有类似的舆论产生过程，但结果却大相径庭。李普曼在《舆论学》一书中对成见、兴趣、公意的形成和民主形象等问题进行了精辟阐述，是新闻史上对舆论传播现象的第一次系统研究。全书分为八个部分，分别为：引言、探讨现实世界、固定的成见、兴趣、创造一种共同的意愿、民主政体的偶像、报纸、有组织的情报。《舆论学》一书有两个关键概念特别重要，为后期大众传播的功能研究提供了思想根源。一个是"拟态环境"，另一个是"固定的成见"（stereotype 现多译作刻板成见）。李普曼在书中指出"我们必须特别注意一个共同的要素，那就是在人与他的假环境之间的插入物。他的行为是对于虚假环境的一种反应。但是，因为是行为，如果见诸行动，其后果就不是在刺激起行为的假环境中而是在发生行动的真实环境中起作用"。①

　　他的这段话就是后来在传播学中被定义为"拟态环境"的最初描述，由此，李普曼提出一个重要思想：大众传播建构的拟态环境，不仅制约着人的认知行为，而且通过影响人的认知进而对现实环境产生影响。基于此，李普曼开创了一种强有力的效果观，虽然这一观点后曾被有限效果论所否定，但随着效果研究的深入，学者们又重新发现了李普曼观点的价值，并从中寻找灵感与启发。"固定的成见"指人们对特定事物所持有的固定化、简单化的观念和印象，通常伴随着对该事物的价值评价和好恶的感情。② 在固定成见的保护下，人们才能找到自己在世界景象里的位置，为人们认识事物提供简便的参考标准，但同时也阻碍人们对新事物的接受，从这个角度看，大众传播在形成、维护和改变一个社会的固定成见方面拥有强大的影响力，起着控制社会的作用。

---

① ［美］李普曼：《舆论学》，林珊译，华夏出版社 1989 年版，第 9 页。

② 熊澄宇：《传播学十大经典解读》，《清华大学学报》（哲学社会科学版）2003 年第 5 期第 18 卷。

二　帕克——《移民报刊及其控制》

[荐读理由]：芝加哥学派对于传播学尤其是经验学派的兴起，在方法论和具体理论方面的影响和意义怎样描述也不为过，他们为经验学派提供了经验性方法论和符号互动的理论基础，这是经验学派得以形成和发展的重要条件，也开辟了传播学人际传播的新领域，芝加哥学派常常被认为是传播学先驱的先驱。帕克在芝加哥学派中，对传播学影响最大，被认为"开创了大众传播研究"。帕克一生著作不多，除了博士论文，出版于 1922 年的《移民报刊及其控制》是他唯一的著作，这本书是迄今为止关于早期美国传播学最重要的教科书和读物。① 也许在今天的传媒环境中，大众传媒已经有了些许"日薄西山"的意味，传播媒介的划分已不再以受众规模和多寡作为依据，受众联结方式及特征已成为研究者界定媒介形态的新论据，此种语境下重读大众纸媒绝非意在报纸，帕克当年撰写此书其实是芝加哥学派移民问题研究在大众传播领域的延伸，他通过研究移民报刊力图说明这种媒介通过三种方式促成了移民美国化的进程，他的写作落脚点其实是移民的社会控制。从社会学社会控制的视角研读此书，也许对今天新媒体的功能与认识会大有裨益。另外，从大众传播媒介发展历程来看，了解过去的移民报刊对于纸媒，尤其是报纸被唱衰的当今也许有所借鉴。

[内容提示]：《移民报刊及其控制》共四部分 18 章。第一部分"移民报刊的生存土壤"，分四章介绍了外语报刊存在的原因，移民报刊的欧洲背景，移民报刊与相互融合，移民报刊带来的启示；第二部分"外语报刊的状况"分五章分析了广告，地方报刊的发展，都市报刊，都市报刊与战争，阶级斗争；第三部分"移民报刊的历史"分五章介绍了早期移民创办的报刊，后期的移民报刊，报刊对共移民状况

161

---

① 熊澄宇：《传播学十大经典解读》，《清华大学学报》（哲学社会科学版）2003 年第 5 期第 18 卷。

的反映，报刊的生存斗争，以及适者生存的结果；第四部分"报业控制"分四章讨论了控制杠杆，海默林的操纵控制，对手宣传与政府干预，联盟控制。①

三　拉扎斯菲尔德——《人民的选择》

　　[荐读理由]：拉扎斯菲尔德被施拉姆钦定为"传播学四大奠基人"之一，他对于传播学的发展产生了重大影响：他热衷于静止的传播结构和确定性的传播现实，开创了以研究个人行为为重点和以定量分析为方法的传播学研究范式，他的媒体效果研究成为美国大众传播研究的主体。从这个角度看，拉扎斯菲尔德的确是当之无愧的奠基者。作为媒体效果研究的开创者，1940年拉扎斯菲尔德与助手完成了被称为"社会科学史上最复杂的调查研究之一"的"伊里调查"，因而成就了《人民的选择》。《人民的选择》以1940年美国总统大选为分析案例，对俄亥俄州伊里县3000选民进行访谈调查，然后对调查结果加以分析，试图阐释在大众传媒及人际关系影响下，选民如何做出投票选择。该书对传播学的贡献有二：第一，该书的成书过程是拉扎斯菲尔德作为"工具制造者"的经典体现。该书结论的科学性在于，他运用精确度量的各种工具和方法，对选民行为进行测量，他选取研究样本，并将之细分为"控制组"和"实验组"，在两组中进行密度不等的面访；测量并比较不同组别在人口统计学特征、社会经济地位、主要政治观点、投票意向等方面的调查数据，对有代表性的被访者直接进行文本分析，整合所有数据及关于数据的解释，得出结论。这一调查将访谈法、分组试验、定量分析的方法引入传播学研究，给后来经验学派提供了方法论路径。第二，该书提出了大众传播的有限效果论，这是关于大众传播效果研究的重要转折。该结论一方面使当时人们对大众传播媒介的认识回归理性，开始逐步摆脱强大效果论；另一方面，

162

---

①　熊澄宇：《传播学十大经典解读》，《清华大学学报》（哲学社会科学版）2003年第5期第18卷。

为后续的大众传播效果研究开启了新的空间。这本书还发现了人际传播中的两级传播模式，提出了"舆论领袖"的概念，这两个理论创见为日后人际传播研究提供了理论基础。

[内容提示]：《人民的选择》全书共分 16 章，按照"意群"分大致可以分为三个部分：第 1—4 章介绍研究样本的特点以及共和党、民主党的价值观和在社会分层中所处的位置，属于背景类信息。第二部分为第 5—12 章，可以概括为"选民在大选中的行为模式"，具体内容包括：政治热情不同的选民在大选中的不同参与程度（第5 章）；选民如何作出最后决定（选民做出最后决定的时间与他们对选举的兴趣大小，以及他们所收到的相反信息冲击的猛烈程度密切相关）（第 6 章）；几种不同类型的改变选举主张的行为（第 7 章）；选举宣传对于选民行为的影响（第 8—12 章）。第三部分为第 13—16 章，可以概括为"What the Voters Were Told"，分析了不同的大众媒介（报纸、广播、杂志）以及人际传播在选民形成意见的过程中所起的作用。①

四　拉斯韦尔——《社会传播的结构与功能》

[荐读理由]：《社会传播的结构与功能》于传播学而言，是一部纲领性的力作，一部传播学的独立宣言，它可被视为构筑传播学大厦的蓝图。② 这篇论文，拉斯韦尔发表于 1948 年，是他对传播过程、结构以及功能的较为全面的论述，它的意义主要体现在两方面：一是从内部结构上，分析了传播过程的诸要素；二是从外部功能上，概括了传播活动的社会作用。③ 这篇论文还开辟了关于大众传播的功能研究的领域，文章从政治学角度着眼提出了传播的三种基本功能，1959

163

---

①　熊澄宇：《传播学十大经典解读》，《清华大学学报》（哲学社会科学版）2003 年第 5 期第 18 卷。

②　李彬：《传播学引论》（增补版），新华出版社 2003 年版，第 71 页。

③　熊澄宇：《传播学十大经典解读》，《清华大学学报》（哲学社会科学版）2003 年第 5 期第 18 卷。

年，查尔斯·赖特①又从社会学角度补充了"娱乐"功能，由此形成传播学中经典的大众传播四功能说。后续还有学者给予不同的补充，但拉斯韦尔无疑给这种研究提供了基础。大众传播的基本结构与功能是初学者进入传播研究深层领域的必备知识基础。

[内容提示]：拉斯韦尔在这篇论文中提出了传播过程的五个基本构成要素：即谁（Who），说什么（what），对谁（whom）说，通过什么渠道（what channel），取得什么效果（what effect），这就是著名的"五W"模式，它简洁而清晰地描述了传播过程。文章进一步指出五种与传播要素对应的传播研究：即"控制分析""内容分析""媒介分析""受众分析""效果分析"。这五种分析基本涵盖了经验学派的主要研究领域。论文的第二个主要内容是指出大众传播的三项基本功能：监视环境、协调社会及传承文化，并分析了可能存在的负功能，这为以后的功能研究奠定了理论基础。

五　霍金斯②——《自由而负责任的传媒》③

[荐读理由]：《自由而负责任的传媒》是传播学诞生后针对新闻媒体存在的实际问题给出回应的研究报告，是新闻批评史上的一个里程碑，报告中提出的"社会责任论"成为长期主导西方新闻界的理论基石。报告在60多年前提出的问题，在今天的新闻界仍然普遍存在，这份报告所提出的认识和目标仍对当今世界各国传媒事业的发展有深远影响。从近年来许多国家新闻事业发展的事实来看，传媒从业人员守则的制定、传媒评议会的成立、各大报公评人制度的设立、定期专栏批评同业采访与写作之得失等作法，无一不受这个报告的启迪和影响。从这个角度理解，这份报告在今天仍有着现实的理论和实践意义。

164

---

① 查尔斯·赖特，又译查尔斯·莱特，美国学者，著有《大众传播：社会学的透视》
② 罗伯特·霍金斯（1899—1977），美国教育家、大学校长、基金会主席。曾长期担任大英百科全书编委会主席，1942年由他领导的"新闻自由调查委员会"在芝加哥大学成立，主要研究传媒界的有关问题。1961年与艾德勒合作编写了《当今的伟大思想》年鉴。
③ 该报告又译作《一个自由而负责任的新闻界》。

[内容提示]：《自由而负责任的传媒》是霍金斯和 12 位当时美国最具权威的大学的一流学者在 1947 年共同起草的。报告阐述了传媒机构自由与责任的相互关系，指出新闻机构的自由应以推动民主政治、承担社会责任为目的，如果新闻机构逃避它的社会责任则意味着将丧失自由。① 整个报告有 6 章和 1 个结语，报告一开始就提出问题：新闻自由处于危险之中吗？围绕这一问题，针对新闻界需要革命性转变的事实，委员会从政府、公众和新闻界三个角度提出了建设性的观点，呼吁新闻机构要从道德、民主和自律方面改进自己的工作。报告的结语部分还对新闻自由的 15 项原则作了详细陈述，最终指出，自由和负责的新闻界是永恒的目标，但实现的过程却是可变的。报告首次提出了社会责任论，提倡自由而负责任的报刊，主张新闻自由应以社会责任为规范，媒体对社会有责任提供确实和重要的消息，如果媒体忽略它的公共责任，政府可有限度地控制，同时新闻媒体行使社会责任的时候，要进行自律，注意职业水准的品质，致力于客观公正的报道，使得人人有使用媒体的权利，新闻传播进而成为社会公器。② 此后，社会责任论开始成为新闻界的行为规范。

六　霍夫兰——《传播与说服》

[荐读理由]：霍夫兰，传播学四大先驱之一，美国实验心理学家，毕生都在研究态度的形成与改变，研究人的心理对行为的影响及说服的方式、技巧与能力等。霍夫兰的研究生涯分为两个阶段：第一阶段，是第二次世界大战后期的 1943—1945 年，这一时期他在美国军方担任陆军部心理实验室主任，主要对战时宣传问题特别是宣传的效果问题展开大规模研究；第二阶段，1945—1961 年，他在耶鲁大学继续进行劝服与态度改变的研究，并以他为核心形成了传播研究的耶

① 熊澄宇：《传播学十大经典解读》，《清华大学学报》（哲学社会科学版）2003 年第 5 期第 18 卷。

② 同上。

鲁学派。霍夫兰在第二次世界大战期间曾参与并领导了一个有关美军士兵士气的研究项目，研究军内教育电影对提高士兵士气所起的作用和效果，用严格的实验方法试图找出影响说服效果的因素。这个研究项目被认为是现代态度改变研究的开端，是若干重要的大众传播理论的渊源。同时，这个项目的研究数据，在战后经过系统整理，成为耶鲁学派继续进行说服研究的基础。1945—1961 年，霍夫兰所在耶鲁学派完成了 50 多项实验，并将研究成果结集出版，产生一批关于态度研究的耶鲁丛书。1953 年出版的《传播与说服》，则梳理了这些研究的框架和结果。

作为传播学领域心理学研究方向的重要创始人，霍夫兰给后世的传播学研究留下的学术遗产在于，他从微观的个人心理角度，把人在接受信息后的态度和意见改变作为研究的主要对象，通过设计的实验来验证概念化的假说，最终提炼出说服过程中导致态度变化的因变量，并因此形成了关于传播效果的若干理论。

[内容提示]：《传播与说服》全书分为 9 章，分别为导论、传播者的可信度、恐惧诉求、说服性观点的组织、成员身份及抗拒影响、个性和说服敏感度、通过积极参与获得信念、意见改变的记忆、总结与新问题。这 9 章主要从四个方面论述影响态度改变的因素。第一是传播者。传播者的可信度会影响对阅听人的说服效果，然而，可信度的影响会随着时间的推移而减弱、消失，阅听人态度的改变可能更多依赖于信息的内容，因此，传播者的可信度只对短期的说服效果有极为重要的影响；第二，信息的结构和内容。霍夫兰在研究中提出了"一面提示""两面提示""免疫效果"等理论，认为信息要素的构成方式是制约说服效果的重要变量，比如材料组织、论证逻辑、结论推导等都会影响态度改变和说服效果。同时指出，对阅听人诉之以适度的恐惧或敲警钟的方法，通常能实现改变态度的目标，但过轻或过重的恐惧反而会适得其反；第三，阅听人。关于阅听人在说服过程中的影响，尚无研究定论，但形成了一些有趣的结论，比如，群体归属感对阅听人的态度有所影响，阅听人的自我评价结果也易对说服传播产生影响；第四，阅听人的反应。主动参与的阅听人比被动参与的阅听

人更易改变态度。

霍夫兰关于传播与说服的实验研究为传播学的建立做出了突出贡献：第一，他把心理实验方法引进了传播学领域，开创了实验控制研究的方法；第二，他的研究揭示了传播效果形成的条件性和复杂性，为否认早期的"子弹论"效果观提供了重要依据。

七　维纳——《人有人的用处——控制论和社会》

［荐读理由］：20 世纪自然科学的重大成就之一是系统论、控制论和信息论的诞生。这三门科学提出物质、能量和信息是构成世界的三大要素，从横向综合的角度研究物质运动的规律，从而揭示世界各种互不相同的事物在某些方面的内在联系和本质特性。系统论是把要研究和处理的对象看成由一些相互联系、相互作用的若干因素组成的系统，因此研究系统就必须研究构建系统与环境、系统与子系统之间的不可或缺的要素——信息。同时，一个系统信息量的大小，能反映系统的组织化、复杂化的程度，而系统的运行又离不开控制，对系统的控制同样离不开信息。可以说上述三论沟通了自然科学和社会科学的联系，改变了科学发展的图景和人们的思维方式，为科学研究提供了崭新的方法，扩大了人们研究问题的广度和深度，极大提升了人类认识世界、改造世界的能力。

随着第三次信息革命浪潮的席卷，控制论在社会科学领域中已得到越来越广泛的应用。这种应用为社会科学提供了模型化、数学化的工具，有力地促进了社会科学的精确化，使它们从定性研究向定量研究发展。控制论还为哲学社会科学的发展提供了不少新的启示，为马克思曾预言过的那种包括人的科学和自然科学于一身的"科学的统一"开辟了道路。从认识论和方法论的角度看，该书提出了影响后世科学研究的基本理论、基本思路和研究工具，属于科学元典类的著作。现代传播学中的制度、规范、法规、政策与管理，受众与传播效果等几乎所有的宏观、中观和微观领域，都渗透着控制论的思想。

维纳的《人有人的用处——控制论和社会》从技术谈起，逐渐将

167

视角扩大到文化、社会等各个领域：包括人类与动物不同的学习机制、语言的机制和历史、信息的组织方式、法律和传播过程的关系、传播和社会政治的关系、知识分子的角色问题、第一次和第二次工业革命、语言中的曲解问题等话题。在书的后记中，Walter A. Rosenblith 评价自1950 年以来，这本书深刻地影响了众多科学家、工程师、社会学家、政治家、社会政策制定者看待技术进步中社会变革的方式。①

[内容提示]：1948 年，控制论之父维纳的《控制论——关于在动物和机器中控制和通讯的科学》一书问世，他使用信息、反馈、黑箱等新的概念和方法来处理自动控制、神经生理学、通信等各个方面的问题，甫一出版就受到了社会各界的关注和重视。然而，这本书前半部分技术性很强，后半部分蕴含深刻的科学哲理，不易读懂，为了更好地将控制论推广至社会科学领域并普及其思想。1950 年，维纳写了《人有人的用处——控制论和社会》对控制论的思想作了通俗阐述。

维纳在开篇第一章就指出，他本人关于控制论的所有定义，都把通信和控制归为一类，并强调该书的主题在于阐明我们只能通过消息的研究和社会通信设备的研究来理解社会；阐明在这些消息和通信设备的未来发展中，人与机器之间、机器与人之间以及机器与机器之间的消息，势必要在社会中占据日益重要的地位。② 该书第 2—7 章介绍了控制论的基本概念和原理，并且用控制论方法分析了语言、有机体、法律等现象，指出了通过对信息和社会通信的研究来理解社会的可能性。在该书的后半部分，维纳把机器当作通信机体来研究。他认为控制论的发展为工业自动化开辟了道路，将会引起第二次工业革命，描述了自动化的诱人前景，但也指出，控制论和自动化是"双刃刀"，既能造福也作恶，会造成工人失业，贬低人的价值。维纳希望"建立一个以人的价值为基础而不以买卖为基础的社会""利用新技术来为人类造福，减少人的劳动时间，而不是仅仅为了获得利润和把机器当

168

① 熊澄宇：《传播学十大经典解读》，《清华大学学报》（哲学社会科学版）2003 年第 5 期第 18 卷。

② ［美］N. 维纳：《人有人的用处——控制论与社会》，陈步译，商务印书馆 1978 年版，第 8 页。

作偶像来崇拜"。因此，他把书名定为《人有人的用处》，意即把人作为人来使用，而不要把人贬低到和机器竞争的奴隶地位。

该书全篇将熵和信息传递的概念贯穿始终，并以此作为观察其他社会问题的线索，这可帮助读者从传播学的角度更深层次地理解传播过程的本质。控制论对传播学的重大贡献在于把反馈的概念引入了传播研究，这对于认识人类社会传播过程的双向性和互动性具有极为深刻的意义。①

八　施拉姆——《传播学概论》

[荐读理由]：作为传播学的学科创建者和集大成者，施拉姆对于传播学的最大贡献就在于他整理、提炼和综合了与传播研究有关的学科和理论，奠定并构建了传播学的理论框架，丰富和完善了传播学的学说体系，使传播学发展为一门独立学科。施拉姆一生共写了 30 多部传播学论著，约 500 多万字，其中多部著作至今仍作为传播学必读书目，比如《报刊的四种理论》（与弗雷德里克·S. 西伯特、西奥多·彼得森合著）、《大众传播媒介与国家发展》、《传播学概论》等。

施拉姆一生最负盛名的代表作是 1973 年出版的《传播学概论》（英文名《男人、女人、信息、媒介：人类传播概览》），这部书在当时是第一部全面、系统地阐释传播学理论的专著，② 是施拉姆一生从事传播学体系构建与完善的心血结晶。虽然在此之前，施拉姆已是蜚声海内外的传播学权威，但这部书的问世才最终确立了他作为传播学集大成者的学术地位。如果说施拉姆是影响中国传播学发展的第一位外国学者的话，那么他对中国传播学的影响主要是通过这本《传播学概论》实现的。该书是全面介绍传播学的权威著作，北京大学新闻传

169

① 熊澄宇：《传播学十大经典解读》，《清华大学学报》（哲学社会科学版）2003 年第 5 期第 18 卷。

② 本书初版时系威尔伯·施拉姆独撰，后修订再版时增加一位作者威廉·波特，编者注。

播学院教授龚文庠教授这样评价《传播学概论》，说它是传播学领域"大家写小书"的一部经典，是同类书籍的首创，是国内传播学界林林总总"概论""总论""导论"一类著作的源头。① 该书译介的一系列概念、术语、人物、事件，都成为中国新闻与传播学科的语汇和知识构件，如传播、枪弹论、把关人、使用与满足、议程设置、媒介帝国主义等，已成为传播领域的高频词汇，书中涉及的人物，除学界公认的四位传播学先驱外，还有提出了"媒介即信息"的麦克卢汉、发表"信息论"的香农、因《公众舆论》一炮走红的李普曼及以《第三次浪潮》闻名全球的托夫勒等，这些学者连同他们的理论在中国具有很高的知名度和影响力，许多读者都是从施拉姆的书中最先知道他们的名字的。因此，有理由认为，《传播学概论》一书是引领国人进入传播学领域的敲门砖，是初学者的入门经典读物。

《传播学概论》值得一读的另一个理由是施拉姆的文笔。施拉姆博士毕业后曾在衣阿华大学的写作班任指导教师，他本人的小说也曾获得"欧·享利短篇小说奖"，由此，他的写作水平可见一斑。他擅写明晰而生动的文字，能深入浅出地讲述抽象的理论问题，他的著作信息量大，可读性强，是优美文笔和深刻学理完美融合的佳品。

[内容提示]：《传播学概论》全书共 15 章。第 1 章，从"传播"的词义考，讲到语言、文字的起源，追溯传播的历史；第 2 章，通过引介、评述知名学者的观点，阐述传播的功能；第 3 章，从传播的双向性、传播的契约关系等方面概括传播的过程；第 4 章，对传播符号的性质、内涵、外延有深刻论述，指出符号与意义是分离的，符号是不完美的；第 5 章，介绍了语言学家沃尔夫、萨丕尔的假说，索绪尔的语言、言语二分法；第 6 章，提出了或然率公式，断言此公式可用来解释个人因何选择传播路径，并分析了若干影响因素；第 7 章，从三方面展开内容：一是对大众传播和人际传播的朴素心理学知识进行梳理；二是指出"两级传播理论"的五大错误和局限性；三是充分肯定麦克卢汉的学说，同时也指出其不足；第 8 章，用大量图表和数据

———————————

① 龚文庠：《论施拉姆与中国传播学》，《国际新闻界》2007 年第 10 期。

概述了大众媒介的结构、功能、经营和知识产业；第 9 章，重点提出一个命题：媒介＝把关人，同时提供大量数据，用以呈现受众接受和挑选信息的行为模式；第 10 章，通过梳理三种媒介体制，论述控制媒介的理论和实际问题；第 11 章和第 12 章是全书的重点，介绍并批评了七种传播效果模型；第 13 章，分别从"人们耗费在媒介的时间""人们主要通过媒介获取信息""媒介的社会化作用"三方面指出媒介对人的终生影响；第 14 章，从舆论、媒介人物、媒介事件、媒介议程设置和广告五个方面，谈大众传媒在社会发展中的实际效果，有诸多人物和事件的描述，可谓精彩纷呈；第 15 章，对信息革命的综述和展望，讲明天的传播，讲未来的时代是面向计算机、个性化广播和互动式广播的时代，讲信息资源成为国力的主要资源给人和社会的发展带来的重大意义。今天看来这一切已不证自明了。

九　马歇尔·麦克卢汉——《理解媒介——论人的延伸》

［荐读理由］：麦克卢汉，西方传播学巨匠，被誉为"继弗洛伊德和爱因斯坦之后最伟大的思想家"。在 20 世纪 60 年代以前，他还是个默默无闻的教授，在加拿大和美国的大学里教授文学，直到 1964 年《理解媒介——论人的延伸》一书出版，使他一举成名，并在整个西方乃至全世界引起强烈震动，《旧金山记事报》称他为"最炙手可热的学术财富"，《纽约先驱论坛报》宣告麦克卢汉是"继牛顿、达尔文、弗洛伊德、爱因斯坦和巴甫洛夫之后最重要的思想家……"，将他誉为"电子时代的代言人，革命思想的先知"等，可谓是美誉无数，甚至赋予他"罗马祭师"和"北方圣人"的崇高地位。① 麦克卢汉在书中首创了"媒介"一词，并将"媒介"泛指为一切人工制造物和一切技术，他的媒介观和媒介理论渗入了人类生活和学术的一切领域。

麦克卢汉在该书提出的思想精髓之一，是从媒介这个奇特的角度

171

---

① ［加］埃里克·麦克卢汉、弗兰克·秦格龙编：《麦克卢汉精粹》，何道宽译，南京大学出版社 2000 年版，中译本序，第 4—5 页。

将人的延伸分为两类：第一类，电子媒介是中枢神经系统的延伸；第二类，其余一切媒介（尤其是机械媒介）是人的肢体延伸。在他看来，电子媒介和人的中枢神经系统一样，能把人整合成一个统一的有机体，因此，电子时代的人不再是分割肢解、残缺不全的人，电子时代的人类再也不能过小国寡民的生活，而必须密切交往。与此不同的是，机械媒介（尤其是线性结构的印刷品）使人专精一门、偏重视觉，造成了被分割肢解、残缺不全的畸形人。电子时代的到来，要求人应该是感知整合的人，应该是整体思维的人，应该是整体把握世界的人。电子时代的人是"信息采集人"。麦克卢汉在40多年前预言的"地球村""信息高速公路""网络世界"等，今天早已成为现实，他所预言的电子时代已全面到来。虽然学界围绕他的理论争论不休，不过，所谓的争论也仅是关于他一两个次要观点的讨论，比如他关于冷热媒介的分类等，然而，他的主要论断经过时间的检验，早已深入人心，成为影响人文、社会科学多学科的重要思想，给社会学、人类学、传播学等学科带来奇特的参照和有益的启示。可以说，麦克卢汉的媒介理论至今仍振聋发聩，他对几十种媒介的论述使专门学者认识到自己知识的残缺不全，使千万人超越自己背景的局限从全新的角度去研究媒介对人类命运和进程的影响。

麦克卢汉的《理解媒介》一书，不仅给新兴的传播学注入了哲学和人类学的理论高度，而且给后来成为传播学三大学派之一的媒介环境学提供了思想基础，因此，该书成为学习、研究传播学的一座无法绕开的丰碑。然而，该书对于初学者，可能是一块难啃的骨头，难在两方面：一是麦克卢汉的思想超前，他书中70%是全新的东西，他在前数字时代提出的许多概念，只有等数字时代真正来临，人们才能理解。二是他的写作风格晦涩，用典难深，征引庞杂。麦克卢汉执教英美文学凡数十年，养成非科学的研究方法、"文学思维"和华丽文风。他在书中常常是探索而不做结论，铺陈而不做归纳，发现而不做判断，定性而不做定量。麦克卢汉还喜用大量的格言警句，他的比喻奇崛怪诞，晦涩难懂，这些都使得对该书的初次阅读有一定困难。好在该书现行的多个译本都是国内知名学者何道宽先生的译作，何

172

道宽先生在文化学、人类学和传播学的翻译方面戳力多年，近年来专注于媒介环境学的研究和翻译，造诣深厚，他的译作既能达到专业的精准、到位，又能表现原作者语言的特点，也符合国人的阅读习惯，是阅读该书的好译本。同时，建议初学者先阅读译者序，何先生在序言里言简意赅地介绍了作者其人及书的主要框架，十分有助于快速进入书的正文阅读。

[内容提示]：《理解媒介——论人的延伸》一书分为两部分：第一部分是理论篇，分7章论述了麦克卢汉的媒介观和媒介理论。核心思想如下：第一，提出"环球村"（Global Village，现多译为地球村）的概念。认为电子信息瞬息万变，使全球生活同步化，全球经济趋同、整合、游戏规则走向统一，整个地球在时空范围内已缩小为弹丸之地，人类结成了一个需要密切合作、无法静居独处的、紧密的小社区。第二，"媒介即讯息"。通常，人们认为媒介是信息、知识、内容的载体，只是一种空洞的、消极的、静态的形式。然而，麦克卢汉认为媒介决定着信息的清晰度和结构方式，对信息、知识和内容有强烈的反作用，他认为媒介是积极的、能动的，对讯息有重大影响。第三，"媒介是人的延伸"。麦克卢汉认为电子媒介之前的一切媒介，尤其是西方的拼音文字和机械媒介，都是线性思维、偏重视觉、强调专门化，这部分媒介延伸人的一部分感官，使人的感官失去平衡，使人支离破碎，单向发展。电子媒介则类似于人的中枢神经系统，可把人整合成一个统一有机体，使人回到整体思维的前印刷时代。这个过程也是重新部落化的过程，这是一个更高层次的全面发展的人。第四，"冷媒介和热媒介"。这个观点亦是麦克卢汉被争论最多的内容。麦克卢汉按照清晰度高低程度，将媒介分为"冷媒介"和"热媒介"两大类。所谓"冷媒介"即低清晰度的媒介（如手稿、电话、电视、口语等），因为它们清晰度低，所以可以调动人们再创造的能动性，让受众填补其中缺失的、模糊的信息，使人们深刻参与、深度卷入到媒介中。反之，高渐晰度的媒介叫"热媒介"，如拼音文字、印刷品、广播、电影等，由于此类媒介给受众提供了充分而清晰的信息，受众无须再创造，也因此被剥夺了深刻参与媒介的机会。书的第二部分是应用篇，

以第一部分的理论为基础，分析了从古到今的 26 种媒介，可以说，这些媒介涉及了人类生活的所有方面——衣食住行、机械电力、语言文字、娱乐游戏、科学技术、艺术世界等，他的许多论述惊为天人，另辟蹊径，迄今仍能给人带来振聋发愦的阅读感受。

十 联合国教科文组织—— 《多种声音， 一个世界》

［荐读理由］：这是一份研究报告，也是一份学术文献，由联合国教科文组织发表于 1980 年，被认为是当代国际传播领域最重要的学术文献。[1] 《多种声音，一个世界》又称《麦克布莱德报告》，是由隶属于联合国教科文组织的国际传播问题研究委员会历时三年对世界信息基础组织结构和传播资源进行调查研究后所做的研究结论及建议。国际传播研究委员会 （The International Communication for the Study of Communication Problems） 也即麦克布莱德委员会，由 16 位国际传播专家组成，委员会主席是曾获诺贝尔和平奖与列宁和平奖的爱尔兰人肖恩·麦克布莱德。委员会成立于 1976 年，成立初衷是以技术进步和国际关系的最新发展为背景来审查当代社会中交流的一切问题，并适当考虑这些问题的复杂性和重要性。[2] 20 世纪 70 年代，世界范围内发生了一场关于"新世界信息秩序"的论争，发展中国家要求改变由旧殖民统治遗留下来的社会不平衡状况，呼吁建立世界信息新秩序以改善信息结构的不平等，包括无线电通信频率的平等分配，增加第三世界的新闻在发达国家媒体中的比重等要求。这种交流问题的国际辩论甚至到了吵吵嚷嚷、发生对抗的地步，麦克布莱德委员会试图在这场论争中，对世界的交流状况作不偏不倚的、不受任何一方影响的、客观的分析。《多种声音，一个世界》，一方面代表麦克布莱德委员会对交流状况发表集体看法，同时也是以实际上是世界

174

---

① 熊澄宇：《传播学十大经典解读》，《清华大学学报》（哲学社会科学版）2003 年第 5 期第 18 卷。

② ［爱尔兰］肖恩·麦克布莱德等：《多种声音，一个世界》，中国对外翻译出版公司第二编译室译，教科文组织出版办公室 1981 年版，前言，第 xvii 页。

范围的意见调查（包括个人的和机构的意见）和来自无数来源的浩瀚文献为基础，去粗取精所形成的研究报告。整体而言，该报告是麦克布莱德委员会关于如何看待当前的交流秩序和怎样预见一个新的交流秩序的协商一致意见。① 可以说，麦克布莱德报告较为全面地反映了世界信息与传播新秩序之争，从而成为发展新闻学史上的重要文本。

《麦克布莱德报告》虽然发表于 30 多年前，时至今日，它并没有丧失其重要的现实意义：全球范围的信息结构不平衡依然存在，愈加猛烈的媒体融合、兼并浪潮及以经济发展为后盾的媒体技术不可避免地加深着不同地区的信息鸿沟，而且传播秩序问题已超越国家层面，扩展到了更广义的全球范围。《麦克布莱德报告》至今还被奉为经典的学术意义在于：它对发展新闻学的理论建构具有重要作用。具体表现为三方面：② 第一，该报告的数据、案例为发展新闻学的基本观点提供了佐证或论证。新闻传播能力的差异被确定是导致发展中国家处境艰难的因素之一，报告在描述各国信息不均衡发展的状况时，提供了翔实的统计数据，并指出发展中国家不可能指望发达国家的经济技术援助改变这种失衡状态，因此，需要建立一种新的世界交流秩序，而这一点正是发展新闻学的核心观点。第二，该报告提出了很多发展中国家尚未深入考虑的观点，扩充并丰富了发展新闻学理论。譬如，在许多发展中国家并不典型存在的"新闻媒介应当是双向交流工具"的观点、新闻流通不均衡的非典型表现等，对这些内容的论述，有助于拓深发展新闻学的理论空间。第三，该报告的内容既呼应发展新闻学基本论点，又提出发展新闻学尚未意识或解决的疑问，具有承上启下的意义。报告汇总了浩瀚的文献数据，以描述当时的世界交流现状，并进行分析、总结提出若干理论观点，此为承上。同时，报告的最后部分阐述了需进一步探讨的问题，是为启下。从这个意义上讲，该报

175

① ［爱尔兰］肖恩·麦克布莱德等：《多种声音，一个世界》，中国对外翻译出版公司第二编译室译，教科文组织出版办公室 1981 年版，序言，第 xvii 页。

② 李晖：《论〈多种声音，一个世界〉在发展新闻学理论建构中的重要作用》，《新闻研究导刊》2012 年第 1 期。

告是学习发展新闻学的好教材。

　　[内容提示]：报告除附录外分为五个部分：第一部分，交流与社会。分三章从更广泛的历史、政治和社会学角度对交流现象进行考察，并把交流的范围扩大到一切方面。第二部分，交流现状。用追溯历史和数据呈现的方式，对最大范围内的各种交流工具进行描述，基本勾勒了世界交流现状的大致面貌。第三部分，共同关心的问题和事项。指出了现实交流中的缺陷和不足。第四部分，体制和专业结构。从交流政策、物质资源、有关交流的研究工作、专业交流人员及新闻人员的权利与责任等方面，谈上述对国家新闻传播力的影响。第五部分，明天的交流。指出未来还需进一步研究的交流问题，并对前述交流现状中出现的问题与矛盾作出结论和建议。

　　另外，值得一提的是，该报告虽是官方研究成果，可并没有官样文章的僵硬和迂腐，报告由多人写成，每一章类似于相关主题的研究论文，完全是学术表达，且报告的文风前后各异，带来完全不同的阅读感受。报告结尾有三个附录，内容涉及对报告的评论、报告所用关键概念的定义、模式及委员会的结构等，学术结构严谨而规范，是初学者进行学术阅读的范本。

十一　索绪尔——《普通语言学教程》

　　[荐读理由]：费尔迪南·德·索绪尔，瑞士语言学家，现代语言学的创始人，20世纪最著名、影响最深远的语言学家之一。索绪尔1857年出生于瑞士日内瓦的一个法国家庭，先后在日内瓦大学、莱比锡大学、柏林大学学习语言学，获得博士学位。索绪尔的大学阶段，正是新语法学派的诸位语言学家和他们的老师古尔替乌斯①对语言学问题辩论最激烈的时候，索绪尔起初完全站在新语法学派的立场，在导师奥斯脱霍夫和雷斯琴的指导下，从事历史比较语言学的研究，并写出了杰出的《论印欧系语言元音的原始系统》，因此获得了语言学

---

　　①　古尔替乌斯，德国古典语文学家，代表作《希腊语词源学的基本特点》。

界的极大关注。1881 年，索绪尔来到巴黎，在高等研究学院教授梵语，同时兼任巴黎语言学学会秘书，在此的十年间培养了梅耶、① 格拉蒙②等语言学家，创建了法兰西语言学派。1891 年，索绪尔回到日内瓦大学从事印欧系语言历史比较研究，晚年开始讲授普通语言学，直至 1913 年去世。

索绪尔一生疏于写作，只出版过两本书，都是青年时代关于比较语法和印欧语法的著作，然而，他关于理论语言学的思想精髓主要体现在 1916 年他离世后出版的《普通语言学教程》中。这部书被认为是 20 世纪西欧最重要的语言学著作，对 20 世纪整个社会科学和人文思潮的发展变化都产生了深远影响。③《普通语言学教程》能产生此种反响主要在于两方面：第一，该书的内容范围非常广泛。凡一百年间，欧美各国语言学界所接触的各种有关原理和方法皆有涉猎，学识丰富，对许多古代和近代的语言文字占有第一手资料，并能提出独到见解；第二，索绪尔的语言观点转变，是他后期发展语言学理论的思想基础。19 世纪，欧洲语言学研究的最高成就是印欧系语言的历史比较研究，新语法学派在此方面达到了登峰造极的高度，新语法学派的语言学家们都采用当时风行一时的实证主义观点，即从心理方面研究个人言语中的各种事实，导致材料支离破碎，形成了世人所称的"原子主义"。20 世纪初，德国和欧洲各国兴起了"格式塔思想"④，这种思想反对对任何心理现象进行元素分析，反对刺激—反应的行为公式，并用现代数理的概念说明心理现象和心理机制，把内省法和客观观察法都作为基本的研究方法。随着"格式塔思想"的盛行，它的影响也从心理学扩展到其他领域，索绪尔正是在这种思想的影响下，开始注重对语言结构、系统和功能的研究，提出了许多与新语法学派相左的见解，譬

177

① 梅耶（1866—1936），法国语言学家，社会心理学派的代表人物之一，代表作《世界语言》。

② 格拉蒙（1866—1946），法国语言学家，法兰西语言学派代表人物之一，主张研究语言演变的心理、生理要素，强调语言的社会性。

③ 张国良主编：《20 世纪传播学经典文本》，复旦大学出版社 2003 年版，第 99 页。

④ 格式塔思想，现代西方心理学界的一个流派，又称"完形"心理学派，反对元素分析，强调整体组织，主要代表人物是德国心理学家维特墨、苛勒和考夫卡。

如，语言是一个系统，语言学应该分成共时语言学和历时语言学，共时语言学因其系统性而显得重要，历时语言学只研究个别语言要素的演变，没有系统性，所以不怎么重要等。

索绪尔最重要的学术贡献在于，将语言作为一种社会事实、一种社会制度加以研究，从而忽视语言中的物理的、机械的表现。他把语言现象分成言语活动、言语和语言三种彼此联系又相互区别的东西，将语言放在人文事实的层面进行考察，并在此基础上形成了符号理论。如果用一句话来概括《普通语言学教程》对传播学的意义，那就是索绪尔关于语言的分类方法及相关理论，用来分析作为意义生产的媒介产品和通俗文化产品中所隐含的社会制度、结构层面的权力分配等问题，是非常有效的工具，而且开辟了媒介研究和文化研究的新思路。

[内容提示]：《普通语言学教程》篇幅并不很大，但内容丰富，全书除"绪论""附录"外，分为五编。绪论主要概括语言学的历史、对象和任务，交代语言学与毗邻科学的关系，并对语言作了分类；该书的附录部分一反常态，紧随绪论之后，介绍音位学原理，为后文的理论阐述作概念铺垫，亦是读者理解该书主要观点的概念基础；书的第一编，一般原则。主要讲语言符号的性质、符号的不变性和可变性及静态语言学和演化语言学。第二编和第三编是全书的核心，每编皆用八章分别介绍共时语言学和历时语言学的相关概念和理论观点。第四编，地理语言学。用四章分别论述语言的差异、地理差异的复杂性、原因及语言波浪的传播。第五编，回顾语言学的问题。包括对历时语言学的两种展望，最古的语言和原始型，重建，人类学和史前史中的语言证据及语系和语言的类型。

特别需要说明的是，《普通语言学教程》不是索绪尔亲笔撰写的原著，而经由他的学生沙·巴利和阿·薛施蔼根据当时听课同学所作的笔记并参考索绪尔本人遗留下来的一些手稿编辑整理而成。索绪尔的不断革新的精神，使他的讲稿中会有一些前后不一致的内容，这样就导致该书的某些章节较难理解，加之书中引用了大量语言学的概念、公式，大大增加了阅读理解的难度，这给初学者带来了不小的挑战。

十二　霍尔——《编码，解码》

[荐读理由]：斯图亚特·霍尔，英国社会学教授，文化理论批评家、媒体理论家、思想家，当代文化研究之父。他在文化研究领域的主导地位和杰出成就，迄今为止尚无一人能超越，也未有第二人可与之匹敌。[①] 霍尔，1932 年出生于牙买加的一个中低阶层黑人家庭，家族的种族组合混杂，有非洲、东印第安人、葡萄牙人和犹太人的血统，他的肤色、阶层和殖民经验形成他了独特的私有自我，这对霍尔日后的研究取向有相当重要的意义。1951 年，霍尔求学于英国牛津大学并获文学硕士学位，50 年代，他与塞缪尔、泰勒和皮尔森等人创办了《大学和左派评论》，接着又负责《新理性者》杂志，后两个刊物合并称为《新左派评论》，正是这两份左派刊物编辑经历奠定了霍尔的学术基础。1964—1979 年霍尔任英国伯明翰当代文化研究中心主任，在此期间，当代文化研究中心掀起了国际学术界最富活力和创造性的学术思潮。1979 年霍尔被聘请成为英国开放大学社会学系教授，直至退休，同时，兼任多所世界著名大学的客座教授，1997 年被评为全英国百名伟大黑人之一。

霍尔一生理论专著较少，独立著作 2—3 部，合著合编和文章 264 篇次，导言和学术报告不计其数，他的大量文章分散在别人编著的文化研究著作或社会学著作中，其中被译介中国的更是稀少，共 6 篇次，分别是 2000 年节译的 4 篇文章：《编码解码理论》《文化研究的两种范式》《文化身份与族裔散居》和《解构"大众"笔记》；2003 年译介了霍尔编著的《表征——文化象征表象与意指实践》及与人合著的《做文化研究——索尼随身听的故事》。《编码解码理论》是最早被译介到中国的霍尔理论，被认为是霍尔对于媒体文化研究最重要的方法

179

---

① 武桂杰：《斯图亚特·霍尔的文化理论研究》，博士研究生学位论文，北京语言大学，2007 年，第 1 页。

论贡献，在西方，这篇文章是叙事分析必读的重要论文，这一媒体理论在中国学术界的媒体文化研究领域也被反复论述。

霍尔的编码/解码理论首次以文稿形式出现是在 1973 年 9 月他的文章——《电视话语里的编码/解码》里，后又作为欧洲学术研讨会的发言稿提交。之后，这篇不到 20 页的文章立即引起极大反响，在媒体文化研究中起到了开创新纪元的作用，引发了英国和其他国际学术界最具权威的学术思潮，成为媒体文化理论研究领域的里程碑。英国文化研究者约翰·斯道雷认为这篇文章标志着西方文化研究的新起点。他这样评价："如果我们要寻找一个文化研究从利维斯左派、'悲观的'马克思主义、美国传媒研究的模式及文化主义和结构主义脱颖而出的奠基时刻，那恐怕就是霍尔的《电视话语中的编码/解码》的发表。"①

[内容提示]：霍尔在文中探讨了电视话语"意义"的生产与传播，他的理论基础来自马克思主义政治经济学理论的生产、流通、使用（包括分配或消费）以及再生产四个阶段。② 在这篇论文中，霍尔批评当时美国大众传播研究的线性结构：信息源—信息—接收者，反对把传播看作是一种从发送者到接受者的直线运动。霍尔认为，无论何种类别的传播都不是自然生成的，在信息发送前必须对它重新建构，"生产就是建构信息"。信息的生产是指信息以符号为载体形式，在一种话语的语义范围之内通过符码的方式组织起来进行传播。需要说明的是，"信息的构建是活泛的、诠释的、社会性的"，编码不仅需要物质手段，还需要各种社会（生产）关系，"制作一个节目，要受制于广播的高度结构及其实践和生产网络，它们构成的关系和技术基础结构"③。编码作为意义的生产阶段，与编码者自身的知识结构，社会身份和技术条件等主客观条件密切相关。霍尔认为，在传播交流过程中，

180

---

① 石义彬：《单向度、超真实、内爆：批判视野中的当代西方传播思想研究》，武汉大学出版社 2003 年版，第 116 页。

② 高金萍：《西方电视传播理论评析》，中国传媒大学出版社 2008 年版，第 149 页。

③ 石义彬：《单向度、超真实、内爆：批判视野中的当代西方传播思想研究》，武汉大学出版社 2003 年版，第 141 页。

传播者的编码活动与受众的解码过程中仍然存在着双方运用符码生产意义的活动，因此双方借助符号建立的位置关系，是不可能完全对称的。① 也就是说，信息的发送并不意味着它可以以同样的方式被接收，在传播的每一个阶段，无论是编码（信息的构成）还是解码（信息被阅读和理解），都有其特殊的形态和对之施以制约的特殊条件。信息的生产和消费是由多种因素决定的，其中包括传播采用的话语形式，产生这种话语语境，负载信息的技术手段等，因此，传播过程实际上呈现为一个复杂的结构。

最重要的是霍尔在论文中指出，编码和解码之间并没有给定的一致性，某一信息可以由不同的读者以不同的方式解码。② 霍尔指出，存在着三种不同的解码方式，第一种是采用主导—霸权符码来进行解码，即受众在主导符码的范围内进行解码，对信息解读的过程与方式完全符合编码者所设定的预期。但此种预期的实现需依赖于媒体的暗中操作，即用职业的符码来置换主导符码。意识形态的再生产便是通过这一不为人知的操作得以实现。第二种是采用协调符码来解码，这是一种包容与抵制的双重运动，结合了吸纳和对抗两种因素。一方面承认主导—霸权符码的合法性，同时又试图保持自己的某些特殊规则，使各种主导的规定与自身的"局部条件"和团体地位相协调。第三种是对抗的符码。"电视观众有可能完全理解话语赋予的字面和内涵意义的曲折变化，但以一种全然相反的方式去解码信息。"③ 在这种情况下，接收者具备完全的自主意识，有意识地避免受传媒的操纵。霍尔的编码解码理论告诉我们，由于编码者和解码者采用的符码不一样，文本的意义也会随之发生变化，这种意义的断裂是由意识形态和政治的原因造成的，这使我们可以经由信息的编码和解码过程来探讨文化

181

---

① 戴元光主编：《影响传播学发展的西方学人》，中国大百科全书出版社 2012 年版，第444 页。

② 罗钢、刘象愚主编：《文化研究读本》，总序，中国社会科学出版社 2000 年版，第37 页。

③ 罗钢、刘象愚主编：《文化研究读本》，斯图亚特·霍尔《电视话语中的编码/解码》，中国社会科学出版社 2000 年版，第358 页。

内部的政治和权力结构。①

"霍尔模式"改变了传统实证主义研究对信息传递者与受众关系的线性理解范式，认为意义不是信息传播者"传递"的，而是受众自己"生产"的。这种视角的转变不仅意味着发现了积极"生产"意义的受众，而且把受众纳入主体间传播关系中，揭示了阐释过程中所隐含的社会经济关系。②

十三　阿多诺——《启蒙辩证法》③

[荐读理由]：特奥多尔·W. 阿多诺，德籍犹太人，20 世纪最杰出的思想家之一，著名的法兰克福学派的创始人，第二次世界大战以后西方知识界最有影响力的人物之一。④ 他精通哲学、社会学、社会心理学、美学及音乐等许多领域，在许多学科都卓有建树，并以其激进的批判否定态度在西方乃至整个世界产生了广泛而重大的影响。1934 年，阿多诺受纳粹迫害，流亡至美国，曾与后来成为传播学四大先驱之一的拉扎斯菲尔德在一个"广播研究项目"中有过合作，这是阿多诺第一次与美国文化工业的真正接触，这为他后来批判文化工业积累了大量的经验素材。阿多诺的美国流亡生涯给他的学术创作提供了许多经验和机会，是他思想激荡的重要时期，《启蒙辩证法》正是这时写就的，成为他流亡时期最重要的成果。阿多诺一生著作颇丰，他离世后出版的《阿多诺文集》包括各领域著作 24 卷，《启蒙辩证法》是他前期的代表作之一，后期的《否定辩证法》《美学理论》等皆代表了他的思想成就。

阿多诺因其广阔的思想体系给后世留下了丰硕的学术遗产，若论

---

① 罗钢、刘象愚主编：《文化研究读本》，总序，中国社会科学出版社 2000 年版，第 37 页。

② 高金萍：《西方电视传播理论评析》，中国传媒大学出版社 2008 年版，第 152 页。

③ 《启蒙辩证法》是阿多诺与霍克海默在 1947 年合著完成，本节内容力说明阿多诺因该书的"文化工业"理论对传播学研究影响深远，故标题中只写阿多诺一人，且学界亦公认此书分别是二人的代表作，本节后文亦对作者信息给予说明。——编者注

④ 戴元光主编：《影响传播学发展的西方学人》，中国大百科全书出版社 2012 年版，第 166 页。

及他对传播学的影响，应该说对于媒介和文化工业的否定思考是他对传播学最重要的理论贡献。阿多诺正是在《启蒙辩证法》中提出著名的文化工业批判，把资本主义大众文化斥责为消除了否定内涵的流行商品，成为了文化控制的中介物。阿多诺对大众媒介及文化工业的深邃观察与批判，已成为今日传播批判研究，尤其是大众传媒批判研究的重要理论源泉。因此，他的"文化工业"理论是论及大众文化和大众传媒无法逾越的理论丰碑。

[内容提示]：《启蒙辩证法》是阿多诺与霍克海默合著的，这本书因为所提出的"批判理论"而使其在德国思想界具有举足轻重的地位，因此，并未因合著而有损其声誉卓著，它对于两位作者来说都是经典代表作。该书探讨的主题是，文化进步走向其对立面的各种趋势，批判西方的启蒙运动，尤其是对启蒙所鼓吹的理性本身进行批判，认为启蒙理性利用欺骗的手段，把自己扮演为牺牲和神甫双重角色，在理性之网中，无意识地走向自身的反面。《启蒙辩证法》之所以有这样的思考，与当时纳粹对犹太人的大屠杀密不可分，因此该书把反犹主义也作为一个讨论重点展开阐述。

《启蒙辩证法》全书除前言和各种附录外，由四篇文章组成，第一篇，启蒙的概念。由两篇附论构成：奥德修斯或神话与启蒙、朱莉埃特或启蒙与道德。第一篇附论通过奥德修斯的故事，探讨神话与启蒙之间的辩证法。第二篇附论讨论的是康德、萨德以及尼采等一些坚定的启蒙终结者，集中阐明了自然对主体的臣服最终在对自然和客体的盲目统治中是如何达到登峰造极地步的。第二篇，文化工业：作为大众欺骗的启蒙。这篇文章主要阐明启蒙意识形态的倒退。阿多诺在论文中首先使用"文化工业"一词，并用它代替了"大众文化"。在他看来，"文化工业"的概念更为准确地突出了这种文化形态的时代特征——"大众文化"绝不是一种从大众本身，从流行艺术的当前形式自发地产生出来的文化，而是 20 世纪以来，西方资本主义进入发达工业社会的时代产物。阿多诺认为，大众传媒加剧了文化工业带来的绝对同一性，"电影、广播和杂志制造了一个系统。不仅各个部分之间能取得一致，各个部分在整体上也能取

183

得一致"。① 在资本主义社会，大众传媒已经完全资本化和商品化了，成为统治者意识形态的传播和统治工具，带有很强的霸权性质。这些论点日后被广泛用于批判大众媒介和大众文化。第三篇，反犹主义的要素：启蒙的界限。文章主题是已经启蒙的文明在现实当中又倒退到了野蛮状态，并追溯反犹主义在哲学上的史前史。第四部分，笔记和札记。包括一些论文的题纲及未来需要探讨的问题。

阿多诺一生用德语写作，并坚持采用"不合时宜"的小品文形式来论述，加之其不少著作是为断片之作，尤其是对传播学影响深远的《文化工业》一文，比其他部分更具断片色彩，这会使读他的文章感觉晦涩难懂。

十四　鲍德里亚——《消费社会》

[荐读理由]：让·鲍德里亚，法国著名哲学家、社会学家，后现代理论家。是迄今为止立场最为鲜明的后现代思想家之一，他的追随者称赞他是新的后现代世界的守护神，是给后现代场景注入理论活力的汹涌巨浪，是新的后现代性的超级理论家。② 他的思想深刻地影响了文化理论以及有关当代媒体、艺术和社会的话语，被誉为新纪元的高级牧师。鲍德里亚的思想较为庞杂，所触及的问题丰富，主要有：物的符号化及物体系的形成、消费社会理论、象征交换理论、后现代媒介理论等。

他的一生出版了 50 多部学术著作，举办过多次摄影展，是位多才多艺的摄影师。他的著作中与传播批判有关的是《消费社会》《符号政治经济学批判》《生产之镜》《仿真与拟像》等。《消费社会》是鲍德里亚早期的代表作，该书指出，媒介是符号的制造者和传播者，在消费社会，人们消费的是与媒介技术紧密相连的符号的强制模式，大

---

① ［德］马克斯·霍克海默、西奥多·阿道尔诺：《启蒙辩证法》，渠敬东、曹卫东译，世纪出版集团、上海人民出版社 2006 年版，第 107 页。

② 转引自［美］道格拉斯·凯尔纳、斯蒂文·贝斯特《后现代理论——批判性的质疑》，张志斌译，中央编译出版社 2001 年版。

众传媒深刻地改变了人们的私人生活空间和社会生活空间，并极大改变了当今的经济、政治、文化和社会形态。这位崛起于 20 世纪 70 年代的思想界巨人，在书中以旺盛的斗志，痛快淋漓的笔触，对以大众传媒为重要支撑的当代社会文化作了本质性的批判和分析，被认为是"对时下已有的大众传播提供了最为精彩的后现代评论"。

　　对传媒的讨论是鲍德里亚理论架构中的主题之一，电视、网络、广告都是他关注的焦点。他试图从历史和批判两方面来运用符号学，在研究方法上，采用了符号学、心理分析和差异社会学等研究范式。在信息传媒手段高度发达的情形下，他直接追问人的本质和人的意义，摒弃了意识形态等诸多社会因素，把传媒技术和人的最终迷失和堕落作为一对因果关系。这一方面为人们开辟了思考的新领域，为人们冷静地、理性地、重新审视新型文化提供了一条路线。①

　　［内容提示］：鲍德里亚有"法国麦克卢汉"之称，他和麦克卢汉一样，重视传播媒介的形式在人类文化和文明发展中的地位。鲍德里亚在此书中用自己的方式重申并拓展麦克卢汉的"媒介即讯息"的观点，他指出，媒介内容在大部分时间里，向人们隐瞒、遮蔽了媒介的真实功能。它冒充信息，而更重要的信息，其实是人类关系的深层所发生的那种（等级的、范例的、习性的）结构改变。《消费社会》全书贯穿着对于大众传媒技术形式的分析，以及这种形式在整体上使信息本身"非现实化"之功能的分析，并在"大众传媒文化"一章内，专列了"媒介即信息"的内容。可以说，《消费社会》在主题上承继了法兰克福学派对于发达资本义的批判，而且关于媒介技术消极作用的分析，该书在内容和对象方面比法兰克福学派走得更远。　185

　　《消费社会》以鲍德里亚的著作《物体系》（又名《物的符号体系》）为基础，分析了当代西方社会，包括美国社会在内的物的消费现象。他指出，消费是一种积极的关系方式（不仅于物，而且于集体和世界），是一种系统的行为和总体反应的方式。人们的整个文化体

---

　　① 石义彬、纪莉、杨喆：《鲍德里亚后现代传播理论的历史谱系》，《新闻与传播评论》2002 年卷。

系就建立在这个基础之上。他的独特见解揭示了大型技术统治组织是怎样引起无法克制的欲望，而且又是怎样创建了用以取代旧的不同阶级区分的新的社会等级。①

全书共分 3 章。第 1 章，物的形式礼拜仪式。分别从"丰盛""消费的神奇地位"和"增长的恶性循环"三个主题展开；第 2 章，消费理论。包括"消费的社会逻辑""一种消费理论"和"个性化或最小的边缘差异"三部分；第 3 章，大众传媒、性与休闲。包括"大众传媒文化""最美的消费品：身体""休闲的悲剧或消磨时光之不可能性""关切的神话"和"丰盛社会中的混乱"五部分。每章的各部分之下又设若干小的主题，如"微笑之做作""关切的暧昧和恐怖主义""性玩偶""苗条的牵挂：线条""您身体的秘密钥匙""成为或不成为我自己""杂货店""增长的计算或国民生产总值的神话"等。只观这些标题，就可看出鲍德里亚对后现代社会批判的触角无所不在，而且就题目本身而言既犀利又具相当的吸引力，并没有给读者造成通常阅读学术著作时的乏味和枯燥。

对于该书的引介不再停留于各章内容的提炼，想以三个关键词作为初读者进入该书的切入点：消费、符号消费和身体崇拜。第一，消费。完成对消费的概念界定是理解消费社会含义的前提。在鲍德里亚看来，消费的内涵与传统的政治经济学有所不同，"消费社会"中的消费不是与生产相对地、被动地吸收和占有，消费是建立人与物之间以及人与集体和世界关系的主动模式，这是一种意义的建立模式，不是人们传统意义上的吃、穿、住、行、用等实践活动，它是一个虚拟的全体，在这个模式中，消费成为一种符号的系统化操控活动。人们对物品的占有，更多地不是对物品的使用价值有所需求，而是为了追求商品所被赋予的符号意义，并因此形成一个高度符号化的社会，在这个社会中，人们通过消费物的符号意义而获得自我与他人的身份认同。第二，符号消费。在消费社会中，符号价值成为主要的消费形式，

---

① ［法］鲍德里亚：《消费社会》，刘成富、全志钢译，南京大学出版社 2000 年版，前言，第 1 页。

一切物品要想成为消费品必须转化为符号，在消费社会中，一切都可以转化为符号并成为消费品。人们消费着消费品的外观、美感、消费品的地位，甚至于消费品的消费环境和消费仪式，这些全部形成符号并具有符号价值，进入人们的消费视野。① 第三，身体崇拜。在鲍德里亚看来，身体的地位是一种文化事实。他在书中指出"在消费的全套装备中，有一种比其他一切都更美丽、更珍贵、更光彩夺目的物品——它比负载了全部内涵的汽车还要负载了更沉重的内涵。这便是身体。"②消费社会改变了人与人、人与物的关系，同时，也改变了人与自我的关系，使人与身体发生了分裂，人们可以用对待一切物品的态度对待身体，身体成为一种特殊的消费品。鲍德里亚认为，随着消费社会的来临与媒介在消费社会中的引导作用，对符号的崇拜替代了对物的崇拜，这种符号崇拜在身体崇拜中达到了极致，他甚至直接指出身体是"最美的消费品"③。

十五　哈贝马斯——《公共领域的结构转型》

[荐读理由]：哈贝马斯，德国哲学家、社会学家，是当今批判学派的精神领袖，也是法兰克福学派第二代最杰出的代表人物，被誉为"当代的黑格尔"和"后工业革命的最伟大的哲学家"④。他是一位综合型学者，其理论的涵盖面极广，既包括哲学、社会学、政治学，也涉及伦理学、道德和法理论以及文化理论，以上领域的研究成果有机地交织在一起，相互渗透，互为补充，共同组成一个复杂的理论体。哈贝马斯的思想体系展示了一种跨学科的定向框架，是当代罕有的百科全书式的大学者。他一生著述甚丰，以作品高产高质在

187

---

①　戴元光主编：《影响传播学发展的西方学人》，中国大百科全书出版社 2012 年版，第302 页。

②　[法] 鲍德里亚：《消费社会》，刘成富、全志钢译，南京大学出版社 2000 年版，第139 页。

③　戴元光主编：《影响传播学发展的西方学人》，中国大百科全书出版社 2012 年版，第303 页。

④　同上书，第 364 页。

学术界著称，除散见于报纸杂志的数量可观的文章外，共出版著作40多部，几乎每年一部，可以说，他的全部著作构建了一种规模宏大的现代性伦理学。① 其中，与传播学有关的代表作有：《公共领域的结构转型》《交往与社会化》《交往行为理论》《道德意识与交往行为》《交往行为理论的准备性研究及其补充》《文本与语境》《话语伦理学解释》等。

哈贝马斯的思想体系十分庞杂，如果对他的思想进行归纳的话，主要集中在两个方面：科学技术意识形态理论和交往行动理论。前者揭示了科学技术作为晚期资本主义社会控制的新形式的意识形态本质，后者则着重从语用学角度论证了人类交往的地位及其意义。如果只论及哈贝马斯的传播学思想，则有两个较明显的发展阶段：第一个阶段，20世纪70年代以前，集中于研究政治公共领域中被扭曲的交往活动，代表作《公共领域的结构转型》；第二个阶段，20世纪70年代以后，主要研究交往行动理论，其观点集中体现在《交往与社会进化》《交往行动理论》等著作中。从传播学角度分析，哈贝马斯的理论有以下特点：第一，哈贝马斯承袭了早期法兰克福学派批判理论的传统——从政治的角度研究交往，但又与之不同的是，他侧重于从理论上关注现实的政治问题。他的理论试图建立在哲学基础上，从而使民主的公共生活观点具体化。可以说，他的传播学理论是一种政治传播学，同时也是一种哲学传播学。第二，哈贝马斯致力于批判学派传播模式的构建。早期的批判学派，就其批判而言，入木三分，发人深省，但他们的特点是只破不立。传播学既需要批判，也需要建设，传播模式是传播学理论最精粹的表达，作为批判学派自然也需要模式的建构。哈贝马斯通过普通语用学提出的四个有效性要求及其"理想的言说情境"，提出了一个批判学派的传播模式。第三，哈贝马斯对以语言为媒介的人际传播格外关注，人际传播实际上等同于哈贝马斯理论中的"交往"。

---

① ［德］得特勒夫·霍尔斯特：《哈贝马斯传》，章国锋译，东方出版中心2000年版，第1页。

通过对哈贝马斯传播思想的简单梳理，可发现，他的传播理论是以"交往"为核心展开的。然而，他对于公共领域的关注和研究，才是"交往"理论的起点，他把交往理论作为重建理想的公共领域的一种手段和方法，把它当作治疗公共领域各种病态的解决方案，这也是他区别于早期批判学派只破不立的建设性表现。他对公共领域研究的思想精髓集中体现在《公共领域的结构转型》一书中，可以说，该书是"他进入学术公共天地，建立自己学术空间和理论立场的开山之作，更是其交往行动理论的萌芽"①，两者在逻辑上有前后相继的关系。同时，哈贝马斯自己格外看重《公共领域的结构转型》，他在1989 年的一次公开讨论会上宣称，此书是他本人思想体系的入口，舍此并无他路。从传播学角度看，《公共领域的结构转型》不仅是哈贝马斯思想的起点，同时也比较全面系统地阐述了公共领域的发生史、公共领域与大众传媒、法治之间的关系，因此该书也是哈贝马斯早期传播学思想的集中体现。② 本书放弃哈贝马斯的核心理论著作《交往行为理论》，而将《公共领域的结构转型》作为传播学经典读本推荐，一则希望初学者以"公共领域"作为源头，探寻哈贝马斯的"浩瀚"思想体系；二则是抛砖引玉，以"公共领域"为线索，理解哈贝马斯的理论核心——交往行为理论。

[内容提示]：哈贝马斯在《公共领域的结构转型》一书中，以英、德、法等国的历史为背景，对资产阶级公共领域作了全方位考察，展示了资产阶级公共领域从发生走向衰落的全过程，用以说明公众舆论——作为资产阶级国家立法的来源，已不再是原来意义上的公众舆论，而是一种"伪公众舆论"，因为资产阶级公众舆论的源头——公共领域已经枯竭了，基于理性的批评已经让位于大众传媒所鼓吹的消费主义的欢呼与喝彩。

全书共 7 章，第 1 章，资产阶级公共领域的初步确定；第 2 章，公

189

---

① 曹卫东：《从"公私分明"到"大公无私"》，《读书》1998 年第 6 期。

② 石义彬：《单向度、超真实、内爆——批判视野中的当代西方传播思想研究》，武汉大学出版社 2003 年版，第 53 页。

共领域的社会结构；第 3 章，公共领域的政治功能；第 4 章，资产阶级公共领域：观念与意识形态；第 5 章，公共领域社会结构的转型；第 6 章，公共领域政治功能的转型；第 7 章，论公共舆论概念。第 1—3 章谈资产阶级公共领域的历史起源和概念；第 5 章、第 6 章从社会福利国家转型和大众传媒对交往结构的改变两个角度讨论公共领域的结构转型；第 4 章、第 7 章探讨公共领域理论陈述的前景及其规范意义。①

全书的核心关键词只有一个，即公共领域。这个概念并非哈贝马斯首创，早有熊彼特等学者从公共哲学的角度进行过探讨，然而哈贝马斯在《公共领域的结构转型》一书中对"公共领域"的界定与前者不同，他把大众传媒的功能和问题当作"公共领域"的核心，他在书中这样写道："资产阶级公共领域首先可理解为一个私人集合而成的公众的领域；但私人随即就要求这一受上层控制的公共领域反对公共权力机关自身，以便就基本上已经属于私人，但仍然具有公共性质的商品交换和社会劳动领域中的一般交换规则等问题同公共权力机关展开讨论。这种政治讨论手段，即公开批判，的确是史无前例，前所未有。"② 哈贝马斯认为，公共领域也叫公共性，是指"我们的社会生活的一个领域，在这个领域中，像公共意见这样的事物能够形成。"进一步讲，公共领域可从以下几方面理解：第一，公共领域讨论的是一私人领域的"一般性问题"；第二，公共领域和公共权威领域是相对立的，"公共领域说到底就是公众舆论领域"③，它和公共权力机关直接相抗衡；第三，公共领域的基础是国家和社会的分离。由此可见，资产阶级公共领域是公共权力领域与私人领域的中间地带，作为公众聚集的领域，它的主要功能在于批判，形成公众舆论，然而批判的依据却来自于私人领域。④

190

---

① ［德］哈贝马斯：《公共领域的结构转型》，曹卫东等译，学林出版社 1999 年版，1990 年版，序言，第 2 页。

② 同上书，第 32 页。

③ 同上书，第 35 页。

④ 石义彬：《单向度、超真实、内爆——批判视野中的当代西方传播思想研究》，武汉大学出版社 2003 年版，第 58 页。

十六　波兹曼——媒介批评三部曲　《童年的消逝》　《娱乐至死》　《技术垄断》

[荐读理由]：尼尔·波兹曼，美国英语教育家、媒介理论家、社会批评家，媒介环境学派第二代精神领袖。他早年致力于英语教学及其研究，1971 年他接受麦克卢汉的建议，在纽约大学创建媒介环境学专业和博士点。波兹曼自称是"麦克卢汉的不听话的孩子"，对他的思想进行批判地继承和发展，以"技术、媒介对文化的影响"为主题，构建了媒介环境学派的理论框架和组织体系，使这个新兴学派最终成为传播学研究的主流之一，可以说，他是媒介环境学派的奠基人。国人对他的熟知主要是从他对媒介批判开始的，更多的人只把他当作一个社会批评家来认识。事实上，他首先是个教育家，他的学术研究也是从英语教学研究开始的，他的第一本书《电视和英语教学》是他整个学术生涯的开场白，也是他最重要的著作之一。可以说，这本书开启了波兹曼对媒介的兴趣，甚至在这本书里他已提出了日后成为媒介环境学核心理论的基本命题。20 世纪 70 年代末期，他的学术创作就以"媒介环境学"为主题展开，代表作有《作为保存活动的教学》《童年的消逝：家族生活的社会史》《娱乐至死：娱乐时代的公共话语》《如何看电视新闻》《技术垄断：文化向技术投降》等。90 年代后期，他的研究又回归到教育方面。

波兹曼一生出版著作 20 余部，目前被译介到中国来的仅 3 部，即《童年的消逝：家族生活的社会史》《娱乐至死：娱乐时代的公共话语》和《技术垄断：文化向技术投降》，这三部又被称为波兹曼媒介批评三部曲，同时这三部著作也是理解、进入媒介环境学派的理论窗口。波兹曼作为媒介环境学派的真正的创建人，他首创了"媒介环境学"的术语，并使之制度化，提出了媒介环境学的基本命题和研究原则，这些内容并没有以一个完整的面貌集中于一部书内，而是散落于他的多本著作中，对他代表作的研究既是理解波兹曼传播思想的通道，也是研究媒介环境学的路径。加之，这三本在研究主题上一脉相承，都是以"媒介、

191

技术对文化的负面影响"为主题，表达媒介和技术对人的心灵和人类文化的戕害的忧虑。三部书在内容和思想上互为映衬和补充，很难说其中哪一本是波兹曼思想的完全代表，因此，编者将三部书合而为一作整体推荐，读者可通过三部书的阅读对波兹曼的传播思想及媒介环境学派的理论主旨有一个基本清晰和完整的了解。所幸的是，这三部书，每本的篇幅都不很大，主题虽深刻、隽永，但内容与现实联系紧密，易于理解，文字简洁流畅，能带来较好的阅读体验。

特别值得一提的是，波兹曼是一个印刷文化人，他坚守印刷文化，警惕电子文化对文化素养的侵蚀。他终身只用钢笔或铅笔写字，从来不用打字机和电脑。他从来不作即兴讲演，也不用提纲对付讲话，他坚持用手写的方式书写一切讲稿、论文和书稿，而且写完全文。与此同时，他又是讲故事的一流高手，课堂教学令人倾倒，所以，他又是口头文化人。① 或许这是他对电子媒介最现实、最具体的批判。

[内容提示]：《童年的消逝》

《童年的消逝》出版于1982年，是波兹曼第一本明确谈论教育的书。事实上，它是以教育为起点，用媒介环境学理论考察围绕教育展开的生活文化，考察大范围的文化。该书的一个关键概念是童年，波兹曼在开篇引言中指出，"童年的概念是文艺复兴的伟大发明之一，也许是最具人性的一个发明。童年作为一种社会结构和心理条件，与科学、单一民族的独立国家以及宗教自由一起，大约在16世纪产生，经过不断提炼和培育，延续到我们这个时代"②。他认为，童年是印刷文化的产物，童年观念之所以来临，是因为印刷术产生了一条分界线，把儿童挡在这条分界线外，使他们得不到读书识字的成年人才能获取的信息。他的结论是，由于电子媒介的兴起，童年正在消逝，而且飞快地消逝，他在书中用了很多篇幅来展现童年消逝的证据。

---

① ［美］尼尔·波兹曼：《技术垄断：文化向技术投降》，何道宽译，北京大学出版社2007年版，译者前言，第3页。

② ［美］尼尔·波兹曼：《童年的消逝》，吴燕莛译，广西大学出版社2004年版，引言，第2页。

全书共分为两篇：第一篇，童年的发明。由四章构成，分别是"一个没有儿童的时代""印刷术和新成人""童年的摇篮期"和"童年的旅程"。这一部分主要表述"童年"这个概念的起源。具体地说，就是童年起初不需要存在，而后却发展成不可避免地存在，它们各自的传播条件是什么。第二篇，童年的消逝。由五章构成，分别是"结束的开端""一览无余的媒介""成人化的儿童""正在消失的儿童"和"六个问题"。这部分内容将人们置身于现代时空，企图揭示从谷登堡的印刷世界转换到塞缪尔·莫尔斯的电报密码世界，这个过程使童年作为一个社会结构已经难以为继，并且实际上已经没有意义。这本书的贡献不在于断言童年正在消逝，而在于提供了一个解释这种现象何以发生的理论，①这也许才是我们要把握的精髓。

[内容提示]：《娱乐至死》

《娱乐至死》是波兹曼作为公共知识分子的生涯达到顶峰的标志。②这本书与《童年的消逝》一样是研究当代媒介环境的一个显著代表。该书讨论的是，严肃的话语经过电视过滤之后，如何与电视的需要捆在一起，电视的需要是吸引并抓住人们的注意力；电视需要给人们提供娱乐、消遣，使人们感到愉快。结论就是：电视对读写能力的戕害，影射电视掏空了人的头脑和心灵。这本书的开篇颇为别致，波兹曼把20世纪文学中著名的两个"反乌托邦"预言——赫胥黎的《美丽新世界》和乔治·奥威尔的《一九八四》并列出来，忧患地指出，赫胥黎的预言或已成现实。

全书共分为两篇。第一篇，由五章构成，分别是"媒介即隐喻""媒介即认识论""印刷机统治下的美国""印刷机统治下的思想"和"躲躲猫的世界"。这部分主要讨论在以电视媒介为象征的当代媒介环境里，印刷文化最辉煌的成就正受到玷污，正被削弱，严肃的文明、政治和社会话语正在被破坏。在他看来，这种状况与其说是人们把电

193

---

① ［美］尼尔·波兹曼：《童年的消逝》，吴燕莛译，广西大学出版社2004年版，引言，第3页。

② ［美］林文刚编：《媒介环境学：思想沿革与多维视野》，何道宽译，北京大学出版社2007年版，第174页。

视当作利润驱动的产业而造成的后果，不如说是电视媒介的性质和特征产生的结果。波兹曼认为，电视演变成如今这样的媒介，纯粹是因为人们最终必然要学会利用它的长处，利用它最善于给人们提供的东西。① 第二篇，由六章构成，分别是："娱乐业时代""好……现在""走向伯利恒""伸出你的手投上一票""教学是一种娱乐活动"和"赫胥黎的警告"。这部分主要讨论，由于电视在媒介文化中的首要地位，使它在公共话语的各个领域可能会产生什么冲击，以及已经受到了什么冲击，比如，把一切电视节目还原为娱乐、电视内容的非连续性和分割肢解性、对宗教和政治的"羞辱"等。

[内容提示]:《技术垄断》

《技术垄断》是媒介环境学领域的经典之作，该书的出版使波兹曼的媒介批评三部曲完成了中国之旅，使得对波兹曼和媒介环境学的研究有了更翔实的文献基础。该书的宗旨是描绘并分析技术何时、如何、为何成为特别危险的敌人，揭示唯科学主义和信息失控的现实危险，指控技术垄断对美国文化和人类文化的危害。全书共分为 11 章，分别是："塔姆斯法才的评判""从工具时代到技术统治时代""从技术统治时代到技术垄断时代""难以把握的世界""崩溃的防线""机器意识形态：医疗技术垄断""机器意识形态：电脑技术垄断""隐形的技术""唯科学主义""符合大流失"和"爱心斗士"。波兹曼承继了麦克卢汉的观点，以技术和媒介的演化来划分人类历史，他认为，人类文化的发展可分为三个阶段，即工具使用文化阶段、技术统治文化阶段和技术垄断文化阶段；与之对应的是，人类文化大约也分为相应的三种类型，即工具使用文化类型、技术统治文化类型和技术垄断文化类型。他通过追遡技术和人类文化敌友关系的消长，提出技术和人的关系是亦敌亦友，但他更多地关注技术的阴暗面，警惕技术对人造成的危害。看看书中他对技术垄断的界定，就可知他对技术的态度了，"所谓技术垄断论就是一切形式的文化生活都臣服于技艺和技术

① ［美］林文刚编:《媒介环境学：思想沿革与多维视野》，何道宽译，北京大学出版社2007 年版，第 174 页。

的统治"①。"技术垄断是文化的'艾滋病',我戏用这个词来表达'抗信息缺损综合征'。"②

十七 凯瑞——《作为文化的传播》

[荐读理由]：詹姆斯·凯瑞，美国著名传播学者、新闻教育家、文化历史学家、媒体批评家，被德裔美国传播学家、美国批判传播研究的代表人物汉诺·哈特誉为美国文化研究"最杰出的代表"，继李普曼之后最有影响的新闻思想家。凯瑞从事新闻、传播学教育与研究长达 40 余年，学术思想十分丰富多彩，一生编著有《媒介、神话与叙事：电视与新闻》《作为文化的传播》《转变时代观念》《詹姆斯·W.凯瑞——一个批判性读者》4 部论文集，发表百余篇学术论文。詹姆斯·凯瑞作为文化研究的杰出代表，他对媒介研究和媒体实务的影响大致始于 20 世纪 60 年代，当时的传播研究正日益废敝，经验学派完全靠定量研究界定一些狭隘的问题，批判学派的研究才刚开始，凯瑞坚持主张，传播界认真地把传播当作文化来研究，即在传播领域运用文化研究的方法展开研究。他认为，媒介研究的症结在于国家民主话语的健康发展，坚持把民主当作话语，以使他们了解传播对于大众民主隐含的命题。作为文化研究、媒介环境学和传播学领域的重要代表人物，凯瑞的著作具有以下特征：第一，跨学科的文化关怀，把文化界定为一种生活方式，而不是一个品位高低的等级；第二，把媒介影响的社会分析置于文本分析之上；第三，敏锐体察媒介受众和媒介技术的新形式。这些特征在他的这本《作为文化的传播》里都有清晰的表现。在此推荐凯瑞的作品，是把他当作媒介环境学派第二代的中坚人物来介绍，以期通过对《作为文化的传播》的简单梳理，让初学者能以此为窗口了解凯瑞文化研究的内容、方法和特征，并迅速进入媒

---

① ［美］尼尔·波兹曼：《技术垄断：文化向技术投降》，何道宽译，北京大学出版社 2007 年版，第 30 页。

② 同上书，第 37 页。

介环境学派的理论体系。

[内容提示]：凯瑞一生最有影响的新闻学和传播学思想是，对两种传播观做了划分，提出了令人耳目一新的"传播的仪式观"，这也是《作为文化的传播》一书最有创见和最有价值的地方。《作为文化的传播》全书分为两部分。第一部分，传播与文化，由四章构成。分别是："传播的文化研究取向""大众传播与文化研究""对'大众'和'媒介'的再思考"和"克服文化研究的阻力"。这部分首先介绍了文化和文化研究的概念，并创造性地提出了传播的两大分类：传播的传递观和传播的仪式观。作者通过对社会历史的大规模考察，在美国历史大背景及社会的历史变迁中梳理传播定义与意义的变化，进而提出传播的两种观念。凯瑞提出"传播的仪式观"主要是为了抵制美国经验学派的过于功利化的"传播的传递观"，这一概念为我们打开了理解传播现象的全新理论视角。他认为，从仪式的角度定义，传播一词与"分享（sharing）""参与（participation）""联合（association）""团体（fellowship）"及"拥有共同信仰（the possession of a common faith）"等一类词有关。"传播的仪式观"不是指讯息在空间的扩散，而是指在时间上对一个社会的维系；它不是分享信息的行为，而是共享信仰的表征。凯瑞认为，传播的传递观源自地理和运输方面的隐喻，是指为了控制的目的，把信号或讯息从一端传送至另一端。在这个概念里，传播被看作是一种过程、一种技术。

书的第二部分，技术与文化，由四章构成。分别是："电子革命的神话""空间、时间与传播手段——献给哈洛德·英尼斯""未来的历史"和"技术与意识形态：以电报为个案"。这部分主要将传播技术从传播活动中剥离出来，单纯从技术角度讨论技术对文化的影响。凯瑞在书中没有对电子革命的好坏做出评价，而是提出了知识分子在电子革命中应承担的职责：①摆脱电子至上论。认为技术只是一台机器，一种工具。技术不是万能的；②知识分子应通过批判性的研究，以容易引起共鸣的语言与受众进行沟通，让人们感受到艺术、伦理和政治的价值。他秉承了波兹曼的精神，在书的后半部分表达了深切的人文关怀。

十八　托夫勒——《第三次浪潮》

[荐读理由]：阿尔温·托夫勒（1928—　），美国社会理论家，未来学家，被誉为当今世界最具影响力的社会思想家之一。托夫勒毕业于纽约大学，是个记者出身的社会学家，曾在《幸福》杂志任副主编，给许多杂志撰写文章。1970年，托夫勒提出"未来冲击"的概念，认为现代社会变化迅速，"未来"过于迅速地迫于眼前，人们因受到未来的冲击而从某个特定的文化圈突然闯入另一个文化圈，产生种种陌生感，无法应付环境。这是他最早对"未来"的系统描述，也是他早期代表作《未来的冲击》的主要思想。1970年，《未来的冲击》出版，而后的1980年和1990年，他的另外两部代表作《第三次浪潮》和《权力的转移》陆续出版，这三部书每一本都风行世界，成为著名的未来学三部曲，对当今社会思潮有广泛而深远的影响，托夫勒也因此成为未来学的巨擘。托夫勒曾任罗素·赛奇基金特约研究员，在新社会研究学院讲授未来学，同时在康奈尔大学当特聘教授，从事未来价值体系研究，还在洛克菲勒兄弟基金会、美国国际商用机器公司和未来研究所作研究工作。

"未来学"一词在西方最初是"作为一种新的哲学未来观"而存在，是德国学者欧·费莱希泰姆在20世纪40年代首先提出和使用的。未来学探讨的是：关于科学技术和社会未来发展的前景，揭示按照人类所作的各种选择走向未来的可能性。20世纪80年代，"冷战"结束，以电子媒介为代表的信息革命爆发，面对变幻莫测的世界政治经济格局，人们表现出无所适从的焦虑，《第三次浪潮》就是在这种背景下做出回应的，该书就是讨论世界这个前景和希望的。

[内容提示]：《第三次浪潮》是一本规模庞大综合的书，全书有27章，可分为4个部分。第一部分：即第1章，讲浪潮的冲突；第二部分：第2—10章，讲第二次浪潮；第三部分：第11—23章，讲第三次浪潮；第四部分：第24—27章，即结论部分。该书纵观历史长河，叙述了许多人类的旧文明，然后又细致生动地描述了一个正在闯入人

197

们生活的新文明。托夫勒在书中把人类过往的文明和即将开始的未来，划分为三个时期：第一次浪潮，农业阶段，农业和农产品是社会生产的主导要素；第二次浪潮，工业阶段，工业和工业产品是社会生产的主导要素；第三次浪潮，即现在正在开始的阶段，以信息产品为主导要素。书里描述了今天世界的许多变化，托夫勒认为，这些变化并不是孤立的，彼此不相关的，也不是偶然出现的，所有这些和其他许多看上去不相干的事情和趋势，都相互有联系，是结合在一起的。实际上，它们是宏观世界中的组成部分。它意味着工业化文明的末日，展示着一个新的文明正在兴起。①

该书是以大量令人印象深刻的事件作基础，是以可能被称为准系统化典型的工业文明与我们之间的关系为基础的。它描述了技术领域、社会领域、信息领域、权力领域，在即将消逝的工业文明中的位置，而且首先揭示了它们各自在今天世界中经历了什么样的革命性的变化。这本书试图揭示这些领域之间的相互关系，以及生物圈和心理环境之间的关系，即通过外部世界的变化，非常深刻地渗入到个人生活的深处——心理上的结构和人与人之间的关系。《第三次浪潮》认为，一种文明还可以运用它的某些进程和原则，发展它自己的"超意识形态"，去阐明它存在的现实性与合理性。② 变化浪潮的冲突，是托夫勒提出的一个借喻，意在把极其广泛、非常深刻的不同情况组织在一起，此种借喻有助于人们洞察猛烈转变的现象。当然，《第三次浪潮》绝不是一本客观预测的书，它并不自命为科学的著作，只是用来对付今天非常时髦的悲观主义的。托夫勒认为，绝望的悲观主义支配文化可能超过十年之久，然而，"世界并没有转向疯狂，世界的事情实际上惊人地显示出潜在具有希望的前景"。托夫勒断定，悲观绝望非但不是一种罪过，而且还是毫无根据的。建议将此书和波兹曼的三部曲放在一起阅读，这样可对技术乐观主义和悲观主义有所矫正。

---

① ［美］阿尔温·托夫勒：《第三次浪潮》，朱志焱等译，生活·读书·新知三联书店1984年版，序言，第46页。

② 同上书，第50页。

十九　席勒——《思想管理者》

[荐读理由]：赫伯特·席勒（1919—2000），美国传播学者，传播政治经济学的精神领袖。早年学习经济学，第二次世界大战时在军队服役，20世纪60年代转向媒介研究。1960年获得博士学位，1970年在圣地亚哥加利福尼亚大学任教，直至去世。席勒一生发表了许多著作，他的成名作是第一本书——出版于1969年的《大众传播与美帝国》，继而先后出版了《传播与文化宰制》《思想管理者》《财富500强时代的信息》《信息与危机经济》《文化公司》等重要著作，提出了媒介帝国主义、思想管理、文化宰制等重要概念。席勒的研究重点是调查美国的传播制度和传播程序，说明占优势的美国政治经济是如何利用媒介来安抚国内公众，同时又实行全球霸权的；研究范围涉及信息娱乐业的工业结构、美国文化业的全球扩张、使美国文化业不断膨胀和发展的技术原因等。他认为，大众媒介紧紧联系着政治和经济权力的中心，由于这种联系，媒介提供民主论坛，监视现有权势的利益集团的关键作用就常常发挥不足。总体而言，席勒对传播技术发展所带来的各种乌托邦思想持否定态度，对信息和传播的未来走向充满担忧。他将传播置于资本主义体制下，考察其在资本主义全球化拓展中的角色，通过与主流学者不同的理论视野，得出了具有说服力的洞见。席勒的思想和研究以激进而著称，被后辈学者赫尔曼称为"过去半个世纪里，左派中最有原创性的最有影响的媒介分析者"[1]。

本书在此选择推荐席勒的作品，是将其作为传播政治经济学派的奠基人来介绍的。传播政治经济学是传播学的重要研究流派之一，其学术发展与资本主义体系在全球范围内的建立、急剧扩张以及与之相抗争的社会运动的发展密切相关。这一学派不仅弥补了侧重行政导向与市场导向的美国主流传播研究之缺失，而且解构了主流传播研究的知识生产与社会权力关系。对于传播政治经济学思想主张和研究方法的了解，可以

---

① 陈世华：《媒介帝国主义和思想管理：重读赫伯特·席勒》，《国际新闻界》2013年第2期。

使初学者认识到，传播学研究除了主流的经验研究以外的，还有更多更新颖的研究视角，有助于他们把握传播研究的基本路径和方向。

[内容提示]：思想管理是席勒重要的理论贡献，他凭借《思想管理者》及《大众传播与美帝国》等书确立了在批判学派中的重要地位。① 席勒所谓的"思想管理者"是指"当媒介故意生产出与现实社会存在不对应的信息时，媒体管理者就成了思想管理者"②。该书主要讨论了美国媒介被大公司和政府所操纵的议题，大量采用尼尔森公司、《读者文摘》杂志和《国家地理》杂志关于公司合并和跨国化的文件资料，持续、系统地批判了"信息社会"的思想。该书批评美国媒体管理者生产、加工、提炼和主管了图像和信息的流通，决定了美国人民的信仰、态度和行为，成了思想管理者。统治精英利用市场法则和直接的政治控制，通过操纵性信息有意创造一个虚假的现实，对人类思想进行操纵。席勒在书中还进一步揭示出美国在各个层次上存在的观念控制和操纵机制：首先是市场经济规则，大众媒体的所有权被少数富有者所控制。其次，政府控制着信息的生产和流通。政府是重要的信息生产者和收集者，以五角大楼为中心的美国政府是世界核心信息系统。作为文化帝国主义的一部分，思想管理并非停留在美国境内。在国际领域，思想管理前往海外，跨国传播集团是国际传播者主要组织者和制造者，将美国文化出口到全球各地。③

席勒在书中还提出了关于媒介神话批判的 5 种观点。他所谓的神话，是指大众媒介与社会政治、经济权力机构联合，通过权力的运作和大众媒介的鼓吹，建立起来的神话般的精神幻景。这些神话被用来掩盖权力机构对社会思想进行控制、操纵的真实目的。席勒的媒介神话批判包括：个人主义和个人选择的神话、媒介中立的神话、人性不变的神话、无社会冲突的神话和媒介多元化的神话。席勒认为这五方面最具资本主义的欺骗性。大众媒介机构参与权力机构对社会的控制，

200

---

① 王怡红：《资本主义媒介神话批判——兼评席勒的〈思想管理者〉》，《新闻与传播研究》1995 年第 3 期。

② 陈世华：《媒介帝国主义和思想管理：重读赫伯特·席勒》，《国际新闻界》2013 年第 2 期。

③ 同上。

制造虚假现实，制造神话，是为了掩盖资本主义社会的残缺，是为了削弱人的批判能力，是为资本主义现实进行辩护的。席勒的媒介神话批判，在批判资本主义现实、批判大众媒介参与制造虚假意识形态方面，具有一定深度。他较有系统地揭示出大众媒介制造的神话与资本主义社会理想之间的对立，以及这种神话如何适应资本主义发展。席勒的基本观点是，新型传播技术与政治经济权力相结合，将对现代社会人的精神进行更为巧妙的操纵和控制。①

二十 戈尔丁、默多克——《文化、传播和政治经济学》

[荐读理由]：戈尔丁，英国劳布勒夫大学社会科学系主任，社会学教授。主要研究兴趣在于大众媒介社会学，尤其是媒介作为社会政策和公共政策的信息传输者及形象的塑造者在民主过程中扮演的角色，对大众媒介的经济和政治结构也十分关注。② 代表作有：《超越文化帝国主义：传播，全球化和国际新秩序》（1997，与哈里斯合编）、《媒介的政治经济学》（1997，与默多克合编）等。默多克，英国劳布勒夫大学文化社会学副教授③，当代知名传播学者。他的研究旨趣在于文化社会学和文化政治经济学，其论著主要涉及大众媒介工业的组织，报纸和电视对恐怖主义、暴乱和政治事件的报道等，目前致力于广播及新闻传播技术对社会的冲击等研究。④ 戈尔丁和默多克相较于前述的传播学和思想界的名家，他们二人对于初学者而言，可能略显陌生。之所以选择他们的文章，是因为这两位学者从政治经济学的视角对媒介展开研究，这种批判的传播政治经济学研究角度对于初学者了解传播学研究的方向和视域，是有完善和补充作用的。

《文化、传播和政治经济学》是一篇论文，收录在英国学者詹姆

201

---

① 王怡红：《资本主义媒介神话批判——兼评席勒的〈思想管理者〉》，《新闻与传播研究》1995 年第 3 期。
② 张国良主编：《20 世纪传播学经典文本》，复旦大学出版社 2003 年版，第 577 页。
③ 这是默多克 2003 年的状态，最新变化无有考据——编者注。
④ 张国良主编：《20 世纪传播学经典文本》，复旦大学出版社 2003 年版，第 577—578 页。

斯·库兰编著的《大众媒介与社会》一书中。《大众媒介与社会》一书是英美主流院校媒介课程的畅销教材，该书的编辑思路，是将媒介研究放置在一个更广阔的批判传统之上，全书收录 19 篇论文，基本涵盖了媒介研究领域的主要话题，并表现了马克思主义媒介观和自由多元主义之间的对立、妥协和"融合"的变化过程。该书的议题主要表现为以下三方面：一是关于媒介和社会研究；二是媒介研究和文化研究之间的联系；三是新的传播技术所引发的种种后果。该书 1977 年发行第一版，本书介绍的是它在 2000 年发行的第三个版本，这三个版本在内容上也有较大变化，第三版与第一版相较，已替换一半以上的文章，但戈尔丁的《文化、传播和政治经济学》始终出现在该书的第一部分，可见其研究价值。本书推荐该文，一则然希望初学者对批判的传播政治经济学有所了解，为之提供传播学研究的完整视域；二则也希望读者诸君能按图索骥，通过《文化、传播和政治经济学》，在《大众媒介与社会》中找到更有价值的宝藏。

　　[内容提示]：《文化、传播和政治经济学》是以批判的政治经济学视角，聚焦于公共传播的符号向面和经济向面之间的相互作用。它所显示的是，文化生产的不同的财政方式和组织方式，对公共传播者话语和表征的有效范围以及受众对它们的接近所产生的有迹可循的后果。该文的主旨是描述媒介的批判政治经济学的基本原则。文章的核心关键词是：批判的政治经济学。所谓批判的政治经济学是与主流的经济学相对而言的，它主要有四个方面的不同：第一，它是全面的；第二，它是历史的；第三，它主要关注资本主义企业和公共干预之间的平衡；第四，也是最重要的，它越过了技术上的效能问题，专注于公正、公平和公共利益等基本的道德问题。批判的政治经济学，总是越过某种状况的行为视野，去显示特殊的微观的语境是如何被它们所遭遇的经济原动力和更为宽泛的结构所形塑的。它尤其关注在物质资源和符合资源不平等的分配结构中，传播活动是如何开展的。①

202

---

　　① ［英］詹姆斯·库兰、［美］米切尔·古尔维奇编：《大众媒介与社会》，杨击译，华夏出版社 2006 年版，第 67 页。

　　这篇论文历史地呈现出国际传播的各种新兴模式，并简要地勾勒了批判的传播政治经济学所关注的问题及重点：首先，文化物品的生产，政治经济学认为这个假设有特殊的重要性；文化生产之于文化消费有着限定性影响。第二，检视文本的政治经济学，描绘呈现在媒介产品中的各种表征与它们的生产和消费的物质现实之间的关系。最后，评估文化消费的政治经济学，描绘政治经济学所特别提出的物质上的不平等和和文化上的不平等之间的关系。① 文章的结论是，20 世纪 90 年代，全球媒介图景比以往更为复杂，媒介环境必须严肃对待，应该以多种路径、语境化的方法来研究，其中必须包括各个层面上的流动和行为：全球的、区域的、全国的和地方的，因为这些层面即是构成未来"想象的共同体"的所在地。

---

　　① ［英］詹姆斯·库兰、［美］米切尔·古尔维奇编：《大众媒介与社会》，杨击译，华夏出版社 2006 年版，第 71—72 页。

第四篇

概念、理论篇

传播学的基本概念、理论是支撑传播学科的基本框架，初学者通过前述几篇内容对传播学经典人物、著作及学派有了初步了解之后，本篇将以"传播"为核心，根据传播活动展开的逻辑环节，逐一介绍相关的概念和理论。本书系导读教程，对每章概念、理论不作深入讲解，以词条的形式将其核心内容呈现出来。为使本书内容更精准，相关概念和理论的介绍编者不敢缪写，相关内容主要借鉴国内外主流传播学教材的论述，在此特别说明，并表示谢意。这些书分别是：郭庆光著《传播学教程》（中国人民大学出版社 1999 年版）、邵培仁著《传播学》（高等教育出版社 2000 年版）、李彬著《传播学引论》（新华出版社 2003 年版）、张国良著《传播学原理》（复旦大学出版社 2009 年版）、施拉姆等著《传播学概论》（中国人民大学出版社 2010 年版）、德弗勒等著《大众传播学诸论》（新华出版社 1990 年版）、斯蒂文·小约翰：《传播理论》（中国社会科学出版社 1999 年版）、斯坦利·巴兰等著《大众传播理论：基础、争鸣与未来》（清华大学出版社 2001 年版）等。

第一章　传播和传播学

一　传播的概念

（一）社会学和信息科学的视角

传播——即社会信息的传递或社会信息系统的运行。这是国内学者郭庆光对传播的界定，被学界普遍接受。这一定义还需从以下几个方面理解。第一，社会传播是一种信息共享活动。第二，社会传播是在一定社会关系中进行的，又是一定社会关系的体现。第三，从传播社会关系性而言，它又是一种双向的社会互动行为。第四，传播成立的重要前提之一，是传受双方必须要有共通的意义空间。第五，传播是一种行为、是一种过程，也是一种系统。

（二）"共享"说

传播源于拉丁文 Communicare 的意思："使共同"。亚历山大·戈德的定义是：传播"就是使原为一个人或数人所有的化为两个或更多人所共有的过程"，即是对一组告知性符号采取同一意向。

（三）"影响"说

美国传播学者霍夫兰、贾尼斯等人认为：传播是指某个人（传播者）传递刺激（通常是语言的）以影响另一些人（接受者）行为的过程。此类定义强调了传播者传递信息的目的性和影响性，把传播者目的的实现和受者行为的改变看作是一切传播的基本特征，并据此检测传播活动进行了没有和进行得怎样，而忽视了人类传播活动中还有一些信息并不以向受者施加影响为目的。

（四）"反应"说

这类定义吸收了心理学中刺激—反应论的观点，其含义极为广泛和模糊。理兹的定义是，传播"是一个透过对讯息（不管是语文或非语文、记号或符号）的传达，能使接受者引起反应的过程。"此类定义强调传播的广泛性和受者反应的必然性的同时，抛弃了传播的社会性和受者的能动性。

（五）"互动"说

格伯纳①认为，传播就是"通过讯息进行的社会的相互作用"。罗维克等人也认为，传播就是"在互动的情境中，有讯息价值的所有活动"。这类定义借用社会学术语，强调了传播者与受传者之间通过信息传播相互作用、相互影响的双向性和互动性。

（六）"过程"说

希伯特认为，"传播的确可视为一个过程，过程就是一系列的活动及运行永远向着一个特定的目标在行动。传播不是一个被时间和空间所固定的静止的实体。传播是一个恒动过程，用以运送意义，传递社会价值，并分享经验"。定义强调了信息由传播者经媒介流向受传者这一过程的完整性和连续性，它要求传播有始有终，而且传播的效果最终能显示出来。

208

---

① 乔治·格伯纳，美国传播学者，曾提出"涵化理论"等，代表作有《对传播总模式的研究》等。

二　传播的类型

根据传播范围的大小，将传播分为人内传播、人际传播、组织传播、大众传播、跨国传播等。

（一）人内传播

1. 人内传播的概念

也称内向传播、内在传播或自我传播，指的是个人接受外部信息并在人体内部进行信息处理活动，是人们头脑里"主我（I）"和"客我（Me）"之间的信息交流活动。由于这些传播都是在人的内心完成的，因此，内向传播基本上属于心理学研究范畴。人内传播既是人的自我需要，也是人的社会需要，它是人类最基本的传播活动，是人类一切传播活动的前提和基础。

2. 作为能动的意识和思维活动的人内传播

能动的意识和思维活动是人内传播区别于其他动物体内传播的根本特点。从辩证唯物主义观点看，人内传播是人内部的意识、思维或心理活动，由以下主要环节或要素构成：感觉——分为视觉、听觉、嗅觉、味觉、触觉等。感觉是人通过眼、耳、鼻、舌、身等感官对事物的个别信息属性如颜色、形状、声音、气味、软硬、凉热等做出的反映，是人内传播的出发点。知觉——感觉的集合，或在感觉的基础上对事物的分散的个别信息属性进行的综合。知觉的过程，就是对事物整体的感性信息进行综合把握的过程。例如，人们对蕃茄这种蔬菜的知觉，就是对蕃茄的外形、颜色、味道等各种单一的感性信息属性的综合认知。表象——记忆中保存的感觉和知觉信息在头脑中的再现。如人们以前曾接触过蕃茄，头脑中就会留存关于蕃茄的各种特性的记忆，以后再提及蕃茄时，头脑中也会再现蕃茄的形象或映象，这就是表象。概念——对同类事物的共同的、一般属性的认识。概念包括外延和内涵，前者是同类事物的范围或集合，后者是对同类事物特征和本质属性的认识。概念是思维的细胞和工具，有了概念，人类才能进

209

行抽象思维。判断——对事物之间的联系或关系进行定性的思维活动，它是在驾驭表象和对概念进行分析的基础之上产生的。在传播学中，判断意味着对思考的对象事物有所断定和做出结论，这是人们决定态度和行为决策的基础。推理——从已知的事物属性和关系中推导出未知的属性和关系的思维活动。推理是在判断的基础上进行的，在若干个判断之间建立或发现合乎逻辑、合乎规律的关系，得出新的判断和结论，就是推理的过程。

3. 作为社会心理过程的人内传播

人的自我并不是封闭的和孤立的，它是在与他人的社会联系中形成的，自我具有鲜明的社会性和互动性。

（1）米德的"主我与客我"理论。

最早从传播角度对人的自我意识及其形成过程进行系统研究的是美国社会心理学家 G. H. 米德。米德在研究人的内省活动时发现，自我意识对人的行为决策有着重要的影响。自我可以分解成相互联系、相互作用的两个方面：一方是作为意愿和行为主体的"主我"（I），它通过个人围绕对象事物从事的行为和反应具体体现出来；另一方是作为他人的社会评价和社会期待之代表的"客我"（me），它是自我意识的社会关系性的体现。换句话说，人的自我是在"主我"和"客我"的互动中形成的，又是这种互动关系的体现。钟先生既是一位法官，又是一个丈夫和父亲，在社会生活中扮演着各种各样的角色。他非常喜欢唱歌，并想当一个业余歌手。但是，在他就此事做出某种决定之前，他要经过一番考虑：当歌手是否符合一个法官、丈夫和父亲的形象？同事、妻子、孩子、朋友对此事会如何评价？他们对我的角色期待是什么？如此等等。经过这些考虑，钟先生最终做出了决定：当歌手或者放弃这种想法。不管这种决定的性质如何，这个决定都是钟先生自己做出的，它表现了"主我"的作用，然而，这个"主我"并不是一意孤行的，相反，它是对各种社会关系之体现的"客我"的反映。

米德认为，人的自我意识就是在这种"主我"和"客我"的辩证互动的过程中形成、发展和变化的。"主我"是形式（由行为反应表现出来），"客我"是内容（体现了社会关系的方方面面的影响）。"客我"可以促使"主我"发生新的变化，而"主我"反过来也可以改变"客我"，两者的互动不断形成新的自我。

（2）布鲁默①的"自我互动"理论。

对人内传播社会性和互动性的另一个理论阐诠释就是现代象征互动理论的集大成者 H. 布鲁默的"自我互动"理论。布鲁默在他的代表作《象征互动论》一书中提出，人能够与自身进行互动——自我互动（self interaction）。他认为，人是拥有自我的社会存在，人在将外界事物和他人作为认识对象的同时，也把自己本身作为认识的对象。在这个过程中，人能够认识自己，拥有自己的观念，与自己进行沟通或传播，并能够对自己采取行动。布鲁默认为，这种与自身的互动——"自我互动"在本质上来说是与他人的社会互动的内在化，也就是与他人的社会联系或社会关系在个人头脑中的反映。然而，个人又不是原封不动地接受这些他人对自己的期待，在人内传播的过程中，个人会沿着自己的立场或行为方向对他人期待的意义进行能动的理解、解释、选择、修改、加工，并在此基础上重新加以组合。经过这个自我互动的他人期待已不是原来意义上的他人期待，它所形成的自我也不是原来意义上的自我，而是一个新的行为主体。

（3）内省式思考——人内传播的一种形式。

人内传播常常以人对自己的反思活动表现出来，即内省。内省是一种重要的人内传播形式，通常可分为两种，一种是日常的、长期的自我反思活动，它以完善个人的品德和行为为目的，具有明显的长期目标性和连贯性。另一种是短期的、以解决现实问题为目的的自我反思活动，称为"内省式思考"。内省式思考并不发生在日常生活的每时每刻，只有在一个人遇到困难、障碍等新的问题状况，既有的行为方式是否适用难以做出判断之际，才会活跃起来。内省式思考并不是一个封闭的的过程，它与周围的社会环境、他人有着密切联系。这个过程也是一个重新构筑自我与他人关系的过程，因此，内省式思考的

211

---

① H. 布鲁默（1900—1987），美国社会心理学家，符号互动论的提出者。代表作《象征互动论》等。

过程也是一个社会过程。

米德认为，内省式思考不仅是一个横向的社会过程，而且是一个将过去和未来联系起来的、纵向发展和创造的过程。也就是说，在这种活动中，个人会把迄今为止有关该问题的所有社会经验和知识积累（作为有意义的象征符而保存在头脑中的记忆信息）全部调动起来，对它们的意义重新进行解释、选择、修改和加工，在此基础上创造出与新的状况相适应的新的意义和行为。因此，内省式思考也是超越既有意义开创新意义、超越既有行为方式开创新的行为方式，与人的未来发展密切相关的一种活动。人内传播，在本质上是人的社会关系和社会实践的反映。

（二）人际传播

1. 人际传播的概念

人际传播指两个或两个以上的人之间借助语言和非语言符号互通信息、交流思想感情的活动，也可理解为由两个个体系统相互连接组成的新的信息系统。人际传播是传播者与受传者之间的信息互动过程，是人际关系得以建立、维持和发展的润滑剂。

2. 理解人际传播

人际传播是一种最典型的社会传播活动，通常表现为两种形式，一种是面对面的传播，另一种是借助某种有形的物质媒介（如信件、电话等）的传播。对人际传播特点和社会功能的把握，可以帮助我们全面理解这一概念。人际传播，尤其是面对面人际传播具有以下特点：第一，传递和接收信息的渠道多，方法灵活。第二，人际传播的信息的意义更为丰富和复杂。第三，人际传播双向性强，反馈及时，互动频度高。第四，与其他传播类型相较，人际传播属于一种非制度化的传播。也就是说人际传播是建立在自愿和合作基础上的活动，传播关系具有自发性、自主性和非强制性。它的基本功能是：协调人际关系；交流思想感情；统一社会态度；支配他人行动等。

3. 库利的"镜中我"

库利的"镜中我"概念最早出现在他 1909 年出版的《社会组织》

一书中。他提出，人的行为在很大程度上取决于对自我的认识，而这种认识主要是通过与他人的社会互动形成的，他人对自己的评价、态度等，是反映自我的一面"镜子"，个人透过这面"镜子"认识和把握自己。因此，人的自我是在与他人的联系中形成的，这种联系包括三个方面：第一，关于他人如何"认识"自己的想象。第二，关于他人如何"评价"自己的想象。第三，自己对他人的这些"认识"或"评价"的情感。库利认为，传播特别是初级群体中的人际传播，是形成他所谓"镜中我"即"社会我"的主要机制。

（三）组织传播

1. 组织的概念

组织是个内涵较丰富的概念，从广义上来说，泛指一切人类共同活动的群体，包括家庭、家族等初级社会群体。在狭义上说，组织是指人们为了实现某种共同目标，将其行为彼此协调与联合起来所形成的社会团体。[①] 组织区别于一般松散群体的主要标志，是看这个群体中是否有一个统一的指挥或管理系统，凡是具有中枢指挥或管理系统的群体，都属于组织的范畴，比如政党、军队、企业、社团等。组织还具有以下结构特点，以保证其组织目标的实现。第一，专业化的部门分工。第二，职务分工和岗位责任制。第三，组织系统的阶层制或等级制。

2. 组织传播

所谓组织传播，就是以组织为主体的信息传播活动。它包括两个方面：一是组织内传播，二是组织外传播。组织传播作为人类传播的一种类型，既有与其他传播类型相通的共性，也有其他传播类型所不具有的特点，可以说，组织传播的特性，完全由组织的特性所决定。

213

3. 组织内传播的渠道

组织内传播通常分为正式渠道和非正式渠道。正式渠道，指的是信息沿着一定组织关系（部门、职务、岗位及其隶属或平等关系）环

---

① 郑杭生主编：《社会学概论新修》，中国人民大学出版社 2003 年版，第 192 页。

节在组织内流通的过程。包括以下三种。

（1）下行传播。

即有关组织目标、任务、方针、政策的信息，自上而下得到传达贯彻的过程。它是一种以指示、教育、说服和灌输为主的传播活动。

（2）上行传播。

指的是下级部门向上级部门或部下向上司汇报情况，提出建议、愿望与要求的信息传达活动。

（3）横向传播。

指的是组织内同级部门成员之间互通情况、交流信息的活动，其目的是为了相互之间的协调和配合。

除上述正式渠道外，组织内传播还有非正式渠道，主要表现为两种形式：一是组织内的人际传播，如工作之余的各种私人交往等；二是非正式的小群体传播，如自发成立的兴趣小组等。组织内传播也是通过多种多样的媒体或形式进行，主要包括：书面媒体、会议、电话、组织内公共媒体及计算机通信系统等。

4. 组织外传播

组织外传播的过程，是组织与其外部环境进行信息互动的过程，它包括信息输入与信息输出两个方面。信息输入，是组织为进行目标管理和环境应变决策而从外部广泛收集和处理信息的活动。组织的信息输出活动包括多种形式，从广义来说，组织的任何与外部有关的活动及其结果都带有信息输出的性质，比如，企业销售的产品、年度财报、企业员工的形象等。以现代企业为例，组织体有目的、有计划地开展的宣传活动，都可视为信息输出活动。主要包括：公关宣传、广告宣传和企业标识系统等

（四）群体传播

1. 群体的概念

群体的含义十分广泛，社会学家郑杭生认为，广义的群体，泛指一切通过持续的社会互动或社会关系结合起来进行共同活动，并有着共同利益的人类集合体；狭义的群体，指由持续的直接的交往联系起

来的具有共同利益的人群。① 群体通过以下特征与其他社会人群区分：第一，有明确的成员关系；第二，有持续的相互交往；第三，有一致的群体意识和规范；第四，有一定的分工协作；第五，有一致行动的能力。日本社会学家岩原勉认为，群体有两个本质特征，一是目标取向具有共同性；另一是具有以"我们"意识为代表的主体共同性。

群体有重要的社会功能，简言之，群体是将个人与社会相联结的桥梁和中间纽带。它的社会功能可从社会和个人两方面展开。对社会而言，群体有助于社会秩序的维持，使社会秩序的连续性得到保证；通过社会分工与协作，将分散的个人力量集结起来，能够完成个人所不能完成的社会工作和事业。对个人而言，群体是满足个人需求的重要手段；是个人的信息来源和社会安全感的提供者；是个人表现和实现自我的场所与手段。

2. 群体传播

群体传播是指群体成员之间和群体间进行的信息沟通活动，是数量不等的人群按照某种会聚的方式在一定的场所进行信息交流。②

3. 群体传播的内部机制

（1）群体意识。

群体意识，就是参加群体的成员所共有的意识。它包括：关于群体目标和群体规范的合意；群体感情，这里不仅指由各成员的密切接触和协作而产生的成员间的个人感情，更指群体成员主观境界的融合（精神上的一体化）所产生的"我们"感情；群体归属意识，即群体成员因从群体活动得到某种程度的需求满足而对群体所产生的认同感。群体传播形成群体意识，群体意识一旦形成，会对群体传播产生重要的影响，主要体现在对成员个人的态度和行为的制约作用上。

（2）群体规范。

群体规范指的是成员个人在群体活动中必须遵守的规则，在广义

215

---

① 郑杭生主编：《社会学概论新修》，中国人民大学出版社 2003 年版，第 147 页。

② 刘建明主主编：《宣传舆论学大辞典》，经济日报出版社 1992 年版，第 327 页。

上也包括群体价值，即群体成员关于是非好坏的判断标准。群体规范对群体传播有重要作用，主要表现在能将群体内的意见分歧和争论限制在一定范围之内，用于排除偏离性的意见，以保证群体决策和群体活动的效率。同时，群体规范对来自群体外的说服活动效果亦有重要影响：第一，如若宣传观点与群体规范一致时，群体规范可以推动成员对观点的接受，起到强化和扩大说服效果的作用；第二，如若宣传观点与群体规范不一致时，群体规范则阻碍成员接受对立观点，使说服效果发生衰减。

（3）群体压力。

指群体中的多数意见对成员中的个人意见或少数意见所产生的压力。在面临群体压力的情况下，个人和少数意见一般会对多数意见采取服从态度，这是群体活动的一个基本原则，它不仅是群体保持协调统一的前提，也是人的社会合作性的体现。

（4）信息压力和趋同心理。

信息压力指个人把团体看作信息源，在所获得的信息中，因不了解具体情况而产生的一种压力。具体来说，指一般人在通常情况下会认为多数人提供信息的正确性概率要大于少数人，基于这种信念，个人对多数意见会持较信任的态度。趋同心理，指的是个人希望与群体中多数意见保持一致，避免因孤立而遭受群体制裁的心理。

4. 集合行为中的传播机制

集合行为又称为集体行为，大众行为。它是指一种人数众多的自发的无组织行为。通常具有以下特征：人数众多；无组织性；行为者相互依赖。[1] 集合行为常常表现为群集、恐慌、流言、骚动等形态。集合行为是一种自发的反常现象，但它的产生需要一定条件，通常以下要素会引发集合行为：第一，结构性压力。如自然灾害、经济萧条、失业、物价不稳、社会不公、政治动荡等结构性因素都是产生集合行为的温床。第二，触发性事件。通常某些突发事件或突然的信息刺激可能引起集合行为。如某种恶性疾病的流行的流言可能导致恐慌情绪

---

① 郑杭生主编：《社会学概论新修》，中国人民大学出版社 2003 年版，第 96 页。

的蔓延等。第三，正常的社会传播系统功能减弱，非常态的传播机制活跃化。从传播角度看，控制集合行为的有效措施，在于消除它产生的条件。

（1）群体暗示。

暗示指的是一种传播方式，即不是通过直接的说服或强制，而是通过间接的示意使人接受某种观点或从事某种行为。集合行为中的暗示，指参加者处于亢奋、激动的精神状态，这种状态易使他对周围的信息失去理智的分析批判能力，表现为一味的盲信和盲从。

（2）群体感染。

指某种观念、情绪或行为在暗示机制的作用下以异常的速度在人群中蔓延开来的过程。在集合行为中，个人的文明程度降低，理性思考和自我控制减弱甚至消失。在感染的作用下，个体会被一时冲动所主宰，卷入非理性的狂乱中。[1]

（3）模仿理论。

法国社会心理学家塔尔德，试图用"模仿"来解释集合行为。他认为，当人们面临突发事件时，他们往往会处于丧失理智的状态，失去自我控制能力，出现哭泣、吼叫、模仿等简单的初级行为。此时他们便会本能地彼此模仿，力求与在场的多数人的行为一致，由此导致集合行为的产生。[2]

（4）匿名理论。

匿名理论认为，在集合行为中个体之所以会做出他平时很少出现甚至根本没有做过的越轨行为，是因为他处于匿名状态，没有明确的个人标志，不必承担破坏规范的后果，由此而产生责任分散的心理。[3]

（5）流言。

集合行为的信息流动呈现出一种异常状态，它的主要信息形式是流言。所谓流言，是一种信源不明、无法得到确认的消息或言论，通

---

① 郑杭生主编：《社会学概论新修》，中国人民大学出版社 2003 年版，第 141 页。

② 同上。

③ 同上书，第 142 页。

常发生在社会环境具有较高的不确定性，而正规的传播渠道不畅通或功能减弱的时期。美国心理学家奥尔波特提出了一个流言流通量公式，他认为，在一个社会中，"流言的流通量，与问题的重要性（importance）和涉及该问题的证据暧昧性（ambiguity）之乘积成正比"。这句话改写成公式即：

R＝I×A（流言流通量＝问题的重要性×证据的暧昧性）

（6）谣言。

谣言是从不知名的来源发生、通过非正式的途径而传播的信息。往往是人们在对于某一广泛关心的事件情况不明，没有确切的事实根据的情况下，利用集体想象构造出来的。[①]

（五）大众传播

即职业的传播者和传播机构运用先进的传播技术和产业化的手段，通过大众传播媒介（如报纸、广播、电视、电影等），以社会上一般大众为对象而进行的大规模的信息生产和传播活动。

1. 理解大众传播

大众传播相较于其他传播类型，具备以下特点：第一，大众传播的传播者是专业化的媒介组织。第二，大众传播必须运用并依靠先进的传播技术和产业化的手段。第三，大众传播的受众并不特指社会的某个阶层或群体，而是指社会上所有的"一般人"。第四，大众传播的产品既有商品属性，又具有文化属性。第五，从传播的属性看，以报刊、广播、电视为代表的大众传播，是单向性很强的传播活动。第六，大众传播是被纳入社会制度的社会传播。

2. 大众传播的社会功能

（1）拉斯韦尔的"三功能说"。

传播学四大先驱之一的拉斯韦尔早在1948年发表的名篇《传播在社会中的结构与功能》一文中就将传播的社会功能概括为三个方面：第一，监视环境。帮助人们监控、了解、把握并适应内外环境的变化。

---

① 郑杭生主编：《社会学概论新修》，中国人民大学出版社2003年版，第143页。

第二，协调社会。联络、协调和统一社会各组成部分之间的关系。第三，传承社会遗产。传承前人知识、经验和智慧。他的这一论述被称为传播的"三功能说"，他认为，上述三项功能是包括人际传播、群体传播、组织传播和大众传播在内的一切传播活动的基本功能，大众传播当然具备这些作用，并有突出表现。

（2）赖特的"四功能说"。

美国学者 C. R. 赖特于 1959 年发表《大众传播：功能的探讨》一文，在拉斯韦尔"三功能说"的基础上对其进行了补充和完善，围绕大众传播的社会功能问题提出了"四功能说"：第一，监视环境。一方面用来警戒外来威胁，另一方面用以满足社会常规性活动的信息需要。第二，解释与规定。大众传播所传达的信息中通常伴随着对事件的解释，并提示人们应该采取什么样的行为反应，其目的是为了向特定方向引导和协调社会成员的行为，与拉斯韦尔的"社会协调"的含义是一致的。第三，社会化。大众传播具有传播知识、价值及行为规范的作用，也被一些学者称为大众传播的教育功能。第四，提供娱乐。大众传播中相当一部分内容是为了满足人们精神生活的需要。

（3）施拉姆对大众传播社会功能的概括。

施拉姆在 1982 年出版的《男人、女人、讯息和媒介》（中译本名为《传播学概论》）一书中，把大众传播的社会功能概括为三个方面：政治功能、经济功能和一般社会功能。政治功能即是拉斯韦尔提出的环境监视、社会协调和遗产传承；一般社会功能则把社会控制、规范传递、娱乐等归入其中；经济功能，是施拉姆的特别贡献，他指出，大众传播通过经济信息的收集、提供和解释，能够开创经济行为。

（4）拉扎斯菲尔德和默顿的功能观。

关于大众传播的社会功能，还有学者从其他角度提出了一些观点，比较有代表性的是，拉扎斯菲尔德和默顿在 1948 年发表的《大众传播、通俗口味和有组织的社会行动》一文中，阐述了大众传播的以下三种功能：第一，社会地位赋予功能。凡经大众传媒广泛报道的现象、观点、商品、团体乃至人物或社会活动，都会成为社会瞩目的焦点，获得很高的知名度和社会地位。第二，社会规范强制功能。大众传媒的公开性可使偏离社会规范和公共道德的行为置于公众视野，使之受到强大的社会压力，从而起到强制遵守社会规范的作用。第三，作为负面功能的"麻醉作用"。大众传媒每天提供海量的表层信息和通俗娱乐，人们过度沉溺其中，不知不觉会失去社会行动力，而满足于"被动的知识积累"。

（六）国际传播

即主要通过大众媒介进行的不同国家社会系统间的、跨越民族国家界限的信息传播活动，包括由内向外和由外向内两种传播方向，它与政治有着极为密切的关系，是一种由政治所规定的跨国界传播。

（七）全球传播

是国际传播的扩大和发展，以整个地球世界为范围的传播。

三　传播学

（一）传播学的定义

传播学是一门独立的新兴学科，致力于探索和揭示人类传播的本质和规律，是传播研究者在最近几十年对人类传播现象和传播研究成果进行系统分析和有机整合而发展成的知识体系。

220

（二）传播学的研究对象

传播学是一门独立的新兴学科，其独特的研究对象是它区别于相邻学科的重要依据。关于传播学的研究对象，目前学界主要有以下几种表述：第一种，把错综复杂、包罗万象的人类信息传播活动当作研究对象。第二种，把人与人的关系及人是怎样相互建立联系的，当作研究对象。第三种，把传播过程当作研究对象。学者郭庆光认为，传播学的研究对象不是别的，是社会信息系统本身，传播学是研究社会信息系统及其运行规律的科学。

（三）传播学的知识层次

按照国内学者邵培仁的看法，传播学可依据知识的构成或抽绎层次，分为：理论传播学、历史传播学、实用传播学和边缘传播学。

理论传播学的研究重点是人类传播的基本原理和基本规律，在此基础上，总结人类传播的基本经验，并运用判断和推理的逻辑程序建立与宏观对象一致的概念和范畴体系。

历史传播学和实用传播学主要是运用理论传播学的原理和方法去研究人类传播的发生、发展历程，指导、评估和推动现实中各类具体的传播活动。

边缘传播学是传播学向外扩张的产物和对外联姻的结晶。比如传播美学、传播哲学、政治传播学、艺术传播学、传播心理学、传播伦理学等。

（四）传播学的理论框架

关于传播学的理论框架，不同的学派和学者因研究视角的差异会有所不同，本书借鉴国内学者邵培仁的观点，依据传播要素和研究内容的特点与关系，按宏观、中观、微观递进的顺序，构建了八大理论板块。

1. 传播科学论

这是对传播学研究对象、范围、体系和意义的宏观认识，包括对传播现象表层研究的深层挖掘，对现象描述的理论升华，对所借鉴理论的本土化探索。

2. 传播过程论

这是对人类传播的特性、模式、分类、功能和原则等基本问题的中观认识，也是对人类传播静态特征和互动因素的高度概括。这部分囊括了传播学最基本的研究问题和认识对象。

3. 传播主体论

这是对传播活动的行为主体——信息发出者的形貌特点、传播机

221

制、调控形态等的认识，可从多学科多角度来研究。

4. 传播客体论

这是对人类传播的内容或信息的认识。信息是传播者与受传者互动过程的核心，是两者相互作用的对象。

5. 传播载体论

这是对传播符号和传播媒介（合称传播载体）的研究。符号是表达特定意义的形式或手段，而媒介是直接为接受者传递或运载特定符号的物质实体。

6. 传播对象论

这是对传播活动中行为的接受者的研究，主要是把握其特性、动机、需求及接受机制。接受者在规模和特性方面会有差异，研究亦可在不同层面展开。

7. 传播方法论

这是对传播活动中的传播技巧、传播策略等具体操作行为的研究，包括传播规律和功效的研究，是传播学研究的一个重要课题。

8. 传播环境论

这是对传播系统外部的社会环境的研究，包括环绕、置放在传播活动周围的情况和条件的认识。可以将之理解为特定的研究视角，并注意把它与媒介环境学派进行区分。

第二章　传播的符号、意义

人类的传播活动在本质上是一种信息流通，信息是符号和意义的统一体。信息首先表现为符号，可以说符号是信息的外在形式或物质载体，意义则是信息的精神内容。

一　符号

符号是人类传播的要素，独立于传播活动的参加者之外。它是传播活动赖以进行的外在凭借，可以说是传播活动的开端。那么什么是符号？怎样理解？

（一）符号的定义

符号的概念在不同领域有不同的含义，在传播学中，符号的含义极为广泛。符号可以理解为负载或传递信息的基元，表现为有意义的代码及代码系统，如声音、图形、姿态、表情等。[①] 简言之，符号是信息的外在形式或物质载体，是信息表达和传播中不可缺少的一种基本要素。需要注意的是，符号不是人类社会独有的现象，从人类的符号系统看，声音语言是人类掌握的第一套完整的听觉符号体系，文字是人类创造的第一套完整的视觉符号体系，文字是声音语言的再现和延伸，可以将其称为语言符号体系。

---

① 李彬：《传播学引论》，新华出版社 2003 年版，第 105 页。

（二）符号的分类

符号现象在现实生活中以极其多样的形式表现和分布，许多学者都提出了分类方法，对其进行分类、整理。美国符号学创始人皮尔斯曾把符号分为 10 大类，66 种，可谓详尽、完整；美国符号学家迪利凯还绘制了符号研究的分类图，构建了庞大、精细的符号体系。为避免烦琐，本书采纳国内学者郭庆光的观点，用一种简单的二分法，即把符号分为信号和象征符两大类。

1. 信号

德国学者 E. 卡西尔认为："信号具有物理性质"。S. K. 兰格尔认为"信号是对象事物的代替物"。可从以下方面来理解信号：第一，信号与其表示的对象事物之间具有自然的因果性，从这个角度看，一切自然符号都是信号。第二，信号与其表示的事物之间通常具有一对一的固定对应关系。

2. 象征符

象征符具人类语义性质，是对象事物之表象的载体。具有以下性质：第一，象征符必须是人工符号，是人类社会的创造物；第二，象征符不仅能够表示具体的事物，而且能够表达观念、思想等抽象的事物；第三，象征符并非靠遗传所得，而是通过传承、通过后天学习来获得；第四，象征符是可以自由创造的，其指代的对象事物之间不需要有必然的联系，它们的关系具有随意性。语言可视为一种典型的象征符体系。

224

（三）语言符号

语言是人类最基本的符号体系。传播学将人类使用的符号体系分为语言符号和非语言符号两大类。

语言符号包括语言与文字两种类型，即口头语言和书面语言。口头语言是人类最基本、最主要的符号。语言产生于人们的交流动机，是用于表达事物的直接符号。文字最初只是作为一种保障经济正常运行的手段，用以记录仓库储货，并不是主要作为传播的基元而存在。

文字是间接符号，是代表符号的符号。

1. 柯日布斯基的普通语义学

语义学是专门研究语言符号的意义的学科，由柯日布斯基创立的普通语义学对传播学有较大的意义。柯日布斯基系波兰籍美国哲学家，1938 年创立普通语义学研究所，主讲普通语义学，代表作有《科学与精神健全：非亚里士德体系和普通语义学概论》（1933 年）。柯日布斯基认为，人不同于动植物的特点是有语言，并以此连接时间，从而把经验代代相传，创造出全部人类文化成果。他在书中提出三个所谓"保护个人不上当受骗和自欺欺人"的普通语义学原理：第一，非等同原理。即世上没有各方面完全等同的两个事物，且由于变动不居，事物本身也不等同。第二，非全原理。即任何一个事物均有无数特点，非人所能说完全。第三，自身反映原理，即表达离所表达的事物愈远，价值就愈小。①

2. 语言的陷阱

普通语义学着重于研究日常生活中人们对语言的使用情况，认为人们在使用语言时忽略某些被称之为语言陷阱的问题，会导致传播的偏差。第一种，语言是静态的，实际是动态的。人们用静态的语言表现动态的事物。事物的运动性和语言的静止性这对矛盾，使语言无法充分展现事物的面貌及其变化过程。第二种，语言是有限的，实际是无限的。语言中的词汇量是有限的，现实中的事实却具有无限可能，语言永远无法描绘出事物的本真面貌，不可能把实际的发展情况说得十分精确。第三种，语言是抽象的，实际上是具体的。抽象是语言的重要而实用的特征，然而，语言越抽象，同实际事物的距离就越远，就越容易产生歧义和误解。当然，普通语义学所谓的语言陷阱有一定局限性，它只抓住事物的一个方面忽视了另一个方面，观点显得片面而机械。

3. 语言失当

普通语义学还指出几种常见的语言失当。

225

---

① 李彬：《传播学引论》，新华出版社 2003 年版，第 109 页。

（1）死线抽象。

这一术语，出自温德尔·约翰逊，它是指人们只在语言"抽象阶梯"的某一级上使用语言，把语言死钉在某一抽象水平线上。这条线可能是一条抽象程度很高的线，比如运输工具；也可能是抽象程度很低的线，比如货车。不管是高是低，只要紧盯在一条抽象线，就叫死线抽象。

（2）忽视差异。

指人们在使用语言表达事物时只顾整体的一致，而不顾个体的差异。比如"书上说的全是扯淡"。

（3）非此即彼。

这原本是一种极端化的思想方式，只看两个对立的极端，不管两个极端之间的过渡性层次。这种极端的思维方式由于语言中常常只有两个对立字眼而更趋强化，非此即彼的语言往往易把人们引入歧途。

（4）自我投射。

指人们在用语言表述事物时，会不自觉地将自己的主观认识投射到客观事物上。换言之，自我投射表面上在陈述实际情况，实际上却是在表达主观印象，并且这种对自我感受的表达是不自觉的，无意识的。

（四）非语言符号

非语言符号是指除语言之外的其他所有传播信息的符号，一般包括鼓声、烽火、标志、图像、手势、表情、姿态、病症、口哨、气味等。[①] 在人类传播中，很大一部分信息是从非语词的信号中得到的。以研究体语交流著称的学者雷·伯德惠斯托认为，两人面对面交流时，65％的"社会含义"是非语言传播。在语言学家萨丕尔笔下，非语言传播是"一套精致的代码，未见诸文字，无人通晓，但人人都能意会"。由此可见非语言符号的重要性，它同语言符号一起共同成为人类传播的意义载体。根据国内学者李彬的观点，非语言符号大体上可

226

---

① 李彬：《传播学引论》，新华出版社 2003 年版，第 117 页。

分为三类，一是体语，二是视觉性的非语言符号，三是听觉性的非语言符号。

1. 体语

又称"身体语言"或"行为语言"，指以身体的动作或姿态表达意义的方式。体语在人际传播中大量使用，其功能越来越重要。一般而言，体语有三种类型：一是动态的动作。通常是用身体某一部位的动作来表情达意，这类体语在传播活动中司空见惯；二是静态的姿势。这是人体处于静态时身体自身的状貌，也能传播多种多样的信息。除此之外，附属于人体的穿着打扮，如帽子、头巾、衣服等，也是体语的姿势，也能传播某种信息；三是有声无义的"类语言"。是某种类似语言的符号，可以理解为人发出的没有固定意义的声音。

2. 视觉性非语言符号

依靠人们的视觉官能获得信息的非语言符号，有象征型和实义型两种。象征型往往代表一种抽象的意义，是特定文化的结晶与标志，蕴含着丰富的情感内容。如伊斯兰教的新月、基督教的十字等。实义型符号是用简洁明了、形象直观的方式表达某种比较确定的意义。如现代的公路路标等。

3. 听觉性非语言符号

指诉诸于人的听觉的非语言符号，如口哨、汽笛、乐声等。

（五）符号的功能

关于符号的功能，学界的表述有一些差异，有六功能说，有三功能说等，据其实质看，基本是从三方面认识符号在人类传播中的作用。本书采纳国内学者郭庆光的观点，他认为，符号的基本功能有三个方面：一是表述和理解功能。人际传播的主要目的是交流意义，也就是说交流精神内容。人与人的传播活动首先表现为符号化和符号解读的过程。即传播者先将自己要传递的讯息或意义转换成语言、声音、文字或其他符号，继而传播对象再将接收到的符号加以阐释和理解。这个过程就是表述和理解功能的实现过程；二是传达功能。指的是接受

227

者通过对符号的解读获得对客观世界的间接认识。人类文明和经验、智慧的成果依靠符号来巩固、储存，使之在时间和空间中得到保存和传播；三是思考功能。即引发思维活动，思维首先是内在的信息处理过程，是人脑中与外部信息相联系的内在意识活动。思考本身就是一个操作符号并在各种符号间建立联系的过程。思维离不开语言，离不开符号。

（六）符号互动

人类传播是一个以信息为媒介的社会互动过程。信息是由符号和意义构成的，符号是意义的载体和外在形式，从这个角度看，人的传播互动首先表现为符号互动。在此，介绍国内外学者关于符号互动的相关理论和概念。

1. 象征互动论

又称为"符号互动论"，最早是由美国社会心理学家 G. H. 米德形成其基本思想，后经布鲁默等人进一步发展，正式提出。布鲁默认为，符号本身在理解上对每个人来说都有象征意义，因而符号互动又称象征互动。他指出，社会通过符号的相互作用来"塑造"个人，影响个人的自我发展；个人通过符号的相互作用来维持和改造社会。社会中的人们处于一系列"自我"——社会的符号交换和心理象征活动中。①象征互动论的核心问题是考察以象征符（尤其是语言）为媒介的人与人之间的互动关系，它有三个基本前提：第一，人是根据"意义"（关于对象事物的认识）来从事行动的；第二，意义是在"社会互动"的过程中产生的；第三，意义是由人来"解释"的。因此，意义、社会互动、解释，是象征性互动理论的三个主要概念。

2. 编码与译码

编码与译码最早是出现在信息论中的一对范畴，后被施拉姆引用到他所提出的传播模式中，以描述传播过程。在传播学中，所谓编码是指把信息转换成可供传播的符号或代码，具体而言，就是用按一定

228

---

① 刘建明主编：《宣传舆论学大辞典》，经济日报出版社 1992 年版，第 324 页。

规则排列起来的符号序列（码）将信息表示出来的过程。编码的作用
是保证信源发出的信息与信宿得到的信息之间在内容上保持质的同一
性。编码过程包括信源编码和信道编码两项内容。信源编码是将信源
发出的信息变换成对应同构的一个符号序列。信道编码是把经过信源
编码后的符号序列变换成适于在信道中传输的最佳信号序列，如声、
光、电信号等。信道编码一般采用编码设备进行。① 比如在新闻传播
过程中，记者将新闻事实形成文字或录制成影像，是信源编码；稿件
的编辑是编码的简约化、规范化处理（再次编码）；报纸的排版印刷
和广播电视的调制发射是信道编码。所谓译码，就是指从传播符号中
提取信息，是人类利用符号处理信息的方法，是编码的反向过程。在
传播过程中，接受者用译码将以符号或代码所携带的信息还原为本来
信息，从而与传播者共享信息。②

二　意义

信息是符号和意义的统一体，作为信息传播的人类传播，表面是
符号的交流，实质上是交流精神内容，即意义。

（一）理解意义

意义的概念非常抽象，不同学科有不同定义。从传播学角度看，
所谓意义，就是人对自然事物或社会事物的认识，是人给对象事物赋
予的含义，是人类以符号形式传递和交流的精神内容。③ 这个概念含
义极广，包括人类传播交流中的一切精神内容，如意向、意思、意图、
认识、知识、价值、观念等。意义活动属于人的精神活动范畴，但它
却是人的社会存在和社会实践的产物。人们在各种社会实践中，不断
地认识和把握对象事物的性质和规律，并从中抽象出意义。意义本身

229

---

① 刘建明主编：《宣传舆论学大辞典》，经济日报出版社 1992 年版，第 325—326 页。
② 同上书，第 312 页。
③ 郭庆光：《传播学教程》，中国人民大学出版社 1999 年版，第 47 页。

是抽象的和无形的，但可以通过语言以及其他符号得到表达和传递。因此，符号是意义的载体和表现形态。①

（二）符号意义的分类

任何符号都与一定的意义相联系，符号是意义的携带者，这可以称为符号意义。符号意义可以分为以下几种类型。

1. 明示性意义与暗示性意义

明示性意义是符号的字面意义，是意义的核心部分，指某种文化环境中多数社会成员共同使用和有着共同理解的意义，具有相对稳定性；暗示性意义，是符号的引申意义，既包括多数成员共同使用的，也包括特定个人或少数人基于自己的联想而在小范围内使用的，对它的理解较易发生变化。

2. 外延意义与内涵意义

外延与内涵是一对逻辑学范畴，在逻辑学中，符号一般称为概念符号，而概念的意义区分为外延与内涵。外延同内涵一起构成概念的两个重要方面，外延指概念所反映的对象的总和，是概念的量的方面，也就是说，是概念所指的对象范围，它说明概念反映的是哪些事物。任何概念的外延都相对应有一个具有该概念所反映的事物所组成的类。比如"商品"这个概念的外延就是古今中外的所有商品；内涵即概念所反映的对象的特有属性和本质属性。比如"商品"这个概念的内涵就是为交换而生产的产品。

3. 指示性意义与区别性意义

指示性意义是将符号与现实世界的事物联系起进行思考的意义。比如"植物"，它的意义是现实中各种植物的表象或映象。区别性意义是表示两个符号的含义之异同的意义，它通过分析符号间的关系来显示。

230

（三）传播过程中的意义

意义并不仅仅存在于符号本身。在具体的信息传播活动中，参与

---

① 郭庆光：《传播学教程》，中国人民大学出版社 1999 年版，第 48 页。

或介入其中并不只有符号本身的意义，还有传播者的意义、受传者的意义及传播情境所形成的意义等。

1. 传播者的意义

在传播行为中，传播者通过符号来传达他所要表达的意义。然而，可能因为传播者自身的传播技巧、能力、媒介通道等多种因素，传播者发出的符号并不能正确传达他的意图或本意。传播者的意义与符号本体的意义未必是一回事。

2. 受传者的意义

信息接受者对传播者所传达意义的理解或解释。面对同一组符号构成的讯息，不同的人可能会有不同的理解，这说明受传者接受的意义与符号本身的意义同样也未必是一回事。

3. 情境意义

情境在这里指传播情境，即对特定的传播行为直接或间接产生影响的外部事物、条件或因素的总称，它包括具体的传播活动进行的场景，如什么时间、什么地点、有无他人在场等；在广义上，传播情境也包括传播行为的参与人所处的群体、组织、制度、规范、语言、文化等较大的环境。在很多情况下，传播情境会形成符号文本自身所不具有的新意义，并对符号文本的意义产生制约。① 可以说，符号本身是具有意义的，但意义并不仅仅存在于符号本身，而是存在于人类传播的全部过程和环节中。

231

---

① 郭庆光：《传播学教程》，中国人民大学出版社1999年版，第50页。

第三章　传播的结构与模式

20世纪初，瑞士语言学家索绪尔首先在语言学研究中提出"结构"理论，认为语言是一种符号系统，它由内部因素和外部因素构成。所谓结构，指诸要素之间相对稳定的联结关系的总和。[①] 人类的信息传播具有明显的过程性。当人们说传播是一个过程时，主要指的是传播具有动态性、序列性和结构性。所谓"过程"，即事物运动的状态和程序，是对"结构"动态的表述。可以说，这两个概念的意思基本相同，结构侧重于组成要素之间的相互关系，过程侧重于事物的运动状态。

一　传播的基本过程

传播的基本过程，指的是具备传播活动得以成立的基本要素的过程。它的基本要素主要包括以下几个。

（一）传播者

又称信源，指传播行为的发出者，即信息的搜集、加工、制作和传递者，是以发出讯息的方式作用于他人的人。传播者可以是个人，也可以是群体或组织。

---

① 冯契、徐孝通主编：《外国哲学大辞典》，上海辞书出版社2000年版，第709页。

（二）受传者

又称信宿，指传播信息的接受者和使用者，大众传播媒介产品的消费者，是传播过程的终点。受传者并非是被动接收信息的存在，他可以通过反馈来影响传播者和传播过程，是信息传播活动的积极参与者。受传者与传播者的角色也不是一成不变的，在一个传播过程中，一个人既可以是传播者也可以是受传者，两者能够发生角色的转换或交替。受传者可以是个人，也可以是群体或组织。

（三）讯息

是指传播过程中得到传递的东西或发送者借以影响接受者的手段。被视为一种存在于编码之前与解码之后的初始内容。① 讯息通常由一组相互关联的有意义符号组成，能表达某种完整意义。讯息也是一种信息，强调表达完整的意义，它是传播者和受传者进行社会互动的中间介质，通过讯息，两者之间发生意义的交换。

（四）媒介

又称传播渠道、信道、手段或工具。一般指传播媒介、信息传递的载体，是传播者发送信息与受传者接收信息的一个工具，也是联系传播者与受传播者的一条纽带。媒介可以被理解为能使传播活动得以发生的中介性公共机构。广义而言，说话、写作、姿势、表情、服饰、表演与舞蹈等，都能被当作传播的媒介。每一种媒介都能通过一条信道或各种信道传送符码。今天，媒介越来越被定义为技术性媒介，特别是大众媒介。有时它用来指涉传播方式（比如"印刷媒介还是广播媒介"），但更多用于指涉使这些方式成为现实的技术形式（比如收音机、电视机、报纸、书籍、照片、影片与唱片等）。麦克卢汉著名的"媒介即讯息"，就是在这个意义上使用这个词语的。他以此表明，一

233

---

① ［美］约翰·费斯克等编撰，李彬译注：《关键概念——传播与文化研究辞典》（第二版），新闻出版社 2004 年版，第 164 页。

种新技术媒介本身所包含的个人意义与社会意义大于对它的实际使用，电视的存在比起电视节目的内容，意义更为重大。①

（五）反馈

原为电子工程物理学和控制论中的概念，指发出的电波信号的回流。在传播学中，反馈指受传者对传播者所发出的信息的反应。受传者回传给传播者的信息称为反馈信息，传播者通过反馈信息调整传播内容、方式等，以加强针对性，提升传播效果。反馈是体现社会传播的双向性和互动性的重要机制。

二 传播的线性模式

模式，是用来说明事物结构的主观理性形式，是结构主义的一种方法，通常以图形或程式的方式阐释对象事物。模式具有双重性质，第一，它与现实事物具有对应关系，但又不是对现实事物的简单描述，而是某种程度的抽象和定理；第二，模式与一定的理论相对应，又不等于理论本身，是对理论的一种解释或描述，因此，一种理论可与多种模式对应。在传播学研究中，用"模式"说明"理论"的情况非常普遍，有许多研究成果常以"模式"的形态出现。下文将逐一介绍传播学研究中主要模式。

（一）拉斯韦尔的 5W 模式

234

传播学四大先驱之一的拉斯韦尔，早在 1948 年发表的名篇《传播在社会中的结构与功能》一文中，首次提出了构成传播过程的五种基本要素，并按一定结构顺序将它们排列，形成了后来被人们称为的"5W 模式"。所谓 5W，即：谁（who）—说什么（say what）—通过什么渠道（in which channel）—对谁（to whom）—取得了什么效果

---

① ［美］约翰·费斯克等编撰，李彬译注：《关键概念——传播与文化研究辞典》（第二版），新闻出版社 2004 年版，第 162 页。

（with what effects）。这是一个文字模式，也可用图3-1来表示。

传播者	讯息	媒介	受传者	效果
控制分析	内容分析	媒介分析	受众分析	效果分析

图3-1 拉斯韦尔的5W模式

拉斯韦尔"5W"模式的提出对传播学的发展意义重大。首先这个模式第一次比较详细、科学地分解了传播的结构和过程，把人们很熟悉却又无法说清的传播活动明确表述为五个环节和要素，由此，随着对这些要素和环节及其相互关系认识的逐步深入，人们对传播现象和传播活动的研究才渐渐清晰起来。其次，拉斯韦尔的"5W"模式开创了大众传播研究的五大领域。即从5W着眼，划分出5个领域：控制（传播者）分析、内容（讯息）分析、媒介（渠道）分析、受众分析、效果分析。这使得传播学第一次明确界定了自己的研究领域。

5W模式虽有很强的说服力，且对传播学意义重大，但也存在一些缺陷：第一，5W模式是一个典型的线性模式。拉斯韦尔把传播过程看作是一种单向直线式的信息传播过程，虽然他认识到了受传者的反应，却没有提供反馈渠道，忽略了人类传播的双向和互动性质。第二，5W模式割裂了传播过程和社会过程的联系，将人类传播"孤立"在真空中，这与人类传播活动的现实不符。事实上，拉斯韦尔在他的论文中用大量篇幅阐述了传播与社会的关系，并提出了"社会传播"的概念，但5W模式本身对此没有清晰的呈现。第三，作为传播五要素之一的"讯息"，在传播过程中往往会发生变化，这种变化在5W模式中也无法表现。第四，传播的效果，在实际传播过程中并不一定总能体现，也有可能出现无效的情况，也就是说，可能没有传播效果，因此，效果只能是传播的一个环节，而并非是一个要素。

（二）香农—韦弗的数学模式

与拉斯韦尔同一时代的数学家、信息论创始人C.香农和数学家

235

W. 韦弗在 1949 年发表《传播的数学理论》一文，提出了一个传播的过程模式。该模式源于香农在美国贝尔实验室对电话系统信道能力的研究，香农最初的研究目的是改进受电子干扰或噪声影响的电报或电话线上的信息传递。他在研究中阐述了传播所涉及的主要因素：信源、讯息、发射器、信号、噪声、接受器和信宿等，并用最简单的形式表达了一种线性的、从左到右的传播概念。如图 3－2 所示。

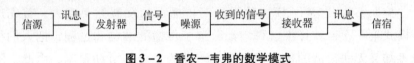

图 3－2　香农—韦弗的数学模式

香农—韦弗模式原是描述电子通信过程的，它比拉斯韦尔的 5W 模式更细致地描绘了传播过程。它的第一个环节是信源，即传播者，由信源发出讯息，再由发射器将讯息转为可传送的信号，经信道传输，由接收器将接收到的信号还原为讯息，再传递给信宿，即接收者。在整个过程中，讯息可能受到噪声的干扰，产生某些衰减或失真。香农—韦弗模式为传播过程研究提供了重要的启发：首先，模式中的"媒介"被进一步细分为"发射器"和"接收器"，这为日后的媒介研究提供了更细分的领域。其次，"讯息"被区分为"发出的"和"收到的"两种，这种区分就把传播活动中被忽略的"符号转换"现象给呈现出来，也就是说，在传播活动中，传播者发出的信号与接收者接收的信号有可能是不一致的。这也是导致传播效果有差异的原因。再次，香农—韦弗模式导入了"噪声"的概念，表明传播不是在封闭的环境中进行的，将传播过程与社会过程的联系表现出来，强调过程内外的各种障碍因素会形成对讯息的干扰。最后，香农—韦弗模式对发射器和接收器等技术设备的分析，提高了传播学者对技术手段在传播中作用和地位的认识，这种认识上的提升在媒介技术日新月益的信息社会越来越有助于认清媒介与社会发展的关系。当然，这一模式仍然未从根本上克服线性模式的局限性，缺少反馈的环节，将其用于电子通信领域自然言之有理，用于阐述社会传播系统则显得力有不逮。

纵观各种关于传播的直线模式，它们在描述人类的社会传播过程时都具有明显的局限性：第一，线性模式易把传播者和受传者的角色、关系和作用固化，不能发生角色转换，而实际的传播活动中，每个人既可能是传播者也可能是受传者。第二，线性模式忽略了传播中的反馈环节，无法体现人类传播的互动性和双向性。这种局限性导致传播学者研究和开发了更符合人类传播实际的传播模式。

三　传播的控制论模式

自 20 世纪 50 年代起，出现了一批以控制论为指导思想的传播模式。控制论是一门研究各类系统调节和控制规律的科学，它以数学为纽带，把自动调节、通信工程、计算机和计算技术及神经生理学和病理学等学科的共性问题联系起来，具有很大的跨学科性。控制论思想揭示了机器中的通信和控制机能与人的神经、感觉机能的共同规律，它从多方面突破了传统思想的束缚，为现代科学提供了崭新的科学方法，有力促进了现代科学思维方式和当代哲学观念的一系列变革。控制论对传播学研究的最大贡献之一在于把信息、反馈等概念引进传播学的研究领域，明确地把传播过程由"单向直线性"变为"双向循环性"，更客观更科学地反映了现实的传播过程。

（一）奥斯古德和施拉姆的循环模式

传播学集大成者施拉姆在 1954 年发表《传播是怎样运行的》一文，提出了一个全新的传播过程模式，称为"循环模式"，该模式是在 C. E. 奥斯古德的观点启发下提出的，又称为"奥斯古德与施拉姆的循环模式"（见图 3-3）。

循环模式从其名称就可看出与线性的单向模式完全不同，它强调所谓的传通，只有在传播者与受传者共享共同的经验范围内才能实现，传受双方在编码、解释、译码和传递、接收讯息时是相互影响、相互作用的，且传播信息、分享信息和反映信息的过程是往复循环、持续不断的。施拉姆的循环模式与线性模式的区别在于：首先，该模式没有传播者与受者的角色定位，传播双方都是传播行为的主体，二者

237

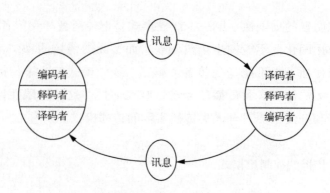

图 3-3　奥斯古德和施拉姆的循环模式

通过信息传递处于你来我往的相互作用中。其次，循环模式放弃了对传播渠道各种环节的分析，重点表现了传播双方角色功能的转换，认为传播行为主体在传播过程的不同阶段都依次扮演译码者（执行接收和符号解读功能）、释码者（执行解释意义功能）和编码者（执行符号化和传达功能）的角色，并相互交替这些角色。

　　奥斯古德和施拉姆的循环模式较之于线性模式的优点在于强调了社会传播的互动和循环，但局限亦很明显，该模式把传受双方放在完全对等或平等的地位，这在现实中是极为少见的，尤其是在大众传播中，传播者在资源及传播能力等方面都较受传者有明显优势，可以说，这个模式能体现人际传播特别是面对面传播的特点，而不太适合大众传播。

（二）德弗勒的互动过程模式

238

　　美国传播学家梅尔文·德弗勒于 1970 年提出了传播的互动过程模式（见图 3-4），这一模式在香农—韦弗模式的基础上发展而来，克服了香农模式的单向线性的结构缺陷，加入并突出了"反馈"要素、环节和渠道，使传播过程更符合人类传播互动的特点。德弗勒指出，传播能否取得理想效果，关键看传播者对"反馈"的重视程度，只有通过"反馈"才有可能消除传播过程中"讯息"的不一致性。此外，德弗勒的互动模式还拓展了噪声的概念，噪声不仅对讯息而且对传达和反馈过程中的每一个环节或要素都会发生影响，这一认识提升了人们对于噪声作用的看法。同时德弗勒还提示了大众媒介对传播过程的介入，并强调了传播的双向性和循环性，这使得该模式的适用范围大大扩展，包括大众传播在内的各种类型的社会传播过程，都可通过该模式得到说明。

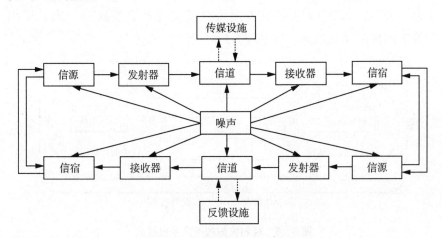

图3－4　德弗勒的互动过程模式

然而，德弗勒的互动模式并非完美，它忽略了传播活动会受到复杂的外部条件和环境因素的影响，尽管模式中出现了"噪声"——唯一的一个外部影响因素，要知道，影响传播活动的外部因素的复杂性远非一个"噪声"概念所能说明。从这个角度看，德弗勒的互动模式仍然没有超出从过程本身或从过程内部来说明过程的范畴。

239

四　传播的社会系统模式

前述的线性模式和控制论模式主要从传播过程本身和传播过程内部解析了传播的要素即内部结构和机制问题，然而这种考察并不能揭示社会传播的总体面貌。任何一个单一的传播过程都不是在真空中进行的，它的性质和结果也不并仅仅取决于传播过程的内部机制，相反，许多的外部因素和条件都会对过程本身产生重要影响。因此，应把传播过程作为一个系统即社会信息系统，考察它与其他社会过程的关系，从中观和宏观的角度对其进行全面把握。

（一）赖利夫妇的系统模式

赖利夫妇，即 J. W. 赖利和 M. W. 赖利，美国从事社会学研究的夫妻学者，二人于 1959 年发表《大众传播与社会系统》一文，提出了著名的传播系统模式（见图 3-5）。

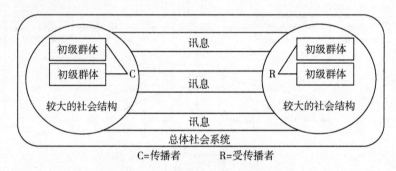

C=传播者　　　R=受传播者

图 3-5　赖利夫妇的传播系统模式

赖利夫妇在传播系统模式中提出三个相互关联的概念：初级群体、较大的社会结构、总体社会系统，这三者皆系社会学概念，初级群体也叫基本群体、首属群体，指家庭、邻里、亲密伙伴等；所谓较大的社会结构指用特定目标及规章制度等结成的正规关系，其成员关系比较松散的次级群体，如工作单位、学校、社团等；总体社会系统则指民族、国家乃至世界等所属群体。这三个概念指出了传播行为主体——传受双方都处在各自的系统中，小的系统又处于更大的社会系统，这样就把传播过程与社会各系统连结起来，看到了传播与社会系统的关联，并揭示了社会传播系统的本质特点：多重传播结构。首先，传播行为主体——传播者与受传者都各自被看作是独立的个体系统，这些个体系统又有各自的内在活动，即人内传播。其次，个体系统与其他个体相互连接，形成人际传播。再次，每个独立的个体系统又分属于不同的群体系统，彼此之间形成群体传播。最后，群体系统的运行又是在更大的社会结构和总体社会系统中进行的，与社会的政治、经济、文化、意识形态等大环境保持着相互作用的关系。

　　赖利夫妇的这一模式较好地体现了社会传播结构的多重性和联系的广泛性，把社会传播还原为一个复杂而有机的综合系统。通过该模式可看出，社会传播系统包括微观、中观和宏观的各种类型，每个系统既有相对的独立性，又和其他系统处于普遍的联系和相互作用中，很好地揭示了传播活动的现实复杂性。

（二）马莱兹克的系统模式

　　人类传播活动不仅是复杂的社会互动过程，也是社会心理因素之间的互动。对这一过程进行反映和表现的是德国学者马莱兹克，他于1963年在《大众传播心理学》一书中提出了关于大众传播过程的系统模式（见图3-6），对此有充分说明。

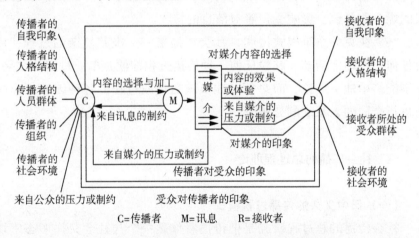

图3-6　马莱兹克关于大众传播过程的系统模式

　　该模式中，马莱兹克把大众传播看作是包括社会心理因素在内的各种社会影响力交互作用的"场"，表现了各个要素之间的复杂互动关系。重点呈现了以下几点：第一，影响和制约传播者的因素，包括三个方面，个人层面、组织层面和社会层面。个人层面，比如传播者的自我印象、人格结构等，这些因素对人际传播影响较大，在大众传播中的作用较有限。组织层面，比如传播者的同僚群体的氛围、传播

241

者所在组织的规章、制度等，都会对传播者个人有决定性的影响。社会层面，主要指社会大环境，尤其是面向社会的规范系统等，必然会约束传播者个人或组织的行为。此外，来自公众的压力或制约也会对传播者产生各种影响。第二，影响和制约受传者的因素，与传播者一样，也包括三个方面，个人层面、组织层面和社会层面。比如受传者的自我印象有可能导致他们拒绝接受与自己价值观相悖的信息，受传者的家庭成员对其信息接收亦有较大影响，受传者所在社区乃至各大的社会环境也会影响受传者对信息的接收。第三，影响和制约媒介与讯息的因素，包括两个方面。一方面是传播者对讯息的内容选择和加工编辑，这种选择与加工是传播者背后诸多因素综合作用的结果；另一方面是受传者对媒介内容的选择性接触，这种选择也是基于受传者本身的社会背景和社会需求的。另外，受传者源于自身媒介接触所形成的媒介印象也会影响受传者对信息的接收。

马莱兹克的系统模式说明，社会传播是一个极其复杂的过程，评价任何一种传播活动、解释任何一种传播过程即便是单一过程的结果，都不能简单地下结论，而必须对涉及该活动或过程的各种因素或影响力进行全面的、系统的分析。[1]

五　社会传播的总过程理论

（一）田中义久的传播过程模式

社会传播的总过程研究是把传播看作是一个与社会交往形态密切相关的重要范畴，认为在人类社会传播的总的历史发展进程中，必须把大众传播过程与宏观的社会结构结合起来进行考察，是之谓"社会传播的总过程"研究。社会传播的总过程研究最早源于日本，它是在对美国的主流传播学进行反思和批判的基础上形成的。[2] 第二次世界大战后，美国的传播学研究尤其是对狭义的传播过程的考察，迅速成

---

① 郭庆光：《传播学教程》，中国人民大学出版社1999年版，第67页。
② 同上书，第68页。

为传播学的主流（以拉斯韦尔的5W模式为代表），这种只从传播过程内部研究的线性模式，忽略了传播与社会结构、社会制度等的关系，过于片面和理想化了。20世纪50年代，以日本东京大学日高六郎为代表的一批学者，开始把马克思主义与传播学研究结合起来，形成了"总过程"研究的理论框架，其中尤以田中义久在1970年提出的"大众传播过程图式"著名（见图3-7）。

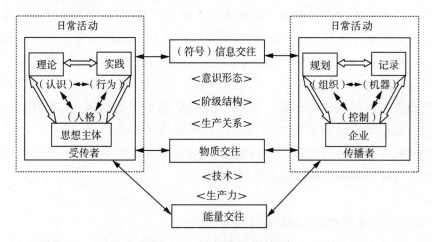

图 3-7　大众传播过程图式

从图3-7可看出，田中义久汲取了马克思和恩格斯的"交往"概念，把人类的交往分成三种类型：第一种是"能量交往"，这是从生物学和物理学意义上指称的能量，包括作为人的体能之延伸的热能和电能；第二种是"物质交往"，指的是人类在生产必需的物质生活资料的生产和消费中的人与人之间的交往活动；第三种是"精神交往"，指与人的精神生产相联系的交往活动，也就是田中义久图式中的"符号（信息）交往"。图3-7中的符号（信息）交往也就是传播过程，它是建立在能量交往和物质交往的基础之上，与当时社会的生产力、生产关系、科学技术和意识形态等保持着普遍联系和相互作用。

同时，田中义久的图式表达了传播学研究中的丰富课题。从图式中左右两端的传播者和受传者自我传播小系统看出，作为特定传播过

243

程的行为主体，如果是人际传播，传受双方都作为有独立人格的思想主体从事着社会认识和社会实践活动，传播则成为二者进行精神交往的纽带；如果是大众传播，传播者则是职业的传媒企业或组织，受传者则是具有一定自我能动性的个人，传受双方都会受制于自身社会条件或背景的影响。

田中义久的模式可以说是第一个基于唯物史观的系统模式，通过它，许多日本学者对资本主义社会大众传播的本质进行了深刻分析和批判。日本学者认为，现代大众传播与资本制度密切结合，具体表现如下：第一，大众传媒作为企业，它盈利的目的性就决定了它必须与权力相融合，必然会维护资本主义制度和意识形态；第二，大众传媒在内容方面的娱乐化趋势，客观上对受众起了"麻痹神经"的作用，有可能导致受众丧失传播的能动性，而沦落为"乌合之众"。日本学者的此种认识远远突破了对传播的行为主义的研究视角，这也是田中义久传播过程图式的意义和价值所在。

（二）唯物史观下的社会传播总过程

传播学自 20 世纪 50 年代兴起以来，经验学派始终是其研究主流，这一学派的研究焦点更多停留在微观的传播过程的效果方面，对于传播过程与社会结构、社会制度等方面的关系鲜有论述，作为补充，在此介绍下从历史唯物主义和辩证唯物主义视角，对社会传播总过程的研究。核心观点如下。

第一，信息传播属于与人类的精神生产相对应的精神交往活动的范畴。马克思和恩格斯在《德意志意识形态》中指出，人类的生产活动可以分为两类：一类是物质生产，用来满足社会物质生活需求，人们围绕这种生产所发生的社会关系称为物质交往关系，通常表现为一个社会中的生产关系；另一类是精神生产，用于满足社会精神生活需求或信息需求，通常表现在某一民族的政治、法律、道德、宗教、形而上学等的语言中的生产，与此相应的就是人与人之间的精神交往。无论物质生产还是精神生产，都是人类的基本活动，在这些活动中，人们相互交往，并发生一定的社会关系。社会成员间的精神交往就是所谓的传播关系。

第二，因信息传播与精神生产的密切关联，考察信息传播必须考察社会的精神生产。按照马克思的观点，精神生产是人类特有的两种生产活动之一，它建立在物质生产的基础上，并与物质生产保持着互动关系。物质生产属于一个社会经济基础的生产和再生产，而精神生产则属于上层建筑的生产和再生产，它在受到社会经济基础运动规律制约的同时，受上层建筑规律的制约更为直接。也就是说，一个社会的上层建筑对其信息传播的影响和制约更直接。

第三，精神生产作为一种生产活动，也必然存在着生产力和生产关系的辩证运动。精神生产的生产力是参与社会精神生产过程的一切信息资源、工具、技术和人力要素的总和。精神生产的生产关系，即精神交往和传播关系。按照马克思主义关于生产关系构成要素的原则，精神生产关系也由三个方面构成。精神生产的所有制关系，即精神生产资料的占有方式；人们在精神生产中的地位和交换关系；精神产品的分配及消费关系。考察一个社会中精神生产的性质，更多需从该社会的精神生产力的水平和精神生产关系的状态方面入手。

第四，如果传播学以考察人与人之间的传播关系为研究宗旨的话，必须与宏观的社会精神生产和精神交往联系起来，以更深刻地揭示传播关系的实质。马克思认为物质生产关系可以分为生产、分配、交换和消费四个环节，作为精神生产关系的传播关系同样存在着这四个环节，这些环节相互联系和相互作用构成了社会传播的"总体"过程。这就是辩证唯物论关于社会传播过程的系统观。

简言之，从与宏观社会结构的普遍联系来把握社会传播过程，把社会传播过程当作人类社会总过程的一部分，用传播的结构体现人类社会的结构，这就是唯物史论关于社会传播总过程的核心思想。

245

第四章　大众传播

自 19 世纪 30 年代《纽约太阳报》问世后，人类传播开始真正进入了大众传播的时代，报刊、书籍、广播、电视等大众传播媒介的信息传播活动已经普及到社会的每一个角落，并渗透到社会生活的各个方面。大众传播活动成为人们获得信息的主要渠道，它对社会和国家发展的影响、作用日益强大，是现代社会中最重要的信息系统。

一　理解大众传播

大众传播是一个特殊的社会信息系统，它不同于其他类型的传播活动，具有自身独特的属性和特点，对大众传播定义、特点及功能的理解，是把握大众传播本质的出发点。

（一）大众传播的概念

大众传播一词来源于英文"mass communication"，其中 mass 一词包含三层意思：一是指规模庞大的传播机构；二是指大批复制的传播内容；三是指人数众多的传播对象。目前学界关于大众传播的定义比较多样，有多种界定视角，但基本上学界的主流定义，都会涉及上述三类含义。比如大众传播"就是大规模的媒介组织向大范围的受众传递大批量的信息的过程"[①]。大众传播是"人类社会信息交流的方式之

[①]　李彬：《传播学引论》，新华出版社 2003 年版，第 165 页。

一，职业工作者（记者、编辑）通过机械媒介（印刷媒介、电子媒介）向社会大众公开地、定期地传播各种信息的一种社会性信息交流活动。"① 大众传播"指特定的社会集团通过文字（报纸、杂志、书籍），电波（广播、电视），电影等大众传播媒介，以图像、符号等形式，向不特定的多数人表达和传递信息的过程"②。

从上述各类定义可以看出，学者们对大众传播不同的认识视角。以大众传播的传播主体看，第一个定义将之表述为媒介组织，第二个定义表述为职业工作者（记者、编辑），第三个定义则表述为特定的社会集团。将大众传播看作是职业工作者的信息活动可能过于狭窄，把它看作是社会集团的活动又过于宽泛，相较而言，第一个定义中将大众传播的主体看作是媒介组织可能更为确切。事实上，大众传播是一种极为复杂的社会现象，任何一个简短的定义都无法概括其全部特征。美国学者赛弗林提出，判断大众传播有三个核心要素，或许以此来理解大众传播可能更全面、准确。赛弗林指出，理解大众传播可以三个核心要素来确定：第一，它针对较大数量的、异质的和匿名的受众；第二，消息是公开传播的，安排消息传播的时间，通常是以同时到达大多数受众为目的，而且其特征是稍纵即逝的；第三，传播者一般是复杂的组织，或在复杂的机构中运作，因而可能需要庞大的开支。③

（二）大众传播的特点

与其他类型的传播活动相比，大众传播具有以下独特属性。

第一，传播者既是团体也是个体，传播者与受传者角色固定。大众传播活动中的传播者表现为两个方面，一是作为机构的媒介组织，二是媒介组织中的传播者个人——记者、编辑等。这两者是互为表里的关系，作为媒介组织的传播机构需要个体的传播者进行信息生产和

247

---

① 刘建明主编：《宣传舆论学大辞典》，经济日报出版社1992年版，第290页。

② 沙莲香主编：《传播学》，中国人民大学出版社1990年版，第145页。

③ ［美］沃纳·赛佛林、小詹姆斯·坦卡德：《传播理论：起源、方法与应用》（第四版），郭镇之等译，华夏出版社2000年版，第4页。

传播，同时，媒介组织中的个体传播者也是代表媒介组织展开信息传播活动的，个体传播者的信息活动必须以媒介组织的方针和立场为指导原则，并经过专业化的训练。通常情况下，大众传播中的传播者与受传者角色固定。

第二，大众传播具有大量生产、复制和传播信息的能力。大众传播是社会大众获得信息的主要渠道和途径，这一功能的实现必须依赖于先进的传播技术和产业化手段。大众传播的出现和发展，是以印刷技术和电子传播技术的进步为前提和基础的。随着传播媒介技术的演进和发展，大众传播大量生产信息和复制信息的能力日益强大起来，与其他类型的传播者在传播能力方面的差距越来越大。

第三，大众传播的对象是社会一般大众。这个群体是一个模糊的集合概念，并不特指社会的某个阶层或群体，社会中所有的"一般人"，无论性别、年龄、职业、社会地位、文化层次如何，只要接触大众传播的信息，便是受众的一员。总体而言，大众传播的对象分布广泛，数量庞大，这意味着大众传播是以满足社会上大多数人的信息需求为目的的大面积传播活动，也说明它具有跨阶层跨群体的广泛社会影响。

第四，大众传播的信息既具有商品属性，也具有文化属性。大众传播活动是以媒介组织的生存发展为前提的，这就意味着它生产的信息产品必须在市场上完成交换以获得产品价值。人们无论从印刷媒介还是电子媒介获得信息，都要支付一定费用，说明大众传播的信息产品本身就是一种商品。同时，信息产品又与一般物质产品不同，人们对它的消费主要是精神内容即意义的消费。意义是一定的社会文化的产物，具有鲜明的文化性。

248

第五，大众传播是一种单向性很强的传播活动。从传播过程的性质看，大众传播是媒介组织单方面提供信息，受众只能在提供的范围内进行选择和接触，具有一定的被动性；同时，在传播活动中，受众没有灵活有效的反馈渠道，缺乏对媒介组织活动的反作用能力。大众传播也正是因为强大的单向作用，因而对社会有较大的影响力。

第六，大众传播是一种制度化的社会传播。大众传播从事信息的大量生产和传播，它生产和传播的内容与社会观念、价值和行为规范有直接关系，它的传播亦对社会产生巨大的影响力，因此，现代国家都把大众传播纳入社会制度的轨道。事实上，每个国家的大众传播都有各自的传播制度和政策体系，这些制度和政策，都对维护特定的社会制度有积极作用。

（三）大众传播的正负功能

关于大众传播的社会功能，本书在第一章中有所说明，主要介绍了拉斯韦尔的"三功能"说、赖特的"四功能"说、施拉姆对大众传播社会功能的概括及拉扎斯菲尔德和默顿的"功能"观。在此对上述内容不再重复展开，重点讨论大众传播所产生的社会功能的性质，即分别论述大众传播的正功能和负功能。

1. 大众传播的正功能

大众传播的功能就其发挥作用的对象层次来看，可以分为个人层次、组织层次和社会层次。根据大众传播对象的广泛性和多元性，大众传播的功能发挥更多是在社会层次上，也就是说，大众传播的功能通常是指它的社会功能。

关于大众传播的功能研究，在传播学兴起伊始就已经展开，尤其是对于大众传播的正功能研究，更是学界研究大众传播的主流，目前看到各种功能说，基本以正功能为主，这主要是由传播学主流学派——经验学派"肯定"的研究立场及维护社会现实的研究目的所决定的。前文所介绍的"三功能"说、"四功能"说等都主要阐述了大众传播的正功能。所谓正功能，是指人或事物对社会或群体产生积极的、有助于增强其适应性和整合的作用。根据大众传播的概念可知，大众传播的基本功能是"传受信息"，其他所有功能都是在此功能之上的具体延伸。尽管前文介绍了关于大众传播功能的各种学说，事实上，这些学说都是从一个方向来阐述大众传播的功能，即从大众传播对社会和群体产生的积极作用着眼来研究的。综合各类功能说的内容，关于大众传播的社会功能主要是以下四个方面。

（1）监测环境。

用"新闻"不断地向整个社会及时报告环境的变动。

249

（2）协调社会各部分。

以"宣传"聚合社会各团体和个人对环境采取一致的、有效的行动。

（3）传承社会遗产。

通过"教育"使社会规范和知识等精神遗产代代相传。

（4）调节身心。

借助"娱乐"使整个社会获得休息以保持活力。①

2. 大众传播的负功能

大众传播除了能促进社会协调和发展之外，还会产生不利于社会整合和削弱社会系统适应性的负作用。

（1）李普曼的"拟态环境"理论。

李普曼对新闻学的一大贡献就在于提出了"拟态环境"。他认为，人类生活在两个环境世界里：一是现实环境，二是虚拟环境。前者是独立于人的意识和体验之外的客观世界，也叫直接环境；后者是被人意识和体验的主观世界，也叫间接环境。更重要的是，现代社会的"拟态环境"主要是由大众媒介构建的，它在社会中比重越来越大。也就是说，现代人和现实环境之间，插入了一个由大众媒介构筑的巨大的"虚拟环境"或者叫"媒介环境"，人们对外部世界的认识主要甚至百分之百地依赖于这个"拟态环境"。为此，李普曼不无感慨地写道："我们的认识是何等的间接"，"我们大家都直接接触消息，而不是接触我们看不到的外界环境"②。

随着信息社会的到来，信息传播技术日益强大，现代人对外部世界的认识能力即"拟态环境"大大扩张，人们甚至对外部星球也有所认识。然而，现代人对这种"拟态环境"的验证能力却大大缩小了。造成此种结果的原因主要有两方面：一是大众媒介可能因为媒介组织的立场、原则，传播者个人的传播能力和传播技巧，受众的理解情境等因素有意或无意地"歪曲环境"，使得人们无法验证；二是人们常

① 张国良：《传播学原理》，复旦大学出版社 2009 年版，第 53 页。

② ［美］李普曼：《舆论学》，林珊译，华夏出版社 1989 年版，第 48 页。

常无法分清现实环境与"拟态环境"，有时甚至将虚拟环境当作"现实环境"，并展开现实的行动。当然，人类囿于自身认识能力的局限性，必须依靠媒介构筑的"拟态环境"来了解外部世界，但是，如果这种"拟态环境"与现实环境的差距越来越大，就会影响人类改造世界的结果与初衷。

（2）"托马斯公理"和"自我达成的预言"。

美国社会学者 W. 托马斯提出，如果人将某状况作为现实把握，那状况作为结果就是现实，这段话被称为"托马斯公理"。美国另一著名社会学者罗伯特·K. 默顿也提出一个所谓"自我达成的预言"：如果人根据对状况的错误理解开展行动，结果就可能使这一错误理解成为现实。可以说，默顿的观点是托马斯公理的具体阐述，两位学者的观点都很好地证明了大众传播如果出现偏差，可能造成的负面结果。传播的正功能和负功能是共生共栖的，对于大众传播而言，由于其传播对象的广泛存在和数量巨大，因而它的社会功能无论正负，都更为巨大。这两种观点提示人们，在充分发挥大众传播正功能的同时，对其负功能应有清醒的认识。当然，大众传播正、负功能于一身，但正功能终究是主要的，这也符合历史发展的一般规律。

二　大众传播的产生和发展

根据大众传播的概念，这种传播活动是以大量生产和复制信息为特征的，那么这意味着大众传播的诞生必须以高效率的信息生产设备的出现为前提。1465 年，德国工匠古登堡改进了印刷工艺，极大提升了印刷效率，因此，传播学奠基人施拉姆认为，把古登堡成功印制第一批油印《圣经》的日子"作为庆祝大众媒介产生的年代是恰如其分的"①。然而，目前学界的主流观点都认为真正意义上的大众传播的诞生，应该以 19 世纪 30 年代大众报刊的出现为标志。

251

---

① ［美］威尔伯施拉姆、威廉波特：《传播学概论》（第二版），何道宽译，中国人民大学出版社 2010 年版，第 14 页。

（一）大众报刊与大众传播

语言产生之前，许多动物进行交流已经有数百万年的时间；学会书写之前，人们用口语交流的时间以万年计；大众媒介出现以前，人类靠文字共享和保存知识及思想已经数千年了。古罗马元老院每次开完会后写在石板上的公报《每日纪闻》可以说是第一种报纸，① 掀开了人类手抄新闻的时代，然而，手抄传播效率低、规模小、成本高。直到中国雕版和活字印刷术发明，才使人类信息生产和传播具有了"批量"性质，但长期停滞在小作坊手工作业的水平上。15 世纪 40 年代，德国人古登堡在中国印刷术的基础上发明了金属活字和印刷机，这使得信息的机械化生产成为可能，它对于人类的传播史具有划时代的意义。

如果按施拉姆的观点《每日纪闻》算第一种报纸的话，那么从古罗马时期直到 19 世纪 30 年代，报刊经历了漫长的发展历程，其中相当长一段时间都是政党或政论报刊时期，这些报刊篇幅小，价格贵，以政论为主要内容，其发行对象主要是政治组织的成员或受其影响的部分人群，报刊的发行量大都在千份以下，虽然这些报刊对当时的社会变革和社会生活发挥了重要作用，但仍然不能将这些政党报刊或政论报刊当作真正意义上的大众媒介。这些报刊的订阅费通常较贵，占到普通工人月收入的 60% 以上，因此，它们不是一般大众所能承受的，这也就决定了它的受众人群不可能是数量庞大的社会一般人。

19 世纪 30 年代，人人都看的报纸——廉价"便士报"出现（以 19 世纪 30 年代《纽约太阳报》和《先驱报》的问世为标志），真正意义的大众媒介开始发展起来。廉价报纸之所以成为大众媒介发展的标志，是因为以下诸点：首先，廉价报纸的内容以新闻、信息和社会事件报道和娱乐为主，贴近普通大众的生活；其次，廉价报纸因其收费低廉，且无须提前长期订阅，发行方式灵活，使得发行量很大，一

252

---

① 〔美〕威尔伯施拉姆、威廉波特：《传播学概论》（第二版），何道宽译，中国人民大学出版社 2010 年版，第 13 页。

般为几万份乃至几十万份；再次，低廉的报费使报纸的读者不再局限于特定的阶层或群体，而是面向"分散的、异质的、不定量多数的一般大众"；最后，广告收入成了报纸经营的主要收入来源。这些特征的逐步完备使得廉价报纸完成了向大众媒介转变的两个质的飞跃：一是它由"观点纸"转向了"新闻纸"；二是由政党经费运营转向了市场化运营和企业化经营的转变。可以说，只有完成了上述两个最终转斩，廉价报纸才最终成为真正意义上的大众媒介。

（二）电报、电影、广播与大众传播

19世纪30年代成为大众媒介发展的起点，还有一个重要原因是，电子媒介的出现。1838年莫尔斯发明了第一台实用电报机；1844年美国开设了第一条电报线路，由此开启了一种新的传播路线——闪电式传播线路（当然是相较于印刷传播而言）和巨大的通信网络。特别需要说明的是，电报本身不是大众媒介，但它为大众传播提供了快速有效的通信手段，后来成为大众媒介发展中坚力量的通讯社，正是在电报发明之后才出现和发展起来的。

电影的发展则与电报不同，它一开始就是作为传播大众文化的媒介载入人类传播史。1895年法国出现了全世界第一家电影院，10年之后的1905年，美国开始兴盛"5分钱影院"，1910年这种"5分钱影院"在全美已发展到10000家，那一年全国电影放映的总收入估计达到9100万美元。① 同时，由于这一时期的电影是无声电影，语言对观众不构成障碍，加之票价极为便宜，因此电影成为底层人民的主要娱乐形式，5分钱影院又被称为"民主剧场"。这种影院模式使得电影很快发展为包括生产、发行和放映在内的大规模产业，成了艺术、娱乐、大商业和现代技术的融合。到20世纪30年代到40年代末，电影已发展至顶峰时期。

广播是以无线电和通信技术的发展为前提诞生的，它是人类历史

253

---

① ［美］梅尔文·L.德弗勒、埃弗雷特·E.丹尼斯：《大众传播通论》，颜建军等译，华夏出版社1989年版，第54页。

上第一次进入家庭的大众电子媒介，最早主要应用于商业和军事。威斯汀豪斯，是世界上生产家用收音机的第一家公司，并于 1920 年 11 月获得了标准广播的第一张营业执照，开始播放新闻、音乐、讲话、转播体育，这标志着商业广播的开始。20 世纪三四十年代，无线电广播进入大发展的时期，当时美国的家庭收音机普及率已超过 80%。第二次世界大战后，随着半导体技术越来越成熟，收音机开始趋于小型化、便携化，价格也越来越低廉，真正成为了普及大众的信息媒介。

（三）电视媒介与大众传播的发展

电视的发展是与广播电台紧紧联系在一起的。美国三大电视网开始时都是广播网，发展家用收音机和开创商业广播的公司也是发展电视的公司。20 世纪 20 年代，电视进入实验播放阶段，1936 年进行测试，每周播放两个节目，第二次世界大战爆发后，电视产业一度停顿。第二次世界大战结束后，电视获得快速发展，并成为当时最受欢迎的大众媒介。电视的吸引力来自它的媒介特性：电视集视听觉手段于一体，通过影像、画面、音声、字幕及特技等多方面地传递信息，给受众以强烈的现场感、目击感和冲击力。电视在给人们提供外界新闻和信息的同时，还丰富了人们文化生活。电视的巨大成功，使人们把看电视看作业余生活的主要内容，人们每天接触媒介的时间由原来的几十分钟提高到几个小时，可以说电视不仅改变了的人们的生活，而且对现代社会的政治、经济和文化都产生了广泛而深刻的影响。

电视自诞生至今，经历了多次技术革新，从最初的黑白到彩色、由地上波传输到卫星传输、由模拟信号到数字信号。进入 21 世纪后，以移动互联为核心特征的新媒介正在对电视媒介形成强有力的竞争，电视媒介需要在内容、渠道、反馈、用户体验等多方面做出积极、有效的调整和改革以适应未来的媒介变局。

三　大众媒介的信息生产过程

研究大众传播的恰当起点是必须把大众传播看作是一个信息传播

过程。任何过程都是由一系列阶段或步骤组成的，一套各不相同的程序就是根据这些阶段或步骤来输送的。

（一）大众传播的过程

大众传播过程可分为五个明显的阶段或环节。

第一，职业传播者为了各种目的编制各种不同内容的信息，通过各种手段，最终将其呈现给公众的每一个成员。当职业传播者把某种讯息制作成一种适于某种大众媒介传播的形式时，大众传播过程的第一阶段就开始了。在这个环节，职业传播者创作、编辑和发送印刷、电影和广播媒介所需的内容。

第二，大众媒介传播的讯息通过机械媒介（例如印刷、电影、广播、电视等）比较迅速、源源不断地传播出去。大众传播过程的第二个阶段就是超越距离和时间的传送信息。在互联网媒介出现以前，广播和电视是速度最快的大众传播媒介。现代大众传播除了传送速度快以外，通常是连续不断地而非断断续续地发送信息。也就是说，信息的传送是按计划进行的，报刊是定期出版，电视和电台的广播遵循着一个相当严格的时间表。大众传播过程还有一个特征：对机械媒介的使用。大众传播媒介是依赖精密技术的机械和电子装置来进行远距离信息传送的。大众传播所使用的各类媒介技术都有其长处和短处，这种优缺点影响利用媒介传送信息的方式。

第三，信息的接受者是人数众多、成份复杂的受众，他们有选择地接受媒介的讯息；大众传播中的"大众"一词，指的是受众的社会性质而不是他们的人数。从本质上理解大众社会的性质，它指的是这样一种社会，身处其中的人们不是以家庭成员或是其他群体成员的身份，而是以个人的身份来行动。换言之，大众社会的人不仅人数众多，而且社会成分复杂，更重要的是，他们被看成是一群互不相干的个人，因此，大众社会被认为是一种"孤独的群体"。对"大众"及"大众社会"认识的重要性在于，这种成分复杂的受众中的个人被认为特别容易受宣传或其他大众传播形式的影响。当然，经过传播学对大众传播研究的几番校正，现在学界已不再认为大众传播的受众是一个孤立

255

的群体了，但大众传播的受众仍然是人数众多，成分复杂的。

第四，每个接受者都根据各自体会的含义来解释所选择的讯息，而这种含义基本上与传播者所要表达的含义是一致的。和所有人类传播一样，大众传播的实质在于使受众领会的含义与传播者的本意实现基本一致，也就是说，传播者与接受者共同感受其含义。如果受传者心目中的影像、理解和感觉与传播者所表达的不相符，就没有实现相同含义的交流，没有达到传播的目的。当传播发生时，传播者和受传者被他们相同含义的感受联系在一起，并"分享"讯息含义。

第五，这种体会的结果是接受者以某种形式受到影响。也就是说，传播产生某种作用。① 大众传播的最后阶段是前几个阶段综合作用产生的结果，即受众在某些方面发生变化。这些变化是媒介影响的根据，有的变化微不足道，有的变化影响深远。大众传播能通过介绍新符号和含义来改变人们关于某事物的共同认识，改变人们对社会问题的看法，包括影响人们的公开行为等。

（二）大众媒介工作的一般程序

由于不同媒介的特点各异，对大众媒介的工作状况作统一描述是有困难的。然而，报刊、广播、电视都是新闻性较强的媒介，其工作步骤有一定的共性。一般工作步骤如下。

（1）收集信息。

报刊、广播与电视媒介都拥有大批的职业传播者如记者、编辑等，这些人会积极活动于社会的各阶层、各部门，以最快的速度、最高的效率，采集一切有新闻价值的新闻及其他信息。

（2）编辑制作。

采集到的各类信息经过记者的采写加工，成为半成品，下一步则需经过编辑的各道工序：（如报刊）选择和修改稿件、制作标题、编排版面及（如广播、电视）剪辑录像、录音和配音、分配播放顺序等。

---

① ［美］梅尔文·L. 德弗勒、埃弗雷特·E. 丹尼斯：《大众传播通论》，颜建军等译，华夏出版社1989年版，第6页。

（3）制出成品。

报刊和杂志通过印刷环节，将记者和编辑共同制作的半成品，印制成可供出售的报纸杂志；广播和电视节目一般录制在录音带或录像带上，通过有线或无线网络传输出去。

（4）发行。

对于报刊来说，还需要发行环节，才能传送到订户手中，或通过邮局和发行点送刊上门，或通过零售点销售。

当然，书籍和电影的制作方式与程序较之上述环节有所不同，但它们有一个基本的共同点，即收集信息、整理信息，把各种零散的信息整合成有一定的使用、欣赏价值的信息。

（三）"把关人"现象及其研究

作为职业的信息生产和传播机构，大众传播媒介始终面临一个矛盾，即传媒机构有限的信息生产和传播能力、受众有限的信息接收能力与无限丰富的社会信息之间的矛盾。因此，作为社会信息主要提供者的大众传播媒介，首先要解决的问题是，选择什么信息，放弃什么信息，也就是"把关"问题。

1. "把关"现象研究

"把关人"一词，最早由美国社会心理学家、传播学四大行先驱之一的库尔特·卢因提出，他在1947年发表的一篇关于家庭购买行为的文章《群体动力学的新领域》中，论述了把关问题。他在文章中指出："信息总是沿着包含有'门区'的某些渠道流动，在那里，或是根据公正无私的规定，或是根据'守门人'的个人意见，对信息或商品是否被允许进行渠道或继续在渠道里流动作出决定。"卢因把人们在食品选择中的行为模式推广至传播领域。他认为，在一切信息的采集、制作过程中，传播者都起着把关、"过滤"的作用，只有符合群体规范或把关人价值标准的信息内容才能进入传播渠道。所谓"把关人"即在采集、制作信息的过程中对各个环节乃至决策发生影响的人。大众传播的"把关人"多种多样，除公认的记者和编辑外，还包括专门接收通讯社电讯稿的工作人员——电讯稿编辑、标题制作编辑以及分配工作任务的总编辑、电视编导等。

1950 年，传播学者怀特明确提出了新闻筛选过程的"把关"模式。该模式认为，社会信息的无限性与传媒组织传播能力有限性之间的矛盾，使得大众传播媒介的新闻报道不是也无法做到"有闻必录"，它必须作一个选择和取舍。在这个选择过程中，传媒组织形成了一道"关口"，通过这道"关口"送达受众那里的只是众多新闻素材中的少数。怀特之后，韦斯特利和麦克莱恩又提出一个新的大众传播模式，认为"把关"在本质上就是新闻判断。他们认为，并非所有的信息都能成功地通过传媒渠道到达受众，同时，受众也可向信源和受传者提供信息反馈。①

1991 年学者休梅克将学界关于"把关"的各种观点进行综合分析后，提出"把关"就是剔除与摒弃多数信息、而选择并传递少数信息给受众的过程。休梅克认为，"把关"的过程就是创造社会现实的过程。媒介呈现出的现实，与人们从其他途径感知的现实世界并不总是吻合。媒介对事件的报道必然要经过选择，而选择的标准可能导致媒介报道的内容比事件本身更有趣和重要。事实上，媒介在进行新闻选择和取舍时，是包含了一种评估标准的，新闻选择本身可以潜在地影响受众的态度和意见。因此，媒介从业人员和机构的"把关"过程及结果，直接影响了受众对社会现实的看法及人们对周围世界和自身生活方式的定义。

唐纳休等学者进一步指出，对"把关"的研究不应只注重新闻选择，事实上，"把关"不只包括选择，它应被视为一个"宽泛的信息控制过程"。这一过程包含了信息编码的所有方面：不仅有信息的选择，还有信息的抑制、传送、构造、呈现、重复以及它从传者到受者过程中的定时、定位等。换句话说，"把关"过程应包括信息从传播者到受传者之间的选择、处理和控制的每一个环节，人际传播与大众传播都是如此。这种对信息选择或舍弃的本质，将影响对那些已被选

258

---

① ［美］丹尼斯·麦奎尔、［瑞典］斯文·温德尔：《大众传播模式论》，祝建华、武伟译，上海译文出版社 1987 年版，第 35—37 页。

中的信息的处理，这样的一个过程就是"把关"。

2. 休梅克的"把关"模式

根据前述内容可知，"把关"是一个相当复杂的过程，尽管许多学者对"把关"现象进行了界定和描述，但仍然不能涵盖传播过程中"把关"现象的全貌。著名学者休梅克在总结前研究的基础上，从5个层面对"把关"理论进行提升，并提出了"把关"模式，要点如下。

（1）个体传播者层面。

休梅克在把个人当作"把关人"时，主要探究的是他们如何思考、如何作出决定。考察"把关人"独特的个性、背景、价值观、经历等。她借鉴社会心理学的相关理论，从思维模式、决策过程、价值判断、角色认知、工作类型等方面展开研究，这种研究超越了只停留在个体态度或偏见层面的简单考察，把社会心理学的思维理论、二次猜测、认知启发学、决策理论等引入研究，可谓贡献卓著。

（2）媒介日常工作惯例层面。

休梅克认为，所谓日常惯例，就是指"媒介工作者在他们的工作过程中所采用的模式化、规则化、重复性的作业方式"。这个层面的"把关"行为是非常重要的，它决定了新闻报道的整体风貌和模式，相较于个体层面的把关人，这个层面的把关总是代表着组织的或社会的立场。事实上，新闻工作是一种高度标准化的活动，媒介的一系列工作流程，包括新闻素材的选择、凸显，或扣压、排除等，都是模式化的认知、解释和呈现方式，因此，日常惯例能对重大新闻的选择产生最大的影响。

（3）组织层面。

259

媒介组织是雇佣个体"把关人"并制定规则的机构，自然对"把关"行为影响重大。一般情况下，大众传播活动的日常工作惯例为很多媒介组织所共有，但各个媒介机构在组织层面的因素却各不相同。休梅克还借用心理学中的"群组思维"，关注媒介从业人员的群组压力，尤其是他们的社会凝聚力程度对个体"把关"行为构成的巨大影响。

（4）社会机构层面。

媒介机构在其所处的社会体系中，必然会与其他社会机构和组织发生联系，这些机构和组织也必然会影响"把关"过程。休梅克主要从消息来源、消费市场、广告商、政府、利益集团等方面阐述了它们对"把关"的影响。

（5）社会体系层面。

休梅克认为，社会体系层面的社会结构、文化及意识形态等，都会影响媒介的"把关"。媒介对新闻进行"把关"的过程，可以反映该社会的文化价值观。一些讯息之所以被选择，是因为它们可以强化社会现状；另一些反常讯息被选择，是因为它们揭示了现存社会潜在的危险。

3. 大众传播媒介的"把关"标准

大众传播媒介既然是新闻生产和传播的把关人，那么，作为传播者的传媒组织进行新闻信息选择取舍的标准和依据是什么？根据新闻学相关原理，关于新闻的定义和新闻价值是职业的新闻传播者们筛选新闻信息的主要原则和标准。1942 年，陆定一在《我们对于新闻学的基本观点》一文中，提出沿用至今的新闻的定义：新闻是关于新近发生事实的报道。这一定义揭示了新闻信息的两个本质属性：第一，真实性。新闻传达的是客观的事实而不是虚构或捏造的事物；第二，及时性和新鲜性。过时的事件、历史的回忆等，都不能成为新闻。上述两个关于新闻的本质属性，是进行新闻选择的"大筛子"，通过它就可以把一部分不符合的信息剔除出去。

同时，新闻选择还受到新闻制作中的业务标准和新闻传播中的市场标准的制约。业务标准指的是事件适合于媒介进行新闻处理的各种条件；市场标准指事件能够满足受众新闻需求的诸条件以及吸引受众兴趣的诸条件。新闻学研究中，关于新闻价值和新闻要素的探讨，给传媒组织的新闻选择提供了具体、可行的操作标准。所谓新闻价值，即对一个事件能否成为新闻所做的价值判断。新闻要素，即构成这种价值判断的各种因素。世界各国对新闻价值和新闻要素内涵的界定各不相同，但在一些主要判断上能基本形成共识。学者盖尔顿和鲁奇在《国外新闻的结构》一文中指出，把关人在决定选择或拒绝新闻内容时是有一定标准的，并非完全主观，并有一定的客观依据和系统性。他们列举的新闻要素共九个：时间性；重要性；明晰性；文化接近性；

一致性；新奇性；连续性；构成平衡性；社会文化价值观念。两位学者据此提出假设：上述新闻要素越多，这一事件就越有可能成为新闻；某一要素偏低，但其他要素偏高，也可以成为新闻；一个在所有因素上都偏低的事件，将不能成为新闻。[①]

事实上，大众传播媒介对新闻和信息的选择或"把关"活动是一个相当复杂的过程，在它的实践操作中，绝不是像上文提及的那样，仅仅运用新闻定义、新闻价值和新闻要素就可完成的，这个过程还应把政治、经济和意识形态等因素考虑在内。这需要对新闻生产的"把关"过程有一个全面的认识：首先，大众传播媒介的新闻或信息的生产与传播并不具有纯粹的"客观中立性"，而是依据传媒的一定立场、方针和价值标准所进行的一种有目的的取舍选择和加工活动；其次，媒体的经营目标、受众需求以及社会文化等多种因素都会对新闻和信息的选择产生制约和影响，然而，与媒介的方针和利益一致或相符的内容更容易优先入选、优先得到传播；最后，大众传播媒介的"把关"是一个多环节、有组织的过程，是传媒组织的立场和方针的体现。

四　大众传播与社会控制

根据前文大众媒介对社会的正负功能的论述，可以获知，大众媒介对社会的影响越来越巨大，它已成为社会发展的不可或缺的重要力量，并深深嵌入社会大众的生活中，潜移默化地影响他们的思想，改变他们的行为。由于大众传播对社会的强大作用力，现代国家都把大众传播视为制度性传播，将其纳入到社会传播道的轨道中，用法律、政策等手段对其进行有效控制。可以说，对媒介，尤其是大众媒介的控制问题成为现代国家的重要课题。

261

（一）传媒的四种理论

1956 年，伊利诺伊大学出版社推出由施拉姆等三位美国传播学者

---

① 邵培仁：《传播学》，高等教育出版社 2000 年版，第 92 页。

撰写的理论著作《传媒的四种理论》（旧译为《报刊的四种理论》）。该书着重探讨了在不同的社会政治制度下对大众媒介的控制和新闻自由问题。学界公认，"四种理论"开了比较新闻学的先河，填补了大众传播文献的空白，从宏观的视野揭示出新闻媒介与社会的关联。①这本著作由四篇论文汇编而成，三位作者根据政治和社会理论的基本原理，从新闻事业和政治制度的关系方面阐述了有史以来先后出现的传播体制及相关观念。它试图研究"当今世界不同类型传媒背后的哲学和政治学原理或理论"，并在此基础上概括出媒介理论，即极权主义理论（又译威权主义）、自由主义理论、社会责任理论和苏联共产主义理论。分述如下。

1. 传媒的极权主义理论

15世纪中叶近代印刷效率的大大提升导致了近代报刊的出现，随着文艺复兴和宗教改革的发展，欧洲各国出现了不少反对封建专制、宣传新兴资产阶级革命思想的书籍和报刊，专制政府和封建王朝将这类出版物视作威胁自己统治的危险品，采取了严厉的管制和镇压措施，极权主义的媒介制度正是在这个过程中形成的。

极权主义理论是维护专制统治的理论，极权主义的媒介规范理论，同样体现了极权主义政治制度理论的观点。它的理论渊源在于，从柏拉图到马基雅维利的几百年中形成的独裁主义统治思想。极权主义者主张社会事物必须一切以权力或权威为转移，强调社会等级秩序和上下之间的绝对支配与服从关系。这一理论强调，真理是统治阶级智慧的产物，是依附于权力而存在的，传播媒介的作用就是辅助统治阶级自上而下地控制百姓、控制社会舆论，媒介必须以权力的意志为转移，一切为统治者服务。

极权主义的媒介理论主要包括：第一，报刊必须对当权者负责，维护国王和专制国家的利益；第二，报刊必须绝对服从于权力或权威，不得批判占统治地位的道德和政治价值；第三，政府有权对出版物进

262

---

① ［美］弗雷德里克·S. 西伯特、［美］西奥多·彼得森、［美］威尔伯·施拉姆：《传媒的四种理论》，戴鑫译，展江校，中国人民大学出版社2008年版，译者序，第1页。

行事先检查，这种检查是合法的；第四，对当权者或当局制度的批判属于犯罪行为，给予严厉的法律制裁。①

在有关大众传媒与社会关系或政府关系的四种理论中，极权主义理论的历史最久远、传播的地域最宽广，它为现代社会的许多媒介制度奠定了基础，即便某些国家已经放弃了极权主义理论，但在理论上奉行自由主义至上原则的政府，在实践上仍然会受到极权主义的影响。② 从古登堡改进印刷术的 15 世纪直到 17 世纪，极权主义理论成为决定大众传媒社会功能及其与当代社会关系的唯一要素，整个西欧都将极权主义的基本原则作为媒介管制制度的理论基础。甚至在 17 世纪以后，现代许多不同的国家，如日本、俄罗斯、德国、西班牙及亚洲和南美洲的许多政府，都自觉或不自觉地采纳了这一理论。可以断言，极权主义理论对大众传播方式的决定性影响，要比其他任何媒介管制理论所能产生影响的时间都要长，人口都要多。

2. 传媒的自由主义理论

自由主义媒介理论是在 17 世纪、18 世纪资产阶级反对封建专制的斗争中形成的，是资本主义自由竞争发展到顶点的表现，反映了资产阶级争取言论自由、建立资本主义生产关系和政治制度的要求。自由主义理论本身可以追溯到古代哲学家时期，但对它推动最大的还是 16 世纪和 17 世纪西欧的发展。从英国诗人弥尔顿到美国法学家霍姆斯，这一理论都强调个人自由和个人判断原则的优越性，以及真理若不受制约即能战胜一切的原理。

自由主义在媒介领域的重要贡献是强调了个人的重要性，相信人的理性能力和天赋权利。宗教信仰自由、言论和出版自由都是天赋权利的一部分。自由主义认为，人的理性高于一切，言论和出版自由是天赋人权的一部分，人依靠理性可辨别正误，区分善恶，而要使人的理性发挥作用是有条件的。那就是让人们不受限制地发表不同观点和

263

---

① 郭庆光：《传播学教程》，中国人民大学出版社 1999 年版，第 135 页。
② ［美］弗雷德里克·S. 西伯特、［美］西奥多·彼得森、［美］威尔伯·施拉姆：《传媒的四种理论》，戴鑫译，展江校，中国人民大学出版社 2008 年版，第 1 页。

思想，真理只有通过在公开市场上与各种意见自由竞争才能获得。这段话事实上延伸出现代自由主义理论的两个重要原则——"观点的自由市场"和"自我修正过程"。

然而，无论人们是否承认言论和出版自由是天赋的，不可剥夺的权利，有关这种自由的民主理论都是依靠某些假设建立起来的。假设一，人们渴望获得真理并愿意受真理的指导；假设二，只有一种方法最能够达到真理，那就是让观点在公开的市场中自由竞争；假设三，既然人们的观点各不相同，那就必须允许每个人自由地甚至强烈地坚持自己的观点，只要他给予别人同样的权利；假设四，在各种观点的相互宽容和相互比较中，最为合理的观点就会浮现出来，最终为人们所接受。①

自由主义媒介理论的核心反映了资产阶级自由主义的观点，即认为报刊应该是"观点的自由市场"，是实行自律的自由企业。这一理论的主要原理原则包括：其一，任何人都拥有出版自由而不必经过政府当局的特别许可；其二，除人身攻击外，报刊有权批评政府和官吏，这种批评是正当合法的；其三，新闻出版不应接受第三方的事先检查，出版内容不能受到任何强制；其四，在涉及观点、意见和信念的问题上，真理和"谬误"的传播必须同样得到保证。②

18 世纪末，传媒理论完成了从极权主义向自由主义的转变，各国基本法都将自由主义理论奉为圭臬，并以宪法条文的形式保护言论和出版自由。两百多年来，这一理论已经成为西方文明的一项指导原则。近些年，自由主义媒介理论受到了多方面的批判和抨击，对它提出了许多质疑，尽管如此，这一理论仍展示出了它在理论和实践上的优势。它摧毁了人们思想上的桎梏，开辟了人类新的远景。它最大的缺陷在于没有给大众传媒的日常运作提供一个精确的标准——简言之，就是区分自由和滥用自由的固定准则。它是模糊的、不确定的，有时还是前后矛盾的。但是，它最大的优点也就是在于这种伸缩性和适应性，

---

① ［美］弗雷德里克·S. 西伯特、［美］西奥多·彼得森、［美］威尔伯·施拉姆：《传媒的四种理论》，戴鑫译，展江校，中国人民大学出版社 2008 年版，第 35 页。

② 郭庆光：《传播学教程》，中国人民大学出版社 1999 年版，第 136 页。

而且最重要的是，它相信通过持续不断的个人自我引导，个人有能力促进人类的利益和幸福。①

3. 传媒的社会责任理论

20 世纪以来，资本主义从自由阶段进入垄断阶段，各种矛盾空前激化，人类历史上罕见的两次世界大战相继爆发，世界格局发生剧变。在这一过程中，自由主义的媒介理论和体制受到很大影响和冲击。首先，两次世界大战中，各参战国为了赢得战争胜利，制定了各种战时法规，以限制媒介自由，并对媒介内容进行事先检查，战争结束后，许多限制媒介的作法却保留下来了，这完全有悖于自由主义理论；其次，传播媒介和垄断程度越来越高，传播资源越来越集中于少数人手中，大多数人则越来越失去表达自己意见的手段和机会，所谓的"观点的自由市场"在理论和现实之间发生尖锐的冲突；再次，私有媒介的传播内容在盈利动机的驱使下，越来越有浅薄化、刺激化、煽情化的倾向，严重危害了社会道德规范，并产生了不少深刻的社会问题；最后，自由主义媒介理论主要强调了传播者的权利，忽略了作为社会公众的受传者的权利，易使传播互动过程失衡，造成作为传播者的大众媒介的过度强大，不利于传播过程的双向交流。

正是在这种背景下，社会责任理论应运而生。20 世纪 40 年代，美国"新闻自由委员会"进行了一项"关于报刊自由的现状和前景"的调查，并发表了题为《一个自由而负责的新闻界》和《媒介自由：一个原则框架》的报告，全面、系统地提出并阐述了报刊（媒介）的社会责任理论。社会责任理论并不是对自由主义理论的全盘否定，而是对自由主义理论的一种修正和改良。无论是在前者还是后者的规范中，媒介所承担的任务都是不变的，即：①为政治制度服务，提供有关公共事务的信息、观点和讨论；②启发民智，使之能够自治；③监督政府，保障个人权利；④为经济制度服务，利用广告沟通买卖双方的商品和服务；⑤提

265

① ［美］弗雷德里克·S. 西伯特、［美］西奥多·彼得森、［美］威尔伯·施拉姆：《传媒的四种理论》，戴鑫译，展江校，中国人民大学出版社 2008 年版，第 60 页。

供娱乐；⑥保持经济自立，不受特殊利益集团的压迫。①

然而，社会责任理论有一个不同于自由主义理论的大前提，这就是：自由与责任相伴而生。位于政府之下，拥有特权地位的传媒，在当今社会具有大众传播的重要功能，因此传媒有义务对社会承担责任。在这个意义上，如果传媒能够意识到自身所担负的责任并将其作为业务方针的基础，那么自由至上主义制度就可以满足社会的需求。如果传媒不承担自己的责任，那么其他一些机构必然会担负起大众传播的重要职能。②

新闻自由委员会在报告中不仅阐述了 20 世纪新的"知识气候"对古典自由主义理论的修正，还对大从传播媒介提出了具体的要求：第一，媒介应该提供"真实的、概括的、明智的关于当天事件的论述，并说明事件的意义"。同时，应"事实归事实，言论归言论，把两者区别开来"。社会责任论进一步指出，报道还应说明事实的前因后果和背景，以帮助读者全面了解事实，并把握事实的真正意义。第二，媒介应成为"交换评论和批评的论坛"。第三，媒介应准确表现"社会各成员集团的典型形象"。即强调报道的全面和公正，包括尊重民族情绪，妥善对待种族集团和宗教集团的敏感问题等。第四，媒介应"提出和澄清社会的目标和价值观"，成为一种强有力的教育工具，自觉承担教育大众的责任。第五，媒介应使人们"充分贴近每天的信息"，即保证所有社会成员能分享所有的信息。③

综上，社会责任理论是西方自由观发展的必然产物，它相较于"古典自由主义理论"又前进了一步。它在社会控制的有效性和适用性方面，达到了更高的阶段。社会责任理论立足于现代美国社会的各种问题，提倡积极的自由，不排斥政府在必要时对媒介进行干预，以保障真正的传播自由；主张在媒介、公众和政府之间找出三方都认可的共同点，以有效调节传播体制内的各种矛盾。这一理论受到美国社会的普遍

266

① ［美］弗雷德里克·S. 西伯特、［美］西奥多·彼得森、［美］威尔伯·施拉姆：《传媒的四种理论》，戴鑫译，展江校，中国人民大学出版社 2008 年版，第 62 页。

② 同上。

③ 张国良：《传播学原理》，复旦大学出版社 2009 年版，第 105—106 页。

认同，并成为西方发达国家的"范本"。然而，该理论只是对自由主义理论作了改良和修正，没有也不可能完全克服自由主义理论的缺陷。它一方面反对政府侵犯传播自由，另一方面又提出政府为保障大众的自由可干预媒介；它既抨击媒介为追求利润而损害公众利益，又一再申明必须维护媒介的私有制等，充满了"二律背反"现象，当然，这些问题也非社会责任理论自身能独立解决的。

4. 传媒的苏联共产主义理论

1917 年，俄国"十月革命"胜利，世界上第一个社会主义国家——苏联诞生。根据无产阶级革命的既定目标，苏联共产党和政府对资产阶级新闻事业进行了彻底的改造，并建立了一套全新的传播制度。概括起来说，以苏联为代表的社会主义国家的传播制度具有以下几方面的原则和规范：①传播媒介和传播资源是国家的公有财产，不允许私人占有；②传播媒介必须为工人阶级服务，必须接受工人阶级先锋队——共产党的思想和组织领导；③媒介必须按照马列主义原理、社会主义的意识形态和价值体系来传播信息，宣传、动员、组织和教育群众；④在服务于社会总体目标的同时，媒介应该满足广大群众的愿望与需求；⑤国家有权监督和管理出版物，取缔反社会的传播内容。①

（二）阿特休尔："三个乐章"理论

20 世纪 70 年代以前，为英美学界和新闻界所津津乐道的"传媒的四种理论"似乎都没有遇到过学理上的挑战。1971 年，美国学者约翰·梅里尔和拉尔夫·洛温斯坦在《媒介、讯息与人》一书中对"传媒的四种理论"做了修正，并提出"五种理论"。1981 年，美国学者威廉哈希顿在《世界新闻多棱镜：变革的媒介与冲突的意识形态》一书中也提出"五种理论"，对"传媒的四种理论"做了较大改进，增加了关于第三世界的媒介理论。② 1983 年，英国学者丹尼斯·麦奎尔

267

① 郭庆光：《传播学教程》，中国人民大学出版社 1999 年版，第 142 页。
② ［美］弗雷德里克·S. 西伯特、［美］西奥多·彼得森、［美］威尔伯·施拉姆：《传媒的四种理论》，戴鑫译，展江校，中国人民大学出版社 2008 年版，译者序，第 18 页。

在他首版《大众传播理论》中提出了类似的"六种理论"。在原来"传媒的四种理论"基础上，增加了两个类别——"发展媒介理论"和"民主—参与媒介理论"。直到 1984 年，美国学者 J. 赫伯特·阿特休尔的重要理论著作——《权力的媒介》问世，对"《传媒的四种理论》第一次构成了重大挑战"。①

阿特休尔是美国新闻与传播学研究中的批判学派的代表人物之一，早年曾长期从事新闻工作，这使他能够从自己的亲身实践中提出许多值得深思的理论问题。阿特休尔后期在政治学与历史学方面亦有学习，这对他的著作也是大有裨益。他的《权力的媒介》一书，着重探讨了新闻传播媒介与政治、经济、文化各种权力之间的关系和相互作用，具有史论结合的特色。

阿特休尔认为用民主、自由或共产主义、极权主义这样的字眼容易妨碍人们正确的理解，他在书中指出，施拉姆在写《传媒的四种理论》时，是在带有冷战色彩的时期写就的，他的分析是怀有敌意的，有简单化的倾向，不能帮助人们正确认识社会主义的新闻事业。于是他根据经济状况对世界的媒介模式进行了划分，提出了"三种理论"：马克思主义计划经济模式、资本主义市场经济模式和第三世界国家模式，并把三种理论比喻为交响乐的三个乐章。

"马克思主义计划经济乐章"指以苏联为代表的信奉马克思主义哲学的社会主义国家，"资本主义市场经济乐章"指发达或次发达资本主义世界，"第三世界国家乐章"指第三世界或发展中国家。

阿特休尔指出，"当我们采用这些专门术语的时候，是完全认识到其局限性的。然而，如果我们能看到每一乐章中各种旋律变奏所产生的丰富多彩的效果，那么我们就可以弥补这一缺陷。另外，还须铭记一点，尽管各乐章的名称所反映的是经济思想含义，但它们的主题绝对不仅仅局限于经济方面的内容。每一乐章包罗了新闻媒介所处环境的全部现实，包括历史的、政治的、社会的、文化的、还有（值得

268

---

① ［美］弗雷德里克·S. 西伯特、［美］西奥多·彼得森、［美］威尔伯·施拉姆：《传媒的四种理论》，戴鑫译，展江校，中国人民大学出版社 2008 年版，第 22 页。

一提的）心理的现实。"①

阿特休尔在《权力的媒介》一书中，重点对三种新闻模式在新闻事业的目的、信念、新闻自由等方面展开论述，并分别阐述了它们各自的优缺点，得出了新闻发展迄今为止的七项结论：② ①在所有的新闻体系中，新闻媒介都是掌握政治和经济权力者的代言人。因此，报刊杂志和广播电视并不是独立的媒介，只不过潜在发挥独立作用；②新闻媒介的内容往往反映那些给新闻媒介提供资金者的利益；③所有新闻体系无不以信仰言论自由为基础，但它们各自解释言论自由的方法不一；④所有的新闻体系都赞同社会责任说，宣称他们为了人民的需要和利益服务，并表示愿意为人民提供新闻；⑤在所有三种新闻模式中，彼此认为对方模式为离经叛道；⑥新闻院系传播该社会的意识形态和价值体系，最终无不帮助当政者维持他们对新闻媒介的控制；⑦新闻实践往往背离新闻理论。

该书在论述三种模式的同时，还探讨了新闻理论中的几个重要问题，诸如报刊的社会责任理论、新闻媒介的内容与财源的关系，以及建立世界新闻传播新秩序等问题，对世界新闻事业的发展前景也有所展望。总之，阿特休尔着眼于新闻媒介和社会政治结构之间的关系，提出了新闻媒介是统治阶级用以维护现存制度的工具，是实行社会控制的手段，这种剖析显然是有价值的。在批判一些传统观点时，虽有失之偏颇或分析不足的问题，但有些见解仍是有启发性的。③

（三）最后的权利

269

对《传媒的四种理论》进行真正剖析，并形成全面挑战和彻底"颠覆"的是，1995 年由伊利诺伊大学出版社推出的 8 人合著《最后的权利：重议〈报刊的四种理论〉》。学者郭镇之这样评价它，《最后

---

① ［美］J. 赫伯特·阿特休尔：《权力的媒介》，黄煜等译，华夏出版社 1989 年版，第 316 页。

② 同上书，译者前言，第 3 页。

③ 同上书，第 8 页。

的权利：重议〈报刊的四种理论〉》对"四种理论"进行了"总体批判"，预言了后者的死亡，指明了产生它的时代的终结。①

《最后的权利》一书认为，《传媒的四种理论》的叙述基本是历史的，而非"理论"（就科学所应具有的品格而言）的。它代表的是一种世界观，而非理论。它的中心思想只有一个，即资本义自由主义经济的观点，它用这个观点去观照不同时代、不同环境下的社会现实，因此可以说，它是一个"理论"的四个"例了"。它从其中一个理论（经典自由至主义理论）的框架中定义这四个理论，因而从逻辑上说是不科学的。②

该书的重点是对四种理论分别展开详细的评析，要点如下③：第一，所谓"极权主义理论"并不存在，也就是说，极权主义作为媒介理论不能单独成立。施拉姆等人的最大错误在于，将历史上完全不同的现象同一化了，在"极权主义"概念里，既有法西斯主义，也有共产主义，实际上，它们共同点很少。"极权主义"实际上是一种权利的集中行为，是一种实践，而非一种理论。因此，可以认为，"极权主义"并非只存在于过往的历史，而是一种尚存的现实，或许是人类社会永久的特征。目前看来，极权主义的意识形态还很活跃，它的实践和体制也很常见。第二，自由主义理论被简化处理了。自由主义至少包括经典自由主义、自由权主义和新自由主义，三者各不相同，《传媒的四种理论》所论述的只是前述三者之一——自由权主义，它的核心概念是"思想的市场"。经典自由主义对"思想的市场"持怀疑态度，新自由主义则倾向于接受政府的介入，只有自由权主义主张各种思想都应在"思想的市场"中得到传播，言论者只有被保护免于政府的干预，才可能对思想的市场有所贡献。总之，自由权主义不能代表笼统的自由主义，而且在新的历史条件下，传统的自由主义理论也改变了形式和内容，由个人权利向集体权利发展。第三，

---

① 郭镇之：《对"四种理论"的反思与批判》，《国际新闻界》1997 年第 1 期。

② ［美］弗雷德里克·S. 西伯特、［美］西奥多·彼得森、［美］威尔伯·施拉姆：《传媒的四种理论》，戴鑫译，展江校，中国人民大学出版社 2008 年版，译者序，第 24 页。

③ 张国良：《传播学原理》，复旦大学出版社 2009 年版，第 112—113 页。

社会责任理论在哲学上是彻底的，在实践上的保守的。社会责任理论有两个核理论来源：积极自由权（"争取……的自由"）和消极自由权（"避免……的自由"）。这两者分别代表了新自由主义和自由权主义两大思想派别，如前文所述，它们的根本区别在于，对言论者和政府的关系的不同态度。然而，社会责任理论只是提议道德责任不同于法律责任，并没有向现存法律权利提出任何挑战。第四，马克思主义被简单化处理，并受到不公正待遇。施拉姆等人在书中的"冷战思维"模式明显，他们把马克思主义和斯大林主义混为一谈，用一个时期的斯大林主义的特征代替共产主义，用 20 世纪 50 年代的现实解释马克思主义的媒介哲学，将共产主义媒介理论夸大为最有害的极权主义加以抨击，可以说是以偏概全。

《最后的权利：重议〈报刊的四种理论〉》一书的价值在于不迷信权威，对产生于特定时代的理论，在阐明其理论背景的基础上，深刻剖析了时代及其他因素造成的局限性。然而，该书对《传媒的四种理论》批判过于严厉，过于否定其历史和现实意义，有"矫枉过正"之嫌，而且该书只提出问题未给出答案，也是美中不足。

五　大众传播与现代社会

身处 21 世纪的人们已经完全进入了信息社会，信息及媒介对人们生产和生活的重要性已经不言而喻，媒介化生存恐怕就是对二者关系的生动说明。

271

（一）大众传播与社会的互动关系

大众媒介既是现代社会不可或缺的一个重要组成部分，维系社会、推动社会发展的一个重要因素，同时大众传播作为社会系统的组成部分，其发展总是在一定的社会制度下运行，受到各种社会力量的制约。可以说，大众媒介与社会处于复杂的互动关系，一方面，大众媒介是各种社会关系的连结者，它通过传播信息，满足社会各个系统的信息需求，使社会有机体之间保持联系沟通与交流。大众媒介对社会系统的正负功能前文已有讨论，在此不再赘述。另一方面社会系统对大众媒介有各种影响，具体表现为：其一，没有社会的存在就没有大众传播，大众传播的发展必须以社会为前提；其二，只有当社会生产力发展到一定阶段，大众传播才能产生，它是社会发展的产物。也就是说，大众传播技术的进步，是以生产力的发展为前提的；其三，大众传播必然被打上社会阶层、阶级的烙印；其四，由于大众传媒与社会各组成要素有千丝万缕的联系，它必然会受到政治、经济、文化等方面的制约，包括受法律的保护和约束，受大众的监督等。

（二）关于大众传播社会影响的两种观点

大众传播对于社会产生什么性质的影响，以及怎样影响社会发展，是传播学者们一直关注的话题，西方早期大致有两种不同的观点：一种是"基于乐观主义期待"的肯定态度，另一种是"怀疑主义"的忧虑态度。

在大众传播发展和普及的早期阶段，人们对它寄予了深切的期待。早期的乐观主义者以美国政治学家 J. 布莱士为代表，他关于报刊在舆论形成中的作用问题有深刻论述。布莱士认为，舆论是民主政治的基础，舆论的发展和形成可以分为历史和现实两个过程。从历史过程来看，舆论经过了被动地忍受权威支配和统治的阶段，正在迎来舆论自身成为统治力量的时代。从现实过程来看，围绕社会公共事件的舆论的形成，大体要经历四个阶段：第一，基于情绪和期待的印象形成阶段；第二，单纯地交换或获取信息的消极传播阶段；第三，通过讨论和争论而使舆论得到组织化的积极传播阶段；第四，形成最终合意和付诸行动的阶段。因此，现实的舆论是一个由分散的、具有情绪性和偏颇性的个人印象或观点，经过传播而结晶为合理的公众意见（舆论）的过程，而在这个过程中，报刊作为核心的传播媒介起着重要的作用。① 通过上述对舆论形成过程的阐述，布莱士指出，报刊的三种功能使它成为合理的、理性的舆论形成的最重要推动力，即：①作为

272

---

① 郭庆光：《传播学教程》，中国人民大学出版社 1999 年版，第 122 页。

事件的报道者和讲解员的功能；②作为政治主张的代言人的功能；③反映社会上读者一般意见的"测风标"功能。报刊通过发挥这三项功能，就能使舆论超越个人意见的简单相加，成为组织化的有机整体。唯有这种舆论，才能在民主政治中发挥主导作用。

　　另一位美国社会学家库利也对大众传播有乐观的期待。库利认为"印刷意味着民主"，而民主只有在舆论获得某种组织性之际才能够成为现实。从这个角度看，现代报刊确乎是西方民主实现的先决条件。库利进一步指出，舆论实质上是组织化的群体意识和公共意识，这些意识的成长"与电信、报纸和快速邮政等是直接相联系的"。库利认为，这些近代传播媒介的发达不仅扩大了人类的交流与沟通，而且促进了"各国、各民族和阶层间的共通的人性和道德的发展"。他虽然对大众报刊的盈利主义感到不满，指出它有时候应该受到"极度谴责"，但认为在总体上"新的传播正在像曙光一样普照世界，促人觉醒，给人启发，并充满了新的希望"。

　　现代报刊进入 20 世纪以后，大众传播的垄断和集中程度日益加剧，尤其是在两次世界大战中，宣传战和心理战已成为一种破坏性的、可怕的力量，由此，人们开始对大众传播社会影响的评价逐渐带有了怀疑和否定的性质。第二次世界大战以后，媒介内容有了煽情化、浅薄化和低俗化的倾向，进一步招致了学者对大众传媒的激烈批评。传播学四大先驱之一的拉扎斯菲尔德和美国社会学家默顿关于大众传播使现代人满足于肤浅的表层信息、具有"麻醉神经"的负功能正是这种批评之一。日本学者清水几太郎认为，现代社会被大量信息所支配，事实上也就是被复制大量信息的媒介所控制，大众媒介一方面作为"盈利企业"，另一方面作为"宣传机构"，将受众淹没在表层信息的"洪水"中，使他们丧失了对重要的公共事物的理性思考和判断的能力。从这个意义上说，大众传播对现代人来说类似于一种"心理暴力"。

273

　　上述关于大众传播社会影响的两类观点，在当代的传播学研究中仍有深刻影响。对两类观点不能简单作出肯定或否定的结论。归根到底，大众传播是伴随着传播科技的发展而出现的一种强有力的大型社会信息系统，这种信息系统发挥什么性质的影响，关键在于使用和管理它的人，以及它所处的社会制度和这些制度赋予它的使命。因此，脱离开具体的历史和社会条件，单纯地讨论大众传播的"善"与"恶"问题是没有意义的。①

（三）大众传播对人的行为的影响机制

在论及大众传播对社会的影响力时，首先要讨论的是大众传播对人的行为的影响和作用，而这一点必须从人的行为与环境的关系谈起。

1. 人与环境互动过程的变化

人的行为是在特定的自然环境和社会环境中进行的，从本质上来说，人的行为也就是调节自身与环境的关系的活动。人为了求得自身的生存和发展，必须及时了解环境的动向和变化，认识和把握环境，协调自己的行为，不断与变化的环境保持相适应的平衡关系。因此，人与环境的关系包含着四个基本要素：一是客观环境本身；二是人对环境的认知；三是人的行为；四是人的行为对客观环境的反馈或影响。对环境的认知是人与环境互动的首要前提。然而，对不同时代，处于不同社会发展阶段的人类而言，环境的规模不同，对环境的认知方式也完全不同，在生产和社会交往规模十分有限的传统社会里，环境的范围较小，也并不那么复杂，人们对于周围环境的认识基本保持着经验的接触。如图4-1所示。

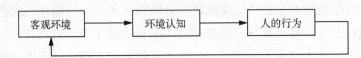

图4-1　经济社会中人与环境的互动关系

近代工业革命以及媒介大众化的到来，迅速改变了人们与环境的互动方式。机械化的大工业生产和全球贸易的发展，使整个世界成为一个巨大的市场，各种通信工具的发展使得人们的交往空间无限扩大。原先依靠人与人之间的"经验接触"来获得对环境的认识，已经完全

---

① 郭庆光：《传播学教程》，中国人民大学出版社1999年版，第124页。

不可能了，巨大而复杂的环境远远超出了人们的感性经验范围，人们必须通过一种新的大型媒介系统才能把握它。也就是说，人对环境的认知活动发生了根本性的变化。人对周围环境的认知更多是靠大众传播所形成的信息环境而获得的。需要说明的是，由于大众传播系统内部组织结构和传播规律的制约，它向人们提示的环境并不能简单地等同于客观环境本身，而是环境的再现，也就是说大众传播所提供的信息环境与真实环境之间是有差距的。在大众传播时代，人与环境的互动关系实际上就发生了如图 4－2 所示的重大变化。

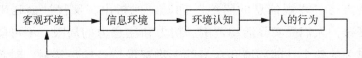

图 4－2 大众传播时代人与环境的互动关系

2. 大众传播与现代信息环境

现代社会中人与环境互动过程较之于传统社会的一个主要区别就在于，在人与真实环境之间插入了信息环境，也就是说信息环境成为人们环境认知的主要方式。因此，对信息环境的理解成为人们认识人与环境互动关系的关键要素。所谓信息环境，指的是一个社会中由个人或群体接触可能的信息及其传播活动的总体构成的环境。对信息环境的理解需从以下方面展开：其一，信息环境的构成要素是具有特定含义的语言、文字、声音、图画、影像等信息符号；其二，信息环境中的讯息不仅包含有大量的消息或知识，还包含着特定的观念和价值，它们不仅是告知性的，还可能是指示性的，对人的行为具有制约和影响作用；其三，当某类信息的传播达到一定规模时，便成为该社会信息环境的特色和潮流。

事实上，信息环境在传统社会也是存在的，只不过在当时的阶段，由于人们交往空间狭小，信息环境与客观环境重合，人们对信息环境的感知就是对客观环境的感知，随着交往空间的扩大，现代社会中发生了信息环境与客观环境的分离，且信息环境也具有了相对独立性，并因此在人与环境的互动中具有了重要意义。

现代社会中的信息环境主要是由大众传播所营造的。大众媒介在

275

形成信息环境方面具有强大的优势：第一，大众媒介有强大的信息生产、复制和传播的能力，可在短时间内将某类信息传遍整个社会，造成普遍的信息声势。第二，由于大众媒介是信息生产和传播的专业化组织或机构，在信息传播方面具有权威性、公开性和直达性的特点，因此，它所传播的信息比其他渠道的信息更容易被人们接受并信赖，进而使它成为信息环境的制造者。

3. "信息环境的环境化"现象

20世纪20年代，美国著名新闻工作者李普曼在他的著作中提出了现代人与"客观信息的隔绝"问题。他指出，现代社会越来越巨大、复杂，人们受实际活动范围、精力和注意力的局限，不可能对与他们有关的整个外部环境和众多的事物都保持经验性接触，对超出自己亲身感知以外的事物，人们只能通过各种"新闻供给机构"去了解。因此，从这个角度看，人的行为已经不再是对客观环境及其变化的反应，而成了对新闻机构制造的某种"信息环境"的反应。李普曼在他的代表作《舆论学》还提出"拟态环境"的概念，所谓"拟态环境"就是信息环境，也有学者称之为"似而非环境"，它并不是现实环境的镜子式的再现，而是传播媒介通过对象征性事件或信息进行选择和加工、重新加以结构化以后向人们提示的环境。李普曼进一步指出，大众媒介对信息环境的构造主要是通过对信息的选择、加工和结构化的手段在媒介内部进行的，人们通常意识不到这一点，把"拟态环境"当作客观环境来看待，人的行为是对拟态环境的反应，然而这种反应是实际的行为，所以它的结果并不作用于刺激引发了行为的拟态环境，而是作用于行为实际发生的现实环境。

李普曼的观点事实上表达了这样一层含义，大众传播形成的信息环境（拟态环境），不仅制约人的认知和行为，而且通过制约人的认识和行为来对客观的现实环境产生影响。这样一种机制，不仅使得现代环境越来越信息化，而且信息环境也越来越环境化。也就是说，大众传播提示的信息环境，越来越有了演化为现实环境的趋势。[1] 1968

276

---

[1] 郭庆光：《传播学教程》，中国人民大学出版社1999年版，第127页。

年，日本学者藤竹晓在李普曼观点的基础上，明确提出了"拟态环境的环境化"问题。他认为，大众媒介营造了"拟态环境"，这与现实环境之间有很大的距离，但由于人们是根据媒介提供的信息来认识环境和采取行动适应环境的，这些行动作用于现实环境，就使得现实环境越来越带有了"拟态环境"的特点，以至于现代人已经很难区分什么是客观环境了。

大众传播在构筑信息环境方面具有强大的优势，它通过人们的环境认知活动来制约人的行为，这就是大众传播发挥其社会影响力的主要机制。

第五章　传播媒介

从拉斯韦尔 5W 模式看，传播媒介是联通传播双方行为主体的中间渠道，是传播不可或缺的要素之一，它是负载传播者思想意义的符号载体，对于媒介的认识、理解是研究传播的重要内容。

一　媒介追溯

传播媒介历史差不多是与人类历史同步的。人类社会一经诞生，原始人就在征服自然、谋求生存与发展的斗争中，开始了最初的传播活动。早期，人类的传播手段与其他动物没有明显区别，主要是表情、动作、叫喊等，这大概就是人类最原始的亲身传播。经过漫长岁月的进化，人类终于创造自身特有的、独一无二的符号体系——语言，这一划时代的进步使人类复杂的思维成为可能，也使人类的物质和精神生产能力有了质的飞跃。然而，语言转瞬即逝只能靠记忆保存的特点无法适应社会规模逐步扩大后生产力的需求，大约公元前 5000 年前，最古老的图形文字诞生于埃及、美索不达米亚。大约公元前 3500 年前，中国出现了甲骨文。自此，文字即书面语言开始成人类文明史和传播史上的主要符号体系，也由此掀开了传播史上新的一页。

传播媒介的发展与人类的传播能力和社会发展水平相适应。早期的人类传播工具主要是以"自身"为媒介进行信息交流，后随着生产力和技术水平的发展，传播媒介不断演进。可以说，从人的身体器官到生产资料和生活资料都曾是传播媒介。以人类传播的发展历史看，媒介一词的含义极广，它可以泛指使事物之间发生关系的介质，可以说，媒介无时不有，无处不在。凡能使人与人、人与物或物与物之间产生联系或发生关系的物质都是广义的媒介。

二　传播媒介的概念

"媒介"一词在现实生活中的运用十分广泛和多元，导致对它的理解也各不相同，并出现比较混乱的情况。有时人们把它与符号混为一谈，认为"媒介是承载并传递信息的物理形式，包括物质实体和物理能。比如文字、各种印刷品、记号、有象征意义的物体、信息传播器材及声波、光、电波等"。有时又把媒介与传播形式相混淆："媒介通常用来指所有面向广大传播对象的信息传播形式，包括电影、电视、广播、报刊、通俗文学和音乐等。"有时把渠道、讯息当作媒介："媒介就是渠道——即口语单词、印刷单词等。"有时，当人们谈及"大众媒介"时，并不仅仅指大众传播的渠道，而且还指这些渠道的内容，甚至包括大众传媒中职业传播者的行为。由上述可知媒介一词含义的混乱，因此，要想给"媒介"一词下定义，首先需将它与相近的概念作一区分和澄清。

（一）传播媒介与传播符号、传播形式和传播渠道的区别

首先，传播媒介不同于传播符号。符号是表达或负载特定信息或意义的代码（如语言、文字、图像等）。媒介可理解为介于传播者与受传者之间，用以负载、扩大、延伸、传递特定符号的物质实体。符号是一种代码或手段，往往比较抽象，具备有序性、思维性和意识性的特点，可以表现人认识事物和信息表达的逻辑特点。媒介则是一种物质实体，能反映物质和能源的属性与存在形貌，比如石碑的坚硬厚重、纸张的薄软、电视的声光结合等，这些物件都有形体、有重量、可移动、可保存、可毁坏。符号与媒介可以理解为毛与皮的关系，媒介是符号赖以存在的外在实体。

其次，传播媒介有别于传播形式。传播形式是传播者进行信息传

279

播活动时所采用的与受众沟通交流的具体方式，比如口头传播、文字传播、图像传播等形式。同一种传播形式可以利用不同的传播媒介，而某一种传播媒介又可以服务于不同的传播形式。比如，文字传播形式，常常可以运用书籍、报纸、杂志、传单、小册子等不同媒介进行信息传播。可见，传播形式表明的只是传播活动的方式、结构和状态，而传播媒介则是实在的物体。

最后，传播媒介与传播渠道是既有联系又有区别的两个概念。渠道来自英文"channel"一词，原指航道、水道、途径、通路、门径、渠道等。在传播学中，渠道指传播过程中传受双方沟通和交流信息的各种通路，如人际传播渠道、组织传播渠道、大众传播渠道等。不同的传播渠道需用不同的传播媒介来配合，不同的传播媒介又可对不同的传播渠道进行定型。比如，面对面的人际传播渠道，决定了只能使用人体自身的器官作为传播媒介。当信息进入大众传播渠道时，又需要特定的媒介形态，如电视、广播等。

区分了传播媒介与相近概念，只是理解媒介的初步层次，只有对媒介的构成要素有进一步认识，才有可能对这个概念形成较为全面、整体的认识。

（二）传播媒介的构成要素

整体而言，无论什么形态的传播媒介，都由三个要素构成。

1. 物质实体

物质实体是传播媒介存在的首要因素。没有具体实在的物质实体，无论什么样的精神内容都无法依附。比如文字发明后，曾先后出现的书写媒介有泥土、石头、树皮、龟甲、骨头、羊皮、木竹、布帛、青铜器、纸张等。这些媒介都是有形的物质实体，没有它们，符号无处载录，亦不能流传。因此，物质实体是构成传播媒介的前提条件。

2. 符号

符号对于传播媒介而言，是必需的构成要素。如果一般的物质实体上没有刻画、负载特定的文字、图像、声音等人类能够识别的代码，那它就是普通的随处可见的一般物体，而不是传播媒介。只有在绳子上打上表示特定事件的"结"，在木板上刻上表示特殊含义的"契"，在树皮或羊皮等东西上写上传递一定讯息的文字，这些绳子、木板、树皮和羊皮等才能称为传播媒体。符号是传播媒介与其他普通物质实体相区别的一个重要标志，因此，符号是传播媒介的重要构成要素。

3. 信息

信息也是传播媒介必不可少的重要因素。这是因为传播媒介的唯一使命和基本功能是传播信息；同时，媒介所负载的符号必然蕴含着特定的信息；此外，传播者与受传者的互动行为的发生是以传递信息为前提的。

综上，构成传播媒介的核心要素就是物质实体、符号和信息，这三者相辅相成，缺一不可。当然，对于现代媒介而言，那些能把符号转移、录制、负载到物质实体上的技术，如印刷术、录音和摄像技术等，将信息载体加工、转变为便于使用和接收的技术，如装帧技术、接收技术等，也是传播媒介的构成条件。

关于传播媒介的概念，因界定角度和研究视域的不同，目前有较多不同的表达，学界至今还没有统一的定义。对它的理解从与之相近概念的甄别、比较，从它的构成要素方面展开，或可形成比较全面的认识。根据前述分析，基本可以认为，传播媒介就是介于传播者与受传者之间的用于负载、传递、延伸、扩大特定符号的物质实体。①

（三）传播媒介的特点

传播媒介的特点，是媒介作为传播活动中介物的独有属性，对它的分析，有助于后文关于媒介相关理论的理解和把握。根据前文对媒介概念的论述，可以认为实体性、中介性、负载性、还原性和扩张性是传播媒介的基本特点。

281

1. 实体性

传播媒介首先是物质实体，作为实体的媒介，它必须是可见、可触、可感的，它一定是有质地、形状、重量的，是个具体的真实的有

---

① 邵培仁：《传播学》，高等教育出版社 2000 年版，第 148 页。

形的物质存在。比如，大众传播中的报纸、杂志、收音机、电视机等都是作为传播媒介的物质实体；在面对面的人际传播中，空气、光线等也都是传播实体，人体及人体的口、眼、耳也都是传播的实体。当然，作为传播媒介的人体和体器官，它的功能和作用既存在于人际传播中，也存在于组织传播和大众传播中。

2. 中介性

从传播过程看，媒介居于传播行为主体的中间，是联系两端的中间物，因此，媒介的第二个特点就是中介性。中介性可以理解为两点：第一，居间性，即它处于传播者与受传者之间；第二，桥梁性，即它可以使传受双方以它为媒发生关系，交流信息。作为媒介的物质实体居于传受双方之间，非但没有使之隔离分开，反而起到沟通二者的"纽带""窗口"作用，这就是媒介的中介性。

3. 负载性

传播媒介对传受双方的沟通作用，就在于它是负载了符号的特殊实体。因此，负载符号，是传播媒介的特点，也是传播媒介存在的前提和必须完成的使命。人类传播史的发展表明，金、木、石、纸可能是记录、保存文字符号和图像符号的理想媒介，磁带、唱片是记录、保存声音符号的合适媒介，拷贝、胶片、影碟则是记录、保存影音符号的较好媒介。由于传播媒介在负载符号的同时，也负载了符号所蕴含的信息和内容，因此，当人们说"传播媒介"时，往往既指其物质实体（纸张、收音机、电视机、放映机等），也指媒介实体、符号与信息的混合物（报纸、书刊、广播、电视、电影），有时甚至泛指媒介机构或媒介组织（如大众媒介、新闻媒介等），这种情况的出现正是对媒介负载性过度解读的结果。

4. 还原性

作为传播媒介的物质实体，能够居于传播者与受传者之间，进行以符号为形式的信息传递，必然要求媒介对其所负载的符号有保持其原貌的传输功能，即传播媒介不能对所负载的符号有扭曲、变形、嫁接处理，换言之，传播媒介把传播者编制的符码传递给受传者之后，应在受传者那里能还原为传播者所编制的那种符码形态。尤其是在大众传播中，传播媒介的还原性显得极为重要，如若传播媒介不能客观地、原本地负载符号，而在中途发生变异，不仅无法实现传播者的传播意图，而且还会造成巨大的传播混乱。

5. 扩张性

媒介不仅可以"穿针引线"使传受双方发生关系，还可以将一个人的思想、感情和所见所闻扩张开来为许多人所共享，这就是它的扩张性。《红楼梦》一经印刷媒介的扩展和张扬，立即脱离原先的人际传播范围而成为中国经典的古典小说名著；肯尼迪遇刺的消息，经广播媒介的传播立即使美国人民在事发几分钟之后就得知了这一事件，如今，以互联网为技术支撑的新媒介使得信息接受与事件发生几乎同步，这都是媒介扩张性的表现。

三　传播媒介的类型

给传播媒介分类是一件出力不讨好的事，因为不同的研究视角有不同的分类标准，且各种分类标准之间亦有交叉重合。然而，对传播媒介的认识和了解又需分类展开进行，因此，本书循着人类传播史的进程，按人类传播媒介发展的先后顺序，并以传播媒介背后的技术支持作为分类依据，展开论述。特别说明的是，人类早期以自身器官为媒介进行的亲身传播，不在论述之列，此处重点介绍人类通过后天学习所获得的媒介工具。

（一）书写媒介

283

人类传播史上最早的身外传播工具大概就是书写媒介了，最早、最原始的书写媒介有泥板、石头、树叶、树皮、甲骨、羊皮等。据传，公元前 2400 年，在美索不达米亚，人们用泥板来记录和传播信息。人类制造的书写媒介，粗略地算，从简开始，有牍、简策、帛书、帛卷、纸等，经历了由重到轻、由粗到细、由硬到软的演变。书写媒介通常是把自然物简单加工而成。简就是能写字的竹片，牍就是能写字的木板，简策就是将多根写了字的简牍用细绳编连起来。竹木简取材自然，价廉易得，制作方便，但粗硬笨重，书写不便。帛书、帛卷是一种编织物，较之于竹木媒介，它的优点是轻软平滑、面幅宽阔，书写方便，但它的局限性亦很明显，帛生产成本高，产量少，价格贵，所以多用于记载有纪念、证信意义的重大事情或缮写经典文献。东汉后期蔡伦发明了造纸术，创造了一种光滑轻便，易于携带、保存的书写工具，自此后，纸作为一种主要的书写媒介，沿用至今。

各类书写媒介，大多取材于自然，与后期的印刷媒介和电子媒介相比，它在单位面积上所负载的符号量和信息量要少得多。然而，书写媒介是传播者通过使用书写工具从而达到信息传播目的的媒介物，这种书写媒介的使用，从符号编制到信息表达都能很好地反映传播者的个人特点，同时，还有一定的创造性，即负载了文字符号的书写媒介是有别于其他传播者的作品，于传播者自己而言也是不同于自己以前的作品。当然，书写媒介只能是单一的，而非机械的批量生产，这使得书写媒介的传播速度较慢，导致其传播效果只能局限在一定的传播范围。

（二）印刷媒介

所谓印刷媒介，就是通过印刷方式向社会公众传播信息的中介物，是将文字和图画做成版、涂上油墨、印在薄页上形成的报纸、杂志、书籍等物质实体。印刷媒介是所有大众传播媒介中最古老的一种，它的产生、发展和变化与印刷技术的发展紧密相关，最早的印刷术是通过木刻、石刻等手工方式进行的。我国的印刷媒介起源于公元前16—公元前11世纪的印章媒介和公元前三世纪的拓印媒介。[①] 公元11世纪40年代，我国的毕升发明了胶泥活字印刷术，事实上在此之前的唐朝，我国就已有了雕版印刷术，敦煌发现的标明唐咸通九年（868）的《金刚经》，就是中国也是世界上第一本标明印刷日期的雕版印刷品。宋代的活字印刷术大约在1258年前后，随着丝绸之路传播到了西方和中东地区，在此基础上，德国人约翰·古登堡在1456年发明了铅

---

① 邵培仁：《传播学》，高等教育出版社2000年版，第153页。

活字和手压印制设备，大大提升了印刷速度，使印刷品的批量生产成为可能。在明崇祯十一年（1638），我国出现了用木刻活字排印的《邸报》，首开了我国报纸印刷业的先河。从此，印刷媒介开始在世界各地迅速发展。1833年，世界上第一份廉价报纸——《纽约太阳报》诞生，标志着人类进入真正成熟的大众传播时代。

随着印刷术的不断改进与变革，印刷媒介开始具备了其他媒介所没有的独特优势与鲜明的特点：第一，印刷媒介可借助机器设备实现批量生产，多人同时阅读的大众传播时代正是在此基础上开始的。第二，可容纳的信息量大，内容广泛。第三，印刷媒介的可移动性，使得读者可以自由决定阅读时间、地点、速度和方式。第四，印刷媒介可长期保存，随时取阅，反复研读。第五，它能适应不同读者的不同兴趣和要求，报纸、杂志、书籍正在走向"小众化"。第六，印刷媒介的制作流程，决定了它在受众中的威望较高，专业性较强。当然，印刷媒介的缺点亦很明显，它对受众的受教育程度有一定要求，文化程度低，识字少的人或文盲则无法充分使用或分享其中的信息。

（三）广播媒介

广播媒介的诞生同电的发现、电信电话技术和声音控制技术的发明密不可分。1844年，美国人莫尔斯通过架设在华盛顿特区和马里兰州巴尔的摩之间电线杆上的20英里长的铜线，发出了世界上第一封电报，从而揭开了电信时代的序幕。19世纪末，赫兹成功地进行了无线电波实验；马可尼制造了无线电装置，并将无线电波发射到大西洋彼岸。在真空管问世之后的1906年，人类终于迎来了广播——可传送声音的无线电广播时代。然而，早期的无线电与普通大众尚无关联，只为政府、军队和商界服务，直至1920年代，作为大众媒介的家庭无线电广播才成为现实。

从广义上说，广播指通过无线电波或导线传送声音、图像的信息工具，也就是说应包括声音广播和电视。从狭义上讲，仅指声音广播，而且从技术设备的角度看，广播媒介不仅指接收媒介（收音机），还应包括录编设备（录音机、编辑机、合成机等）和传送媒介（讯号发

285

射机、发射天线等），正是这三种设备有机结合、合理分工才共同构成了广播媒介。因此，下文对广播媒介特点的分析，不是只论述接收介的特点，而是对上述三者综合全面地描述。广播媒介的特点如下：第一，逼真性。它可以真实而逼真地记录、复制和控制人类的声音，使稍纵即逝、过耳不留的声音得以保存。第二，渗透性。无线电波能超越空间限制，达到无远弗界的效果，无论你身处何方，只要有无线电波，都能收听到它。第三，时效性。无线电波每秒30万公里的运行速度，使广播媒介传播信息非常迅速及时，有时可达到与事件同步的效果。第四，灵活性。广播媒介只诉诸于人的听觉，因此对受众的专注度要求不高，收听者常常处在一种"伴随"状态，收听广播信息，同时还可进行其他活动。第五，沟通性。广播媒介主要依靠声音符号传递信息，声音稍纵即逝的特点，要求传播者在加工、录制声音时应注意表达的易于沟通性，让受众一听就懂，适应不同文化程度的听者。这种媒介的缺陷就是声音随着电波很快消失，听者无法从容思考、仔细推敲；听众不能自由选择，重复收听，只能被动接受。

（四）影视媒介

若论及延生时间的早晚，电影是先于广播和电视的，但电影和电视都是传播带有声音的移动图像，声像兼备、视听兼顾，具有双通道视听优势和现场参与感，在传播特性上有共同点，所以，在此将电影和电视统合为影视媒介，一起论述。然而，电影和电视的诞生时间、传播范围、工作原理等并不相同。

电影源于中国古老的灯影戏，真正诞生是在19世纪末，到20世纪初，美国发明了只能放映1分钟的早期电影，1903年，一批片长超过25分钟的电影片陆续上映。1927年，电影从无声发展为有声，20世纪40年代，彩色电影问世。电视的诞生晚于电影，20世纪20年代末，电视技术基本成熟，30年代获得进一步改善，英、美、德等国相继开始播出电视节目。第二次世界大战爆发后，使电视的发展被迫中断，战后电视才得到真正的发展。

电影和电视虽然都是视听媒介，但二者的技术原理却不一样，电影技术属于光学、声学和机械学的范围，而电视技术则是电子学的范畴。电影的播放一般需要专门的播放环境，通常要受时间和场地的限制，加之电影制作成本高、环节多、周期长、时效性差，这导致它的传播范围和传播效果也有限；电视传播则不受时间和空间的限制，传播范围非常广阔。然而，电影和电视在传播方面亦有许多共性：首先，二者都是依靠画面传播。画面是影视媒介的标志，它能跨越语言和文化，让受众一看即懂，对受众的教育程度没有要求；其次，影视媒介声像并茂、视听兼容。电影和电视都是集声、光、电于一身，诉诸于人的眼、耳、脑，全方位作用于受众，较之于书写媒介，是一种全新感受。再次，影视媒介的穿透力强。电影和电视运用画面和声像传播信息，形象、生动、逼真，能产生一种独特的潜移默化的传播效果；最后，二者都极具创造性。电影和电视可以对美术、音乐、诗歌、舞蹈等空间艺术和时间艺术进行再加工、再创造、极具灵活性和综合性。

（五）新媒介

新媒介是相较于传统媒体而言的，是报刊、广播、电视等传统媒体以后发展起来的新的媒介形态。它的新更多指向于媒体技术，是利用数字技术、网络技术、移动技术，通过互联网、无线通信网、有线网络、卫星等渠道以及电脑、手机、数字电视机等终端，向用户提供信息和娱乐服务的传播形态和媒体形态。[①] 新媒体与传统媒体的区别，不在于出现时间的先后，而在于传播方式和内容形态的不同，其发展核心是数字式信息符号传播技术的实现。新媒体兴起不过十余年，但发展速度惊人，根据艾瑞数据调查，2012 年中国网络广告收入超越报刊，2013 年中国网络广告市场规模达到 1100 亿元，2013 年百度广告收入已超过央视。《中国传媒产业发展报告（2014）》显示，在过去的 2014 年，传统媒体和新媒体的角力更加白热化，互联网及移动媒体行业收入的增幅领跑各细分市场，市场份额超越传统媒体，网络广告市场规模也追平电视媒体，新媒体对传统媒体的替代作用愈发明显。

287

---

① 石磊：《新媒体概论》，中国传媒大学出版社 2009 年版，第 1 页。

关于新媒介的特点，不同学者持有各样表达，概括起来主要有以下方面：第一，交互性和即时性。新媒介区别于传统媒体"点对面"的线性传播方式的最大不同在于交互式传播。交互性不仅体现在传受双方交流的增强，还体现在整个信息形成过程的改变。在新媒介中，信息不再依赖于某一方发出，而是在双方的交流过程形成的。以移动互联为特征的新媒介中不再有信息传播控制者，而只存在信息参与者。传统媒体中尤其是纸媒中"把关人"的角色在新媒介中渐渐弱化，新媒介中的受众不仅可以在极大范围内选择自己需要的信息，还能参与信息的传播。传统媒体具有出版和播出周期，传递速度受制于通信手段和制播环节，而网络传播的载体是光纤通信线路，信息更新和传播速度以秒为单位来计算，新闻稿件可随到随发，可实现编读双方随时随地的"面对面"交流，并能使受众随时跟进新闻事件的同步发展。这就是新媒介的即时传播。第二，海量性和共享性。互联网将全世界的计算机和计算机网络连接起来，形成了一个巨大无比的数据库，在理论上讲，其信息量是无限的。传统媒体由于受版面、播出时间等限制，其信息容量是有限的。以互联网为基础的新媒介，使人类"地球村"的梦想变成了现实。世界上任何地方的任何事情，都可以通过新媒介在瞬间传遍全球。第三，多媒体和超文本。新媒介的传播符号综合了传统媒体的文字、图片、声音、动画、影像等多种传播手段保存、表现和发送信息。受众完全可根据自身的需求、信息内容及接收条件，选择用何种方式接收信息。可以说，新媒介最大限度地实现了各种传播形式的"兼容并包"，丰富了信息传播的手段。同时，新媒体还是一种建构在超文本、超链接之上的全新传播模式，它不是以字符，而是以节点为单位组织各种信息的。一个节点就是一个"信息块"，节点内的信息可以是文本、图像、图形、动画、声音或各种类型的组合。信息在组织上采用网状结构，结点间通过关系链加以链接，构成了表达特定内容的信息网络。它对信息的存储可以按照交叉联想的方式，从一处迅速跳到另一处，完全打破了传统媒体文本系统的线性存取顺序的结构和限制，从而实现多窗口编辑，以更方便地容纳更多元素。第四，个性化和社群化。笼统地说，传统媒体是一种大众传播，它把需求各异、个性不同的受传者当作一个传播对象看待。新媒介中的受众在无限广泛的节目信息中，根据自己的爱好和需求检索、选择和传播节目，同时，新媒介的传播者还可以用一种"信息推送技术"根据用户需求为其推送专门化的信息。新媒介的社群化，主要表现在其受众多以"群居"形态活动于网络之上，比如各种类型的社区、粉丝团、动力人群等，这些社群往往形成一些很牢固的人际互动网络。社群中的成员并固定于某一个"社群"，成员间的人际传播又会进一步巩固新媒介传播的社群化。当然，新媒介在产生积极作用的同时，也有显而易见的负作用和问题，比如假新闻及不良信息泛滥、公民隐私权更易遭到侵犯、著作权保护困难等。

四 媒介理论概述

随着人们在社会生活中对媒介越来越依赖，关于媒介在社会发展中的地位和作用，也引起了学者的关注与研究，许多学者从不同角度进行过考察。在此介绍有代表性的观点。

（一）伊尼斯的媒介偏向论

根据前述的人物篇内容，哈罗德·伊尼斯已经为我们所熟知，他是加拿大的一位经济史学家，传播学多伦多学派的鼻祖，也是麦克卢汉的老师。他的研究以 1940 年为界，分为两个时期，早期的英尼斯专注于他的"大宗初级产品论"，后期转入从古到今的经济与传播关系的研究。他对媒介的认识主要体现以下几方面。

1. 泛媒介论

伊尼斯对媒介的界定十分广泛，他认为，除了报纸、广播、电视等常见的传播工具算作媒介以外，凡是能够负载信息的物质都是媒介，有石头、泥版、黏土、金字塔、教堂、图书馆、莎草纸、羊皮纸、纸张、报纸、广播、电影等，甚至货币、高楼大厦也被他纳入媒介的范畴。在伊尼斯的著作中还隐含着一种思维，即把口语、字母表、诗歌、戏剧、文字、散文、漫画、法律、哲学、数字、广告等内容也看作一

289

种媒介，因为它们能够反映某些历史时期的文化和社会思想。在伊尼斯看来，每一种媒介都有不同于其他媒介的特征，每一个社会都会有多种媒介并存，它们共存时既能弥补彼此性质上的差异，也能抵消彼此的功能。伊尼斯强调，媒介是一种重要的技术和资源，在政治、经济、文化中扮演着能动的角色，对社会形态、文化思潮和社会结构都有深远的影响，但是它的作用却常被一般人忽视。伊尼斯还进一步提出，媒介的性质对内容的特征有塑造作用，一种媒介经过长期使用，会在一定程度上决定它传递的内容的特征。新的传播媒介不仅能产生新的内容形式，也能改变人们使用媒介的方式。

2. 媒介偏向论

1949 年，伊尼斯在他的论文《传播的偏向》一文中提出发"传播偏向论"思想。他认为，从信息的组织和控制角度看，每一种媒介形态都有一种偏向，它们以时间为重点或以空间为重点，并由此规定社会上传递的信息的数量、性质及社会形态。所有的文明都是靠对空间领域和时间跨度的控制而存在的，因此，要认识各种传播媒介传播思想、控制信息、垄断知识的实质，必须对传播媒介偏向时间和偏向空间的特性有深入理解。时间偏向的媒介，如古代社会使用的石头、黏土、羊皮纸等，性质稳定，笨重耐久，可长期保存但不便于大范围运输，适合建筑和雕塑，适合知识在时间上的纵向传播，不适合知识在空间上的大范围传递，有助于时间控制但不利于空间控制，有利于形成、维护分散和等级制度。空间偏向的媒介，如莎草纸、印刷品等具有质量轻、耐久性差等特征的媒介，易于大范围运送但不易长期保存；适合知识在空间上的广泛传播而不适合知识在时间上的长期传承。这种媒介可以将消息传向远方，便于广大地区的治理和贸易，有利于形成集中和等级性质不强的政治体制。

对应媒介的两种偏向，传播也有两种偏向：口语传播的偏向和书面传播的偏向，分别以口头传统和书面传统为代表。伊尼斯认为传说、神话、史诗、歌谣、谚语、谜语、诗歌、戏剧等口头文类，以及与之相关的表达文化和口头艺术等口头传统的传播方式是口语偏向的，因为其传播载体主要是人的语言和肢体，倚重人的听觉，传播范围较小。

以印刷品、书籍、报纸、杂志、摩天大楼等媒介为基础的文化，倚重文字、图像和人的视觉，其传播是书面偏向的。

口头传播和书面传播之间的差别，代表着伊尼斯思维的两极，基于口语传播和书面传播的论述，他进一步指出，媒介和传播的偏向对文化和社会模式有着深远的影响，任何帝国和文明都会遭遇在空间上的扩展和时间上的延续问题。伊尼斯在《传播的偏向》一书中明确表示："所谓媒介或倚重时间或倚重空间，其含义是，对于它所在的文化，它的重要性有这样或那样的偏向。对西方文化的发展作一番简短地扫描，就可以说明西方文化及其组成要素的特质，正是这些特质促成了文化在时间上的延续和空间上的扩张，一切文化都要反映出自己在时间上和空间上的影响。"①

（二）麦克卢汉的媒介理论

在欧美传播学的理论发展史上，麦克卢汉的媒介理论在 20 世纪 60 年代成为西方时髦思想和一个有未来主义色彩的"传播意识形态"版本，是传播最普及，关注最多，解释最多的一个种媒介理论。他的媒介理论主要是以下三种。

1. 媒介即讯息

麦克卢汉提出，传播中最本质的不是表述，而是媒介本身。他认为，媒介本身才是真正有意义的讯息。也就是说，人类有了某种媒介才有可能从事与之相适应的传播和其他社会活动，因此，从漫长的人类社会发展过程来看，真正有意义、有价值的"讯息"不是各个时代的传播内容，而这个时代所使用的传播工具的性质、它所开创的可能性以及带来的社会变革。传播媒介的影响并不是出现于有意识的意见和观念层次上，而是在感觉比例和知觉类型的下意识层次上，传播技术的任何进展都会引起人类事务的规模、步伐或类型上的变化。麦克卢汉所说的媒介不仅指技术载体如电报、电话、电视等，还包括各种

291

---

① ［加］哈罗德·伊尼斯：《传播的偏向》，何道宽译，中国人民大学出版社 2003 年版，第 27—28 页。

交通运输工具在内。他认为，每一种媒介发出的信息都代表着或是规模、或是速度、或是类型的变化，所有这些信息的形式变化都会介入到人类的生活中。新的媒介，意味着人类感知和认识世界的新方式，从这个意义上讲，媒介是社会发展的基本动力，它能创造出新的社会行为类型。

2. 媒介：人的延伸

麦克卢汉提出，媒介是人体的延伸，"所有的媒介都是人的某种心理和肉体能力的延伸"，如印刷品是人们眼睛的延伸，收音机是耳朵的延伸，电视机是耳朵和眼睛的共同延伸。在他看来，任何一种新媒介的产生都会使人的感觉器官的平衡状态发生变动，产生心理上和社会上的影响。他说，"任何一种感觉的延伸都改变着我们思想和行为的方式，即我们感知世界的方式。当这种比例改变的时候，人就随着改变了。"麦克卢汉认为，媒介和社会的发展史同时也是人的感官能力由"统合"—"分化"—"再统合"的历史，他强调传播媒介对人类感觉中枢的影响。特别说明的是，任何一项技术工艺的产生背景和演变过程都不能脱离具体的社会环境，技术只是社会设想和社会利益的携带者，但麦克卢汉对媒介的思考离开了社会、经济和政治因素。

3. "冷媒介"与"热媒介"

麦克卢汉关于媒介还有"惊人"之论，他认为，所有的媒介都分属两类：一类是热媒介，另一类是冷媒介。关于冷热媒介的分类，麦克卢汉并没有明确的说明，人们只能根据他的叙述进行推测。麦克卢汉所谓的热媒介，是指传播的信息明确清楚，或曰清晰度高，因而接受者的参与度相对低的媒介。这类媒介不需要受传者调动更多的感官和联想活动就能理解，它本身是"热"的，人们在进行信息处理之际不必进行"热身运动"，比如拼音文字、印刷品、广播、电影等，由于它们给受众提供了充分而清晰的信息，所以受众被剥夺了深刻参与的机会，被剥夺了再创造的用武之地。所谓冷媒介，就是清晰度低的媒介，它传达的信息量少而模糊，在理解时需要受传者动用多种感官的配合和丰富的想象力，要求人们深刻参与、深度卷入的媒介，因其为受众填补其中缺失的、模糊的信息提供了机会，调动了人们再创造的能动性，比如手稿、电话、电视、口语等。

麦克卢汉关于媒介的分类并没有一贯的分类标准，而且存在着逻辑上的矛盾，比如，就信息含量而言，作用于多种感官的媒介传递的信息内容显然比作用于单一感官的媒介更为丰富，然而在麦克卢汉那里，广播是热媒介，电视反而是冷媒介了。事实上，冷热媒介的分类本身并无多少科学和实用价值，重要的是它带来的启示：不同媒介作用于人的方式不同，引起的心理和行为反应也各具特点，这是媒介研究的重点因素。

（三）梅罗维茨的媒介情境理论

约书亚·梅罗维茨，美国传播学者，媒介环境学派的第三代中坚人物，代表作《消失的地域：电子媒介对社会行为的影响》。梅罗维茨对电视的社会影响有深入、独到研究。他继承了麦克卢汉的以媒介本身而不是以媒介讯息内容为研究焦点的思路，集中探讨电视作为一种电子媒介如何重新排列人们获知有关他人行为的方式，如何改变了决定人们行为的社会环境，使之难以在社会相互作用中继续墨守陈规等问题。梅罗维茨在他的代表作《消失的地域：电子媒介对社会行为的影响》一书中，提出了情境论的媒介社会影响理论。这一理论综合了麦克卢汉的媒介理论和美国社会学家戈夫曼有关人们社会生活与社会角色理论的一些观点，来分析媒介所造成的社会情境。他的理论在研究的精确性和表述的清晰度方面，更胜于麦克卢汉，因此产生了相当广泛的影响。

1. 情境应被视为信息系统

戈夫曼一生最重要的理论是"拟剧论"，这也是梅罗维茨媒介情境理论的来源之一。戈夫曼将人们生活中的行为，比作演员的戏剧表演活动，认为每个人在不同的社会舞台上扮演着各种不同的社会角色。演员的表演活动分为两类：前台行为和后台行为。在前台，演员扮演某一特定的角色出现在"观众"面前，在后台，他们则完全放松，成为他们"自己"，并不时就他们在前台的表演评头论足。戈夫曼关注的是，人们行为时所处的自然情境，即具体地点。在梅罗维茨看来，

293

地点对情境之所以重要，是因为进入该地点后，人们就进入了"感觉区域"，可以感觉到正在其间发生的活动。未进入该地点的人，则被排除在"感觉区域"之外，无法感受其间发生的活动。比如，卧室是夫妻进行私密谈话的地点，就因为它把其他人排除在听得到谈话的"感觉区域"之外。因此，地点其实并非问题的关键所在，人们接触信息的机会才是情境的要点，情境应被视为信息系统。[①] 梅罗维茨进一步指出，媒介的变化导致社会环境的变化，而后者决定了人们的行为；电子媒介对社会的巨大影响力在于，它重新组织了社会环境并削弱了自然环境对情境的重要性，使人们的经验和行为不再受其所处场地及哪些人与他们在一起之限制。强调在现代社会，信息不仅在自然环境中传播，而且也通过大众媒介传播。大众媒介，特别是电子媒介，同样建构了一个"感觉区域"，使身处其中的人们能接触到许多信息。

2. 电子媒介的普及造成社会情境的变化

梅罗维茨在他的代表作《消失的地域》中，还集中研究了电子媒介的普及给社会情境带来的种种变化。第一种变化是电子媒介符号形式的不同，导致了情境的合并。人们利用传统媒介进行信息交流时，首先要求人们掌握读写技能，通过学习文字符号，领会所传达的信息。不同的印刷品，其符号的复杂程度不同，具有较低读写水平的人，如果要理解较复杂的印刷品内容，只有通过由简单到复杂的读写学习，才能掌握相关内容。对读写水平的要求，实际上限制了印刷媒介的使用，也把读者分成了不同的群体。然而，电子媒介的符号，是人们日常生活中的视听形象，要理解其传达的信息，是无须经过专门学习的。因此，电子媒介冲破了由印刷媒介所造成的不同受众群的分界线，将不同的受众群融合在一起，使昔日的社会情境发生了合并。

第二种变化是媒介物理特征的不同，导致了情境的合并。梅罗维茨认为，印刷媒介与信息内容之间有一种自然的联系，媒介的物理特点因信息特点的变化而不同。比如书，人们购买一本书时，既买了书

---

① 张国良：《传播学原理》，复旦大学出版社 2009 年版，第 95 页。

的内容也买了书的实体，一本篇幅短小的书重量很轻，而一本长篇巨著的重量可观。电子媒介与之完全不同，它的物理特征不是有形的实体，媒介与信息内容之间不存在自然的联系，媒介的物理特点也不会因为信息特点的变化而不同。比如广播的信息内容瞬间即逝，受众消费后不会留下有形的证据，人们通过一台收音机接收信息，无论播送的信息量大小，收音机的外观、重量都不会发生变化。因此，媒介物理特征的种种变化，导致了社会情境的合并。

第三种变化是媒介信息内容的不同，导致了情境的合并。梅罗维茨的观点是，印刷媒介都有特定的内容，可以通过所购买的印刷媒介的内容，判断一个人所处的社会群体。以书为例，人们一般是依据书的内容进行选择购买的，某人的藏书，往往可以把此人同某类人群或某类信息联系在一起，同时，也可据此将某人与其他人群、其他信息分开。然则，电子媒介与之不同，任何电视机都能使受众接触大量的不同类型的信息，但是，并不能把受众同某类群体或某类信息相联系或相区分。于是，广播、电视等电子媒介的普及，打破了以往由印刷媒介造成了不同受众群的界线，使情境发生了合并。

此外，梅罗维茨在书中还指出，在电子媒介还不普及的传统社会，交流的地点场所界定了大多数的社会情境，某一特定场地所拥有特定的时间和空间信息，可以说，地点场所与社会情境密不可分。电子媒介打破了物质场所与社会场所之间的联结，造成了两者的分离，大大削弱了接触信息与进入地点场所的一致性，导致了情境分离。

3. 媒介的变化促使人们行为的变化

根据戈夫曼的理论，人们在不同的情境中扮演不同的角色，人们的行为总要与当时所处的情境相适应。然而，当两种或两种以上不同的情境重合时，会造成社会角色的混淆，使人不知所措。梅罗维茨针对这种情况指出，媒介的运用有可能混淆不同情境的分界线，这又可能导致新的情境的产生，此种新的情境就要求人们采取新的行为，使其适合新的情境。由此可见，媒介的变化（通过改变社会情境）促使了人们行为的变化。

（四）布热津斯基的媒介失控论

布热津斯基，波兰裔美国籍的政治家、战略家，代表作《两个时代之间》《运筹帷幄》《失去控制：20世纪前夕的全球混乱》等。此人对大众传播媒介并未进行过深入系统的研究，也没有出版过专门的著作，但他的一系列观点反映代表了当今世界及传播界许多人的态度和见解，受到美国和西方政界的重视。因此，将他关于媒介发展失控的观点作一简单介绍。特别要说明的是，他对媒介发展失控的论述，只是他对全球变化失控论述的其中一部分，但这部分内容却备受关注。

1. 全球传播的枢纽——美国

布热津斯基在《大失控与大混乱》一书中，指出"一个全球的政治进程正在出现。它正改变着又取代着传统的国际政治。在这一进程中，美国不仅是主要角色，而且是一个其内部结构和动态使之有机地与这一正在出现的进程协调一致的角色。"这段话可以理解为，美国凭借其在世界政治、经济中的主导地位，在全球起着一种"催化作用"，即用它所提出的思想观念的力量来改变别的国家。尤其是在全球电话通信网和全球性电视网问世后，美国的传播优势更加明显，它的思想观点、政治见解及价值观念可以瞬间传遍全球，并产生直接影响。美国在全球传播中处于核心地位，模仿美国已成为全世界的现象。

2. 预警：媒介失去控制

布热津斯基认为，美国具有作为全球性超级大国的所有特征——全球军事势力范围、全球经济影响、全球的政治实力和全球意识形态的吸引力和影响力，但他同时看到了美国虚弱的一面，看到了美国乃至全球已处于一种大失控和大混乱的境地。布热津斯基提出，大失控和大混乱反映在美国社会的各个方面，媒介只是其中的一个方面。在各类大众媒介中，电视成为年轻人接触社会和接受教育的最重要工具，它确立了年轻人对幸福生活的最初理解，给年轻人提供了关于价值观的基本内涵，它激发了人的欲望和抱负等。在布热

津斯基笔下，电视是万恶之源、罪魁祸首。因为在他看来，电视
"刺激了全球人们在物质上的攀比欲望"。这种攀比思想只会点燃大
部分穷人的沮丧和妒忌之火，有可能导致社会动乱。同时，布热津
斯基还认为，电视引发了"全球范围内的精神危机"。因为电视传播
的更多的是声色之娱、性和暴力，除了眼前的物质的生活欲望外，
对其他一切都漠然视之。

关于如何遏制媒介失控，布热津斯基提出，"控制人类共同命运
之努力的成败取决于具有极端重要意义的哲学或文化层面"，在这个
层面上让公众进行自我控制，并反复教育他们。

不能仅仅因为层出不穷的新物件及新技术对社会生活外观的改变，
就放弃持久的价值观念。当然，在数字媒体和"互联网＋"的时代，
电视的作用已经不像布热津斯基成书年代时那么重要了，但他的观点
对于我们认清以移动互联为特征的新媒介仍然具有启示意义。

五　作为工具和技术的媒介

随着媒介及媒介技术对社会及人们生产、生活的渗透性逐渐增加，
媒介与社会发展间相互作用与影响的研究，已成为传播学中的显学，
许多学者都对此多有著述，研究视角也很多元，考察媒介的内容对社
会的影响，考察媒介的工具特性或技术特性的影响，还有将媒介作为
文化来研究其对社会发展的影响等。在此，主要介绍有关媒介形式特
性之影响的若干理论。

297

（一）"电视人"和"容器人"概念

根据前述媒介理论的相关内容，可以知道，伊尼斯、麦克卢汉等
人认为，一种媒介的出现、使用和普及以及它所形成的媒介工具环境
本身，都会在很大程度上改变人的个性或人格。在这方面最有代表性
的观点是日本学者林雄二郎在《信息化社会：硬件社会向软件社会的
转变》一书中，提出了"电视人"的概念。所谓"电视人"，指的是
伴随着电视的普及而诞生和成长起来的一代，他们在电视画面和音响

的感官刺激环境中长大，是注重感觉的"感觉人"，表现在行为方式上是"跟着感觉走"①，这与在印刷媒介环境中成长的那些人们重理性、重逻辑思维的行为方式形成鲜明对比。同时，收看电视的行为通常是在狭小、封闭的环境中进行的，此种收视环境易使电视受众养成孤独、内向、以自我为中心的性格，社会责任感较弱。

另一位对电视受众的行为特点进行论述的也是日本学者——中野收，他在其著作《现代人的信息行为》一书中，提出了"容器人"的概念。他说，在大众传播特别是以电视为主的媒介环境中成长起来的现代日本人的内心世界类似于一种"罐状"容器，这个容器是孤立的、封闭的；"容器人"为了摆脱孤独状态也希望与他人接触，但这种接触只是一种容器外壁的碰撞，不能深入到对方的内部，因为他们相互之间都不希望对方深入自己的内心世界，于是保持一定距离便成了人际关系的最佳选择。"容器人"注重自我意志的自由，对任何外部强制和权威都不采取认同的态度，但却很容易接受大众传播媒介的影响。②

"电视人"和"容器人"概念的提出是对信息社会中现代人的一种社会病理现象——媒介依存症的批判和反思。媒介依存症是传播媒介过度介入人类生活，并由此而产生的一系列负面影响，主要是在电子媒介兴起并发展之后表现得比较明显。只是在人类传播的不同历史时期人们所依存的媒介不同罢了，过去主要表现为电视，现在恐怕主要是手机等移动互联终端了。无论依存何种媒介，"媒介依存症"都有几个特点，包括过度沉溺于媒介接触而不能自拔；价值和行为选择一切必须从媒介中寻找依据；满足于与媒介中的虚拟社会互动而回避真实的社会互动；孤独、自闭的社会性格等。

（二）电视与人的"充欲主义"

日本学者佐藤毅在 1986 年发表的《人的自律》一文中探讨了电

---

① 郭庆光：《传播学教程》，中国人民大学出版社 1999 年版，第 152 页。
② 同上。

视与日本人的自私化和"充欲主义"价值流行的关系。他在书中指出，日本电视从 20 世纪 50 年代初发展起来，到 80 年代时，电视机经历了从黑白到彩色、从小屏幕到大屏幕、从单声道到立体声、从单一功能到多功能的更新换代，这其间，电视作为一种商品，其本身就是人们欲望追求的结果。同时，电视的内容还唤起和引发了人们新的欲望，它把充满诱惑力的商品世界呈现在人们面前，直接刺激了人们对这些商品的占有欲和享乐欲，这使得日本国民中普遍地出现了追求奢侈化的倾向，并导致了人们价值观的变化，由勤劳、节俭转向了个人主义的享乐和"充欲"价值。这就是佐藤毅所谓的"他律性欲望主义"。

六　作为社会组织的大众传播媒介

前述关于媒介的论述主要是将其当作工具和技术来对待的。传播媒介的技术和工具属性决定着信息的物理形式、时空范围、速度快慢、量的规模及人类的行为方式，很多媒介研究正是从这个角度来考察传播媒介对社会发展的影响。事实上，媒介作为社会组织对社会的发展亦有作用，尤其是在大众传播中，媒介就是典型的社会组织，它的这一属性就决定了信息内容的生产和传播，从这个角度考察媒介，有助于人们理解大众传播系统中的各种复杂社会关系。

（一）作为传播者的大众传播媒介

所谓传播者，即信息的搜集、加工、制作和传递者。具体而言，就是指传播行为的发出者，是借助某种手段或工具、通过发出信息主动作用于他人的人。大众传播媒介，是完成大众传播活动的中介物，泛指为社会公众公开传播和提供大量信息的工具，如报纸、刊物、书籍、广播、电视、电影等。在大众传播活动中，传播者一般有两种含义，一是指人员，即那些以大众传播活动为职业的，具有专门知识和技术的编辑、记者、播音员、节目主持人及其他工程技术人员等；另一种含义指机构，即由上述人员构成的社会组织和团体，如报社、出版社、电视台等。

传播者居于传播链条的首个环节，通常对信息的内容、流量和流向以及受传者的反应起着重要的控制作用。然而，在不同类型的传播活动中，传播者的地位和作用不尽相同，与其他传播类型相比，大众传播媒介作为传播者的特点如下：第一，传播者角色固定。在面对面的人际传播中，传播者与受传者的角色通常是可以互换的，双方轮流扮演说话人和听话人的角色，互动效果受传受双方的影响。在大众传播活动中，媒介与受众的关系是固定的，一般来说，受众只能单方面接受来自传媒的信息。第二，大众传媒作为社会组织的组织特性。作为传播者的大众传媒常常以机构的面目出现于公众视野，也就是说，大众传媒是一种社会组织，其组织成员就是记者、编辑等专业传播者，虽然他们作为个人存在于组织，但他们在大众传播过程中是以组织代表的身份出现的，记者、编辑的稿件经过组织内部的各种把关环节的修改或认可，也不再是个人作品，而变成了组织产品。第三，大众传播媒介直接控制和使用大众传播生产资料。大众传播活动需要先进的技术、昂贵的机器设备，甚至一些重要"稀有"的公共传播资源，通常情况，国家以某种制度方式委托给传媒组织控制和使用。

大众传播媒介的上述特点，使得他们比其他类型的传播者更具优势和力量，可以认为，大众传播媒介是传播特权的拥有者，它们所拥有的传播能力和权利已超过作为个人的传播者和其他传播群体。同时，大众传播媒介的优势使它成为现代社会主要的信息提供者，是制约社会信息环境的主要变量。它的优势如下：首先，大众传播媒介是专业的媒介组织，其收集、加工、生产和传播信息的能力与效率是一般个人和非专业组织所不能比拟的；其次，大众传播媒介具有公开可靠的信源，其信息的可信性和可确认度要远远高于处于"匿名"或"半匿名"状态的其他传播者；最后，大众传播媒介在其百余年的传播实践中，尤其是在新闻传播领域形成了一整套为社会广泛承认的行业规范和职业道德，并在此基础上形成了一套吸引和联系受众的有效机制。[1]

---

[1] 郭庆光：《传播学教程》，中国人民大学出版社1999年版，第158页。

（二）大众传播媒介的组织特性

大众传播媒介作为一种社会组织，与其他社会组织的区别是什么？该如何认识这种社针组织？下文将从大众传播媒介的经营目标、宣传目标及公共性与公益性三方面展开介绍。

1. 大众传播媒介的经营目标

大众传播媒介是一种社会组织，它首先得维持自身生存和发展，这一前提就决定了它必须从事经营活动。大众传播媒介和市场上的其他经营性组织一样，需要解决同样的问题：支付雇员工资，购买技术设备，保障信息生产和传播正常进行的流动资金，积累资金用于扩大再生产。这些客观需要的存在，要求传媒组织必须把经营活动放在重要地位。换言之，传媒必须面对市场，必须把自己的信息产品或服务作为商品在市场上销售出去。要实现此种目标，传媒必须满足各种各样的社会需求，提供为消费者所广泛接受的信息产品或服务。

大众传播媒介的经济收益主要来自两个方面：广告收益和信息产品的销售收益（主要体现为发行费和视听费）。这意味着大众传播媒介在市场上也必须满足两类人群：广告主和作为消费者的受众。这两者既相互联系又相互矛盾：一方面，受众越欢迎、发行量越大或收视率越高，媒介的广告价值也就越高；另一方面，受众的利益与广告主的利益并不完全一致，有时两者之间往往存在着对立关系。此外，传媒组织还面临着由媒介技术演进所带来的市场转型及激烈的同业竞争。上述压力及其应对方式，都会影响大众传播媒介的组织特性。

2. 大众传播媒介的宣传目标

大众传播媒介与市场上其他商业组织除了同具经营性的目标外，还有一个与他们的重要区别，就是非经济收益目标，换句话说，大众传播者媒介作为社会信息的主要提供者和传播者，它所从事的是信息生产，信息生产属于与社会的上层建筑直接相关的精神生产，每一种社会信息产品中都不可避免地包含着特定的观念、价值和意识形态，对社会意识和社会行为具有重要的引导和控制作用。因此，大众传播媒介除了有经营目标外，还有宣传目标，即宣传某种思想，灌输某种意识形态，提倡某种信念、行使某种权利或社会影响力等。

大众传播媒介的宣传目标主要通过两种活动得到实现，一是言论活动。传媒组织可通过社论、评论等形式直接宣传某种思想、提倡某种观点，或对重要的社会事件和问题表明传媒的立场或态度，此种活动具有直接的宣传功能；二是报道活动。主要通过对新闻或信息的选择、加工和刊载，在其中贯彻传媒的意图和方针，获得潜移默化的宣传效果，这种活动的宣传效果是间接的。

3. 公共性和公益性

大众传播媒介虽然拥有自己的经营目标和宣传目标，但它与单纯的营利性企业不同，与宗教或政治团体的机关媒介也不同。大众传播媒介的"大众性"主要表现在它的公共性和公益性，这也是它与其他社会组织和媒介的重要区别。这种公共性和公益性的依据包括三个方面：首先，大众传播媒介是现代社会必不可少的信息生产者和提供者，对满足普通大众的信息需求起着一种公共服务的作用；其次，大众传播媒介通过信息生产和传播，对社会的政治、经济和文化道德起着广泛而强大的影响力，此种影响力涉及普遍的社会秩序和社会公共生活；最后，大众传播媒介通常拥有某些"稀有"公共传播资源（如广播电视使用的电波频率），作为公共财产的使用者，它们必须对社会和公众承担相应的义务和责任。

大众传播媒介正是因为有了公共性和公益性，才拥有最大限度的采访权、言论权、编辑权和刊载权，并拥有广泛的舆论监督的权利。同时，公共性和公益性也对大众传播媒介产生重要的制约，它要求传媒的活动必须符合社会公共利益。大众传播媒介组织的传播活动正是受到经营目标和宣传目标的制约，同时又受到公共性和公益性的限制。需要说明的是，在现实中各种不同类型的媒介组织，受上述诸种因素的制约程度是不同的。一般而言，国有或公营媒介组织受宣传目标和公共性及公益性制约的程度较高，其主要目标是追求社会效益；私营或商业媒介受经营目标制约的程度较高，其主要目标是追求利润。

第六章　受众

　　早期的传播研究主要围绕大众传播的效果研究展开，研究者们普遍认为，以大众传播为代表的传播者具有强大的影响力，能控制传播过程及结果。与之对应的受众则由一个个具有同质性的孤立个体构成，彼此间缺乏联系，易被操纵和改变。根据此种认识，受众在整个传播研究中都处于被忽视的状态。随着对效果研究的深入，人们发现大众传播并非如早期研究者们认为的那样具有强大效果，受众之间其实是存在差异的，他们不是单纯、被动地接收信息，他们与传播者发生各种相互的影响和作用，进而在很大程度上决定了传播过程和效果。这些发现使得传播学的研究重点开始从传播者身上向受众转移，20 世纪60 年代，受众研究成为传播学特别是大众传播研究的主流，人们重点研究受众是如何接受和解读讯息的。

一　传播过程中的受众

　　受众作为信息传播链条的一个重要环节，既是信息传播的对象、出发点，也是信息传播的"目的地"、归宿点。它是指信息传播的接受者，在大众传播活动中，它包括书籍和报刊的读者、广播的听众、电影和电视的观众以及接收网络信息的网民等。

　　受众在不同传播活动中有很大差异，比如在人际传播与大众传播过程中，受众与传播者的互动过程完全不同。在人际传播中，信息的传播者与接受者通常是一对一的关系，信息传播过程中传者与受者的角色不断变换，信息反馈是直接的、即时的、集中的和明显的。大众传播过程中，传者与受者则是一对多的关系，传播者占据主导地位，将信息同时传给成千上万的、不确定的受众，信息反馈间接、延时、分散和隐匿。然而，受众在各类传播过程中又扮演着相同的角色，一般而言，受众在传播过程中扮演以下角色。

（一）信息产品的消费者

如前文所述，信息，尤其是大众媒介生产的信息是具有商品属性的。信息像其他产品一样，是工业加工过程的产物，需要专业的传播者通过劳动分工、复杂的社会化组织和大量的高级技术资本投资。作为消费者，受众必须付出一定的金钱或代价，然后阅听和接受大众媒介中的信息，即消费信息产品。在这个消费过程中，无论何种形态的信息产品，它们首先是以商品化的客体进入传播、消费渠道的，受众只有花钱订阅或购买，才能占有或接触信息产品，满足自己的接受需要。

（二）传播符号的"译码者"

人类的各种传播活动的传播进程基本都是相同的，即传播者—编码—讯息—媒介—讯息—译码—受众。传播者首先将采集的讯息制作成可以传播的符号，然后讯息进入传播媒介，受众接触、占有符号并进行还原或"翻译"，赋予意义并接受。然而，受众对符号进行还原和解读之前，首先要进行识码（如识字、识谱等），其次需要对符号有意义共享，也就是说受众与传播者对符号的认识应有共同的经验范围，否则便无法沟通。因此，对于受众而言，仅仅接触和占有信息是不够的，受众还需要有能力对符号进行"还原"或"翻译"。

（三）传播活动的参与者

对于任何一个完整的传播过程来说，没有受众的参与，传播活动就等于没发生。参与既指具体的接受活动（读、听、看），也指对传播活动的隐性或显性介入甚至参加。参与一方面包括受众作为欣赏者在阅听符号信息时的积极的心理过程，另一方面也包括受众作为参与者直接或间接参加某类符号信息的制作过程，如广播、电视节目中的自娱性参与、对话性参与、竞赛性参与、激发性参与等。

（四）传播效果的反馈者

信息传播是一种双向沟通的互动过程，不是强行灌输的单向传递，它的双向性主要表现在受众的积极反馈方面。如果一个传播过程不存在反馈，或反馈延迟，或反馈微弱，那么此种局面就会引起传播者的疑惑和不安，并使传播对象感到失望，进而影响传播过程和传播效果。因此，"反馈是一种强有力的工具"，是接受者对传播者"报道"的回应，是受者与传播者就讯息所进行的"对话"，它在很大程度上会影响传播的效果。

二 "大众" 与大众社会理论

"受众"一词最早出现于 14 世纪，指布道集会时的听众。后来随着大众媒介的发展，尤其是广播、电视的诞生与兴盛，受众成为大众传播接受者的指称，是一个中性表达，用以综合指代具体的读者、听众、观众等分门别类的称呼。"大众"译自英文单词"mass"，是伴随西方"大众社会"理论而出现的一个特定概念，带有明显的轻蔑、贬低的意味，因此，汉语中有时也将之译为"乌合之众"。

（一）"大众"的概念

19 世纪末 20 世纪初是人类进入大众社会的一个分界岭，在这个时期，资产阶级革命的胜利和工业革命的完成，使得西方社会的生产方式、社会关系、意识形态等发生了深刻变化。人口从农村向城市集中，传统的以血缘和亲情为基础的人际关系纽带断裂，人与人之间的关系淡漠，社会主要靠外在的权力机构和法律制度来维持。整个社会的秩序和统一的价值体系已被打破，社会成员失去了统一的行为参照系，变成了孤立的、分散的、均质的、原子式的存在，这就是所谓的

"大众"。

大众是一种新的未组织化的社会群体，有着鲜明的自身特点。第一，人数众多。大众在人数上超过其他社会群体或集团，可以说是规模巨大。第二，分散与异质。大众广泛分布于社会的各个层面，其成员的社会属性亦有不同。第三，匿名。大众成员就其个体而言，面目模糊，并无清晰的可辨识特征。第四，流动。大众的范围会根据对象问题而有变化，不同范畴的大众完全是不同的，其成员是流动的。第五，无组织。大众缺乏明确的自我意识和自我约束，因此不可能作为一个主体而自主行动，大众行为主要是在外部力量的刺激和动员下形成的。第六，同质。虽然大众成员具有不同的社会属性，但又有同一的行为倾向，因而具有同质性，容易受到外部力量的操作和影响。

用典型的大众社会理论来看问题，大众传播的受众毫无疑问就是大众本身，受众具备着大众的一切特点，因此，受众在本质上是一种被动的存在，这是大众社会理论受众观的核心观点。

（二）大众社会理论

大众社会理论是一种复杂的社会理论，它伴随着西方社会诸种条件的兴起、发展，自身也经历了一个变化、形成过程。

1. 早期的贵族主义观点

有关"大众社会"的论述大概源于19世纪后期，以托克维尔为代表的保守的政治家和思想家，对工业革命、资产阶级革命后工人和劳动大众作为重要的社会力量登上政治舞台感到恐惧和危机，并站在贵族主义的立场对这种现状进行批判。19世纪末，法国社会心理学家勒庞用群集理论来描述法国大革命中的群众行为，认为他们是一群受到暗示和感染机制支配、无视理性和法律的"暴徒"，他进一步指出，如果任由这种非合理的人群成为政治支配力量，则必然会使由少数贵族阶层所创造的文明遭到破坏。1930年，西班牙哲学家和社会学家奥特伽在他的著作《大众的造反》一书中指出，工业革命和大众传播造成了平庸者的集合体——大众，这个群体缺乏历史感、自我意识和义务意识，只有强烈的欲望和权利意识。大众的崛起将会导致对少数精英的压迫，从而引起道德的颓废和国家的没落。上述观点代表了早期大社会论的主要思想，这些观点充满了正在失去权力和影响力的贵族阶级对崛起的大众的仇视心理和偏见。

2. 对法西斯极权主义的批判

20 世纪 30 年代以后，随着电影、收音机等大众媒介的进一步发展并产生出巨大的社会影响，学者们用社会学、马克思主义、社会革命等研究视角分析大众社会，大众社会理论发生了重要变化，开始脱离贵族主义立场，成为批判法西斯极权主义制度的武器。这一时期的代表人物是匈牙利著名学者卡尔·曼海姆，他关于大众社会的产生基础与早期大众社会论者的观点一致，认为工业革命带来的产业化，资产阶级革命带来的平权化、民主化以及大众传播手段的发展导致了大众社会的产生，然而，他的结论却与早期学者不同。曼海姆指出，随着产业化的发展，人的活动越来越变得具有功能合理性，但是功能合理性却大大压抑和剥夺了一般个人的思考能力和责任能力，并把这些活动托付给少数处于领导地位的精英人物。大众与精英人物之间的社会差距日渐扩大，使得大众越来越陷于异化感、不安感和绝望感中，而大众传播又为权力精英提供了操纵大众的手段，如果大众情绪受到别有用心的精英集团的利用，就会引发具有极大破坏力的大众行动，德、意、日法西斯正是在这样的背景下确立的。

这一时期的大众社会理论，主要着眼于产业化和资本主义大众民主制的内在矛盾，认为原子化的、不定形的大众的存在是法西斯专制政治的社会基础，以此分析大众的"异化"及其社会结果，并试图说明法西斯体制出现的社会原因。

3. 战后美国的大众社会理论

第二次世界大战结束后，美国的一批社会学者从美国本土的社会状况出发，对大众媒介影响下的大众社会展开分析，以期考察美国当代的各种社会病理现象。代表人物有米尔斯（C. W. Mills）、李斯曼（D. Riesman）、孔豪瑟（W. Kornhauser）等。1956 年，米尔斯在《权力的精英》一书中指出，以市场为导向的大众媒介为人们提供了一个

307

虚假的世界，它不仅不能帮助人们了解公共事务，反而剥夺了人们理性交换意见的机会，促进了大众社会的形成，并使社会权力更加趋向集中。

李斯曼主要从人的社会性格或社会适应方式的变化来说明大众社会的成因。他认为，现代社会中人的社会适应方式已经历了从"传统型"到"内向型"再至"外向型"的转变，现代人的典型社会性格是"外向型"，即总是顾及周围的状况及他人对自己的看法，这种社会性格意味着现代人的行为具有过多的"趋同"倾向，其结果便是社会成员自主性的降低和均质性的增加，成为无个性的一般大众。

4. 认识、评价大众社会理论

大众社会论是一种研究问题的视角或方法，并非严密的理论体系，它的核心问题是精英史观。大众社会论虽然把权力精英当作批判的对象，但又把他们看作是历史的主导者，而大众则是软弱无力、一盘散沙式的存在，只能被动地接受权力精英的操纵，这与"人民群众创造历史"的唯物史观格格不入。

大众社会理论作为一种研究视角，它的分析触及了现代社会的许多重要课题，对人们理解现代社会仍有启示意义。大众社会理论认为大众社会的成立需要六个基本条件[1]：第一，产业化的大量生产和大量消费的存在；第二，社会的平权化或民主化的发展；第三，大众传媒的发达和大量信息、娱乐产品的提供；第四，生活水平的全面提高；第五，传统的中产阶层的衰退和以白领为主的"新中产阶层"的扩大；第六，社会组织中的官僚化的发展。

308

三 受众的选择机制

受众处于传播链条的末端，是信息的接受者，是信宿。然而，受众接受信息时，并非来者不拒，照单全收，而是有所选择、有所侧重的，他们在整个信息接收环节中表现了明显的选择性心理和行为。这

---

[1] 郭庆光：《传播学教程》，中国人民大学出版社 1999 年版，第 171 页。

就是心理学研究中所谓的选择性规律的体现。受众对信息的选择机制
主要体现在对信息的接触、理解和记忆三个方面。

（一）选择性注意

当传播者传递的信息到达受众时，受众接触信息的第一步是注意。
所谓注意是指有机体从一大群作用到其感受器官上的刺激中有选择地
对其中一个或一小群表现出来的反应能力。[①] 也就是说，受众在接触
到信息的第一时间首先进行的是舍弃与选择，他们调动感觉器官指向
和集中于一定的对象，注意的指向性和集中性就决定了它的选择性。
因为人无时无刻不在接受外界的刺激，但却无法也不可能对所有的外
界刺激做出反应，否则，人们的生活会陷入无序。于是，选择性注意
成为受众接受信息的第一道"闸门"。

受众的选择性注意，不仅在于它是专门指向特定对象，还在于
它是根据一定的接受目的、接受定向和接受定势，积极主动地直奔
某个看中的接受对象。在具体的信息接受过程中，受传者一方面让
那些与己毫不相干的媒介信息从自己感觉的边界流走，另一方面则
主动回避那些与自己预存立场或固有观念相矛盾或自己不感兴趣的
媒介信息，而只注意那些同自己接受期待、接受需求相符的内容，
以保持心理平衡。

针对受众的这种心理，传播者在对讯息进行设计、生产和传播时
必须提高信息产品的竞争力，使其在信息的海洋中凸显出来。影响信
息认知的主要因素有结构性因素和功能性因素。

所谓信息的结构性因素，主要指信息的外在形式刺激人们的感
官而在中枢神经系统引起反应，包括信息刺激的强度、对比度、重
复率和新鲜度。一般来说，刺激强度越高，信息越容易被注意到；
与周围信息的反差越大，注意度越高。在信息作品中，适度重复刺
激，可以改善强度与对比度，还能增强信息刺激的总强度，同时能

309

---

① ［美］F. J. 布鲁诺：《心理学关键术语辞典》，王振昌译，河北教育出版社 1991 年版，
第 191 页。

在一定程度上克服遗忘的影响。新鲜度，是一种时间的对比度，与平时的信息形成对比，越少见，改变越大，刺激强度就越大，越能为人们所注意。

所谓功能性因素，指脱离了单纯感官刺激的范围，它将所接受的信息同人们原有情绪、需求、经验等相结合，从而产生了对信息的深层次理解，包括延缓性因素和即时性因素。延缓性因素主要表现为个人信念、理想、价值观、伦理观和个人性格等比较稳定的个人特征，这些特质是人们在文化、社会因素等条件的长期作用下形成的。延缓性因素使受众对同一信息的指向、取舍完全不同，导致不同的传播效果。即时性因素主要指受众在接触信息时的心理状态，如情绪、精神面貌、具体需求等。功能性因素是人类认识中产生飞跃的原因，它引导人们在认识事物时把事物的内在素质联系起来考虑，从系统角度赋予其新的意义。

要使所传播信息对受传者有较大吸引力，传播者还应把握一些基本原则：①信息的易得性。对受传者来说，那些唾手可得、俯拾皆是的信息更容易引起他们的注意；②信息的对比性。那些与现实环境中其他信息形成鲜明差异的信息，引起人们注意的可能性更大；③信息的暗示性。受传者对那些有利自身名誉、利益、地位等需求的信息，表现得很敏感；而对于那些可能危及自身安全、利益的警告性信息也表现出极大的警觉。

（二）选择性理解

310

当信息到达受众那里，并不是所有的信息都能全部被受众完整接受，人们的精力不足以将所有引起注意的信息进行有效处理。于是，选择性理解就出现了。选择性理解有两层意思，一层意思是指受众在所有接受到的信息中只对一部分进行深层次的认识、思考和处理，对其他信息则只停留在注意的层次上，不再花费更多的精力去思考它们。这种选择性理解所依据的主要是受传者原有的生活经验和面临的实际问题。另一层意思是指受众群体"由于兴趣、信念、原有的知识、态度、需要和价值观等这些认识因素上的差异，具有不同的认识结构的人们实际上对任何复杂的刺激都会产生不同的认识（即赋予意义）"①。

受众对信息的理解，实质上是将传者赋予一定意义的符号载体，再回译或还原成"意义"的过程，这个翻译过程不是简单的还原，而是积极的、带有创造性的活动，因此，不可避免地带有受传者自身的主观烙印，经过"编""译"后受传者心目中的意义与传播者心目中的意义就存在一定差异，这种差异主要是由受众的选择性理解造成的。选择性理解普遍存在于人们的认识活动中，它实际上是公众在社会生活中下意识采取的一种防卫性措施，即保护自己既有的价值体系和思想观念，以获得生活的稳定感。

对受众形成选择性理解的因素主要有以下几方面：①特定的文化背景。每个受传者都处于特定的文化环境中，在此基础上形成独特的性情、观念、态度、习惯等，这些特性必然会影响受传者对信息的理解，他会不自觉地站在特定的文化立场上对信息进行阐释，其对信息的理解就不可避免地带有自身文化背景的烙印；②个人动机。动机是个体采取某种行为，并维持这一行为的内在原因，它直接影响个体对信息的理解。持不同动机的人，对同一事件、同一信息完全可能有不同的理解；③个人心理预期。个人在接受某个特定信息前，或多或少有可能已了解与此相关或相近的信息，从而对此类信息（事件）形成一定的心理期待，当他接受这个特定信息时，就倾向于朝自己所预期的方向去理解；④个体当下的情绪。情绪是与生命有机体生理需要相联系的态度体验，面对同一信息，受传者可能因个体情绪差异，而形成截然不同的理解。

311

（三）选择性记忆

选择性记忆同选择性注意和选择性理解相仿。人们对于到达记忆闸门的各种信息，倾向于自己同意的、同自己原有观点相一致的或自

---

① ［美］梅尔文·德弗勒、桑德拉·鲍尔—洛基奇：《大众传播学诸论》，新华出版社1990年版，第220页。

己感兴趣的信息,并且会有意无意地忘记那些尽管很重要但同自己原有态度不吻合的信息。选择性记忆通常是在人们的潜意识中进行的,但它可起到加强而非改变受传者现有态度的作用,有可能造成传播过程的意外状况。

事实上,受记忆规律和人的生理局限,人们能保存、记忆的信息量大大少于接受到和理解了的信息,因此,选择性记忆也是无可避免的。通常认为,"选择性记忆"现象可分为三个阶段。第一阶段,信息输入阶段。一般情况下,人们能够顺利记忆的是信息中所包含的那些有意义的内容,对表达内容的形式甚少能记准。因此,传播者要想实现传播目标,应在内容和符号制作上多下功夫。第二阶段,信息的储存。储存是记忆的核心,被输入的各种信息只有被有效储存之后才能被认为是记住了。人的大脑储存信息的能力是有限的,为满足各种信息储存之需,人的记忆可区分为感觉记忆、短时记忆和长时记忆三种。感觉记忆是一种瞬间快速消失的记忆,实际上无法实现信息储存的功能。短时记忆中信息储存量的大小取决于信息是否有特别的意思,而长时记忆的内容一般都可以同原有信息储存融合、联系,并组成新的记忆链。第三阶段,信息的输出。信息的输出是受传者提取所储存的各种信息用于当前行为的过程。受传者在接受了新的信息后,一般要提取原储存的相关信息进行辨认,并对其真伪和价值进行判断,这有利于新信息的记忆,同时也进一步加深了对原有信息的记忆。

四 受众对媒介的使用与满足

受众研究除了立足于宏观的社会结构和社会规范外,还应对受众的心理和行为进行微观考察,在这方面具有代表性的研究成果是"使用与满足"研究。所谓"使用与满足"研究,是把受众成员看作是有着特定"需求"的个人,把他们的媒介接触活动看作是基于特定的需求动机来"使用"媒介,从而使这些需求得到"满足"的过程。

（一）受众对不同媒介的接触和使用

1. 对广播媒介的"使用与满足"

1944年，美国哥伦比亚大学广播研究室的 H. 赫卓格对一个名为"专家知识竞赛"的广播节目进行受众动机调查，通过对11名听众的深度访谈，他总结出人们喜爱知识竞赛节目的三种心理需求：①竞争心理。人们试图通过抢先竞猜答案使自己与出场佳宾或收听伙伴处于一种竞技状态，并享受由此带来的竞技乐趣；②获得新知。人们通过收听节目可以获得新的知识，以充实自己；③自我评价。通过参与知识竞赛节目，人们可以测试自己的知识水平，确认自己的能力。

同年赫卓格还对100名广播肥皂剧听众进行了调查，发现人们收听肥皂剧的动机多种多样，有的是为了逃避日常生活的烦恼，有的是为了体验不同的生活情境，有的将它当作"生活的教科书"。他的调查和研究说明了听众动机的多样性，也说明了一种节目形式具有多种功能。

2. 对印刷媒介的"使用与满足"

1945年，贝雷尔森以纽约八大报纸发送员罢工为背景，调查没有报纸给人们生活带来的不便，以进一步揭示报纸对人们的作用。根据调查结果，贝雷尔森总结了人们对报纸的六种利用形态：①信息来源。人们主要通过报纸获得外界消息，以了解外部环境的变化；②增加日常生活便利。报纸常常成为人们日常生活的工具，为人们提供天气、交通、购物等生活必需类信息；③放松与休憩。人们通过阅读报纸的大量信息可转移对自己生活和工作的压力，暂时得到放松与休憩；④获得社会威信。人们经常把从报纸上读来的新闻或消息传播开来，可在自己的人际交往中获得尊敬；⑤用于社交。报纸上的信息可以为人们提供茶余饭后的谈资，活跃其社交生活；⑥读报行为的目的化。有一部分受众将读报当作习惯性行为，对于所读的内容没有明确的目标，读报本身成为目的。

3. 对电视的"使用与满足"

20世纪60年代，麦奎尔等人使用严格的调查程序，总结了人们对电视媒介的"使用与满足"四种类型：①心绪转换。电视节目可以用以消遣、娱乐，使人们从日常生活的压力和负担中"逃离"出来，情绪得到舒缓和解放；②人际交往。这里的人际交往表现为两种，一种是"拟态"的人际关系，即受众对电视节目中出现的主持人、出场人物等角色会产生一种"熟人"或"朋友"的感觉；另一种是真实的人际交往关系，人们可以通过谈论节目内容，建立新的社交圈或融洽已有的人际关系；③自我确认。通常情况下，电视节目中的人物、事件、状况及解决问题的方法等，可以为受众提供自我评价的参照体系，使人们能对自身行为引起反省，并在此基础上调整自己的行为和观念；④监测环境。人们通过观看电视节目，尤其是新闻节目，能获得自己周围环境的各种信息，以了解外部世界的变化。监测环境成为受众观看电视节目的一个主要动机。

（二）"使用与满足"的过程模式

"使用与满足"研究始于20世纪40年代对受众媒介使用动机的调查，20世纪70年代以后，美国、英国、瑞典、日本等国的学者，就受众对媒介的"使用与满足"实施了系统调查。在此基础上，美国传播学者卡茨于1974年发表论文《个人对大众媒介的使用》，将媒介接触行为概括为一个因果连锁过程，具体为"社会因素＋心理因素—媒介期待—媒介接触—需求满足"，并提出"使用与满足"过程的基本模式。后来，日本学者竹内郁郎对这一模式作了修正和补充，如图6－1所示。

314

该模式的基本含义是：①人们带着各种不同的目的接触媒介以了满足他们特定的需求，这些需求具有一定的社会和心理根源；②媒介接触行为的实际发生需要两个条件，其一是媒介接触的可得性，即身边要有收音机或报纸等具体的媒介物，如果不具备这种条件，人们就会转向其他替代性的满足手段（如与人聊天等）；其二是媒介印象，即人们对媒介能否满足自己特定需求的评价，这种媒介印象来自于人们以往的媒介接触经验；③人们根据自己的媒介印象，选择特定的媒介或内容展开具体的媒介接触行为；④媒介接触可能带来两种结果，

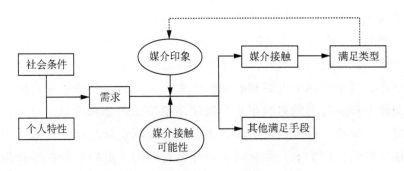

图 6－1　"使用与满足"过程的基本模式

要么需求得到满足，要么没有得到满足；⑤无论满足与否，这一结果都将影响人们日后的媒介接触行为，他们会根据满足的结果来修正既有的媒介印象，并对媒介期待有不同程度的改变。

媒介的"使用与满足"研究有三个基本假设：①假设受众对媒介的使用是有目的的，他们或出于个人心理需要或出于社会需要，利用媒介来获得满足；②假设受众的媒介接触是主动的，不受媒介的影响；③假设媒介来源和非媒介来源处于竞争状态，媒介来源在竞争中胜出，从而满足受众需求。

（三）对"使用与满足"研究的评价

"使用与满足"研究强调了传播过程中的受众的主动性，指出大众传播对受众是有效用的，对"有限效果论"进行了修正，同时，这一研究开创了从受众角度出发考察大众传播过程的先河，把能否满足受众的需求作为衡量传播效果的基本标准，这个视角具有重要意义。第一，这一研究的核心观点是受众基于自己的需求对媒介进行内容选择，他们的媒介接触行为具有某种"能动性"，这有助于纠正"枪弹论"中受众处于绝对被动地位的观点。第二，这一研究揭示了受众对媒介使用的多种形态，强调了受众需求对传播效果的制约作用，有效否定了早期"枪弹论"和"皮下注射论"的效果观。第三，"使用与满足"研究指出大众传播对受众是具有一定效用的，这对过分强调大众传播的无力性的"有限效果论"亦是一种有益的矫正。因此，在这

315

个意义上，有些学者将之称为"适度效果论"。

当然，"使用与满足"研究也存在一定的局限性。主要有以下三点：其一，从研究方法看，"使用与满足"研究行为主义和功能主义色彩浓，过于强调个人的和心理的因素，研究的主要依据来自研究对象对媒介接触行为的自我报告，致使结论过于简单和天真。其二，从研究假设来看，过于强调受众的主动性，强调受众的媒介接触行为有明确的目的，事实上，受众的主动性是有限的，他们只能在媒介提供的有限的范围内进行选择，过于强调其主动性，实际上是一种误导。其三，这一研究脱离传媒内容的生产和提供过程，单纯考察受众的媒介接触行为，因而不能全面揭示受众与传媒的社会关系，也忽视了媒介内容对受众的影响。

五 受众的类型与特征

（一）受众的类型

区分受众类型，有助于了解特定受众群的结构特点，辨别和掌握受众间的差异，以便更好地把握受众群体的传播规律。按不同的区分标准，可得到不同的受众分类结果。

1. 积极选择者和随意旁观者

根据受众接受信息的态度取向可分为积极选择者和随意旁观者。有的受传者在信息接受过程中会基于某种期待，深信某类媒介内容能满足其需求，并帮助其实现某种目标，他们就会积极、主动地选择某类媒介内容，这类受众就是积极选择者。还有一类人，他们偶然接触到媒介内容，没有预先形成某种接受期待、接受定向和接受需要，因而也没什么特定的媒介需要锁定，他们可能由于无法逃避、没有选择，也或是出于礼貌，或是由于随意浏览而接收媒介讯息，并无明显的主观动机，这类受众属于随意旁观者。在现实当中，许多人可能既是积极选择者，又是随意旁观者。

2. 纯粹受众与介质受众

根据受传者对信息的使用情况可分为纯粹受众与介质受众。纯粹受众又叫终极受众，这类人对信息只"受"不"传"，也不分析自己的阅读经验，即使分析，也不能表达出内心所想，他们只接受信息不做"二传手"。这类受众处于传播过程的终点，身份明显，行为专一，心无二用，其信息接受模式为：传播者—信息—纯粹受众，或是传播者—信息—介质受众—纯粹受众。介质受众又叫兼职受众或中介者，他们是介于传播者与纯粹受众之间的一些人，如翻译、传话人、意见领袖等。这类受众具有双重身份——既是受传者也是传播者，他们既译码也编码，他们是信息传播中的中转站，是不同传播系统或符号系统的中间人。

3. 预期受众、现实受众与潜在受众

根据受众在传播过程中出现的不同阶段可分为预期受众、现实受众与潜在受众。预期受众是出现在传播者想象中或传播者在编码过程中预先假想的接受者或"收件人"，他们作为"假想读者"的肖像，影响或参与了信息的编码与播报。这类受众提前在想象和虚设的情境中与传播者完成了对话、争辩与交流，并同原始素材一起融入了信息作品的复杂构成中。所谓现实受众，指大众传播现实的作用对象，是实实在在的接受群体，现实受众很少直接介入信息作品的预构、即构和初期编码，但在作品问世后，他们参与对作品的传播与扩散，参与同传播者的后续对话和沟通，参与对符号意义的挖掘和创造。潜在受众又叫隐性受众，是指潜藏、内含在信息作品之中和二传手过程中，未能充分体现出来的、或在适当时候有可能要"冒"出来接受该作品的群体。从传播过程看，预期受众出现于传播的过去时态，现实受众体现在现在时态，潜在受众内含于未来时态。

4. 俯视型受众、仰视型受众与平视型受众

根据受传者在传播过程中与传播者的关系可分为俯视型受众、仰视型受众与平视型受众。俯视型受众指的是用居高临下、高人一等的心理对待信息和职业传播者的那一类受众。他们或是评估者，或是指导者，亦或是当权者，对各类信息作品进行评点、指导，甚至审核，以俯视的姿态出现在传播者面前。仰视型受众是指以一种尊敬、仰慕、狂热、遵从的心态对待传播者及其所传信息的人群。他们或出于喜爱，

317

或因为受教等原因，表现出对传播者仰光视的姿态。平视型受众对职业传播者既不看"低"他们，也不对其高看，而是将他们看作与自己平等身份的人，是日常生活中最常见、人数最多的受众。平视型受众在接受信息时，一般保持平衡和稳定的情感与理智，能心平气和，止于静观，保持中立，因此，这类受众的反馈比较有有价值。

（二）受众的持征

1. 受众的社会特征

受众置身于一定的社会文化背景中，总会受到不同的环境因素的影响并最终形成他们各自不同的特征。决定受众社会特征的主要因素，大体可分为文化传统、社会环境和群体影响三个方面。从文化传统看，对受众传播行为影响最突出的是民族特征。不同民族的成员其行为倾向和心理倾向是有较大差异的，这种差异对受众接受信息、理解符号意义都有较大影响。

所谓社会环境，指不同的社会政治经济条件。社会环境决定了受众所处的社会关系及社会角色。不同阶层的人，在传播活动中，往往显出不同的特征。即使是同一类人，在不同的生活境遇下，也可能有不同的传播行为。一般而言，传播过程都涉及传播者、受众与内容提供方三者之间的利益关系，除了受众对社会讯息持自己的价值判断外，传播者与受众的利益一致与否，也影响传播的效果。

群体影响在受众层面的主要表现是，受众的特征在不同程度上反映了与其关系较为密切的社会群体的特征。一般来说，群体对个体的影响，大致表现在四个方面[1]：①信息与群体的关系。信息与受众所属社会群体的关系越密切，利益或态度就越一致，传播者与受众就越容易沟通；②受传者与群体的关系。受传者与群体的关系越密切，地位越突出，则在信息交流中群体特征的影响越明显，在多级传播中对群体成员的影响也越大；③群体的亲和度。群体在受传者心目中的形象越具有亲善性和可信性，对受传者的吸引力就越大，群体的倾向也

318

---

[1] 张国良：《传播学原理》，复旦大学出版社 2009 年版，第 214 页。

就越能影响受传者的传播行为；④群体的约束力。群体规模越大，组织力越强，受传者对其依存度越高，群体利益对受传者传播行为的约束力也就越强。

2. 受众的个体特征

识别受众的个体特征主要用于区分单个受众与其他受众、区分受传者与其所处社会群体等的主要因素。一般包括：性别、年龄、个性、智力、经历、兴趣和预存立场等。

不同性别、不同年龄的受众对传播内容的选择有显著的不同，甚至表现为不同性别的受众对不同性别的传播者（或不同性质的传播机构）也有不同的看法。个性，包括性格、气质、能力等，一般用以描述和说明个体自然差异及行为特征。研究表明，不同个性的人，对信息感知的广度和深度是有差异的。至于智力因素对传播过程的影响表现在受传者和传播者两方面。对于受传者而言，智力水平高的受众对符号编码要求较高，希望"编码"严谨周密，内容与自身的契合度高，信息量大；而智力水平一般的受众则希望"编码"简单明了，内容轻松，信息量小。对于传播者而言，受众智力因素对传播者的传播方式亦有不同的影响。在劝服传播中，对高智力者适宜用正反两面提示的方法，诉诸理性，结论含蓄；对智力水平一般的受众来说，宜采用单面提示，诉诸情感，结论明确。经历，即一个人的经验范围。同样的信息内容，经历不同的受众往往会产生不同的认知效果。一般来说，符合经验范围的信息比较容易接受，易唤起受众情感，但不能提供新鲜内容；而完全超出受众经验范围的事物，能刺激受众的兴趣，但较难获得准确理解，需在事物的经验范围与新闻度之间寻找最佳结合点。受众的兴趣爱好，是其进行信息选择的心理基础。某人一旦对某事物感兴趣，他会进行选择性注意、理解和记忆，自然就倾向于该事物。当然，兴趣爱好也会发生转移和淡化。所谓预存立场，指受众接受信息之前所固有的态度、观念，以及世界观、价值观。它可成为受众筛选外部信息的"过滤网"，受众正是据此进行选择性注意、理解和记忆的。

上述受众的个体特征，在概念上有交叉，某些特征之间有很高的相关度，如年龄与经历、兴趣爱好与预存立场等，需从整体下进行把握。

319

3. 受众的心理特征

一般而言，受众的心理特征包括认知、好奇、从众、表现、移情和攻击心理等六个方面。

（1）认知心理。

人们都有寻求信息的心理动因，以减少或消除周围环境的不确定性，从而更好地生存和发展。受众普遍存在寻求信息的心理现象，表现为一定的求知欲，希望不断了解环境的变化，并对所获得的信息进行验证。如果媒介的讯息内容不能为受众提供真实、必要的知识和经验，甚至发布虚假信息，对其提高认识环境的能力没有帮助的话，则会遭到受众的排斥。

（2）好奇心理。

人们总是乐于接受反常的、新奇的、罕见的讯息，除了讯息内容的新鲜、奇特之外，讯息形式方面的创意，如遣词造句、图文搭配、篇章结构等的创新，同样也能满足受众的好奇心理。

（3）从众心理。

指作为受众群体中的个体在信息接受中所采取的与大多数人相一致的心理和行为的对策倾向。生活在一定社会群体中的受众个体，都希望被群体接纳、肯定而避免被群体抛弃、否定。当群体中的个体或小团体与群体意见不一致时，受传者将感到矛盾与不安，并最终倾向于选择与优势个体或团体相一致的信息。通常情况下，群体意见或价值标准，是经由群体中的精英或意见领袖及与其相关的权威事物体现出来的，因此，在特定条件下，从众心理又可能表现、发展为崇拜心理乃至迷信心理。

320

（4）表现心理。

通常与从众心理相互联系、相互补充，指的是在群体面前显示自己优势的欲望。人们在遵从优势力量的同时，普遍希望自己成为优势力量，希望得到群体的肯定或奖励，这种表现欲进一步发展，就会形成领导欲和支配欲，其心理机制与崇拜欲、从众欲相通。

（5）移情心理。

指受众对自己无力实现的愿望，或不存在的经历，通过讯息内容的角度置换，达成的心理满足。人们通过与信息作品的人物进行角色置换，以获得现实生活无法满足的心理需求，比如软弱无力的小人物，通过暴力电影体味自己的强大和力量。这一心理现象还可表现为人们通过媒介"身临其境"地感受不曾有的经历或与现实不一致的境遇，如通过观看风光纪录片，领略各地风情等。此种受众心理容易导致出现"共鸣"效应，达到预期的传播效果。

（6）攻击心理。

当某个人的观念、意见和需求与周围环境严重不一致时，势必产生对抗的心理状态，这种心理在消极状态下，称为反抗心理、逆反心理。在传播过程中，受众的攻击心理主要表现为对信息的回避、排斥、怀疑和曲解等。

上述对受众心理特征的描述，有助于传播者把控传播进程实现预期传播效果。需要说明的是，受众的各类心理特征并非孤立存在，单独起作用，它们之间相互关联，甚至可以相互转化，并与受众的社会、个体特征密切相关。

六　受众研究的理论

关于受众研究，几乎是与传播学尤其是大众传播学的发展同步的。20 世纪 40 年代，拉斯韦尔在提出传播的"5W"模式时，就指出了传播研究的五大研究领域，其中之一就是受众研究。由于受到社会思潮的影响和方法论的局限，传播学界长期以传播者——媒介为中心，受众研究只是作为效果研究的一部分，未能得到充分重视。早期的受众研究深受心理学"刺激—反应"理论的影响，认为受众的反应完全取决于刺激的内容，因此，视受众为靶子的"枪弹论"一度成为效果研究的主流。

此后，行为主义心理学的"环境决定论"风行一时，在此基础上，出现了受众研究的"个体差异论"及与此互补的"社会分类论"和"社会关系论"。20 世纪五六十年代，由于大众媒介的迅速发展，出现了一个悖论：媒介的巨大影响与实际效果并不相符，这又促进了受众研究的发展。进入 20 世纪 70 年代以后，实证主义受到质疑，社会科学与人文科学碰撞、交流，为传播研究带来新的动力。与此同时，批判学派开始崛起，社会政治经济环境因素成为研究传播活动的重要切口，一些以受众为中心的理论经过修正，得到了广泛传播。

近年来，关于受众研究并未取得理论上的新突破，但有关受众特性、需求、传播行为、群体压力、文化冲突等课题，吸收了社会学、心理学、语义学的新成果，取得了深入进展。

（一）个人差异论

个人差异论最早由卡尔·霍夫兰于 1946 年提出，后经德弗勒修正形成。这个理论以心理学的"刺激—反应"模式为基础，从行为主义的角度阐述受众特征，认为并不存在统一的大众传播的受众。受众成员心理或认识结构上的个人差异，是影响他们对媒介的注意力以及对媒介所讨论的问题和事物所采取的行为的关键因素。受众的兴趣、爱好、性格、价值观等个人差异并非先天赋予，而是后天习得，受众个人所处的社会环境、所遇的社会经历和所受的社会教育不同，他们各自的个人素质、心态体系也就不同。当这些心态各异的受传者面对大众传播媒介的信息时，所做出的反应自然也是各不相同。

个人差异论认为，大众传播媒介在设计劝服传播前，需要先弄清受众的兴趣、爱好、需要、价值观、态度等，再挑选与之相应的讯息进行传播；否则，与受众特点和需求不符合的讯息，就会遭到回避和拒绝。也就是说，受众的个体差异决定了他们对不同信息的不同选择和理解，进而会采取不同的态度和行为。个人差异论主要停留在假说阶段，在提高大众传播的针对性方面是有价值的，尤其是提出了选择性注意和选择性理解的观点，对受众研究产生了很大影响。

（二）社会类型论

又称社会范畴论或社会分类论。这一理论是对个人差异论的修正与补充。个人差异论是以心理学为依据，强调个体心态与性格的不同，而社会分类论则以社会学为基础，重点强调受众所在的社会群体的特性差异。社会分类论的观点是，受众是可以分类的，虽然每个受传者的个性千差万别，但受众在性别、年龄、文化程度、收入、职业、宗教信仰等方面相同或相近，会形成不同的社会类型，某一社会类型的受众对同一讯息又会有大体一致的反应。大众媒介可以根据受众所处的社会群体的特征有针对性地采写、设计、制作、传播讯息，以此增强传播媒介的吸引力，提高传播效率。不同社会类型的受众，也可将接受对象锁定在符合自身需求的媒介或栏目。

社会类型论并没有准确描述出大众传播中受众行为差异的根据，也没有对受众进行更深入的分析，这一理论的价值在于使媒介的决策者和传播者在进行信息生产、复制和传播时强调受众的因素。

（三）社会关系论

社会关系论与个人差异论和社会类型论不同，它强调人与人之间的各种关系，对受众的重要影响。社会关系论认为，受众参加的组织或团体的压力、合力对其本人接收讯息有影响。受传者都有各自特定的生活圈，这种生活圈可能是组织严密的社会团体，也可能是松散的、非正式的社会团体，还可能只是邻里、家庭等群体关系，无论何种社会关系，受传者都会在信息接受过程中受到所在群体直接或间接的约束和影响。一方面，受众个体彼此之间相互影响，另一方面，受众与有关社会群体之前间也不断相互影响。大众媒介传播的任何信息，首先会在受传者所在群体中遇到过滤或抵制，很难通行无阻，全部过关，并且有许多人的信息并非首先来自大众媒介而是来自群体中的"意见领袖"，而这二次传播的信息并非不偏不倚。从这个角度看，受众所属的社会组织、团体的意见和倾向，会构成压力，影响受众的传播行为。

（四）文化规范论

这一理论充分吸收欧洲学者对社会环境研究的成果，强调大众传播未必直接使受众发生变化，它通过作用于受众所处的社会文化环境，

323

通过构造社会文化背景再作用于受众，潜移默化改变其态度和行为，是一种间接效果或长期效果理论。

（五）社会参与论

社会参与论又叫受众介入论，它源于美国宪法中有关公民权利的规定。美国学者 J. A. 巴伦较早对这一问题进行过论述，他在 1967 年发表的一篇题为《对报刊的参与权利》文章中强调，必须承认公民对传播媒介的参与权。20 世纪 70 年代，日本传播学界对社会参与论进行了大规模的研究与讨论，这一理论的主要观点如下：①大众媒介应是所有公民的讲坛，不能成为少数人的传声筒；②公民及其团体既是信息的接受者，又是信息的传播者；③随着社会的发展，媒介技术的演进，许多人逐渐滋生出自我表现欲，他们不再满足于消极地当一名信息接受者，而试图积极参与报刊的编写、广播电视节目的制作和演播；④让受众参与信息的生产、制作和传播过程，有助于他们积极接受媒介的内容，因为，人们对于自己亲身实践而形成的观点，要比他们被动地从别人那里得到的观点容易接受，且不易改变；⑤参与传播也是受众表达权、反论权的具体体现。

第七章　传播效果

效果研究是早期传播学经验学派的研究主流，也是大众传播研究中最受重视、成果最显著的"热门"领域，历来被认为是传播和大众传播研究的基石。传播效果研究的出现甚至早于传播学体系的形成，它不仅是传播学研究的出发点，而且是将这门学问有机贯穿起来的一条主线。

一　传播效果的内涵与层次

（一）什么是传播效果

效果的英文对译词是"effect"，它兼有"效果""效应""影响""功效"等多种意思。因此，效果一词有狭义和广义之分，狭义的效果指行为者的某种行为实现其意图或目标的程度；广义的效果则指这一行为所引起的客观结果，包括对他人和周围社会实际发生作用的一切影响和后果。基于这样的认识，在讨论什么是传播效果时，对这一概念作以下内涵的划分，将有助于认识的深化。

从外在形态看，传播效果可以有三个层次：第一层，媒介"效果"，指大众传播已产生的直接结果，无论其是否符合传播者的期望；第二层，媒介"效能"，指大众媒介达成有关预期目标的功能；第三层，媒介"效力"，指媒介在给定条件下可能发挥的潜在影响，或可能产生的间接效应。

　　基于上述认识，传播效果这一概念应具有下述双重含义①：其一，传播效果指带有说服动机的传播行为在受传者身上引起的心理、态度和行为的变化。说服性传播，指的是通过劝说或宣传来使受传者接受某种观点或从事某种行为的传播活动。这里所谓的传播效果，通常意味着传播活动在多大程度上实现了传播者的意图和目的。其二，传播效果指传播活动尤其是报刊、广播、电视等大众传播媒介的活动对受传者和社会所产生的一切影响和结果的总体，无论这些影响是有意的还是无意的、直接的还是间接的、显在的还是潜在的。

　　因此，传播效果的概念包含了相互联系又相互区别的两个方面，一是对传播效果产生的微观过程分析，主要着眼于具体传播过程的具体效果。二是对它的综合、宏观过程的考察，重点研究传播过程所带来的综合效果。

（二）传播效果的三个层面

　　传播效果依据其发生的逻辑顺序或表现阶段可分为三个层面：认知层面的效果、心理和态度层面的效果及行动层面的效果。所谓认知层面的效果，指作用于人们的知觉和记忆系统，引起人们知识量的增加和知识构成的变化；与之相对应的，作用于人们的观念或价值体系而引起情绪或感情的变化，则属于心理和态度层面上的效果；前述变化通过人们的言行表现出来，即是行动层面的效果。

　　上述三个层面的效果既体现在具体的、微观的传播过程中，也体现在综合的、宏观的社会传播过程中。以报刊、广播、电视等代表的大众传播的社会效果的三个层面如下。

1. 环境认知效果

　　现代社会中，人们对周围世界的认知与印象在很大程度上取决于大众媒介所提供的信息。然而，大众媒介囿于自身报道能力的局限，不可能做到有闻必录，传媒报道什么，不报什么，从什么角度报道，都会影响人们对外部世界的知觉和认识。这种效果，被传播学界称为"视野制

---

① 郭庆光：《传播学教程》，中国人民大学出版社 1999 年版，第 188 页。

约效果"，也就是说，大众传播制约着人们观察社会和世界的视野。

2. 价值形成与维护效果

大众传媒在进行新闻报道和信息传递时，不可能做到完全客观，通常都会包含一定价值判断，如是与非、善与恶、美与丑等。大众媒介提倡什么、反对什么，在客观上对社会规范和价值体系都起着形成与维护的作用。这种作用一般是通过媒介的舆论导向功能发挥出来的，媒介可以运用舆论引导来形成新的规范与价值，也可以运用舆论监督来维护既有的价值和规范。

3. 社会行为示范效果

大众传媒常常会向社会提供一些具体的行为范例或行为模式，以此直接或间接影响人们的行动。

二　传播效果的特征与构成

传播效果位于传播过程的最后阶段，它是诸种传播要素相互作用的集合效应，也是受众受到信息作用后在某些方面产生的变化。对传播效果特征和构成的剖析有助于更准确地把握这一概念。

（一）传播效果的特征

1. 内隐性

根据前述传播效果的三个层次，效果通常表现在认知、心理和态度或行动三个方面，认知、心理及态度一般都深藏于受传者内心深处，行为的改变也产生于注意信息、理解信息、记忆信息、接受知识、确立态度等一系列内在操作机制的过程中，人们看不见、听不到、摸不着，只能依据日常经验或运用科学测评方法，对受传者的言行及其他行为作间接的推测和评估。

2. 累积性

传播效果的产生不是一蹴而就的，它需要通过多种媒介、运用多种符号，对受众进行耳濡目染和长期的相互作用后累积形成。那种立竿见影的效果是不易产生的，即使产生了也难持久。对于大众传播活

327

动而言，传受双方之间关系的确立、延伸、替换和稳定的过程，也是传播效果的滋生、累积、扩展和强化的过程。

3. 恒常性

由于传播效果的形成需要一个长期的积累过程，是传受双方在复杂的相互作用中自动显现和逐渐形成的，非外力强迫而成，因此，传播效果一旦形成，就具有一定的稳定性，受众会形成惯性来抗拒某些方面的干扰和改变。

4. 多层次性

传播者效果的产生主要是大众传媒通过不同媒介、符号传递不同的信息，以对不同层面的人产生出层次不同的效果。从效果呈现来看，有短期、长期之分，显性和隐性之别；从对象的反应来看，有个人、家庭、团体、集群和社会等诸种效果；从效果的构成来看，有认知层面、心理态度层和行动层面等分类。

5. 两面性

几乎所有的大众传播效果都兼具积极和消极、正面和负面的效果，只是在不同的传播活动中比例不同，主次有别。比如广告带来的效果，既有给消费者提供市场供求，满足消费者信息需求的积极一面，也有鼓吹享乐，挑动欲望的消极一面。

（二）传播效果的构成

根据前文传播效果的三个层次可知，传播活动所带来受众改变主要表现在认知、心理态度及行为等方面，由此，可以判断传播效果的构成成分也是认知、心理和行为等要素，具体表现为以下几方面。

1. 知识

传播效果首先表现在传播者通过其信息传递活动使受传者与之分享共同的意义，传承知识并评价知识。知识传播并分享的逻辑顺序为收到信息、知道事实、了解性质、得到方法、形成知识、掌握知识、评价知识、推断新知。经过长期的信息传播，不同代际的受众对信息、知识的承接—创造—传播，既有利于人类认识世界，了解外部环境，扩大经验范围，也有助于人类积累知识、深化知识和创造知识。

2. 能力

这里特指大规模的信息传播活动有助于提高人们认识世界和改造世界的能力，包括正确认识、理解事物的能力，运用知识和经验解决问题的能力，辨析判断、发明创造的能力，以及观察力、想象力、思考力、判断力、创造力等。人类从知识到能力的转化更多需要信息传播及其实践。

3. 价值

传播效果的价值构成包含两方面的内容，一是指信息对受众所具有的健康向上的积极作用，通常表现为理智的、道德的、审美的价值；另一方面指信息传播所引起的受众价值体系的变化，比如人生观的转变、精神上的享受和愉悦等。

4. 态度

态度是人们比较稳定的一套思想、兴趣或目的。传播活动通过长期的信息传递能强化或改变人们对社会问题、政治观念的看法和态度，能引起受众在情感上的起伏变化（喜爱、厌恶、恐惧、愤怒、胆怯等），也能强化人们的动机，坚定人们的意志。事实上，态度是一种心理倾向，通常比较稳定，因此，态度的变化更多是对固有态度的增强和发展，有时也表现为对固有态度的改变和抛弃。

5. 行为

行为泛指有机体的任何活动，动作和行动。[①] 行为在实际情况中通常是复杂的，很少是单一的，常常分为外显性行为和隐蔽性行为。人类社会的传播活动可综合运用大众媒介和人际传播，通过一定的传播手段和传播技巧，不仅可以改变受传者的认知、心理和态度，甚至可以改变他们的行为习惯、行为规范，使其朝着传播者所希望的方向发展。

上述 5 种内容是传播效果的构成成分，它们共同组成了作为整体的传播效果体系，且很难截然分开，彼此之间都有着前后承继的逻辑关系。

329

---

① ［美］F. J. 布鲁诺：《心理学关键术语辞典》，王振昌译，河北教育出版社 1991 年版，第 161 页。

三 传播效果的类型与研究课题

（一）传播效果的类型

传播效果的内涵可从三个层面来认识，传播效果也可以有多种分类，划分方法不同，研究课题也有不同类型。英国学者戈尔丁关于传播效果的分类得到传播学界广泛认可，他从时间和传播者意图两个维度出发，将传播效果划分为四种类型，如图7-1所示。

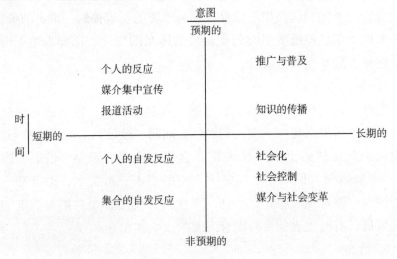

图7-1 传播效果的类型

第一种类型，短期的、预期的效果，包括对媒介集中宣传报道活动的反应、个人反应等。前者指一家或多家媒介为达成特定目标而开展的说服性宣传活动，如政治动员、社会募捐等；后者指特定信息在个人身上引起的认知、态度和行动的变化等。

第二种类型，短期的、非预期的效果，包括"个人的自发反应"和"集合的自发反应"两种。个人的自发反应指个人接触特定信息后发生的，非传播者所预期或计划的模仿或学习行为，这些行为可能是有利于社会的，也可能是反社会的。集合的自发反应则指社会层面上众多人在同一信息的影响下发生的集合性的反应，其中包括一些有益的集体行为，但研究者更关注那些在某种信息刺激下发生的集体性的恐慌、暴乱等破坏性行为。

第三种类型，长期的、预期的效果，指关于某一主题或某项事业所展开的长期传播而产生的与传播者意图符合的累积效果。如为新技术的长期推广与普及、国家政策的动员与宣传等。

第四种类型，长期的、非预期的效果，指日常的、持久的传播活动所产生的非预期的客观效果或综合效果，它是由整个传播事业、产业持续不断地推进的传播活动所产生的累积。如媒介对战争的影响、媒介对社会转型和价值观变迁的作用等。

（二）传播效果的研究课题

传播效果是每一个具体的传播过程中各个传播要素和环节相互作用的结果呈现，它的好坏强弱与传播过程中的传播者、传播内容、讯息载体、媒介渠道、传播技巧、传播对象等要素与环节密切相关，因此，考察和研究传播效果就应该从诸传播要素和环节着手，研究课题有以下几方面。

1. 传播主体与传播效果

主要考察传播者的形象、立场及把关等行为对传播效果的影响，传播者在信息采集、筛选、生产、加工等环节中起的作用等。

2. 传播内容与效果

特定的传播内容与一般的传播内容对受众有何影响，传播内容的主题、表现方式等与传播效果的关系等。文本分析是考察内容之效果的常用方法。

3. 讯息载体与传播效果

讯息必须经由一定的载体工具传递，比如语言、文字、音声、图形、画面、影像等，这类课题主要考察这些讯息载体或象征符号的意谓、功能和效果的特性。

4. 传播技巧与传播效果

传播技巧主要指传播者在传播活动中使用的各种策略方法，以唤起受传者注意、引发其特定心理和行动，这些策略方法包括内容提示

331

法、说理法、诉求法等。

5. 传播对象与传播效果

受众在传播活动中并非处于完全被动状态，相反，受众的能动性、受众的媒介接触动机与需求、受众的人格特征、受众的人际关系、受众对信息的处理策略等，都对传播效果产生重要影响。

四　传播效果研究的历史与发展

有关传播学的各种研究，以效果研究最受重视，它几乎可说是传播学作为一门学科赖以安身立命的根基。事实上，人类对传播效果的研究有着悠久的历史，在古希腊古罗马时期就有对它的研究，比如由柏拉图和亚里士多德后来发展成古典形式逻辑和修辞学的学问中，就有传播效果研究的重要课题。然而，今天所言的传播效果研究，主要指20世纪初以来的现代研究，它是传播学特别是大众传播学的基础，并构成了它的一个主要研究领域。根据人们对媒介影响力的认识变化，经历了强—弱—强的三个时期和两次转折，大众传播效果研究的发展过程也可大致分为三个阶段：第一阶段，20世纪初至40年代初；第二阶段，40年代初至60年代；第三阶段，70年代至今。

（一）强效果论时期

第一阶段从20世纪初到40年代初，是传播效果研究的初级阶段，因过于强调大众媒介的强大威力而被称为"强效果论"时期。核心观点是：传播媒介拥有不可抵抗的强大力量，在形成意见信仰、改变生活习惯、支配受众行为等方面，几乎无所不能，它们所传递的信息在受传者身上就像子弹击中躯体，药剂注入皮肤一样，可以引起速效的反应。这种观点后来被称为"子弹论""魔弹论"或"皮下注射论"。"魔弹论"的出现与当时西方的本能心理学与社会学理论关系密切。本能心理学认为人的行为受到本能的"刺激—反应"机制的主导，由于人的遗传生理机制是大致相同的，如果施以某种特定的"刺激"便能引起大致相同的"反应"。"魔弹论"的另一理论背景是大众社会论，这种理论认为，传统社会中的等级秩序和人与人之间密切的社会关联已被现代社会所破坏，社会成员像"原子"一样，分散、孤立地分布于社会中，个人在获得了自由的同时也失去了统一的价值观和行为参照，失去了传统社会结构对他们的保护。这两者的结合，使得大众社会中的成员在任何有组织的说服或宣传活动面前都处于孤立无援和十分脆弱的状态，"魔弹论"正是基于这样的背景提出的。具体而言，"魔弹论"的提出，基于以下观点和事实。

1. 公众对大众传播心存恐惧

大众传媒在 19 世纪 30 年代的登场，就像许多新生事物一样，引起了大众的广泛忧虑，人们认为由于报纸的普遍报道和煽情化倾向，可能会引发犯罪和导致文化水准降低。当广播被发明出来并应用于纳粹宣传时，更加剧了人们的恐惧心理。这种恐惧心理经过媒介的反复报道，使人们的忧虑又得到了更广泛的宣传，其结果就是对媒介巨大威力的相信，变为社会对大众传播的共有信仰体系的一部分。

2. 大众传播的特殊案例验证了魔弹效果

1898 年的美西战争，据说是由赫斯特报系一手挑起的，虽然事实真相无法全面还原，但可以肯定的是赫斯特报系在反对西班牙的战争中起了煽风点火的作用。第一次世界大战中，各类宣传机器被全面使用，其中英国的宣传战尤为成功，日本学者池田德真在他的《宣传战史》一书中指出，由于受英国宣传的影响，德军丧失斗志，在敌军还没有进入本国领土的情况下就宣告崩溃了，也因此，英国的对外宣传被德国的宣传学者称为"不依靠武器的世界大战"。第二次世界大战的爆发，更引发了参战国全面的宣传大战，尤其是纳粹德国对国内人民的宣传动员，激起了千百万人的战争狂热。上述事件都成为"魔弹论"的明证，让人们对"魔弹论"深信不疑的一个典型事件是，1938年 10 月 30 日，美国哥伦比亚广播公司（CBS）在晚间的"莫丘利剧场"播出了一部名为《星球大战》的广播剧，此剧的播出使正在收听节目的受众误以为火星人真的入侵地球，并正在向自己逼近，使得许多人携家带口集体逃难，造成了大规模的社会恐慌，成为社会学领域

333

中著名的大众歇斯底里，这个事件完全使人们相信并感受到了大众媒介的强大效果，由此，"魔弹论"深入人心。

3. 社会学家的研究强化了公众对媒介的恐惧

法国著名社会学家塔尔德最先对报刊的巨大消极作用进行抨击，他指出报纸上所刊载的色情、暴力和流言对青少年犯罪起了刺激作用，毒害了学生的身心。美国的佩恩基金会重点研究电影与儿童行为倾向之间的关系，其研究指出电影具有广泛的影响力，能对儿童的感情产生强烈冲击，一部电影就能改变观众对战争、赌博和惩治罪犯的态度。社会学的研究似乎都在证明，媒介既是威力无穷的，又是有害的，这些研究都为魔弹论提供了证据。

"魔弹论"的提出并非基于科学的调查，而是源于公众与学者对大众媒介迅速普及的惊惧，或依据生物学的一些论点而提出的简单比附，因此，从方法论的角度看，它主要是以思辨性的评论和探讨为主，严格意义上的"科学"研究几乎没有。这一理论过分夸大了大众传播的力量和影响，忽视了影响传播效果的各种客观社会条件，同时，它也否定了受众对大众媒介的能动的选择和使用能力。它对传播过程的描述过于简单：把媒介看作是全能的信息发送者，将受众视为分散的信息接收者，两者之间别无旁物。这种简单、片面的观点，随着效果研究的深入，必然会被抛弃。

（二）有限效果论时期

第二阶段从 20 世纪 40 年代初到 60 年代，"魔弹论"的效果观逐渐被否定，传播效果研究进入第二个时期。这一时期，研究者们倾向于认为大众传播媒介的影响是有限的、间接的和有选择的，传播效果往往受到媒介的性质、受众个体差异、社会类别和社会关系等多种因素的影响，并非像之前人们认为的那样"威力无比、不可抗拒"；受众也不再是消极被动的"靶子"，而是积极主动的参与者。

证明大众传播效果有限的关键性研究成果主要如下。

1. 拉扎斯菲尔德的《人民的选择》

1940 年 5—11 月，拉扎斯菲尔德等人在美国总统大选期间围绕选民投票的动机、与宣传（报刊、广播、个人）的接触、投票动机的变化及理由、个人的特性等进行了一项实证调查，调查地点在俄亥俄州的伊里县，又称"伊里调查"。这次调查历时半年，对600名调查对象进行了7次追踪调查，最终形成了研究报告——《人民的选择》。研究结果表明，大众传播并没有直接左右选民投票意向的力量，它只是众多的影响因素之一，而且不是主要因素。这一结论与当时盛行的"魔弹论"相距甚远，研究人员对全部调查数据进行分析，并提出了对后来的传播效果乃至整个传播学研究产生重大影响的一系列理论假说。其中包括：

（1）"政治既有倾向"假说。

所谓政治既有倾向指选民在接触传媒宣传之前就持有的政治态度。拉扎斯菲尔德等人在"伊里调查"中为了解这方面的情况，设计了一个"IPP"（Index of Political Predisposition）指数，根据调查对象的社会经济地位、宗教信仰和居住区域等要素以显示他们原有的政治态度。"IPP"指数分析的结果揭示，投共和党票的人大多原来就是共和党的支持者，投民主党票的大多原来就是民主党的支持者。由此可以这样认为，人们就政治问题进行决策时，一般不取决于政党的政治宣传与大众传播，而基本取决于人们（受传者）既有的政治态度，这就是"政治既有倾向假说"。

（2）"选择性接触"假说。

从"IPP"指数分析政党宣传的接触状况，拉扎斯菲尔德等人进一步发现，受众即选民与媒介（信息）的接触，具有明显的选择性。具有共和党倾向的人大部分只接触了共和党的宣传，而具有民主党倾向的人大部分只接触了民主党的宣传，由此看出，受众并不是不加区别地对待任何传播内容，而是更倾向于"选择"与自己的既有立场、态度一致或接近的内容加以接触。这种对媒介的"选择性接触"，只可能加强原有态度，而不是改变它。

（3）"意见领袖"和"两级传播"。

拉扎斯菲尔德等人在调查中还发现，受众个人在投票决定的过程中会有一些对他们施加个人影响的人物，即意见领袖。意见领袖对大众传媒（包括报纸、杂志和广播）的接触频度和接触量都远远高于一

335

般受众。研究人员据此推测，大众传播并不是直接"流"向一般受众，而是要经过意见领袖这个中间环节，即大众传播→意见领袖→一般受众，这就是两级传播的过程。

（4）对大众传播效果类型的概括。

"伊里调查"的结果显示，传播过程中存在着许多制约因素，比如意见领袖、既有倾向和选择性接触等，因此大众传播的效果就可以被划分为"无变化""小变化""强化""结晶"和"改变"五种。其中"强化"效果是指受传者自身既有的态度和立场可能被大众传播巩固并加强，这应该是大众传播的最主要效果。

"结晶"效果指使那些原来意向不明、态度未定的受传者的态度明确起来的效果。

"改变"效果是指使受传者的立场和态度发生逆转性变化的效果。实际上，在说服人们改变态度方面，大众传播的这种效果是不常见的，甚至还不如人际传播更为有效。

根据上述，《人民的选择》通过对调查结果的大胆推测，提出了关于大众传播效果的一系列重要观点，为否定早期"魔弹论"的效果观产生了重要影响。

2. 《个人影响》和《创新与普及》

美籍以色列传播学家 E. 卡兹和拉扎斯菲尔德，为了验证《人民的选择》中所提出的各种假说是否在政治以外的其他领域同样适用，又对购物、流行、时事等领域进行了多次调查，结果发现，既有倾向、选择性接触和意见领袖及两级传播现象广泛存在于各领域。1955 年二人合著的《个人的影响》一书出版，汇总了他们的调查结论。该书的一个重要贡献就是提出了"中介因素"的概念。

"中介因素"其实就是对大众传播过程中制约和影响大众传播效果的若干调节性因素的总结，主要包括四种：①选择性接触机制——受众对某些媒介或内容具有回避倾向，那些被回避的内容很难产生传播效果，这种机制主要有选择性注意、选择性理解和选择性记忆三个层次；②媒介特性——讯息所依存的媒介渠道不同，传播效果亦不同；③讯息内容——讯息所包含的全部内容及外在的语言和表达，以及传播方法、技巧等，都会使受传者产生不同的心理反应；④受众本身的性质——受传者自身的既有立场及其所处的社会关系，尤其是意见领袖的态度，会对大众传播效果产生重要的制约作用。

美国社会学家罗杰斯于1962年发表了研究报告《创新与普及》，报告中罗杰斯主要对农村新事物（新农药、新良种等）的采纳和普及过程进行深入调查，并在此基础上提出了许多观点，特别是对两级传播的概念做了重要补充和修正。根据调查结果，罗杰斯把个人接受新事物的过程，看作是一个从认识到决定的过程，分为认知、关心、评价、试用和采用几个阶段，并得出结论：第一，对于受传者而言，在认识阶段，媒介信息源最重要；在评价阶段，人际信息源最重要。第二，在认知阶段，全国性信息源最重要；在评价阶段，地方性信息源最重要。同时，罗杰斯还按受传者接受新事物的先后快慢，将其细分为五类。这一研究，深化了流程研究，对意见领袖和追随者关系的把握也更符合实际，从而突破"两级传播"模式，形成了"多级传播"模式。通常情况下，信息是通过媒介直接传送给受传者的，而影响是以人际传播为中介、间接传布的。即信息流是"一级"，影响流是"多级"的。参见图7－2。

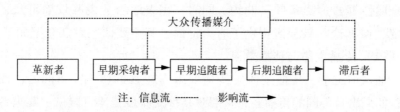

注：信息流 -------- 影响流——

图7－2　新事物普及过程中"信息流"和"影响流"

337

上述研究揭示了大众传播过程的复杂性，它证明了单一的大众传播并不能左右人们的态度，从正面否定了强调简单的"刺激—反应"关系的"魔弹论"观点，然而，它在揭示传播效果产生的制约因素的同时，也强调了大众传播效果和影响的无力性，又被称为"无力的大众传播观"。

3."说服性传播"的效果研究

所谓"说服性传播"又称"说服"或"劝服"，一般指有明确意图的传播者欲向受传者施加影响的传播行为。以霍夫兰为首的耶鲁学派在 20 世纪 40—60 年代，较为系统、深入地研究了"说服"现象，形成了传播效果研究的另一个重要领域——"说服性传播"效果研究。"说服性传播"的效果，也称为传播的说服效果，指的是受传者的态度沿传播者说服意图的方向发生的变化。第二次世界大战期间，霍夫兰等学者受美国陆军部委托，使用实验方法，在军队里进行了一系列心理实验，就传播过程诸要素（传播者、受传者、内容、说服方法等）如何影响说服的效果，展开了一系列研究，这是关于"说服与态度改变"的最早的实证研究。

第二次世界大战爆发后，美军制作了系列纪录片《我们为何而战》以教育士兵和提振士气，然而测试结果显示，在实现影片制作意图——鼓舞士气和激起对敌仇恨方面，上述纪录片并没有明显效果，这一结果再次证明了单一的大众传播并不能直接导致人们态度的改变。从第二次世界大战后期至 60 年代，霍夫兰等人进行了数十项研究以考察说服效果的形成"条件"，这些研究表明传播效果的形成并不简单取决于传播者的主观愿望，而是受到传播主体、信息内容、说服方法、受众属性等各种"条件"制约。同时，霍夫兰的"说服效果研究"为否定"魔弹论"效果观提供了有力证据。其主要研究发现介绍如下。

（1）传播主体与传播效果。

通常情况下，传播主体对传播效果有较强的影响，相同的传播内容，如果出自不同的传播者，人们对其接受程度是不一样的。霍夫兰等人关于"传播者信誉"进行了两项了实验研究，他们选择四项主题——抗组胺药无医生处方能否出售、美国近期建造核潜艇的可能性、钢铁产量不足的原因、电视普及对电影未来发展的影响，写成说服性文章，分别冠以可信度高和低两种传播主体，将它们提供给不同的被试阅读。实验目的是在内容完全相同的条件下测试传播主体的可信度高低对传播效果的影响。此处的可信度包含两个要素，一是传播者的信誉，包括是否诚实、客观、公正等品格条件；二是专业权威性，即传播者对特定问题是否具有发言权和发言资格。实验结果是，除"电视普及对电影未来发展的影响"一项外，其他三个主题都显示出高可信度传播主体的说服效果远远好于低可信度的传播主体。根据这一实验结果，霍夫兰等人认为：一般来说，传播者的可信度越高，说服效果越好；可信度越低，说服效果越差。因此，对传播者而言，树立良好的形象争取受众信任是改进传播效果的条件之一。

然而，上述实验四周之后，霍夫兰等人再次对实验对象进行测验，发现：高可信度传播者的优势消失了，也就是说，可信度高传播主体的说服效果出现了衰减，而低可信度传播主体的说服效果有上升趋势。这被称作"休眠效果"或"假寐效果"，即人们一开始比较重视传播主体的可信度，信息内容本身的说服力没能马上发挥，处于一种"休眠"状态，经过一段时间以后，人们对传播主体可信度的注意力减弱或消失后，信息内容的效果才能充分表现出来。这一结论说明，传播主体的可信度对信息的短期效果有极为重要的影响，但从长期来看，最终起作用的是内容本身的说服力。

（2）说服方法与传播效果。

同一信息内容，由于说服方法不同而导致不同的传播效果，这主要涉及传播的技巧，比如一篇文章如何安排材料、进行论证、提示结论等，就成了制约文章内容说服力的重要变量。

①"一面提示"与"两面提示"。

人们对某些存在对立因素的问题进行说服或宣传之际，通常使用两种方法：一种是只说有利于自己一方的观点或材料，称为"一面提示"；另一种是在提示于己方有利的观点或材料时，也以某种方式提示对立一方的观点或于己不利的材料，称为"两面提示"。霍夫兰等人根据实验得出结论：从受传者的预存立场来看，原本赞同传者意见的人，比较容易接受"一面提示"，并能因此而强化固有态度，但对于持反对态度的人来说，"两面提示"更有效；从受传者的学历看，"一面提示"对低学历者较有效，"两面提示"对高学历者更有效。总之，这一研究结果表明，传播效果的大小强弱在很大程度上取决于受传者的性质，离开传播对象泛论传播技巧是没有意义的。

1953年，拉姆斯丁和贾尼斯等人运用"反宣传"测验又对"一面提示"和"两面提示"的说服效果进行了考察。实验结果表明，从传

339

播效果的稳定性、持久性看，在接触相反信息的情况下，"一面提示"的受传者容易受到影响导致态度改变，"两面提示"的受传者在态度方面几乎没有发生明显变化。这说明，"两面提示"有一种"免疫效果"，即增强受传者抵御相反意见的"免疫力"。英国传播学者麦奎尔对"免疫效果"进行进一步研究发现，人们有许多没有经过考验的信念，这些信念在遇到对立观念的挑战时往往很脆弱，就像在无菌环境中成长的人体容易感染细菌一样。

②理智型和情感型。

传播方式也是"打动"受传者、影响传播效果的一个重要因素。在说服传播活动中，通常采用两种做法：一种是通过冷静地摆事实、讲道理，运用理性或逻辑的力量来达到说服目的，即理智型；另一种是主要通过营造某种气氛或使用感情色彩强烈的言辞来感染对方，以谋求特定效果，即情感型。学者们关于两种方式的传播效果并没有一致的结论，因为两种方法的有效性会因事、因人、因时而异，有些问题只能采取"理智型"方法，有些问题"情感型"方法可能更有效，还有些问题则需将两种方法结合起来。另外，心理学研究证明，受传者在性格、经历、文化水平等方面的差异，也使其受理性和情感支配的程度有明显不同。

③恐惧诉求。

恐惧诉求主要通过刺激人们的恐惧心理，唤起其危机意识和紧张心理，促成人们态度和行为向一定方向发生变化，是常见的说服传播方法。贾尼斯等人在 20 世纪 50 年代初，针对中学生口腔卫生行为设计了重度、中度、轻度三种"恐惧诉求"材料，进行实验研究，结果表明，在引起说服对象态度和行为变化的方面，"轻度"诉求效果最佳，"中度"次之，"重度"最次。尽管如此，究竟哪种程度的诉求效果最佳，目前学界仍无定论，可以肯定的是，对恐惧诉求的运用，必须掌握分寸，切合实际。

（3）传播对象与传播效果。

根据上述实验研究结果，可以看出，同一传播主体，运用同一传播方法传达同一信息，在不同的传播对象那里会引起不同的传播效果。

这说明，传播效果的形成是一个多种因素相互作用的过程，除了受到传播主体、传播内容和传播技巧的制约，传播对象自身的属性也起着同样重要的制约作用。传播对象的属性通常包含以下几个方面：人口统计学方面的特征，如性别、年龄、文化程度、职业等；人际传播网络；群体归属关系和群体规范；人格、性格等特点；个人的过往经历等。这些属性制约着受传者对媒介或信息的态度、情感或看法，也因此对传播效果发生重要影响。

①意见领袖的作用。

意见领袖是拉扎斯菲尔德等最早在《人民的选择》中提出的概念，指的是活跃在人际传播网络中，经常为他人提供信息、观点或建议并对他人施加个人影响的人物。意见领袖具有以下特征：第一，与被影响者是平等关系，通常是受传者所了解和信赖的人，因此，他们的意见更具说服力。第二，每一个群体都有自己的意见领袖，他们分布于社会上任何群体和阶层中，与被影响者保持横向传播关系。第三，意见领袖的影响力有"单一型"和"综合型"之分，"单一型"指一个人在某个特定领域很精通或在周围人中享有一定声望，而在其他领域则可能是被影响者。"综合型"的意见领袖则广泛存在于传统社会。第四，意见领袖有较广的社交范围，信息渠道较多，对大众传媒的接触频度高、接触量大。大量的实验研究表明，意见领袖对大众传播的效果起着促进或阻碍的作用，大众传播要想取得预期效果，必须重视意见领袖的存在。

②群体归属和群体规范的影响。

从社会学的角度看，个人行为还受到所属群体的影响。个体成员在现实的社会生活中一定从属于某个社会群体，该群体成员的多数意见所产生的压力也会对个人的言行具有重要的制约作用。另外，个人如果对所属群体有较强的归属感，其所在群体的观念、价值、行为准则等就会内化于个人心中，并产生"群体规范"的意识和压力，这也会影响个人对观点的接受。

③受传者个性与传播效果。

受传者的个性也会对传播效果带来影响。相对来说，性格内向、

341

自我评价高、信息感受性差、进攻性强的人不容易被说服。在传播效果研究中，这种"难以"或"容易"接受他人劝服的个性倾向，称为个人的"可说服性"。它主要包括以下几方面：第一，与特定主题相关的可说服性。一个人可能在某些话题上容易接受他人观点，在另一些话题上则容易产生拒绝或排斥态度；第二，与特定议题或诉求形式相关的可说服性。有的人容易接受道理说服，有的人则容易接受情感渲染；第三，一般可说服性，即受传者能否接受劝服与个人性格和个性相关，也主题或说服方式无直接关联。

4.《大众传播效果》

20 世纪 60 年代，学者们对"传播流"研究不断进行补充和总结，其中，以 J. T. 克拉帕的《大众传播效果》为代表，他在书中提出关于大众传播效果的"五项一般定理"。

（1）大众传播是产生传播效果的众多中介因素之一，并非必要和充分条件，大众传播只有在各种中间环节的连锁关系中并且通过这种关系才能发挥作用。

（2）大众传播最明显的作用是强化受众的既有态度，而不是引起受众态度的改变，即便在强化过程中，大众传播也并不作为唯一的因素单独起作用。

（3）大众传播在改变人们态度时需要两个条件：一是其他中介因素不再起作用，二是其他中介因素本身也在促进人们态度的改变。

（4）传播效果的产生，还受到受传者个人心理生理因素的制约。

（5）传播效果的产生，还受到媒介自身特性（信源的性质、内容的组织）及舆论环境等因素的影响。

克拉帕的研究，在梳理、归纳前人研究成果的基础上，对"有限效果论"进行了阶段性总结，指出"有限效果论"主要适用于态度变化、短期效果的研究，其适用性、有效性并非"放之四海而皆准"。也正是在这个意义上，克拉帕的理论为传播效果研究的第二阶段画上了一个句号。当然，他的理论也有不足之处，那就是他未能指出"有限效果论"的局限性。概括性地说，"有限效果论"的主要缺陷在于：第一，从效果看，忽略了信息的功用，只注重态度、行为的变化；第二，从时间看，忽略了传播所形成的宏观的、长期的、潜移默化的效果，只考察短期的、微观效果（"劝服"研究多限于数周，"传播流"研究也不超过半年）；第三，从出发点看，忽略受传者的需求，更强调传播者意图。

（三）70年代以来的宏观效果理论

20世纪70年代，学界在对"有限效果论"进行批评和反思的基础上，又出现了一批新的理论模式和假说，代表性理论有"议程设置"理论、"沉默的螺旋"理论、"知沟"理论、"培养分析"理论等。这些理论在研究主题上各有侧重，但在以下几方面却有共同特点：第一，这些理论都聚焦于探索大众传播综合的、长期的、宏观的社会效果；第二，它们都不同程度地强调媒介影响的有效性；第三，上述理论研究都是社会信息化的产物。

可以说，20世纪70年代社会发展的时代契机催生了新的传播理论。首先，电视的诞生，使得大众传播由报纸"一元"统治的格局被打破，电视集视听一体的媒介属性和高度的现场感、实时感，也使原来的效果观无力解释它的巨大影响力。其次，社会"信息化"的趋势日增，人们逐渐从对"态度/行为"的注意，转向了"信息/认知"，传统的效果观只关注态度行为的变化已不再适应人们对信息的追求。再次，社会意识形态的多样化，使人们不再只关注政治立场，以往的"既有政治立场"说就失去了充分的依据；最后，批判学派在欧洲的崛起，给传播研究注入了新鲜"血液"，传播学的效果研究出现了"多元效果"理论。

纵观整个效果研究的发展历程，从20世纪早期的"魔弹论"到40—60年代的"有限效果论"再到70年代以后的宏观效果论，从表面看，人们对大众传播效果和影响的认识经历了"强—弱—强"三个阶段，似乎第三个阶段是对第一阶段结论的重新肯定，事实上，第一阶段人们对大众传播"强"效果的认知与第三阶段的"强"效果论完全不同，二者有本质差异，早期的"强"效果论主张的是无条件、无中介因素的绝对效果，而后期人们对大众媒介影响力的"有力性"是在充分考虑了各种制约因素的基础上，给出的重新评价。

第八章 大众传播的宏观社会效果

20 世纪 70 年代以来的传播研究调整了研究视角，不再把效果概念局限于态度和行为改变的层面，而是从更早的认知阶段入手，将大众传播作为一个宏观、综合的社会过程来把握，考察它对于受众长期的、潜移默化的影响和效果，并提出了一系列发人深思的重要理论观点，本章将对其中若干主要理论进行介绍。

一 "议程设置功能" 理论

纷繁复杂的社会公共生活中，存在着许多有待于解决的课题，哪些是最重要、最迫切，应该优先解决的？哪些是重要性不那么突出，可以往后放一放的课题？如何认识、排列各种事情的轻重缓急，每个人心中都有不同的看法。换句话说，每个人心中都有一个无形的"议事日程表"，"记录"着对当前各项大事及其重要性的判断，以及对解决的优先顺序的认识。那么这种认识和判断来自何处？对此，"议程设置功能"理论提供了一种解释：就一般人的物理视野和活动范围而言，人们关于当前大事及其重要性的认识和判断通常来自于大众传播。大众媒介通过反复报道某类新闻，不断强化某类话题在受众心目中的重要程度，无形中替人们设置了各类事项的重要性排序，这就是"议程设置功能"理论的中心论点。

（一）"议程设置功能"理论描述

议程设置的基本思想来自美国政论家李普曼，他在《舆论学》一书中指出，新闻媒介影响人们头脑中的图像，即大众传媒创造了人们关于世界的图像。1968 年，美国传播学家 M. E. 麦库姆斯对"议程设置功能"理论首次进行了实证检验，他就总统选举期间传播媒介的选举报道对选民的影响展开调查研究。该研究分两部分，一是对当地未投票的选民进行抽样调查，了解他们对当时美国主要社会问题及其重要性的判断和认识，二是对 9 家新闻媒介（5 家报纸、2 家新闻杂志、2 家电视台的晚间新闻）的同期政治报道进行内容分析，然后，把内容分析与选民调查的结果对比，发现选民对当前重要问题的判断与大众传媒反复报道和强调的问题之间存在高度相关。也就是说，大众媒介当作"大事"加以报道的议题，同样也作为"大事"反映在公众意识中，传媒强调的越多，公众对该问题也就越重视。麦库姆斯根据这种对应关系提出，大众传播具有一种为公众设置"议事日程"的功能，传媒的新闻报道和信息传达活动以赋予各种"议题"不同程度显著性的方式，设置并影响着人们对周围世界"大事"及其重要性的判断。1972 年，麦库姆斯将他的实证研究写成了题为《大众媒介的议程设置功能》的论文，发表在《舆论学季刊》上。此后，麦库姆斯和艾英戈等人运用实验法进一步对美国电视与民意进行研究，以测定媒介议程影响公众议程的因果关系，大众媒介的议程设置功能进一步得到证实。

345

（二）"议程设置功能"理论的特征

第一，"议程设置功能"理论着眼于传播效果的认知层面。传播效果分为注意、认知层次，态度层次和行动层次三个层面，这三个层面也是一个完整效果形成过程的不同阶段。"议程设置功能"理论着眼于传播效果的认知层面，即告诉人们"思考什么"，用这种方式把他们的关心和注意力引导到特定的问题上来。由于传播效果是一个循序渐进和逐层深化的过程，认知阶段的效果也有可能将影响延伸至后续的态度和行为阶段，并造成累积的、长期的影响。

第二，"议程设置功能"理论重点考察大众传播在较长时间内一系列报道活动所产生的中长期的、综合的、宏观的社会效果，也就是说研究的是传播媒介的日常新闻报道和信息传播活动所产生的累积性影响。

第三，"议程设置功能"理论提供了一种媒介观，即传播媒介具有对现实"再建构"的功能。也就是说，传播媒介并非像"镜子"一样，被动地反映现实，而是以特定的视角和手段，从现实环境中"选择"出它们认为重要的部分或方面进行加工整理、赋予一定的结构秩序，然后以"报道事实"的方式呈现给受众。按照麦库姆斯的观点，这是一种"看不见的环境建构"功能，即凡是被媒介强调的观点、事件、人物等，就构成了环境的主体部分。同时，由于大众传播是人们获得外界信息的主要来源，无论这种"再建构"是对现实环境的客观反映还是歪曲反映，都会影响人们对周围世界的认识和判断。

（三）关于"议程设置功能"理论的研究

"议程设置功能"理论自 1972 年被提出以后，逐渐成为传播学中一个非常重要的理论，该理论及其研究大约经历了四个发展阶段。第一阶段，主要是提出假说并对其进行验证。即运用各种实验以检验新闻报道方式影响公众对当时重要议题的感知和判断。第二阶段，从心理层面寻求对议程设置理论的解释。这一阶段将对媒介效果的研究与"使用与满足"研究结合起来，研究主题是"为什么某些选民比其他选民更乐于接触特定大众传播媒介的信息"。第三阶段，扩展了对议程设置的研究。研究者将议程设置研究的领域扩展至其他主要政治因素，并廓清各种不同议程之间的区别。第四阶段，主要研究议程设置的主体。这一阶段将研究的主要问题集中于"是谁设置了新闻议程"，研究者提出，新闻记者、编辑，大通讯社，"精英"新闻机构，重要的新闻来源都会影响媒介议程。

总体而言，议程设置研究的基本方法，包含对媒介议程与公众议程的比较，揭示并解释两种议程相互联系的动因，还包括进一步明确议程对象、议程属性及不同层次的议程项目。

就媒介而言，议程设置的方式和功能有三个层次。第一个层次是认知模式——大众媒介对某个问题的报道与否，会影响受众对该"议题"的感知；第二个层次是显著性模式——大众媒介对某个问题的反复强调，会使受众"认同"其重要性；第三个层次是"优先顺序模式"——传媒对一系列"议题"按照一定优先顺序进行程度不同的报道，会使受众形成对这些问题重要性先后顺序的认识。通常认为，这三个层次是大众媒介设置议程的主要模式，它们形成了影响和效果依次累加的过程，层次越往后效果越大，影响也越深刻。

就受众而言，议题的内容和性质也分为三种类型：个人议题（个人私下认为重要的问题）、人际议题（小范围人际关系中受重视的问题）、公共议题（在整个社会或社区中受重视的问题）。相较而言，大众媒介对后两种议题的影响更大一些。

不同媒介"议程设置"的不同特点，有以下两方面：①总体来说，现代社会中各种媒介议题设置的相关性很高，并能形成"立体化"效果；②相对来说，报纸的新闻报道能形成"议程"的基本框架，同时对较长期议题的重要性排序影响较大，而且对"个人议题"产生较深刻的影响；电视新闻报道的"凸显"功能较强，它挑选出"议程"中最重要的议题加以突出强调，并对受众的"人际议题"产生影响。

（四）"议程设置功能"理论的认识评价

"议程设置功能"理论从受众认知的角度出发，重新证实了大众媒介的有力影响，摆脱了"有限论"对效果研究的束缚。此前的传播研究认为大众传播的影响和效果是"无力"或"有限"的，对传播效果的研究也仅仅停留在态度和行为改变的短期效果层面。"议程设置功能"理论则从大众传播对人们关于环境认知的作用入手，从长期的、宏观的、认知层面作为研究的切入点提出假说。同时，这一理论还提供了一种媒介观，即大众媒介是从事环境再构成作业的机构，这一媒介观的意义在于，将大众传播过程背后的控制问题摆在人们面前。

347

这个理论进一步引出了"议程设置"的本质问题，引导人们思考，传播媒介的"议程"是怎样设置出来的？从媒介内部的信息采集和加工过程看，影响和制约报道内容取舍选择的因素主要有三个，一是时空因素，即媒介需要一定量的内容来填充媒介版面和节目时间；二是媒介的性质，即媒介的宗旨、报道方针及传播人员的新闻价值和倾向；三是社会文化规范，即传播内容必须考虑所在社会的一般文化规范和价值标准。

此外，传播媒介的"议程设置"过程还受到复杂的政治、经济和意识形态等多重因素的综合作用。具体来说，就是占统治地位的信息源对传播媒介的主导性影响。在资本主义社会，居支配地位的信息源是政府机构和垄断大企业，从本质上说，"议程设置"就是占统治地位的政治、经济和社会势力对舆论进行操作和控制的过程。在社会主义社会，舆论导向研究与"议程设置"研究也有结合点，舆论导向包含了社会认知、价值、态度和行为的全面引导，"议程设置"则是舆论导向的第一个阶段，即大众媒介通过有选择地报道新闻来把社会注意力和社会关注引导到特定的方向。

当然，"议程设置功能"理论也有其局限性。它只强调了大众媒介形成公众议程的一面，没有涉及公众的热点议论对媒介议程的决定和影响作用。

二 "沉默的螺旋" 理论

348

"沉默的螺旋"理论，是1974年德国社会学家伊莉莎白·诺依曼教授在《回归大众传播强大效果观》一文中提出的，论述了舆论怎样形成的问题，并宣称大众传播媒介在影响大众意见方面仍能产生强大的效果。1984年，她又出版了《沉默的螺旋：舆论——我们社会的皮肤》一书，对这一理论进行了全面、系统概括。

(一)"沉默的螺旋"理论概述

"沉默的螺旋"理论的提出，源于诺依曼对德国社会政治生活现象的关注。1965 年，德国议会选举中，德国社会民主党和基民盟与基社盟的联合阵线进行竞选，在整个竞选过程中，双方支持率始终相持不上，然而在最后投票之际却发生了选民的"倒戈"现象——后者以压倒性优势战胜了前者。诺依曼追踪调查了选举期间的全部数据，并进行了分析，她认为，正是由于大众媒介提供的一种对民意的看法，误导了投票者，使选民对周围"舆论氛围"的判断发生了偏差，从而导致了投票结果的变化。

　　"沉默的螺旋"理论的基本思想是，大多数个人试图避免因个人持有某些态度和信念而造成的孤立。因此，有些人为了了解哪些观点是占优势的或得到支持的，哪些是不占支配地位或是正在失去优势的，便对他周围的环境进行观察。如果他相信自己的观点属于后者，因为害怕孤立，他便不太愿意把自己的观点说出来。在该理论中，个人感受并非是唯一起作用的力量，大众媒介是另一种力量。在现代社会中，什么样的观点占优势，经常是由媒介规定的。因此，大众传播媒介对某些观点的规定和在人际传播中对某人自己的观点缺乏明确的支持，就形成了螺旋。①

　　诺依曼进一步解释，大多数人在表明态度或作出选择时，有一种趋同心态。当个人意见与周围大多数人的观点（舆论）保持一致时，就会毫无顾忌地大声发言；如果个人觉得自己处于少数意见时，就倾向于保持沉默，乃至最后转变方向，与多数意见、优势群体保持一致。少数个人越沉默，其他人就越觉得他们的看法不具代表性（即属于"异常意见"），就越倾向于继续保持沉默。其结果就是，某种优势意见不断得到强化，被确立为主要意见，而与之对应的是"少数意见"越来越弱，形成一种螺旋式的状态。

（二）"沉默的螺旋"的理论核心

　　诺依曼提出的"沉默的螺旋"理论，基于以下假定：第一，大众

---

①　［英］丹尼斯·麦奎尔、［瑞典］斯文·温德尔：《大众传播模式论》，祝建华、武伟译，上海译文出版社 1987 年版，第 93 页。

349

社会背景下，个人背离社会常会产生孤独感；第二，个人对孤独的恐惧，常使其揣测社会的主流观点是什么；第三，个人揣测的结果，则会影响其在公开场合的行为，特别是公开表达观点还是隐藏自己的观点。上述假定是"沉默的螺旋"理论的推演基础，它们形成、巩固和改变了公众观念。

同时，诺依曼指出，大众传媒关于新闻采集和传播的途径严重限制了公民选择的广度和深度，并造成了人们"感知缺乏"的三个特征：一是普遍存在，即作为信息来源的媒介无处不在。二是重复累积，即不同的新闻媒介倾向于在不同的时间通过不同的节目或版本重复相同的事件和观点。三是协调一致，即新闻工作人员价值观的一致性或相似性对他们制作的内容产生影响。① 上述三种特质结合在一起，可对舆论产生巨大影响。当大众传媒长期重复某类议题，可在一定程度上克服受众的"选择性接触"，使其不得不接触同一信息，形成该议题的"多数意见"并与媒介达成一致认识。大众媒介的上述特质对"沉默的螺旋"作用方式的影响表现在以下方面：一是影响某类议题成为主导意见；二是影响某类议题是否继续增长；三是影响某类议题可以公开发表而不至遭受孤立。

总体而言，诺依曼的"沉默的螺旋"理论由三个核心命题构成。

第一，个人意见的表达是人"社会属性"的表现。人，作为一种社会动物，总是力图从周围环境中寻求支持，避免陷入孤立状态，这是人的社会属性使然。因此，个人在表达自己观点时，总要观察周围的意见环境，以判断自己处于"多数意见"还是"少数意见"，当发现自己属于"多数"或"优势"意见时，便倾向于积极大胆地发表自己的观点；当发觉自己属于"少数"或"异常"意见时，个人就会屈从于环境压力而转向"沉默"或附和。

第二，意见的表达和"沉默"的扩散是一个螺旋式的社会传播过程。即"少数意见"的"沉默"造成"多数意见"的强势，"多数意

350

---

① ［美］斯坦利·巴兰、丹尼斯·戴维斯：《大众传播理论：基础、争鸣与未来》（第三版），曹书乐译，清华大学出版社 2001 年版，第 312 页。

见"的强势又迫使越来越多的"少数意见"者"沉默",如此循环,便形成了一个"一方声音越来越大,另一方越来越沉默"的螺旋式过程。可以说,社会上任何"多数意见"、舆论或时尚的形成,其背后都存在着"沉默的螺旋"机制。正是在这个意义上,诺依曼给舆论下了一个定义:所谓舆论,即"那些能在公开场合发表出来、且不会受到孤立的、对有争议的问题的意见",以及"为使自己不陷于孤立而必须公开表明的意见"①,前者通常是就一般的时事性问题而言,后者更多指社会传统、道德、行为规范等问题。

第三,舆论的形成与引导主要是通过大众传播营造"意见环境"实现。诺依曼认为,舆论的形成并不是社会公众"理性讨论"的结果,而是由于人们受到"意见环境"的压力,在惧怕孤立的心理作用下,被迫对"多数意见"采取趋同态度的产物。人们对所谓"意见环境"的判断主要通过两个因素:一是所处社会群体,二是大众传播。除了一般的可直接感知的个人议题外,人们对大部分议题的判断主要依赖于大众传媒。

(三)"沉默的螺旋"理论的特点

"沉默的螺旋"理论,主要论述的是在宏观层面上普通人对公共议程的感知所带来的长期后果,重点讨论媒介与舆论的关系。这个理论的特点主要是在两方面:一是舆论观,二是效果观。

诺依曼在《沉默的螺旋:舆论——我们的社会皮肤》一书中提出,舆论是双重意义上的"我们的社会皮肤":它是个人感知社会"意见气候"的变化、调整自己行为以适应环境的"皮肤";同时,它又在维持社会整合方面起着重要作用,好似作为"容器"的皮肤一样,防止由于意见过度分裂而引起社会解体。②诺依曼的这种舆论观,与其说是把舆论看成"公共意见"或"公众意见",倒不如说是把舆论当作"公开的意见"。换言之,诺依曼认为,只有那些"被认为是

351

---

① 张国良主编:《20世纪传播学经典文本》,复旦大学出版社2003年版,第535—546页。
② 同上书,第539—546页。

多数人共有的、能够在公开场合公开表达"的意见，才能具备一种强制力——使"少数意见"公开与"多数意见"对立时会有遭受社会制裁的风险，为了免于这种制裁，人们通常在公开的言行中避免与之发生冲突。由此可看出，"沉默的螺旋"理论是从社会控制的角度论述舆论的。

"沉默的螺旋"理论，就效果观而言，并非是微观层面的效果研究，而是从宏观层面强调大众传播所具有的强大的社会效果和影响，这种所谓"强大的社会效果"主要是指传播媒介具有"创造社会现实"的巨大力量。"沉默的螺旋"理论认为，传播媒介所构建的"意见环境"不一定是社会上真实意见的如实反映，而一般社会成员以为传媒提示的"意见"就是主流意见，即便是少数人的意见也会被人们当作是"多数意见"来认知，进而引起人们判断和行动上的连锁反应。可以说，这种传播效果包括了从"认知—判断—行动"的全过程，且传播效应是针对真实的社会环境起作用的，因此，对社会现实的创造和影响，正是在这个意义上说的。

（四）对"沉默的螺旋"理论的认识

事实上，关于"沉默的螺旋"的理论假说，早有类似的提法，比如"多元无知""镜像理论""FC效果"，这些概念通常用来描述一种社会现象：在一个群体中，如果许多个人不能相互交流私人的意见，且反对意见不以明确、强烈的形式表现出来，他们就会以为大家的意见都是一致的，从而认为他们属于持不同意见的少数派。如果当允许强有力而又畅言无忌的少数派将一种错误的舆论强加于人们时，多数派或许私下里也会持相同的看法。事实上，"沉默的螺旋"指出的就是类似现象。然而，"沉默的螺旋"理论在上述概念的基础上，进一步考察了舆论的形成机制，分别阐述了媒体与个人在舆论形成中的作用，较为清晰地描述了媒体与个人混合互动的真实情况。

当"沉默的螺旋"作为一个假说提出后，许多学者从传播学和社会心理学层面对它展开了后续性、验证性研究，其中有不少研究证实了这一假说，但也有学者对假说的普遍适用性有不同看法，这也成为"沉默的螺旋"被争议的焦点。质疑的意见主要包括："对社会孤立的恐惧"和对"多数意见"的趋同行为，究竟是绝对的、无条件的，还是相对的、有条件的；"少数派"是否必然不公开表达自己的意见；世界各国不同的文化背景，对"多数意见"的社会压力强弱是否一致等。比如麦奎尔认为，"沉默的螺旋"理论要想获得满意的、经验主义的确证，是极为困难的，而且所有论证过程中最难和最易引起争议的部分，则是媒介在特定意见上的一致性和累积性问题。同时，麦奎尔还指出，"沉默的螺旋"假说所描绘的意见形成过程，在某些条件下并在某种程度上几乎必然会出现，但它出现的范围现在还不知道。①

"沉默的螺旋"假说虽然在理论和实证方面存在一些局限性，但它在以下方面仍具有重要意义：第一，这一假说强调了社会心理机制在舆论形成过程中的作用，把对舆论形成过程的考察从现象论的描述引向了社会心理分析，弥补了传播学对舆论研究的不足。第二，这一假说从四个因素及其相互关系来探讨大众传播对舆论的强大效果，即大众传媒、人际传播和社会交往、个人的意见表达、个人对其自身社会"舆论氛围"的感知，并正确地指出大众传播营造"意见环境"的巨大能力是其形成"舆论"的主要因素。

三 "培养"理论

20 世纪 60 年代，电视在西方国家逐渐流行、普及开来，成为大众媒介的主要形态，电视这种新的媒介形态如何影响受众及社会发展成为大众传播研究的一个重要领域，代表性理论就是美国学者 G. 格伯纳的"培养"理论，又称"培养分析"理论、"涵化"理论、"教养"理论等。

353

---

① ［英］丹尼斯·麦奎尔、［瑞典］斯文·温德尔：《大众传播模式论》，祝建华、武伟译，上海译文出版社 1987 年版，第 94 页。

（一）"培养"理论的背景及假设

"培养"理论是格伯纳及其同事在宾夕法尼亚大学安南堡传播学院发展出来的，它可能是有史以来对电视效果所作的最长期及最大规模的研究。[1] 这一理论是在 20 世纪 70、80 年代提出的，它从宏观角度论述了大众媒介（主要是电视）是如何影响受众关于社会现实的问题。

1939 年纽约世界博览会上，电视这一新生的媒介形态正式亮相登场了，当时人们对它成为未来流行媒介产生了相当大的质疑，然而，第二次世界大战结束后不久，电视立刻成为技术上已臻成熟的媒介。此时的美国社会也发生了深刻变化：以工业为基础的高度城市化进程，使人们开始从事有常规日程安排的工作，进而有了更多的空闲时间和固定收入；因为战争而发展起来的美国制造业，给人们提供了大规模的产品；更多的产品在市场中竞争，极大激增了对广告的需求，这给新兴的电视媒介提供了经济基础；职业妇女的大规模增加，使得夫妻双方在外工作成为普遍情况，教堂和学校这样的传统社区逐渐失去了它们对儿童社会发展的主导地位，这些儿童在 20 世纪 60 年代正好处于少年期，电视陪伴他们成长起来。

这些崭新的社会面貌与新的大众媒介的到来完全同步，人们对电视作为一种社会影响力，特别是媒介和个人、社会暴力增加之间关系的关注达到顶峰，并在国家层面进行了两项重要的全国性媒介审查。第一次是国家暴力起因和防止委员会，分别在 1967 年和 1968 年进行调查，另一次是美国卫生局长科学咨询委员会在 1972 年进行的关于电视与社会行为的调查，格伯纳都参与了这两项研究。这些调查主要是从电视网的黄金时段内容中抽一个星期作为样本，反映不同电视季度中的节目究竟展示了多少暴力，由此建立一个年度暴力指数。

1973 年，格伯纳等人不仅做了通常的暴力指数，还将他们的研究

354

---

[1] ［美］沃纳·赛佛林、小詹姆斯·坦卡德：《传播理论：起源、方法与应用》（第四版），郭镇之等译，华夏出版社 2000 年版，第 292 页。

对象拓展到暴力以外的更多问题，他们把自己的工作重新定义为文化指标项目，即对电视节目安排及"儿童和成人观众被电视培植后对社会现实的概念"进行常规、定期的考核。文化指标项目提出了五个假设：第一个假设认为，电视就其实质而言，完全不同于其他大众媒介。它在美国家庭中高达98%的占有率，对受众没有读写能力的要求，是免费的，是图像与声音的混合体，是唯一一个可以在人们的幼年期和衰老期都能享用的媒介。第二，因为电视对每个人都具有的接近性和可用性，使它成为美国社会的"重要文化武器"，是历史上最参差多样的大众的综合文化模式的主要创造者。第三，"被电视所培植的意识的实质并不是特定的态度和观点，如关于生活'真相'的基本假定以及做结论所依据的判断标准"。① 第四，假设电视的主要文化功能是使社会模式保持平衡，通过培植使人们对改变产生抵制，它是社会化和文化适应的中介。电视重复性大批量生产的讯息和图像的模式构成了主要的共同符号环境，培植了人们对于现实的最普遍共享的观念，从这个角度看，电视是一个仪式性的中介而不是传递性的中介。第五，电视对于文化的那些可见的、可衡量的、独立的贡献相对较小，然而意义深远。

（二）"培养"理论的研究过程及基本结论

格伯纳采用了"四步走"的研究过程，来论证电视是一种有文化影响力的媒介的观点。第一个步骤，叫讯息系统分析。对电视节目进行详细的内容分析，确定电视所形成的最主要的重复出现和前后一致的形象、主题、价值观和描绘。第二个步骤是形成关于受众的社会现实的问题。第三个步骤是受众调查，用第二个步骤中形成的问题提问受众，询问他们消费电视的程度。第四个步骤是比较看电视多的人和看电视少的人所形成的社会现实。

格伯纳在讯息系统分析部分，统计了美国三大电视网（ABC、

---

① ［美］斯坦利·巴兰、丹尼斯·戴维斯：《大众传播理论：基础、争鸣与未来》（第三版），曹书东译，清华大学出版社2001年版，第319页。

NBC、CBS）12 年间（1967—1978 年）播出的 1548 部电视剧，统计显示，80%的节目含有暴力场面。事实上，人们在日常生活中被卷入暴力的可能性不到 1%，然而，调查表明，人们通过电视所感受到的危险性远远超过现实，许多人认为自己"被卷入暴力的可能性约占10%"，并且，越是长时间接触电视的人这种认识越明显，而这与性别、学历、年龄无关。当然，这种研究结论并不只限于暴力，还涉及其他方面，如社会刻板成见、对种族主义的态度、环境问题等。

"培养"理论的中心结论主要如下：第一，电视观众有关社会现实的观念，更接近于电视所表述的符号现实，而非客观现实；第二，电视反映了占主导地位的文化和社会价值观；第三，收看电视较多的人相比收看电视较少的人，他们对社会现实的观念更反映他们所收看的电视内容。简言之，他们认为电视"培养"或创造了一个世界观，这个世界观尽管未必准确，却轻而易举变成了现实，作为电视观众的人，会相信现实确实如此，并基于这样的"现实"对自己的日常生活做出判断。

培养理论的研究结果实际上涉及了三种环境或三种现实，即实际存在的"客观现实"，独立于人的意识、体验之外的现实环境；传播媒介有选择地提示的"符号现实"（拟态环境）；受众主观理解和阐释的"观念现实"或"主观现实"。格伯纳的研究指出，在现代媒介社会，大众传媒提示的"符号现实"对人们认识和理解现实世界发挥着巨大影响，由于大众传媒的某些倾向，人们在心目中描绘的"主观现实"与实际存在的客观现实之间出现很大偏离。同时，这种影响是长期的、潜移默化的、"培养"的过程，它在不知不觉中制约着人们的现实观。

电视到底发挥了什么样的影响？培养理论认为主要是"培养"，此处的"培养"是指受众完全暴露在大量的电视节目中而受到的"培养"。培养可以通过两种途径达到，第一种是主流化，这是针对看电视多的受众而言的，由于电视中的符号垄断并主导着世界的信息和观念，使得电视所提示的"符号现实"内化于受众的头脑并最终走向主流，也就是说，大众媒介形成的"拟态环境"将主导人们对客观现实的认识，并使他们对"真实"世界的看法趋于一致。这其中有一个"卑鄙世界"指数，对于说明"主流化"很有指导意义。格伯纳发现，看电视多的观众与看电视少的观众相比，会更倾向于把世界看成一个卑鄙之境，即使是受过良好教育、经济收入较多的观众，如果看电视较多，也会和那些受教育程度较低、收入较少的观众一样，认为世界很危险。也就是说，看电视多的观众会持有"主流化"的观点，把世界看成是卑鄙的地方，在这其中，对电视的大量消费并不会抹平人们在诸如收入和教育程度方面的差异。第二种途径是和谐或共振，指受众在电视上所看到的情况和自己在日常生活中的所见所闻（或对现实的信念）相当一致时，两者就会叠加并加倍强化电视信息的作用，并显著提升培养效果。也就是说，电视中的"符号现实"与客观现实发生重合，可能引发"共振"并大大加强"培养"的效力。

（三）对"培养"理论的认识评价

培养理论不同于之前的"有限效果论"，它强调受众的选择性，关注大众媒介长期的、累积的传播效果，从而突出了大众媒介的强大影响力，具有不同于其他"效果论"的明显优势：第一，它综合了宏观层面和微观层面的理论，将以往关于媒介的短期效果观与长期的、潜在的、累积效果研究结合起来。第二，对电视独一无二的角色进行了详尽的阐释，由于这一时期电视的诸多特性使其成为大众媒介的主流代表媒介，它对于文化的塑造力和影响力正在被全方位地研究。第三，它将经验主义的研究应用到人文主义的假想中，格伯纳的研究所使用的讯息系统分析属于经验主义的研究方法，但它的研究结论却指出电视的效果是不可测量和不可观察的，断定媒介其实不能达到明显的控制受众的效果，贺瑞斯·纽科姆评价说，"格伯纳及其同事的工作正好坐在了社会科学和人文主义的结合点上"[①]。第四，这一研究将效果重新定义，认为效果不仅是可见的行为改变，比如电视对其受众

357

---

① ［美］斯坦利·巴兰、丹尼斯·戴维斯：《大众传播理论：基础、争鸣与未来》（第三版），曹书东译，清华大学出版社 2001 年版，第 320 页。

的"培养"就是不可观察的、潜在的。第五,"培养"理论不仅局限于电视与暴力的效果关系,还广泛应用于人们对于司法系统的观点、对种族主义的态度、对孤立的感觉、社会刻板印象等。第六,这一理论的提出,帮助人们认识了大众文化的谛造者,为后期对大众文化的批判提供了理论基础。

当然,这一理论也受到了来自多方面的批评,比如,格伯纳使用有限效果论的研究工具来研究宏观的人文主义问题,用传统的社会科学研究方法来证明电视的效果是不可观察、不可测量的,这给许多人带来了方法论的困扰;格伯纳的研究更多关注看电视较多的观众,而没有关注这些观众收看了什么特定节目,忽略了对不同节目类型的区分,他的研究结论是建立在电视内容同质的假设之上的;"培养"理论的研究主要讨论了电视对宏观文化的影响,认为电视为其受众塑造了一个"符号现实"并在事实上影响着客观现实,这一研究主要是针对大量消费电视的人而言的,并不能广泛应用于不被频繁使用的其他媒介。

尽管"培养"理论受到了诸多争议,但许多后续研究仍然以它为理论假想而展开,如人们对富裕、离婚和工作女性的认识与电视内容的影响、人们对物质主义的认识与电视内容的影响、人们对公民自由和焦虑与电视内容的影响等,这些研究发现的力度与质量各有不同,但上述研究都帮助格伯纳确认了电视的3B,即电视模糊(blur)了人们看待世界时传统的区分;将人们的现实混合(blend)在电视的文化主流中;使这种主流文化屈服(bend)于电视及其资助者的机构利益。①

358　　　上述认识是"培养"理论的延续,它强调了电视模糊、混合现实并使现实屈服的观念。事实上,格伯纳是把"培养"理论置于批判理论的范畴,这一理论最初是作为批判理论来构想的,只是它恰好用来详细阐述媒介的问题,"培养"理论不仅是对特定媒介进行效果分析,还是对电视制度及其社会角色进行的分析。

---

① ［美］斯坦利·巴兰、丹尼斯·戴维斯:《大众传播理论:基础、争鸣与未来》(第三版),曹书东译,清华大学出版社2001年版,第324页。

四　"知识沟"

电视这种新兴的大众媒介在 20 世纪 70 年代开始在西方普及，这使得许多人想当然地认为，媒介在扩大公共信息传播方面的强大效力，必将有助于改变因教育和社会地位造成的知识差距，因此，人们开始思考一个问题——社会中的总信息量在社会各阶层之间是否平均分配？或者说信息社会中各阶层人群的分化是否与大众传播有关，对这个问题许多学者给出了不同看法，其中最有影响力的是美国学者 P. J. 蒂奇诺等人的"知沟"理论。

（一）"知识沟"假说

20 世纪 70 年代，美国明尼苏达州大学的一个研究组（主要成员是美国学者 P. J. 蒂奇诺、乔治·多诺霍和克拉丽斯·奥利恩），提出了一套关于社会的理论，这一理论指出大众媒介及对媒介讯息的运用在社会中扮演关键角色，意在关注不同规模的大小城市中新闻媒介是怎样传递信息的。1970 年，该研究组在实证主义研究的基础上，发表了题为《大众传播的流动和知识差别的增长》的论文，首次建构了"知识沟"理论，即：当大众媒介信息在一个社会系统中的流通不断增加时，社会经济地位高的人将比社会经济地位低的人以更快的速度获取信息。随着时间的推移，获得更多信息的群体和获得更少信息的群体间差异会逐步增长，也就是说，这些处于不同社会阶层的人群之间的知识鸿沟变得越来越宽。如图 8 - 1 所示。

然而，"知识沟"理论并不否认，随着大众传播信息量的增加，社会各阶层的知识总量都相应得到增加，因此，那些社会地位相对较低的群体并非是绝对意义上的"信息贫困"或"越来越贫困"的状态，这一理论主要强调，社会经济地位较高的群体相较于经济地位较低的群体在知识获取方面速度更快，并由此形成两个群体间的知识差异，进而导致两极分化。

至于为什么会产生"知识沟"，蒂奇诺等人从以下方面进行了解

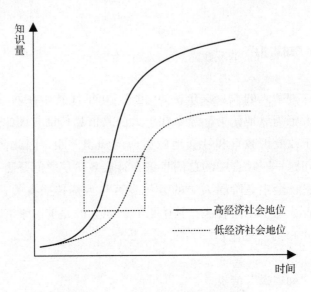

图 8-1　"知识沟"假说示意图

释：第一，受众传播技能的差异。处于不同社会经济地位的人，在传播技能方面存在一定差异，比如社会经济地位高的人可能在信息获取渠道及阅读、理解能力方面优于其他群体的人；第二，受众原有信息储备的差异。社会经济地位高的人因其自身在获取信息、调动各类资源方面的优势，可能使其原有的信息储备大于社会经济地位较低的人，这种信息储备方面的优势将有助于增强他们对新知识理解、掌握的速度；第三，受众社会交往的差异。处于较高社会经济地位的人可能有更多更优质的社会联系，并与他人关于新信息、新知识展开社会讨论的机会更多；第四，受众对信息的选择性接触、理解与记忆的不同。社会经济地位较低的人可能无法找到与他们价值观和态度相协调的公共事务或新科技的信息，由此导致他们对某类信息丧失兴趣；第五，大众传播媒介的性质。社会公共事务和科技新知识通常具有一定深度，主要诉诸于文字，主要传播媒介通常是印刷媒介，受众也主要集中于高学历层次，因此媒介内容更多会迎合中产阶级的口味和取向，从而有利于社会精英阶级对其权力和地位的维护。

（二）"知识沟"的反命题——"天花板效应"假说

"知识沟"理论的提出，引发了许多学者的后续相关研究。20 世纪 70 年代以来，有研究者提出，"知识沟"并非一种恒态，在有的调查中，并没有发现因受众社会地位差异而出现"知识沟"，甚至还发现了"反知识沟"现象，即社会地位低的群体所获取的知识比社会地位高的群体多。

1977 年，美国学者艾特玛和克莱因对蒂奇诺等人的"知沟"假设提出质疑，他们认为，从受众个体的情境需求和动机因素出发，有必要重新探讨大众传播中存在的知识差异现象，并提出了"上限效果"（或称为"天花板效应"ceiling effect）假说。所谓"上限效果"，指个人对特定知识的追求并非没有止境，在达到某一"上限"（饱和点）后，知识量的增加就会减速甚至停下来。社会经济地位高的人获得知识的速度快，其知识"上限"也到来得早；经济地位低者尽管知识增长缓慢，但随着时间的推移，最终也能够在"上限"赶上前者，如图 8-2 所示。

艾特玛和克莱因的"上限效果"假说的提出，并不是对"知识沟"理论的完全推翻，只是从不同层面探讨了"知沟"的扩大或缩小的结果。他们认为，"知沟"的形成可能更多是因为个体获取信息的动机和信息对个体功用的差异，即不同的人对信息、知识的兴趣及信息有用性的认知不同，并在此基础上形成了对信息需求的不同动机，"知沟"由此产生。个体寻求信息的动机和信息实用性的需求就可解释"知沟"扩大或缩小的结论。

通过对"知识沟"与"知识沟"反命题的阐述，可以总结出"知识沟"假设的两个方面：一是社会信息总量在社会各个阶层之间的分配；二是关于某些特别论题，一些人比另一些人更有知识。面对第一种假设中所形成的社会不平等，大众媒介基本无力改变。在第二种假设中，大众媒介有可能扩大或缩小知识沟，尤其是那些全社会共同关注的议题，大众媒介有助于缩小不同群体之间的差距。

361

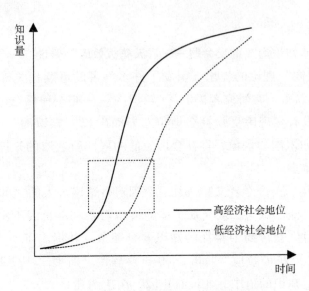

图 8-2　"上限效果"假说示意图

（三）对"知识沟"的理解与评价

"知识沟"假设的价值在于，对以报纸、广播、电视为代表的大众传播媒介的功能与效果提出了反思。它指出，在媒介大众化的过程中，报纸、广播、电视的普及和均衡化的流通，使人们产生了信息（知识）平等分配的认识假象，人们认为穷人和富人能够得到相同的信息，他们并没有看到，由不同社会经济地位造成的社会分层，实际上对媒介知识的平等分配制造了障碍。从不平等的社会结构（群体的社会地位分化）看，媒介不是缩小而是加大了社会不平等关系，而且传播格局的不平等现象，有可能加剧社会冲突与社会矛盾。

那么如何认识、解释"知识沟"？"知识沟"对社会子系统或宏观社会是否会产生长期影响？围绕这些问题，西方学术界形成了多种思考，比如经典民主自由主义理论认为，知识鸿沟会使得获得信息少的人不能作为负责任的公民行事，由此可能会给社会带来麻烦；精英多元理论则认为，不必对"知识沟"产生过多担心，因为人们对政治的无知和对政治的冷漠间有着强烈的相关性，如果获得信息少的人不投票，他们也无法影响、颠覆社会，一个社会只要存在少数能获得信息的精英，整个社会体系就会平稳运行。

当前，以移动互联为特征的新媒介在技术扩散和普及的过程中，正在形成新的"数字沟"或"数码鸿沟"，这种现象较之基于传统媒体形成的"知识沟"，其现象本身表现为更大的复杂性，更多人能在几乎同一时间获得对同一问题的全部信息，貌似填平了"知识沟"，而事实上，由于新媒介与媒介用户社会属性的深度粘连，媒介用户的信息总量与信息维度其实早就被用户自身的社会地位所决定，因此，新媒介背景下的"数字沟"现象，正成为当前"知识沟"研究中的一个重要课题。

The chapter of characters

1. Charles Robert Darwin (1809—1882) was one of the greatest English scientists in the 19th century. He established the theory of Biological Evolution which changed not only the appearance of biological science, but also people's concept of science. His background of medicine family and experience of joining the Berger sailing offered the foundational condition for the naissance of the theory of Biological Evolution. From 1873 to 1895, He spent 22 years building such a theory which is done by publishing *The Origin of Species* in November. Because of his theory, Darwin set up a complete system-starting at the variation of simple species, experiencing the struggle for existence and natural selection, finishing at the rise of human being, which changed the appearance of biological science thoroughly.

Darwin's most important and famous accomplishment is the Biological Evolution, *which with natural selection at the core*. Its basic content is that biologic evolution is decided not by the internal characteristics, but by the external natural selection which is the agent. In the biological world, variation is universal. However, in the struggle of life in nature, favorable variation attempts to survive, while the negative variation is eliminated. Such a result will cause new creatures to form and biology to evolve. That's to say, the natural selection finally affects the process of biological evolution. Darwin's Biological Evolution made the materialistic and disciplinary interpretation of the occurrence and development of the entire nature, resulting in overthrowing the dominance of creationism; Moreover, it made revolutionary changes take place in biology.

2. Karl Heinrich Marx (1818—1883), Jews, is the founder of Marxism. The systematical formation of Marxism is related to the cooperation with Friedrich Engels. In 1843, Marx founded *German and French yearbook*. In 1844, Friedrich Engels visited Marx from UK, and began their great cooperation. *The Holy Family* is their first work. One year later, they completed their literature *The German Ideology*, which first stated the historical materialism. In 1847, Marx and Engels were invited to join League of the Just that was renamed as the Communist League in June. In 1848, the two co-authored The Communist Manifesto as a platform for the Communist League, which is the first programmatic document of scientific socialism, and marked the birth of Marxism. After that, they co-authored many important publications, such as *French class struggle from* 1848 *to* 1850 and *The* 18*th brumaire of Louis Bonaparte*, further elaborated the national theory of Marxism, expounded the proletariat revolution must break the old idea of state machine, proposed the theory of proletarian dictatorship, and stated the thought of the continuous revolution and the alliance of workers and peasants. After the fall of the Paris Commune, Marx wrote the book of *French Civil War* to summarize the experiences of the commune, which further developed Marx's view on proletarian revolution and the dictatorship of the proletariat. Since 1950s, Marx focused on researching political economy and working on his Das Kapital.

365

There is no doubt that Karl Marx is the most influential sociologist in all time since none of theorists could shape the history process like him. *Rogers, a communist, appraised Marxism indirectly affect the communication rising in the United States since* 1900, due to Frankfurt School combined to apply Marxism and psychoanalytic theory. Moreover, his direct contributions to the communication is his view on social contacts, free journalism, proletarian newspapers, mass media and *so many fragments of thinking on the press and public opinion.*

Karl Marx's concept on social contacts is embodied in five aspects. Firstly, certain spiritual production and material production should be adapted with each other. In other words, it is not easy to say that substance determines spirit, but more reflected in the interaction. Secondly, the relationship among productivity, social situation, and consciousness might be contradictory. Thirdly, Marx divided needs into two major categories of *history itself needs a* nd social needs which determine the degree and content of spiritual contact, and are under the control of the specific social production structure. In certain historical period, they are mutual influence and restriction between people's spiritual needs and the development of means that meets such needs (like language, words, writing instruments, printing, railway, steamships, telegraph and etc.). Fourthly, in Marx's opinion, the format and content of spiritual contact are different from general material activities. Once constituting a tradition, it will continue for a long time under the situation of absence of the economic base. Fifthly, the direct distinction of man and animal is mental activities and conscious interactions, which declares that the significance of spiritual activities and interactions for the ontology. In this sense, mental activities and interactions of people are part of life, and are the expansive part of life. During the expansion, main body continually perceives the external world, perfects heart structure, thus forms the existence of main body. From the perspective of spiritual interaction and the essence of man, man is the hologram of the society. Everyone is

366

himself, and is also the vehicle of all the social relationship. His spiritual activity is associated with social nature, no matter in any form. Karl Marx treated human history as a transformational process from national history to the world one. Moreover, the important motivation of achieving such transformation is the general development of communication.

Free journalism is the essential part of Marxism communication theory. Marx has discussed the derivation of press freedom in modern times, and thinks that the original starting point of the idea of freedom is the simple commodity exchange, and the freedom of the press is established in the law, reflecting the dominant ideology of society after the commodity economy becomes dominant. He not only opposed the spiritual censorship firmly, but criticized the margin system to all kinds of books and the tax system to newspapers as well, which is recognized as another form killing free mental communication. When free press was called as the revolutionary slogans of Proletariat, Marx clearly pointed out that socialist freedom of the press must go beyond the capitalist one. Socialist freedom of press is established on the common form of capitalism, which obtains more power of mental communication after eliminating the control of money.

Marx's view on mass media is mainly reflected in his understanding and evaluation of the functions of the press. He pointed out "management agencies and those are being managed, all need a third factor, political factor but not official one······ free press is a complementary factor with civic mind and public mind. " Later, Marx made a further discussion: When articles are published in the newspapers anonymously, newspaper becomes the tool of public opinion, which is the third kind of power of countries. Next, when Marx discussed the relationship between the development of human beings and the development of society, he pointed out the significance of free press during the progress of human beings all-round development. When Marx noticed the positive effects of press, he also knew that press does not mean everything. Regardless of wide influence of press, it is just a kind of spiritual

367

power after all.

As a significant part of Marx's idea on communication, the theory of the party newspapers lays the foundation of Marxist journalistic viewpoint and forms the main contents of Marxist journalistic viewpoint. The main contents of the theory of the party newspapers include: firstly, party newspapers should be the forum of all party members. Engels ever said that the first need of a party is a publication that is independence in form. However, Marx had a different view. Actually, historical facts are also more inclined to Marx. Secondly, party newspapers have the right of criticizing the party's leader. Both Marx and Engels considered that the right of criticizing the party's leader is a kind of democratic right, which belongs to all party members.

In the first place, Marx concerned for human's ultimate destiny. Marx concerned for human's ultimate destiny in accordance with the humanist spirit of Renaissance and rationalistic thought of Enlightenment. At the same time, Marx questioned the rule of order and reflected on human destiny, which has the value of original criticism undoubtedly. This kind of critical spirit provided Frankfurt school with powerful theoretical weapons. In the second place, conflict theory enlightened the later researchers. As a representative of conflict theory, Marx focused on social justice and its root. Compared with Symbolic Interactionism and Structural Functionalism, conflict theory presents a totally new view of methodology and enlightened the later researchers. Finally, the method and position of Marxism made great influence on western communication study. It is difficult to find out Marxism's tag on various western theories. Many different Schools just shared the basic concept, core logic and position of Marxism.

3. Sigmund Freud (1856—1939), born in a Jewish family in 1856, was an Austrian physiologist, a psychiatrist and the founder of psychoanalysis. Freud established the psychoanalytic theory and wrote numerous books during his lifetime, such as *Studies on Hysteria* (co-authored by Freud and Josef Breuer, 1895), *The Interpretation of Dreams* (1899), *The Psychopathol-*

ogy of Everyday Life (1901) and *A General Introduction to Psychoanalysis.*

The psychoanalytic theory of Freud was founded in two stages. During the early stage, Freud proposed a general theory of mental process to create psychoanalytic theory with the main research on psychoanalysis method. The theory said that the unconscious mind is the real psychic, which is caused by some reasons without simple explanations of physics, chemistry and physiology. With the pioneering studies of Freud, the psychoanalytic theory became such a new branch of psychology that the unconscious of human had been a subject of scientific study. During the later stage, he applied the basic theory of psychoanalysis to a variety of fields in people's social life, cultural development and historical development with a higher foothold and more general issues. The research subject was extended from the mental disease to all human beings and the study's explanations of human problems have extended far beyond narrow neuropsychiatry. In a word, Freud's psychoanalysis has been a philosophy and a theory of sociology and history. In this case, psychoanalysis was also known as Freudianism.

According to the ethics of German voluntarists Schopenhauer and Nietzsche in the 19th century, Freud proposed that man's conduct was determined by his sexuality, not his awareness and reason; "The unconscious mind" forced rule, which is the starting point for interpreting moral questions in the psychological process. Freud divided the psychic structure of human into three elements, the id, the ego and the superego. In the three parts, the id is the essence of personality. Though man's conduct and moral action were driven by the innate desire which centred on sexuality, the id was always suppressed and resisted by the superego. The ego is also trying to adjust the id and the superego in order to achieve the aims. Freud thus believed that the fundamental motivation of human behavior was unconscious sexuality, namely "Libido", and all human behaviors were sexual. In his view, that inherent psychological factor was the root of morality and religion in human society. As a result, Freud reached some influential conclusions: The imbalance of the above-mentioned elements of psychological structure was the source of mental illness; Human civilization is the product of sexual instinct that was to be repressed by depression. The genius of scientists and artists was the sublimation from the extreme depression of sexual instinct. And the development of social civilization would certainly lead to increased inner conflicts and neurosis of people.

"His contribution to the communication was not to be seen directly in communication theory and research" said the American communication scholar Rogers, "For the development of social science in the United States, Freud is one of the three great powers in Europe since the 19th century. " Compared with Darwin and Marx's macro impact on social science, Freud's thoughts are individual, and they focus on people's interior, especially children's experience-covered in the unconscious——from which Freud explored the explanations for man's conduct. Nowadays, many significant communication theories are to seek forces promoting the changes of behaviors among individuals, such as F · Hyde's equilibrium theory and L · Festinger cognitive dissonance theory. Meanwhile, C · I Hovland intellectual tradition on study of personality and H · D Lasswell mental analysis of political leaders are influenced by Freud's thought. In the 1930s and 40s, the Frankfurt School combined Freud's psychoanalytic theory with Marxism and provided us with today's critical communication theory. What's certain is that Freud's thoughts have infiltrated through the Communication.

4. John Dewey (1859—1952) was an American scholar who made great contributions to the field of philosophy, ethics, sociology, politics, education, and psychology, and was a representative of American pragmatism

who was considered by Rogers "the most well-known and influential philosopher of this century". During his lifetime, he produced 36 books and 815 articles for the world, mainly including *Experience*, *Nature*, *Democracy*, *Education*, *The Public and its Problems*, *Freedom and Culture*.

The thread running through Dewey's life was his philosophy, which had a major characteristic that was not limited to the general discussion about the pragmatism theory, but was an all-out promotion and application in many subjects of politics, education, religion, ethics and reality. Thus, for Dewey, modern communication was a minor topic in his long, full life and career, though he is a philosopher of communication who focused on the complex of communication process. Dewey's thought of communication was a concentrated expression setting the tone for progressivism in the new era, a theoretical basis for early ideologists like Cooley and Mead, and a unique perspective offered to understand the developments of thoughts on modern communication.

In short, Dewey's beliefs of communication can be summarized as follows: First of all, his beliefs set the tone of the relationship between communication and progress in the new time. In Democracy and Education, on the one hand, he considered the communication process as a kind of daily activities that were familiar to everyone; on the other hand, he treated communication as the power to promote social progress in the new age, which the progress was not totally the progress of evolutionists but a belief that the subjective requirements and capabilities of human beings could improve society, emphasizing the human mind's promotion of social progress.

The second is the communication thought of social organism. Dewey's thoughts of social organism could be generalized: the activity of social organism is a complete process. A social organism could achieve a variety of functions in the process of adapting to and controlling of the environment and "communication" was a very significant mechanism of social organism. Dewey believed that the process of interaction between individuals formed individual behavior, and the interaction between individuals was an important point to understand individual behavior and society.

The third is the communication methods of public participation. Communication needed "participation" in order to push forward social progress. "Participation" was an important expression of interactions between individuals or between individuals and society, and a deep element of democracy during the new period. Dewey argued that democracy was not only a political system, but also a lifestyle. It had been achieved by a necessary way: discussing and consulting with each other, and ultimately achieving social control according to the summary of all the people's concepts and performances. Dewey pointed out that the unprecedented material force of society communicated and the corresponding moral force didn't communicate, therefore, society is unknown. "Our great goal is composed of not language but signals and symbols. Without signals and symbols, the shared experience is impossible. " The public would not be rejuvenated until the signals and symbols that matched modern means of communication ware found. As a result of a correlative act, a real Shared interest could stimulate the will and effort to guide actions.

372

Dewey's influence of Communication Study was mainly reflected in the meaning of the intellectual history. First of all, in the major period of social transformation, Dewey inspired large numbers of ideologists, like Cooley, Parker and Mead, to try their best to gradually develop a new field of study from communication; Secondly, depending on the analysis of comprehensive significance on modern society of media technology, Dewey proposed a wider understanding of "communication" and formed a more centralized theory of the status of communication in society with the backgrounds of philosophy and psychology, which is a big difference from communication of empiricism. Thirdly, because Dewey's discussion of communication was mostly developed from the perspectives of philosophy, politics, ethics and other subjects, the combination of those perspectives more or less led to the contradiction of related discussion.

In sum, with the broadest horizon in all early theories about modern communication, Dewey provided us with a rich multilevel model, but failed to make a further analysis of the power of modern communication. Dewey's work was much broader than the horizons of most scholars in communication studies so that the work's influence could not be unknown. Furthermore, much of Dewey's philosophy was indeed an indirect forerunner of modern communication studies.

5. Robert Ezra Park (1864—1944), known as "the first theorist of mass communication", was also described as "one of the most influential figures in American sociology." During his lifetime, Park played a leading role in the Chicago School and created four significant themes in the academic world: mass media, race relations, human ecology and collective behavior.

Park was not a prolific scholar. He had only one monograph——The Immigrant Press and Its Control, and a few other works co-authored with others, such as Introduction to the Science of Sociology (with E. W. Burgess, 1921) and Old World Traits Transplanted: the Early Sociology of Culture (with Thompson).

As a sociologist, Park's ideology mainly included "human ecology" and "urban sociology". Human ecology was a methodology that ran through Park's whole research system to be the framework of his study of sociology. Park tried to explore the laws of social development by the means of an ecological and evolutionary development model and observed people's lifestyles from an ecological perspective in the capitalist society. He proposed his view of the news, public opinion and social control theory when he elaborated social control, one of his main research problems and social change. Park's many thoughts contained the mass communication theory which was well-known in the future. He used his various views about newspapers and social control potentially integrating different studies that included "agenda-setting theory" "gatekeeping theory" and "knowledge-gap theory", which made a tremendous impact on the process of "public opinion". Compared with Lasswell, he even made earlier discussions about the three main functions of mass communication which were described as surveillance, correlation and transmission. He also discussed entertainment of mass communication when he talked about scandal sheet. Thus he was a forward thinker in the field of communication.

Park contributed more ideas of communication and provided more studies about communication's history and functions than any other pioneer of communication. Throughout his life he focused on the following aspects of research: Firstly, in his monograph The Immigrant Press and Its Control, he viewed that Jewish, Polish, German and other foreign newspapers published by immigrants should be controlled as those newspapers make immigrants slow down the pace of their integration into American life, which became the first communication study about newspaper's content, the reader, the ownership structure and changed four founders' study patterns in communication that emphasized individualism and short-term effects; Secondly, in his Natural History of the Newspaper, he discussed the crucial effect of journalists on the content of communication and the effective control of disseminator; thirdly, as "the first theorist of mass communication", Park defined communication as "a process of social psychology. Depending on the process, individuals may assume others' attitudes and opinions; the reasonable and moral rules between individuals may replace simple psychological and in-

374

stinctive rules". Park considered communication as a synonym for the human connection and a potential solution to social problems of the city. As the most influential member and ideological leader of the Chicago School, Park created mass communication and therefore became a powerful link between the Chicago School and the Communication.

6. George Herbert Mead (1863—1931), regarded by Dewey as a seminal mind of the very first order of philosophy in modern America, was acknowledged to be the most influential founder of symbolic interaction theory.

During his lifetime, Mead seldom published books and taught philosophy rather than sociology. What he had left for modern world was mostly some books edited by his students from records of his course. The books were The Philosophy of the Present, Mind, Self and Society, Movements of Thought in the Nineteenth Century, and The Philosophy of the Act.

With the pioneering spirit, Mead found a theory called symbolic interactionism, which was an outstanding contribution to the social science. His basic thought——the individual mind, self and society all arise out of continual communication and interaction, and human interaction was achieved by "meaning" action that was different from self-conscious action of non-human. Mead's analysis of interaction began with the concept of the "gesture", according to Mead; the essence of human's social actions was symbolic interaction.

This was one of the most significant accomplishments Mead had made: He argued that an individual played the role of others in order to observe their behaviors through the perspective of others from childhood, which was ability in the process of evolution that produced consciousness and the self of individuals. That was the famous concept of "play".

Mead believed that the mind was social and was developed through com-

375

munications with others. Mead's theory claimed that the self was developed through the progress of social interactions with others. Individuals made the explanations and meanings of all the others-which were especially acquired in the early years-internalized in order to create a "generalized other" built up by average expectation of many other individuals. Mead's self-theory symbolized a major advancement of behavioral theory in sociology: behavior and the self were structures linked with the social process; however, they were creative and reflective.

7. Charles Horton Cooley (1864—1927), a famous sociologist and social psychologist of early America, was the founder of U. S. communication study. Unlike four pioneers of communication, Cooley treated communication problems as the essence of his theory closely related to information communication of human society. His philosophical theory and sociological theory were built on the thoughts of human communication of social information, and many of his thoughts had a direct or indirect influence on later studies.

Due to his poor health, Cooley lived a quiet and dull life in Ann Arbor and reveled in the pleasure of academic research, leaving behind three valuable books: Human Nature and the Social Order (1902), Social Organization (1909) and Social Process (1918).

The kernel of Cooley's three major works tried to interpret all lives and society as an organized whole with a serious part or core, called communication. And the three works could be summarized in three main propositions: The organic unity of society and the self; the society as a kind of psi phenomenon; and the study of "primary groups".

Human Nature and the Social Order, Cooley's first work, focused on the connection between self and others or self and society. He stated that how consciousness, emotion (such as compassion and hostility), leadership, and all the human personalities developed from a social "acquisition" process. Cooley put forward the famous theory of "looking glass self" and the concept of "primary groups" in the book.

In Social Organization, he demonstrated the role of mass communication in connecting with society and elaborated a utopian outlook for the future. He defined communication broadly as "the mechanism through which human relations exist and develop——all the symbols of the mind, together with the means of conveying them through space and preserving them in time. " But he turned his attention to the modern communication which was a means of saving the society in his thought.

In Social Process, his third major work, Cooley continued to extend the conception of "interaction" that was about how individuals existed in groups and how groups existed in individuals between the whole and the part, society and the individual.

In a word, Cooley's contributions to communication mainly had three parts: First of all, Cooley improved the formation of communication systems and introduced a sociological tradition for communication study; He also created interpersonal communication and people of intrapersonal communication of communication study in order to deepen the field of communication study. Secondly, he enriched the theoretical system of communication. With a good explanation of the motives of interpersonal communication, Cooley's theory of "looking glass self" made contributions to the emergence of interpersonal communication and intrapersonal communication; the concept of "primary groups" had a direct effect on the theories of opinion leadership and two-step flow of communication. Thirdly, he inspired the communication methodology. Mostly depending on cogitation and introspection, Cooley's research method was considered as the humanistic approach by domestic scholars, which differs sharply from the mainstream approach to field survey and experimental research that were used in the long-term communication study. That humanis-

377

tic approach was a significant inspiration to communication research when A-merican communication scholars tended towards empirical study in the early stage.

8. Kurt Lewin (1880—1947), a representative of the Gestalt school of psychology, was one of the first to study group dynamics of social psychology, known as "the father of experimental social psychology" because he took the lead in applying the empirical method similar to physical science and social psychology. During his lifetime, Lewin was a prolific writer. He had published over 40 articles before he came to America, and after his exile ended, he had about 60 works published, such as Principles of topological psychology (1936), The conceptual representation and the measurement of psychological forces (1938), Resolving social conflicts: selected papers on group dynamics (1948) and Field theory in social science: selected theoretical papers (1951).

The study of group dynamics was one of Lewin's major contributions towards social psychology. His research on group dynamitic not only enriched the theories of social psychology, but also made a direct contribution to the rising communication studies so as to help to put groups in communication theories and communication studies. Specifically, group dynamics explored the relation between groups and individuals, especially tried to reveal the influence of group norm on individual behavior. Lewin believed that groups, not individuals, played a decisive role in the relation between groups and individuals. Groups undoubtedly could be influenced by psychological factors of each individual member, and what's more, groups had an influence on individuals. Due to that theory, if someone wanted to change a certain attitude of a person, he or she would need to consider not only his personal factors but also his group factors, which were a great inspiration of Lewin's group dynamics and his great contribution to communication.

Besides group dynamics, Lewin' another major contribution to communication was "gatekeeping" theory proposed in a published article in the year of his death. Gatekeeping was a basic concept of communication. If gatekeeping was a behavior that could choose and filter information-namely the control in communication studies, people who had or showed that behavior were gatekeepers, for instance, a newspaper editor. According to that concept, American scholar D · M · White made a well-known case study for a newspaper editor's selection of news to create gatekeeping theory in communication studies in 1950.

9. Paul Lazarsfeld (1901—1976), a mathematician who took a Ph. D in applied mathematics at the University of Vienna in 1924, was a psychologist who founded Research Center for Economic Psychology in Vienna in 1925. In 1939, that center was relocated to Columbia University in 1939 with a new name the Bureau of Applied Social Research, which became the most influential research institute of America. As a famed U. S. communication scholar, Lazarsfeld created a research paradigm in communication which focused on the study of individual behavior with quantitative research methods. His media effects research has also become the subject of American mass communication research. Indeed, Lazarsfeld was a multidisciplinary scholar who preferred academic problems to disciplinary boundaries. He is good at making tools and then applied them to a wide range of academic and non-academic problems.

It was especially worth mentioning that Lazarsfeld had interviewed 3, 000 voters of the 1940 U. S. presidential election in Erie County, Ohio. He analyzed the survey findings so that he could explore the formation and development of voters' political attitudes. The survey lasted more than six months with a large scale and advanced methods, which was called "one of the most complex scientific researches in the history of social science". Based on the survey, Lazarsfeld finished The People's Choice after eight years. The conclusion was that the effect of mass media was very limited, namely little, which was quite different from the opinion that mass media was powerful and influential as popularly believed at that time. Moreover, the book introduced the famous two-step flow model of communication. In addition to The People's Choice, Lazarsfeld's masterpieces were Mathematical Thinking in the Social Sciences, Personal Influence: the Part Played by People in the Flow of Mass Communications and The Uses of Sociology.

Lazarsfeld's contributions to communication: Firstly, he created a tradition of media effects research that had become the dominant paradigm of American mass communication research. Secondly, he proposed a research survey methodology through data collection, including the collection of inconspicuous measurement, focus group interviewing, triangulation and various methods in data-analysis, so as to turn the method of public-opinion poll into investigation and analysis; Thirdly, he found a prototype of research institution that was based within a university in order to introduce communication to universities for the first time. Compared with university faculties, research institutions were more flexible and focused, and were not easy to be criticized for the adoption of an innovative direction that made communication theory administrative.

380

10. Harold Dwight Lasswell (1902—1978) was a famous philosopher and one of founders of behavioralist politics in the United States. He was famous for his doctoral dissertation when he studied at Berlin University. It was titled Propaganda Technique in the World War and focused on discussing the propaganda activities in World War II, which became an important literature

later.

Lasswell published plentiful life works, a-
bout six million words. In the field of communi-
cation, besides Propaganda Technique in the
World War (1927) and The Structure and Func-
tion of Communication (1948), he also com-
piled Propaganda and dictatorship (1936),
World Revolutionary Propaganda: A Chicago
Study (1939), Communication, Propaganda, and Public Opinion (1946),
The Future of World Communication: Quality and Style of life (1972),
Propaganda and Communication in World History (1979—1980), and etc.

Lasswell's contributions to communication study are concluded into five
aspects. Firstly, his mode of 5W leads communication to pay attention to the
certainty effect. 5W model perfectly describes the transmission process, it
has been clear about the five basic contents of communication control re-
search, content analysis, media studies, audience research and effects, it
also pointed out the direction for the modern communication research. In ad-
dition, from the perspective of political science, Lasswell analyzes three
basic functions of mass communication: monitoring environment, coordina-
ting social and cultural inheritance. Secondly, he created a content analysis
method. In fact, he created the methodology to measure propagating informa-
tion through two ways of quality and quantity. Because of the feature of pre-
cise quantification, the content analysis method makes a great contribution
to establishing communication study as a mathematically rigorous discipline.
Thirdly, his researches of political propaganda and wartime propaganda are
represented as an early communication type; moreover, propaganda analysis
is part of a general research system of communication study. Therefore, those
researches are considered publicly as the pioneer of the development of the
propaganda and political symbol theory. Fourthly, Lasswell introduced Freud's
psychoanalytic theory into American social studies. Through the way of con-

381

tent analysis, Freud's the id, the ego, and the superego are applied into political studies by him. Fifthly, he co-operated to build policy study, which is the interdisciplinary movement to combine social science knowledge with public behaviors.

11. Wilbur Schramm (1907—1987), honored as the father of communication study, was hugely influential in establishing communication as a field of study, and tried to make this study systematic and standardizational. He has written more than thirty life works on communication, about five million words. Those works can be divided into two categories: one is about theoretic content such as Four Theories of the Press (1956). The other is on application study, take Mass Media and National Development: The Role of Information in the Developing Countries as an example. As to Schramm's contribution to communication study, besides writing books and setting up theories, he made extraordinarily painstaking efforts to train a group of graduate students who are up-and-coming scholars. Schramm's biggest achievement in communication was summarized as an epitome, which could be understood as making communication become an independent discipline by arranging, refining and synthesizing many subjects and theories related to communication research, and drawing its outline, then enriching the theoretic contents.

12. Carl Hovland (1912—1961) was one of the four pioneers of communication study, and was the representative figure of behaviorism in social psychology research. As a psychologist, Hovland was famous for discussing the formation and the transformation of social attitude. When he did the research, he focused on the subject of persuasion all the time. By how to persuade more effectively, and how to communicate more advantageously to

make the change in attitudes, Hovland's social psychology institution, in fact, infiltrated the effect analysis field of communication study, thus he contributes many practical points of view. Hovland's works are mainly accumulated in the research program led by the United States army in World War II and the achievements of Yale research team after the war, so those works are in the form of coauthoring with others. His main works are *Experiment on Mass Communication* (1949), *Communication and Persuasion* (1953), *The Order of Presentation in Persuasion* (1957), *Attitude Organization and Change* (1960), and etc.

Hovland' contributions to communication study lies in: Firstly, he introduced a psychological test method to the field of communication study and created the experiment control research methods; secondly, his research revealed the conditionity and complexity to form a communication effect, and supplied perspective basis to deny the early concept of 'magic bullet'.

13. Jacques Ellul (1921—1994) was a French social theorist. As a prolific writer, he authored 58 books and more than a thousand articles over his lifetime. His main representative works are The Technological Society (1954), Propaganda: The Formation of Men's Attitudes (1962), The Technological System (1977), The Humiliation of the Word (1981), and etc.

383

Ellul has never been a real media researcher. However, because of his extensive research field, he paid attention to the media and the relationship between media and society when he did study on society. In this sense, much of his research predicted and broadened those subjects of media environment study; therefore, he is honored as one of pioneers of media environment school. His thoughts about media could be summarized in following parts:

(1) He did make critical comments on modern society and modern propagating technique. Ellul thought rely on propagating technique, people cannot understand each the more.

(2) He emphasized technology is the defining character of modern society. In his opinion, inherent consciousness of technology depends too much on technology.

(3) He expressed his concern about words and different communicating techniques. Ellul considered all words, verbal or written, cause critical reflection and the complexity of the debate. However, the image upsets the critical reflection, swayed by emotions.

14. Lewis Mumford (1895—1990) was the first prophet of the industry era, and the founder of media environment school. For his life works, the most effective ones are *Technics and Civilization* (1934), *The Culture of Cities* (1938), *The Myth of the Machine-Technics and Human Development* (1967) and *The Myth of the Machine——The Pentagon of Power* (1970), which put him into the peak of his academic career.

There are four aspects of Mumford's ideological heritage as follows:

(1) The division of technology history. Using technology as the main basis and boundary, he divided the machines and civilization of machines into three phases that are overlapped and interpenetrative: former technology stage (1000AD—1750), old technology stage (after 1750), new technology stage (early 20th century)

(2) The theory of organic technology. Mumford thought that the seg-

mentation between technology and human is artificial and is the outcome of the mechanization and industrialization.

(3) The criticism of 'King Machine'. Mumford thought modern power state is only a modern version of bureaucracy in the ancient military system, but is extremely enlarged version of the ancient military bureaucratic system. He called the system a king machine, which with the body parts of labor machine, and to be the king of the Egyptian pharaohs who assembly such machines to build the great pyramids.

(4) About the ecological ethics view. Firstly, Mumford admitted the active role of man, emphasized personal responsibility, and advocated active participation in public affairs. Then, he promoted ideas of ration and programme. Lastly, Mumford believed the possibility existed to be rescued via organic theory, even if facing the king machines and super technology.

His thoughts of technic philosophy and strong humanistic concern affected successors of media environment school deeply, thus he was called the founder and pioneer.

15. Harold Adams Innis (1894—1952) was honored as one of the most original and profound ideologists of the research areas of communication and media in the 20th century. His whole life research is divided into two phases:

Being a pure economist and economic historian is his early career. During this period, his representative works are *A History of the Canadian Pacific Railway* (1923), *The Fur Trade in Canada: An Introduction to Canadian Economic History* (1930), *The Cod Fisheries: The History of an International Economy* (1940), and etc. Later, he became a historic philosopher, a media critic, and a communication expert. Two of his great works are *Empire and Communications* (1950)

385

and The Bias of Communication (1951), which are the classics of communication study.

Inns opened up the theory of Media determinism and became the pioneer of media environment school. His thoughts of media can be summarized into the following four parts:

(1) The bias of communication theory. Inns pointed out any media have their time bias or space bias.

(2) The media's impact on society. He asserted that 'the advantages of a medium will lead to the generation of a new civilization'. Inns considered communication technology as the basis of progress of politics and economy.

(3) The periodization of the civilization. The same as McLuhan, Inns applied the media as the classification standard to periodize the civilization. There are nine periods.

(4) Knowledge monopoly. Inns thought that knowledge monopoly is made by leading media, which means knowledge and authority are concentrated in the hands of the rich power bloc. If the knowledge monopoly can be avoided, the crisis of civilization can do the same.

Constructing a great mode is the characteristic of Inns' research, which deeply digged the internal operating mechanism of history and proposed the field theory. He jumped out the micro research of Chicago school that focuses on the small communities, and expanded his vision not only in British empire, but other empires in western history and orient empires. This macro-history research method became the mainstream method and theoretical feature of media environment school later.

16. Marshall McLuhan (1911—1980) was a Canadian literacy critic, a communication expert, and the great master of the media environment school. He is honored as the ideologist, the prophet, and the sage in the twentieth century as well. He stated his professional career in the middle of 1940s. His first book is *The Mechanical Bride: Folklore of Industrial Man*

published in 1951 and that analyzed social influence and psychological effect by the emergency of newspapers, broadcasting, movies and advertisements. In addition, once his *Understanding Media: The Extensions of Man* was published in 1964, he became the celebrity.

He also has other important books such as *The Gutenberg Galaxy: The Making of Typographic Man* (1962), *The Medium is the Massage: An Inventory of Effects* (1967), *The Global Village: Transformations in World Life and Media in the* 21st *Century* (1989), and etc. McLuhan is the first man to propose a media theory, to predict the global village and the World Wide Web, and to conceive the second tribal society. His fundamental concept of media is that a propagation medium is the central topic of civilization history. Based on that idea, he got certain conclusions that mainly contain the media extension theory, hot and cold media and so on. Additionally, the most effective idea of communication study is that a medium is the message which is understood of the medium form far more important than its content.

A medium is the message, which is the core of McLuhan's media views and is the crystallization of his thinking. This concept highlights the great impact of a medium itself on human society and the development of history, and such impact has almost no relationship with the certain information of spread. This concept broke the tradition of communication research in the United States. Also, starting with the discussion of the media form from the cultural perspective, it puts unprecedented meanings to the media form. Since then communication scholars have paid much attention to media technology study, and established the media environment school, in which McLuhan and Inns thus became the two bright stars of Canadian communication school.

387

17. Neil postman （1931—2003） was an American educator, media theorist, social critic and the spiritual leader of the second generation of media environment school.

Postman published more than twenty life works and more than two hundred papers. The first book of his academic career is *Television and the Teaching of English* （1961）, which is one of his most important works in which he has displayed the basic plan of media environment study. *The Disappearance of Childhood* （1985）, *Amusing Ourselves to Death: Public Discourse in the Age of Show Business* （1985） and *Technopoly: the Surrender of Culture to Technology* （1992） are the essential works that laid him the leader status. He also had some other outstanding works such as *Conscientious Objections: Stirring Up Trouble About Language, Technology and Education* （1988）, *How to Watch TV News* （1992）, *The End of Education: Redefining the Value of School* （1995）, and etc.

Postman' thoughts of media environment study mainly focus on three themes-metaphor theory of media, criticism of technological monopoly, and media education. Firstly, the metaphor theory of media is about the analysis of the static state and the influence of media, which emphasizes the power of media itself that lead the effect of communication not by the content of communication. Secondly, technological monopoly defined by Postman indicates that technology makes culture authority in which technology takes a sort of overall and distinct control over the world and our lives. The last, Postman is the founder of media education and media literacy movement. His conception of media environment is derived from a hypothesis that media affect education, but it is the main project of education at the same time.

 18. Paul Levinson (1947—) is a media theorist, a science fiction writer, and a university professor; Moreover, he is the CEO of an educational company, a social critic, a musician, a representative of the third generation of media environment school in North America, and the leader of contemporary New York school.

As the representative of media environment school, Levinson's media theory inherited and interpreted McLuhan's and Then it developed into a special theory of which the core is Media Evolution Theory. Postman's thoughts at first. Levinson indicates that media evolution is a self-adjusting and self-organizing behavior in this system, and its mechanism is to remedy media, which means new media have the remedial effect on the old one. Remedy Media Theory is the core of his Media Evolution Theory, which is used to explain people's making the rational choice in the evolution of media. Soft Determinism is another contribution to communication study, which is to amend McLuhan's Technology Determinism.

Levinson said "some media scholars considered that the information system would have inescapable and irresistible impact on society and they called this relationship as Hard Determinism ······ To be rational, media seldom have the absolutely inescapable effect on the outcome of the society. To contrast, they supply possibilities of events. There are many factors that affect the state and influence of events, not outcomes of the information technology only, and this kind of relationship is called Soft Determinism. "

Levinson always called himself as a technological optimist. His map of media evolution smelled of a strong flavor of optimism, and threw the pessimism of his predecessors.

19. James W. Carey (1934—2006) was a well-known scholar of communi-

389

cation, a news educator, a culture historian, and a media critic in the United States. He is praised as the most outstanding representative of American culture research by Hanno Hardt, who is German American and a representative of critical communication study in the United States, and he is the most effective journalistic thinker after Lippmann.

In his life, Carey published hundreds of papers and four books-Television and the Press (1988), Communication as Culture: Essays on Media and Society (1989), Changing Concepts of Time (1992), and James Carey: A Critical Reader (1997). There are four aspects to generalize his main academic contributions.

(1) He proposed the division of two views on communication conception, which opened up a new vision of communication research. Beginning with the analysis of two sources, he put forward a transmission view and a ritual view of communication.

(2) He came up with the idea of culture as communication and promoted the cultural diversion of communication. Such ideas are to elaborate the importance of orientation of culture research of communication study via different research methods and strategies.

(3) He raised an idea of technology as culture which broke the myth of the concept of supreme technology. In his opinion, media technology is the epitome of human thoughts, behaviors and social relationships. Therefore, technology became a kind of cultural interpretation. Because of his idea of news as the expression of democracy, it promoted the public journalism movement. Carey thought that news is the way not only to transmit information but to illustrate ritual of communication as well. He puts media issues into the democratic ritual in the United States through the ritual view of communication-journalism is the expression of democracy.

20. Walter Lippmann (1889—1974) was a modern publicist, a well-known journalist, and the fonder of public opinion study in the United States. He had over thirty life works. *Public Opinion* published in 1922 was called the foundation of communication research by Schramm.

Lippmann early proposed certain theses-agenda setting, stereotype, and pseudo environment-which were profoundly researched, completed and developed as the important ingredients of communication study later by scholars. Specifically, about the function of mass media to construct public opinion, he is the most effective scholar. Meanwhile, for the relationship between mass media and democracy, the root of research could date back to the Chicago school period. If we considered that period as the source of communication study in the United States, he should be the indispensable intermediate link between the origin and the tributary of contemporary American communication research. In this stage, Lippmann with Chicago school indeed has the inheritance relationship, so he ought to have a seat, from the research angle of the communication concept, among Chicago school and four pioneers of communication study to form a historical chain from Chicago school and Lippmann to Lasswell.

21. Everett M. Rogers (1931—2004) was an eminent communication scholar, a sociologist, a writer and a professor of contemporary America. He was famed for his original diffusion of the innovation theory, so he, with Lerner and Schramm, is regarded as the founder of the development of communication studies. Since 1960s, Rogers started to write or to participate

391

in writing a large number of communication works and papers, such as Diffusion of innovations (1961), Communication networks: Toward a new paradigm for research (1981), AIDS in the 1980s: The agenda-setting process for a public issue (1991), etc.

Rogers' most important research is on the development of communication studies, which established the authoritative position in contemporary communication scholars. The core issue of development communication is how to use communication to improve the country's development. It concentrated on the function of mass media in the process of social reforming or of developing countries to make the transition to modernization. Another contribution to communication study is that he developed the agenda setting theory. The research of communication history is Rogers' important and special accomplishment. Since 1986, he has summarized the history of the emergency and development of communication in Communication technology: The new media in society. A history of communication study: A biographical approach published in 1994 is Rogers' another peak of doing research on communication history.

22. Herbert Marecuse (1898—1979) was a German American philosopher, a social theorist, a western Marxist ideologist, and the essential member of Frankfurt school. All of his ideas are a sophisticated mixture, which involves philosophy, sociology, aesthetics and so on. His main masterpieces are Hegel's Ontology and Theory of Historicity (1931), Reason and Revolution: Hegel and the Rise of Social Theory (1941), Soviet Marxism: A Critical Analysis (1958), One-Dimensional Man (1964), etc.

During the whole life, he has two basic focuses of traditional metaphysics philosophy and practical criticism based on the accumulation of early philosophy. The extension of such two focuses constructed Marecuse's whole theory building. Although he missed his research on monographic studies of mass media, he paid much attention to the change of social consciousness and culture brought about by mass media. The same as Adorno's, Maresuse's basic standpoint on mass media is critical and negative. Original analysis on audiences' psychology in developed industrial society is his greatest contribution to communication study. He dissected how media became the tool of ideology through criticizing the developed industrial society, science and technology, which brought an interesting perspective to research media. It is the relationship among mass media and politics, ideology is highly abstract, and has significant implications for modern communication study.

23. Theodor Wiesengrund Adorno (1903—1969) was one of the most prestigious German theorists in the twentieth century. Moreover, he was one of the founders to build Frankfurt school, and one of the most influential intelligentsia in the western world after the Second World War. Adorno's life works are quite abundant, involving the areas of philosophy, sociology, music, aesthetics, etc. His main compositions contain *Dialectic of Enlightenment* (1944), *Negative Dialectics* (1966), *Aesthetic Theory* (1970), etc.

Adorno's negative thinking towards media and cultural industry is his most important contribution to the communication study. Cultural industry is the prime part of his critical theory. Such a concept is built by Adorno and Horkheimer in their *Dialectic of Enlightenment*, which is distinguished from the supporters' understanding of mass culture that is recognized wildly. According to Adorno's thoughts, mass media have been totally capitalized and commercialized, and became an essential part of state apparatus and the source of profits. It is the communicative and governing tool of rulers' ideology, so mass media has a strong nature of hegemony. He also indicated all the technical reproductions of the self-discipline art became a controlling means of ideology, and media are the accomplice to add control. Meanwhile, as the core member of Frankfurt school, Adorno had a profound influence on the stand, concepts, methods and research trend of critical school in the area of mass communication.

24. Jean Baudrillard (1929—2007) was an outstanding French philosopher, a sociologist and a postmodern theorist. He was famous for his high-yield and high-quality works among modern theorists. His main books are *The System of Objects* (1968), *The Consumer Society: Myths and Structures* (1970), *Simulacra and Simulation* (1981), etc.

Baudrillard's thoughts contain four aspects. The first one is to symbolize objects and the formation of the system of objects. The second is his theory of the consumption society. The third one is his symbolic exchange theory. The last one is the modern media theory. Inheriting western Marxism and the critical theory of Frankfurt school, he strongly criticized the highly medium and informative modern capitalist society. Baudrillard's another contribution is to develop the theory of alienation. He indicated that because of the symbols' surround, people lost their rational selection capability in the consumption society. They are alienated, and so are their spirits. People's consumption behavior became the alienated consumption controlled by symbols. The postmodern media theory is his contribution to communication study. He applied those concepts, such as simulation, hyper-reality, implosion and Simulacra, to explain questions of a symbolic phenomenon in consumption society and people's pursuit of the value of symbols. It provides a thoroughly new perspective to analyze the negative effect of media development and to think of the relationship between media technology and human.

25. Jürgen Habermas (1929—   ) is considered as one of the most important ideologists in today's humanities and social science in the world, and is the main force of the second generation of Frankfurt school. He is the new representative of "critical theory" and Neo-Maxism, and is called "contemporary Hegel" and "the greatest philosopher of the post-industrial revolution".

Hebermas has already published more than 40 books that include *The Structural Transformation of the Public Sphere* (1962) , *Theory and Practice* (1963) , *The Theory of Communicative Action* (1981) , and etc. Inheriting the critical spirit of the ideologists of Frankfurt school, He has built a "critical social theory" which leads a historical discussion of the formation and collapse of the public sphere. Through historical analysis and social analysis, Hebermas criticizes the history of western thoughts, particularly aiming at Frankfurt school itself, thus sets up its-said "communicative theory". It overcomes the existing theory of the propagation mode, and much more deeply reveals the essential characteristics of human communication than the research on the relationship of the transmission, media research and the research on communication effects. His communicative theory successfully states the forming mechanism of functions and meaning of context in transmission, and provides a completely new angle to recognize the effective construction of intercommunication and the reason for forming public opinion of mass media represented by new media.

395

26. Norbert Wiener (1894—1964) was a famous mathematician and the founder of the Cybernetics. During his lifetime, he published 240 papers and 14 books in which *Cybernetics*: *Or Control and Communication in the Animal*

and the Machine (1948) and *Selected Papers of Norbert Wiener* (1964) are the main works.

His most contributive work for the science was the Cybernetics. It is an interdisciplinary subject that researches all kinds of system regulation and control law, which apply mathematics as a link to connect many other subjects with their common problems, such as communication engineering, computer technology, neurophysiology, etc. Wiener's cybernetic revealed that the communication and control functions of the machine have a common law with human's nerve and feeling functions. Smashing the bonds of the tradition from many aspects, it provided a new scientific method for modern science and greatly promoted a series of changes in the mode of thinking of modern science and Contemporary philosophy concepts. One of wiener's major contributions to communication research is to bring such concepts (information, feedback, etc.) into the field of communication research, thus enriched and perfected the study of communication. Specifically, the impacts of Cybernetic to communication study are as follow:

(1) It hastened the generation of the school of Palo Alto.

(2) It enlightened Karl Wolfgone Deutsch in establishing Political Communication.

396

(3) It not only provided those key concepts such as information and feedback to communication study, but also portrayed the communication process as two-way interaction which overturned the previous linear mode. Such portrayal led the tradition of the functionalism and effect research in the United States.

27. Claude Elwood Shannon(1916—2001) was an applied mathematician in the United States, and was the founder of the Information Theory. In 1948,

his monumental dissertation *Mathematical Theory of Communication* published on Bell System Technical Journal illustrated that eight basic concepts and elements in a communication process: information source, information channel, message, transmitter, signal, noise, and receiver and information destination. It also discussed how to develop a human communication theory from his mathematic theory of the telecommunication engineering, thus formed the prestigious Shannon-Weaver model.

No matter what the literal meaning or connotative meaning is, Information Theory is about the science of information transmission. It primarily researches the essence of information, and applies the mathematic way to the studying of information measurement, transmission, transformation and storage. In terms of the development of thoughts of communication technologies, Shannon's key contribution is to express the conception of information. This one-way communication model offers a simple, easy understanding and clear explanation of the main parts of a communication behavior, and becomes the basic paradigm of communication study. Information Theory is the main foundation for understanding communication, is the design base of the new communication technology, and is one of the most profound scientific breakthrough impacts so far.

397

The Chapter of Communication School

The Branches of Communication School

Communication was born in the 1940s. With the development of media business and profound effects of media technology on the change of social life and history, communication developed different branches internally in methodology, theoretical origins and research direction, etc. Then different schools derived. Academia has different opinions about the partition of communication. But generally speaking communication can be divided as many as five braches, or three branches at least. Five branches includes Empirical and Demonstration School, Frankfurt School, British Cultural Studies School, Political and Economics School, Technical School. Considering communication can be divided into three braches, those people have different assertions: (1) Empirical Function, Control Theory and Structuralism; (2) Empirical Function, Technical Control and Structuralism Symbol-Power; (3) Structural Functionalism, Political Economics and Cultural Study; (4) Social Science Research, Interpretation Research and Critical Research; (5) Paradigm for Social Science Research, Paradigm for Interpretation Research and Paradigm for Critical Studies. Generally, for the sake of simplicity, academia prefers to highlight the most influential schools: Empirical School and Critical School.

Empirical School

Empirical school advocates basing from the experience of facts and using empirical methods to study the communication phenomena. Empirical school is a main school among communication schools. Empirical school occupied the dominant stand during the early stage of American communication's development. Empirical school also can be called Administrative school, Managerial school or Traditional school. These terms came from Lazarsfeld's article *On the Business Management Research and Critical Studies* in 1941. Here business management research means that kind of research which services for public or private management organization.

The Origin of Empirical School

Empirical school came into mature period during 1940s to 1950s. Then it occupied the dominant stand among Western academia almost thirty years. The reason for Empirical school becoming the major research trend and major school is its research methods, such as experimental study, field investigation and data statistics, etc. Those methods have been expanded and strengthened since World War II. Some successful research methods of it, such as model study, effect research and audience study have tended to be systematic and mature since World War II. All those methods distinguish Empirical school from Critical school and Media Ecology.

399

The Research Methodology of Positivism

The basic belief of Positivism is that there is no fundamental difference between social sciences and natural science. Positivists believe that all sciences can only take standards and methods of natural science. They think the law of causation is based on empirical verification, which excludes the influences on general rules and scientific theories by scientists'individual subjective factors. Therefore, positivists consider that social science should imitate the traditions and methods of natural science to give causal explanations about social phenomena, which can make social science becoming more accurate and empirical.

Specifically, Empirical School obeys the methodology of Positivism in following rules: Firstly, the ontological naturalism hypothesis considers communication phenomena are same essence with natural phenomena. Assume that there is an objective reality can be studied, which also can be observed, recorded. These kinds of objective realities include the dynamic of voters, the reaction of the audience and the preferences of consumers, etc. Secondly, the methodological naturalism hypothesis assumes that humans have the ability to find out the method, which studies the reality objectively. This is a visible method that seeks reality by quantitative research. It gets related empirical data through social investigation, controlled experiment and content analysis. Then the conclusion is deduced. Therefore, the research logic of it is deductive rather than inductive. Thirdly, the principle of empiricism of epistemology considers Positivism as one types of generalized empiricism. It emphasizes the effects of experience and perceptual information on the understanding of the social science. It asserts that the reliability and truth of social knowledge depend on observation and examination. Therefore, most of the research findings in Empirical school's early stage are based on empirical data, which make fact becomes the prisoner of experience. Fourthly, the requirement of value neutrality considers positivists should abandon making any value judgment on the research phenomenon and the essence of its result.

Therefore, the research of Empirical School frequently focuses on the judgment of fact, which aims at revealing the truth of communication activity and grasps the internal operation rules. Finally, Empirical School aims at finding out the technology of managing communication or the technique of running communication industry through empirical research. Its achievements appear as objective discourse, which also shape the social identification and the institutional order through communication imperceptibly. It tries to find out something that is widely accepted by different audience rather than objective truth. It wants to make full advantage of this resource and achieve the goal of political controlling or market development in the maximum degree. Therefore, its'value orientation of functionalism presets the rationality of present society.

The Content of Research——Focusing on the Effect Research

With the effects and restrictions of Positivism methodology, research of Empirical School is a kind of 'to be' research, that is what is it. Matching its research direction, the Content of Empirical school, generally speaking, is how to communicate or how to communicate effectively. Thus Empirical school aims at searching self rules of communication activity and focuses on the effects of communication. Describing how to communicate or the process of communication and finding out the rules of communication, those bring the study of the models of communication. Generally speaking, communication model has following four functions: construction, explanation, inspiration and prediction. Comparing with theory explanation, communication model can reflect the nature and rules of communication more clearly. In the 1940s, Lasswell put forward the earliest and the most famous 5 W communication model, which has triggered the research fever on communication model. After that, many kinds of communication models have appeared. Among those different models, Shannon-Weaver's Mathematical Model, Lazarsfeld's Two-Level Communication Model and Schramm's Mass Communication Model have great influences. All of these communication models are trying to draw out the similarities and rules from all communication activities, and then

401

predict or control communication effect, which is the necessary precondition of doing effect research in later stage.

Communication effect research is always the core and central point of Empirical school. Communication effect research has been broadened and deepened and formed strong effects theory after two World Wars. After World War II, the opposite views of strong effects theory appeared, then weak effects theory and limited effects theory were born. Early research only focused on the direct effect of media on the public, such as the thought changes after a person reading a piece of newspaper or the knowledge acquisition after a person listening to the broadcast. That is, early research only concerned about communication's direct and short-term effects rather than communications indirect and long-term effects. Especially, it focused on the political communication effects research and commercial communication effects research. According to Lazarsfeld's theory, we can infer that early researchers only paid attention to the role of media playing in and the possible effects of political campaign procedure and commercial circulation. Because of that, Ihrie's Investigation and Two-Level Communication Theory came into being. Effect research reached its peak during World War II. At that time, scholars like Lazarsfeld and Berelson launched the research on the effect of wartime propaganda and directly served the U. S. government. Scholars focused on researches of internal procedure, mechanism and elements, which can make information produce attitude and behavior effects. These effects were not only written in memorandum of the research group, but also were strengthened and highlighted continually in practical researches. In 1960s, Emperical School's researches encountered a sharp change in direction. It got rid of media effect's mind-set and attitude change's mind-set, and then started to discuss the multidimensional effects of communication, such as media's effects on the thinking habit and the life style, etc. Effect research was getting rid of limited functionalism and broadening it thinking vision.

Meanwhile, Empirical school focusing on effect research is similar with

Dewey's pragmatism utility view. Lasswell's propaganda research, Hovland's persuasion research and Lazarsfeld's broadcast research project are all with intense pragmatism purpose. Empirical school focused on government's management function in media studies. It provides consulting services for government, the military and business enterprises at home. At the same time, it offers services to American development policy for the third world, which wses "free development" as its guidance. This kind of functional orientation leads to Empirical School's research focusing on the communication effects on people's mind, attitude and behavior. Further more, it studies various communication effects and the methods of achieving expected results. It also serves for politic, military and commerce with different purposes.

The Technical Features——Quantitative

Quantitative research is the general expression of positivism methodology's basic technical features, which mainly uses the research paradigm of scientism. When we are specific to the research of empirical school, the procedure of quantitative research includes following three steps. Firstly, researchers should choose empirical communication phenomenon as the research object, which is observable, measurable and quantifiable. Secondly, researchers use questionnaire survey, scale for measuring, constructive interview and controlled experiment to get quantized datum and analyze the causal association of variables. Finally, researchers could deduce some conclusion and prove the former hypothesis is right or wrong. To put it simply, the procedure is from putting forward a Proposition through quantitative analysis to coming to a conclusion, which remains connected with experimental method used in natural science.

403

As the representative and founder of empirical school, Lazarsfeld graduated from Dept. of Applied Mathematics of Vienna University with a Doctor's degree. Because of that, he emphasized the importance of standardization of quantitative research. He also invented and perfected many quantitative research methods, which supplied powerful methodological support to his empirical research. Applying the quantitative methods of positivism, Empirical school put forward a series of classic communication theories, such as the Theory of Social Responsibility, Gatekeeper Theory, Agenda Setting Theory and Two-Level Communication Theory, etc. Those theories made communication root firmly and develop rapidly as a new branch of science.

However, the limitation of quantitative research is also obvious. As the opponent of Empirical school, Critical school denies the quantitative research of positivism on the basis of epistemology. Critical school considers that quantitative research of positivism is isolated and mechanical, which only focuses on microcosmic phenomenon. That kind of research can not reveal the deep connection and internal essence of communication activities, let alone reveal broad background of communication activities' history or culture.

It is important that Empirical School's research paradigm made a great contribution to both American society and the establishment of communication at that time. Only the reliability and efficiency of quantitative research could meet the demands of wartime decision.

Positive Research Stand

Research stand is the attitude or subjective tendency of researchers when they are doing research. Research methods, research Content and even research results are all depend on research stand. The roots of differences between Empirical school and Critical school are the differences of their research stands and subjective attitude. Generally speaking, all kinds of researches of Empirical school hold a positive attitude to the established current situation of communication. This kind of positive attitude is not always flattered. It also can express in indirect form. It views the current situation as eternal truth and does research accepting this truth as the precondition. For

Empirical school, anything existing must be reasonable. Arguably, Empirical school is a kind of obey doctrine, which affirms and serves current situation. It is consistent with the established society and phase sequence of communication. Empirical school considers the communication system of capitalism as an unquestioned truth and then carries out empirical researches in order that finds out the functional rules and carries out more effective communication. It has never taken an interest in whether such a system has a problem, whether it is meaningful or not.

Critical School

Critical school takes European scholars as the main group and is influenced by the Frankfurt school of social science. They take Marxism's alienation theory and humanitarianism as the starting point and integrate the modern thought, such as Freud's Psychoanalysis and Althusser's structuralism. They carry out the interdisciplinary study to modern society, especially to cultural forms of developed post-industrial capitalist society and offer sharply criticism, which broaden the historical perspectives and cultural insights of criticism on current communication activity and its culture. The word "critical" in Critical school can be understood from two different aspects. On the one hand, it critically exposes and analyzes some unreasonable and alienated communication phenomena. On the other hand, it negatively criticizes and sublates those commercial, practical and experiential traditional theories. At the beginning, Empirical school took the dominated stand in communication research field. But since 1960s, this kind of balance was broken, Critical school started to compete with Empirical school.

405

Three Paths of Critical School

Since the early stage of Frankfurt school, scholars haven't formed a completely consistent and unified theory. Because of the differences of object topics, analyzing problems and theoretical methods, Critical school generates a lot of branches internally.

1. School of Political Economy school

School of Political Economy school was originated from Britain. The representatives of School of Political Economy school are Murdoch and Goldin. They focused on the economic aspect when did research. The name of Political Economy school came from that. The most concerned problem of School of Political Economy school is the tendency of highly concentration and monopoly of modern media as well as the results brought to society. They considered the trend of high concentration and monopoly of modern media as proof that monopoly capital has controlled the cultural production and circulation. They also thought that the ultimate aim of mass communication activity is to protect the interests of monopoly capital.

2. Cultural Research School

Cultural Research school studies the formation of culture through struggles between different ideologies. The most famous researchers in this field belong to the British cultural studies school, which is connected with Modern Culture Research Center of Birmingham University. Modern Culture Research Center of Birmingham University was established in 1964. The aims of the Center are offering helps when doctoral students study "cultural form, practice and system as well as the relations between them and social changes". Writer Richard Hoggart, Raymond William Smith and historian Ewald P Thompson are widely considered as the founders who bring the Groundbreaking thinking for the Birmingham's Center.

Modern Cultural Research Center's core work was the research on mass communication, since the media is considered as an ideology tool that takes the dominated stand. Media owns a kind of potential ability to promote people's understanding to class, authority and govern, which is the main issue for communication research, but not the only, because media is just a part a- mong a larger set of institutional system. Therefore, the research field of Cul- tural Research Center was called "Cultural Research" rather than "Media Research". Researchers observed the essence of mass communication through the aspect of culture and revealed the ideology background through interpre- ting communicative symbols, messages and texts. Thus, they are called Cul- tural Research school.

Briefly, the main ideas of cultural research scholars can be concluded as follow. Firstly, mass communication is a relatively independent part of capi- talism social system, which plays an important ideology role to social relations and political rules. Secondly, mass communication can be divided into two parts: the procedure of producing cultural products and the procedure of con- suming cultural products. By choosing and processing symbolic things, media makes social things become symbolic and meaningful. It is an encoding process. The decoding process is that audience contact communicative message, inter- prete communicative symbols and explain those meaning when consuming cul- tural products. Thirdly, message signs are connected with certain value system or meaning system. The symbolic activity of mass media is giving meaning for things on the basis of the value system of ruling class. Ruling class usually takes the dominated stand in the aspect of economic base. Fourthly, because of the diversity of social background and the polysemy of symbol, audiences can have different comprehension about the text message during the procedure of symbolic interpretation of communication.

407

3. Structuralism

When talking about the third path of Critical school, academia has different opinions. In *An Introduction to Communication*, Li Bin noted that the third path of Critical School is Cultural Imperialism. In *A Course in Communication*, Guo Qing guang pointed that Critical School can be divided into four branches: School of Political Economy school, Cultural Research School, Ideological Hegemony Theory and Habermas's Theory of Criticism. In this book, we integrate various viewpoints from different scholars. Finally we adopt the formulation of French scholars Mr. & Mrs. Materazzi in *A Brief History of Communication* and consider Structuralism as the third path of Critical school. If we think Political Economy school and Cultural Research School are referring to the content of research. Structuralism can be viewed as a theoretical perspective and a research method.

Structuralism is both a western philosophical thought and a social research methodology. Structuralism thinks that different disciplines have a common fixed structure, which achieves the goal of recognizing things through analyzing the structure of social form and cultural activity.

The most significant trend of structuralism is to review the basic text of Marxism. French philosopher Louis Althusser is the most significant representative in this field. He and his students found out the basic creative theory from the late work of Marx, which is real social tectonics. Comparing to organized whole of capitalist system, individual only is the separate point and the media of social construction. Individual takes part in the construction of society by his behavior and attitude, or reproduce by social relations which have decided by history. Althusser's Ideological State Apparatuses theory has great influence on critical theory of communication. He considers that mass communication is the Ideological State Apparatuses, which produce and reproduce desirably. If a country wants to maintain its regime, it must have the mechanism or machine to maintain, form and create social desirability. In tradition, this machine consisted of school, family and church. In modern society, mass communication becomes the main form of such machine. Further, Althusser put forward communication's antinomy function. On one

408

hand, being arbiter of social disputes and representative of public interests, media increase people's centripetal force about exsisting system. On the other hand, media eliminates internal contradictions of ruling class to guarantee its control power. Meanwhile, media hinders the awakening and the process of systematization of the ruled class to rule them out of political power.

Michel Foucault is another peak of the structuralism. Foucault put forward the concept of intellectual archaeology in his work. The objects of intellectual archaeology are not the increasingly perfect knowledge of the objective world or the progress of history. Its objects are the conditions of knowledge establishment as well as the social structure and the mechanism, to generate those knowledge. Foucault revealed the evolution and clarity of ideological system's spectrum in Western culture from earliest times to the present day.

The Research Features of Critical School

To draw the outline of the Critical school, We need to introduce its methodology, research Content and stand.

The Research Methodology of Humanism

As a kind of methodology, the humanism considers that social phenomenon and people's behavior are differing from the movement of natural world. The particularity of human requires taking the specific methods and perspectives to study social phenomenon and people's behavior. Represented by Max Weber, humanism scholars put forward the method of comprehesion and interpretation, which comprehends subjects' behavior and social results through going into their inner world. Humanism scholars combine human's cognitive ability with motility, thinking and will to describe or construct the empirical world of object. The philosophical basis of this kind of method is caring humane world, especially human's inner world as well as individual's

409

life purpose, belief and ideality also with people's emotion, morality and aesthetic judgment, since they have a close relationship with the basic value of human's survival and development. Focusing on human and under stading human's behavior and spirit world are the principles of research method of humanism. From these principles, the main research issue of Political Economy school is the procedure of cultural production and consuming, especially the value of human. Cultural Research school reveals the inner contradiction and irrationality of mass communication of capicalism through the aspects of ownership relation and economic structure. The direction of this kind of irrationality is to the audience. Represented by Althusser and Foucault, Structuralism criticized the repression of mass communication to humanity through the aspects of social structure and social relations. Therefore, the final foothold of different branches of Critical school is to criticize the developed implements civilization and the repression of mass culture to real life desires of human. Because of that, Critical school is with strong humanistic color.

The Research Content——Politic, Economy and Culture

The research content of Critical school is macroscopic investigation and deep analysis to communication from broad social background. The key points of its research content are communication's class nature, historicality and sociality. Specifically, Critical school's research fields cover politic, economy and culture.

The Content of Research——Communication and Ideology

The most obvious themes in political aspect are communication and ideology. In a manner of speaking, the core of Critical theory is the criticizing of ideology. It insists that there exists an unrepeatable relation between mass

410

communication and ideology from the perspective of politic. Daily information of mass media all include certain elements of ideology. They are forming every components of capitalism civilization machine subtly.

To summarize, there are some ther viewpoints about communication and ideology as follow. Firstly, mass media has a great influence on politic and ideology. Secondly, this kind of influence works through the function of a-genda setting that is the unique feature of media. Thirdly, agenda setting is an artificially synthesized procedure, which is filtered and screened by the news value standard of communicators, often supporting the stand point of the existing system. Fourthly, mass media's agenda setting function often comes out with the apperance of non-partisan and neutrality to make audience have the sense of relying. Through that, "agenda" can produce great influences. Finally, the stand and value of bourgeoisie's media is opposite to the stand and value of the people.

The Content of Research——Monopoly and Control

Critical school focuses on control analysis. Its major research problems include: the main body of control, the reason of control and the beneficiary of control. The proposition of control is mainline of Critical school, which exists in different research fields, no matter what in ideology, cultural industry or the criticism and research of media ownership. Critical school emphasizes control problems reflecting over its research and criticism on the structure, operation and ownership of communication media. Marx's well-known conclusion is "A class takes the dominated stand both in material strength and spiritual strength. At the same time, it also dominates both material production and spiritual production." Based on this conclusion, Critical school pays attention to analyze the ownership structure of Western media in order to reveal the essence of monopoly and control.

In a word, the research of Critical school reflects that media as similar

411

as other material production enterprises, plays a significant role in maintaining the capitalism system. Communication is not a kind of spontaneous behavior that aims to meet the needs of audience but a kind of conscious activity that is controlled by dominant class and serves for dominant class. Additionally, economic foundation is its limitation.

The Content of Research——Cultural Industry

Cultural Industry is a phrase created by Adorno and Horkheimer when they were writing *Dialectics during Enlightenment*. They applied " mass culture" in manuscript and then decided to use "cultural industry" to replace it. Then what is culture? How to understand mass culture? Frankfurt school denied the practicability of culture. They put forward that the basic function of culture is denying and making commitments to happiness. Denying means culture should criticize and deny reality fundamentally. That is, culture must beyond reality and express what does not exist in real world which should exist rather than should be existed. So it can encourage people to discover a perfect world that is not allowed to exist at present. Because of the denying function of culture, people may have a chance to seek another happy world, breaking through the facade of " life is getting better and better". Culture should let people see a real valuable world, which has essential differences between the real worlds that sets survival as its goal. Culture should reflect existence of the perfect world constantly. This is culture's function of making commitment to happiness.

412

Marcuse's discussion about culture was going further. In his discussion, he often applied " alienation" to expound culture. He considers that real culture should be alienated. The alienation of culture means culture should contain those components which mutually exclude with unreasonable phenomena of social reality rather than coordinate with them. The alienation of culture helps people get rid of the alienation of human, but the assimilation of culture can lead the alienation of human finally. However, assimilation of culture leading by culturd products of industrial society is inevitable. In industrial society, there is no essential difference between cultural production and other material production. In industrial system, cultural production has become goods and has had all qualities that other goods have, such as commodity for exchange, standard production line. Then, the cultural production of cultural industry has a special quality, which other goods don't have. That is hidden deceptive, which uses seemingly freedom to replace no freedom and uses pleasure to numb people's nerves of thinking.

Cultural industry can cause the exhaustion and degradation of culture inevitably. Mass media label a price on culture and obliterate culture's critical right. Because of that, media become the criticized target of Critical school. In this sense, the development of cultural industry brought by the development of media can lead the degeneration of culture's philosophical role and existence significance.

Research Stand of Denying

According to the research content of Critical school, we can learn that spearheads of Critical school all direct to current situation of capitalism social communication and also hold a strongly denying attitude towards it. As Horkheimer pointed out that critical theory is a standpoint firstly, then is a theory. Critical theory starts from ideals through critical analysis to draw mutually exclusive conclusion against established order, which make itself beyond established order. Critical theory inherits the tradition of humanism, using human as the center and emphasizing human and humanity. It tries to find method of saving all beings from overlooking perspective. It keeps distance from the masses and observes limitation of mass culture, which can not be observed by the masses. Because of it, Critical theory can put forward sharp and unique viewpoints. This kind of critical view and stand is indispensable to every de-

413

veloping civilization just like the brake to a high speed train.

Of course, critical theory of communication also has feature of idealization. That is a kind of one-sidedness which only criticizes but not constructs. Specifically, the boundedness of critical theory of communicution is as follow. Firstly, critical theory of communication inherits critical consciousness of Marxism, but do not apply dialectical thinking from beginning to end. Secondly, in the early stage of Frankfurt School, their analysis about massive culture is lack of dialectical vision and perspective. They only observed the part of media culture controlled by ideology, but didn't discover progressive forces and revolutionary potential existing in media culture. And that is partial and metaphysical. Finally, Critical theory criticizes cultural industrial society, but does not put forward any scientific theory system or establish construction method of new world.

The School of Media Ecology

The school of Media Ecology is a complicated and relatively young academic field. Since 1968 when Boltzmann determined a definition of Media Ecology, it has forty-six year history. Since 1970 when Boltzmann established doctorial point of Media Ecology at New York University, it has forty-four year history. Since 1998 when academic organization of Media Ecology established in New York, it has sixteen year history.

Progress of Media Ecology's Three Generation

The school of Media Ecology has grown vigorously during 1950s. It used Ennis and his works as its starting point. Ennis published *Empire and Communications* and *The Bias of Communication* in 1950 and 1951. In his works, Ennis discussed influences of media's inner bias of space time on culture and his main concern is western civilization. Therefore, Ennis become the pioneer who conductes research using media form as core. What's more, his works enlightened research of successors. Ennis identifieed the attribute of media, which is media has decisive effects on social organization from aspects of time and space. Ennis's research provided McLuhan with inspiration. There is no doubt that McLuhan is one of the most influential people in history of Media Ecology and also is one of the most prominent representatives among first generation. His book *Understanding Media* has got both praise and blame since 1964. However, this book plays a very important role in history of Media Ecology. This book created a set of new ways when doing research on the essence of media and the effects of media's inner structure on culture. In this book, McLuhan. also put forward the Three Old Theories, Extension Theory, Information Theory and Heat Cold Theory, and fourteen media theories. He liberated communication from library and handed it out to thousands of ordinary people. When he wrote the preface to Ennis's *The Bias of Communication*, he claimed that he's willing to be the footnote, which can make contributions to the spread of Ennis's ideas. After that, he carried the flag of Toronto School about twenty years and became a world-class master of communication. McLuhan established Institute of Culture and Technology, also set up several research journals, such as *Discovery* and *Warning Communications*. He published masterpieces, such as *The Mechanical Bride* and *The Gutenberg Galaxy*, etc. McLuhan established the research tradition of using media form as research core. He is the soul character of Media Ecology, just like a bridge, and the leader among first generation.

    Neil Boltzmann is the real father of Media Ecology and the spiritual leader among the second generation. Under his leadership, many academic works were integrated and formed the basis of classic theory of Media Ecology. He established doctorial point of Media Ecology at New York University in 1970, which has cultivated and provided many talents for Media Ecology, where is also the beginning of its systematization. He has written more than twenty books during his life. *Teaching As a Preservation Activity*, *The Disap-*

415

pearance of Childhood, *Amusing Ourselves to Death*, *Conscientious Objection* and *Technological Monopoly*: *Culture Succumb to Technology* are the classic master works. Talking about the second generation of Media Ecology, James Carey is a person that has to note. Carey insisted that media should treat communication as a kind of culture, which means using research method of culture to study communication. He considered that the crux of media research is the healthy development of national democratic discourse. Media research should treat democracy as words to make people understand the implicit proposition of mass democracy.

At the ends of the twentieth century, representatives of the third generation were setting foot on the stage. The most active and well-known representatives are Paul Levinson, Joshua Meyrowitz, Lin Wen gang and Eric McLuhan. Called McLuhan in the digital age, Levinson is the leader among the third generation. He has studied relationships of media technology and variation of media form with civilization, natural environment and social environment from research perspective of humanities – technology. He has also studied the reaction on human and natural world, which is constructed during the evolutionary of media technology. He puts forward media evolutionary theory, which uses Media Evolutionary theory of Humanity Trend as core.

As the backbone of the third generation, Meyrowitz has applied social situation and its transition as point of penetration, analyzing the connections between media and social environment as well as their variations. He believes that the principle of electronic media's effects on social behavior is the re-organization of social stage and the subsequent changes of our cognition to appropriate behavior rather than the mysterious sensory balance.

Theoretical Framework of Media Ecology

The school of Media Ecology has studied the profound influences of media ecology and its variation on society from different features of media. It has different research emphasis and thinking in different period. For example, the chief representative of the first generation, Ennis discussed the relationships of media with politic, economy and the variation of knowledge power from the perspective of politic and economy. McLuhan studied the degree, method, quantity and the change of psychological cognitive as well as social structure, which media is involving in through the thinking and expression of literature and psychology. Moreover, Meyrowitz researched the variation of people's behavior and social role led by the transition of media ecology from perspective of sociology. As an independent school, Media Ecology has its own inner theoretical framework overall.

1. Understanding "Treating Media as Environment"

Profoundly grasping the basis of various media attributes, Media Ecology summarized and distinguished different media. According to his Bias theory, Ennis divided media into time biased media and space biased media. McLuhan divided media into three groups: media of ray casting and media of light raying, cold media and hot media, vision biased media and hearing biased media from the degree of media involved in senses. McLuhan studied the influences of media on people's psychological cognitive and social structure through analyzing the sensory bias of media.

It is what McLuhan pointed out, media is extension of sense, which means every media reflects a set of sense. In addition, applying different media requires users to use their sense in specific ways. You can understand it as following: media has changed the morphology of sense. Then this kind of variation has changed the method of people's accepting the sense data. People apply such data to comprehend and re-construct the surrounding world subsequently. At this level, the requirement of studying media as environment is that there is a necessity that inspects the perceived environment people involving in, when people use media to comprehend world. Specifically, to un-

417

derstand it better, people use the perceived information to construct the outside world. The perceived information is basic material that need to be coded and decoded by media according the features of design.

Symbolic environment let people go into the symbolic world of media to think, percept, talk or represent material world. Quoting Wittgenstein's words, the limitations of people's knowledge is the limitation of the world. Because internal symbolic structure or logic of language are parameters when people learn the world. The constructed concepts or ideas about the surrounding world are all included in these parameter, which means the symbolic world is what people thought or knew. In this aspect, the school of Media Ecology aims to understand what kind of role the inherent symbolic structure of media plays in the procedure of conception, consciousness or mind activity. For example, how does image construct or define the method of user's conception or description to his experience.

People are living in a society of multimedia. People use multimedia, which is the combination of symbolic system. The overall communicational effects are greater than the sum of every part, which are made up via the interaction between the multimedia perception and the symbol environment.

2. Three theoretical propositions of Media Ecology

418   First Proposition: Media is not neuter

The material attribute structure of media and its symbolic form have the prescriptive function, which affects the coding, transmission, decoding and storage of information.

Second Proposition: Media has a bias

The unique physical attribute, structure and symbolic form of every media regulate the transmission, coding and decoding of information. And this kind of prescriptive function naturally has a bias. For different media itself, the limitation of its material structure and symbolic form has set corresponding bias previously. The significance of this proposition is every communicational technology represents certain thoughts and those thoughts aim at dealing with various problems during the processing of communication.

Third Proposition: The influences of Communication technology on culture

Communication is the interactive process of society. Culture is the outcome of this process. From this perspective, media plays an important role in human culture. Because the transition of media has promoted the transition of communication in its essence and procedure, and then the transition of communication has promoted the transition of culture.

3. The Continuum of Theory: Soft Determinism Theory——Symbiosis Theory of Culture and Technology——Hard Determinism Theory

419

The three previous propositions are interconnected and reciprocal causation logically. They formed a continuum of theory. Both ends of the continuum are two different explanatory perspectives. One end is the so called Soft Determinism Theory, which means the influence of media on culture only is a necessary condition rather than a sufficient condition. Specifically, people's motility is one of determinants in the processing of media's development, communication and application. The other end is the Hard Determinism Theory, which claims technology is the primary determinant of inevitable social change. Broadly speaking, technology is the primary determinant of inevitable historical change. The middle section of this continuum is Symbiosis Theory of Culture and Technology. It believes that human's culture is the interactive relationship between human and technology or media. This kind of relationship is uninterrupted, interdependent and interactive. It can be thought that social force or human's autonomous power plays a role in the transition of technology. Although Symbiosis Theory of Culture and Technology is in the middle section of this continuum, it doesn't have prejudice on media and culture, nor on human factor, when comprehending such symbiotic relationship.

参考文献

一 著作类

1. 陈克晶、周祝红编著：《达尔文传（1809—1882）》，湖北辞书出版社1998年版。

2. 孙鼎国、王杰主编：《西方思想3000年》（上），九洲图书出版社1998年版。

3. 于海：《西方社会思想史》（第三版），复旦大学出版社2010年版。

4. 戴元光主编：《影响传播学发展的西方学人》，中国大百科全书出版社2012年版。

5. 李彬：《传播学引论》（增补版），新华出版社2003年版。

6. 刘建明主编：《宣传舆论学大辞典》，经济日报出版社1993年版。

7. 石义彬：《单向度超真实内爆——批判视野中的当代西方传播思想研究》，武汉大学出版社2003年版。

8. 卢之超主编：《马克思主义大辞典》，中国和平出版社1993年版。

9. 余灵灵：《哈贝马斯传》，河北人民出版社1998年版。

10. 郭庆光：《传播学教程》，中国人民大学出版社1999年版。

11. 朱立元主编：《当代西方文艺理论》，华东师范大学出版社1997年版。

12. 庞元正、丁冬红主编：《当代西方社会发展理论新词典》，吉林人民出版社2001年版。

13. 陈力丹、闫伊默：《传播学纲要》，中国人民大学出版社2007年版。

14. 陈力丹：《舆论学：舆论导向研究》，中国广播电视出版社 1999 年版。

15. 陈卫星：《传播的观念》，人民出版社 2004 年版。

16. 邵培仁：《传播学》，高等教育出版社 2000 年版。

17. 张国良主编：《20 世纪传播学经典文本》，复旦大学出版社 2003 年版。

18. 张国良：《传播学原理》，复旦大学出版社 2009 年版。

19. 潘知常、林玮主编，郭英剑副主编：《传媒批判理论》，新华出版社 2002 年版。

20. 高金萍：《西方电视传播理论评析》，中国传媒大学出版社 2008 年版。

21. 沙莲香主编：《传播学》，中国人民大学出版社 1990 年版。

22. 许正林：《欧洲传播思想史》，上海三联书店 2005 年版。

23. 戴元光、童兵、金冠军主编：《20 世纪中国新闻学与传播学·传播学卷》，复旦大学出版社 2001 年版。

24. 郭可：《国际传播学导论》，复旦大学出版社 2004 年版。

25. 石磊：《新媒体概论》，中国传媒大学出版社 2009 年版。

26. 程志民、江怡主编：《当代西方哲学新词典》，吉林人民出版社 2004 年版。

27. 郑杭生主编：《社会学概论新修》，中国人民大学出版社 2003 年版。

28. 罗钢、刘象愚主编：《文化研究读本》，中国社会科学出版社 2000 年版。

29. 高狄主编：《毛泽东周恩来刘少奇朱德邓小平陈云著作大辞典》（下卷），辽宁人民出版社 1991 年版。

30. 冯契、徐孝通主编：《外国哲学大辞典》，上海辞书出版社 2000 年版。

31. 张芳杰主编：《牛津现代高级英汉双解辞典》（第三版），牛津大学出版社 1984 年版。

32. 王洪钧：《大众传播与现代社会》，（台湾）正中书局 1987 年版。

33. 张咏华：《媒介分析：传播技术神话的解读》，复旦大学出版社 2002 年版。

34. 臧海群、张晨阳：《受众学说：多维学术视野的关照与启迪》，复旦大学出版社 2007 年版。

35. ［美］E. M. 罗杰斯：《传播学史——一种传记式的方法》，殷晓蓉

422

译，上海译文出版社 2002 年版。

36. ［美］丹尼尔·杰·切特罗姆：《传播媒介与美国人的思想》，曹静生等译，中国广播电视出版社 1991 年版。

37. ［美］刘易斯·A. 科塞：《社会学思想名家》，石人译，中国社会科学出版社 1990 年版。

38. ［美］林文刚编：《媒介环境学——思维沿革与多维视野》，何道宽译，北京大学出版社 2007 年版。

39. ［美］保罗·莱文森：《软边缘：信息革命的历史与未来》，熊澄宇等译，清华大学出版社 2002 年版。

40. ［美］詹姆斯·W. 凯瑞：《作为文化的传播》，丁未译，华夏出版社 2005 年版。

41. ［美］罗纳德·斯蒂尔：《李普曼传》，于滨等译，新华出版社 1982 年版。

42. ［美］理查德·沃林：《海德格尔的弟子——阿伦特、勒维特、约纳斯和马尔库塞》，张国清、王大林译，凤凰出版传媒集团 2005 年版。

43. ［美］马丁·杰伊：《法兰克福学派的宗师——阿道尔诺》，胡湘译，湖南人民出版社 1988 年版。

44. ［美］马丁·杰：《法兰克福学派史》，单世联译，广东人民出版社 1996 年版。

45. ［美］罗伯特·K. 默顿：《社会研究与社会政策》，林聚任等译，生活·读书·新知三联书店 2001 年版。

46. ［美］弗雷德里克·S. 西伯特、［美］西奥多·彼得森、［美］威尔伯·施拉姆：《传媒的四种理论》，戴鑫译，展江校，中国人民大学出版社 2008 年版。

47. ［美］维纳：《昔日神童——我的童年和青年时期》，雪福译，上海科学技术出版社 1982 年版。

48. ［美］维纳：《我是一个数学家——神童的后期生涯》，周昌忠译，上海科学技术出版社 1987 年版。

49. ［美］斯蒂文·小约翰：《传播理论》，陈德民等译，中国社会科

423

学出版社 1999 年版。

50. ［美］莱文森：《数字麦克卢汉》，何道宽译，社会科学文献出版
    社 2001 年版。

51. ［美］约书亚·梅罗维茨：《消失的地域：电子媒介对社会行为的
    影响》，肖志军译，清华大学出版社 2002 年版。

52. ［美］李普曼：《舆论学》，林珊译，华夏出版社 1989 年版。

53. ［美］N. 维纳：《人有人的用处——控制论与社会》，陈步译，商
    务印书馆 1978 年版。

54. ［美］尼尔·波兹曼：《技术垄断：文化向技术投降》，何道宽译，
    北京大学出版社 2007 年版。

55. ［美］尼尔·波兹曼：《童年的消逝》，吴燕莛译，广西师范大学
    出版社 2004 年版。

56. ［美］尼尔·波兹曼：《娱乐至死》，章艳译，广西师范大学出版
    社 2004 年版。

57. ［美］阿尔温·托夫勒：《第三次浪潮》，朱志焱等译，生活·读
    书·新知三联书店 1984 年版。

58. ［美］约翰·费斯克等编撰，李彬译注：《关键概念——传播与文
    化研究辞典》（第二版），新闻出版社 2004 年版。

59. ［美］沃纳·赛佛林、小詹姆斯·坦卡德：《传播理论：起源、方
    法与应用》（第四版），郭镇之等译，华夏出版社 2000 年版。

60. ［美］威尔伯·施拉姆、威廉·波特：《传播学概论》（第二版），
    何道宽译，中国人民大学出版社 2010 年版。

61. ［美］梅尔文·L. 德弗勒、埃弗雷特·E. 丹尼斯：《大众传播通
    论》，颜建军等译，华夏出版社 1989 年版。

62. ［美］梅尔文·德弗勒、桑德拉·鲍尔—洛基奇：《大众传播学诸
    论》，新华出版社 1990 年版。

63. ［美］斯坦利·巴兰、丹尼斯·戴维斯：《大众传播理论：基础、
    争鸣与未来》（第三版），曹书乐译，清华大学出版社 2001 年版。

64. ［美］丹尼斯·麦奎尔、［瑞典］斯文·温德尔：《大众传播模式
    论》，祝建华、武伟译，上海译文出版社 1987 年版。

65. 〔美〕J. 赫伯特·阿特休尔：《权力的媒介》，黄煜等译，华夏出版社 1989 年版。

66. 〔美〕C. 赖特·米尔斯：《社会学的想象力》，陈强、张永强译，生活·读书·新知三联书店 2005 年版。

67. 〔美〕赫伯特·马尔库塞：《单向度的人——发达工业社会意识形态研究》，刘继译，上海译文出版社 1989 年版。

68. 〔美〕迈克尔·舒德森：《发掘新闻：美国报业的社会史》，陈昌凤、常江译，北京大学出版社 2009 年版。

69. 〔美〕迈克尔·舒德森：《新闻的力量》，刘艺娉译，华夏出版社 2011 年版。

70. 〔美〕道格拉斯·凯尔纳、斯蒂文·贝斯特：《后现代理论——批判性的质疑》，张志斌译，中央编译出版社 2001 年版

71. 〔美〕彼得斯：《交流的无奈——传播思想史》，何道宽译，华夏出版社 2003 年版。

72. 〔美〕刘易斯·芒福德：《技术与文明》，陈允明等译，中国建筑工业出版社 2009 年版。

73. 〔美〕伊莱休·卡茨等编：《媒介研究经典文本解读》，常江译，北京大学出版社 2011 年版。

74. 〔美〕拉里·劳丹：《进步及其问题——科学增长理论及其刍议》，方在庆译，上海译文出版社 1993 年版。

75. 〔美〕F. J. 布鲁诺：《心理学关键术语辞典》，王振昌译，河北教育出版社 1991 年版。

76. 〔美〕斯蒂芬·李特约翰：《人类传播理论》（第七版），史安斌译，清华大学出版社 2004 年版。

77. 〔加〕哈罗德·伊尼斯：《传播的偏向》，何道宽译，中国人民大学出版社 2003 年版。

78. 〔加〕埃里克·麦克卢汉、弗兰克·秦格龙编：《麦克卢汉精粹》，南京大学出版社 2000 年版。

79. 〔加〕菲利普·马尔尚：《麦克卢汉：媒介及信使》，何道宽译，中国人民大学出版社 2003 年版。

425

80. ［加］马歇尔·麦克卢汉：《理解媒介——论人的延伸》，何道宽译，商务印书馆 2000 年版。

81. ［加］哈罗德·伊尼斯：《传播的偏向》，何道宽译，中国人民大学出版社 2003 年版。

82. ［加］文森特·莫斯可：《传播：在政治和经济的张力下——传播政治经济学》，胡正荣译，华夏出版社 2000 年版。

83. ［法］阿兰·库隆：《芝加哥学派》，郑文彬译，商务印书馆 2000 年版。

84. ［法］阿芒·马特拉、米歇尔·马特拉：《传播学简史》，孙五三译，中国人民大学出版社 2008 年版。

85. ［法］埃里克·麦格雷：《传播理论史——一种社会学的视角》，刘芳译，中国传媒大学出版社 2009 年版。

86. ［法］罗兰·巴尔特：《符号学原理——结构主义文学理论文选》，李幼蒸译，生活·读书·新知三联书店 1988 年版。

87. ［法］刘易斯·芒福德：《城市文化》，宋俊岭等译，中国建筑工业出版社 2009 年版。

88. ［法］刘易斯·芒福德：《技术与文明》，陈允明等译，中国建筑工业出版社 2009 年版。

89. ［法］鲍德里亚：《消费社会》，刘成富、全志钢译，南京大学出版社 2000 年版。

90. ［法］让—诺埃尔·让纳内：《西方媒介史》，段慧敏译，广西师范大学出版社 2005 年版。

91. ［英］吉尔德·德兰逊：《社会科学——超越建构论与实在论》，张茂元译，吉林人民出版社 2005 年版。

92. ［英］詹姆斯·库兰、［美］米切尔·古尔维奇编：《大众媒介与社会》，杨击译，华夏出版社 2006 年版。

93. ［英］丹尼斯·麦奎尔：《受众分析》，刘燕南等译，中国人民大学出版社 2006 年版。

94. ［德］马克斯·霍克海默、西奥多·阿道尔诺：《启蒙辩证法》，渠敬东、曹卫东译，世纪出版集团、上海人民出版社 2006 年版。

95. ［德］得特勒夫·霍尔斯特：《哈贝马斯传》，章国锋译，东方出版中心 2000 年版。

96. ［德］哈贝马斯：《公共领域的结构转型》，曹卫东等译，学林出版社 1999 年版。

97. 徐崇温主编，［德］哈贝马斯著：《交往行动理论·第一卷——行动的合理性和社会合理化》，洪佩郁、蔺青译，重庆出版社 1994 年版。

98. ［瑞士］费尔迪南·德·索绪尔：《普通语言学教程》，高名凯译，商务印书馆 1980 年版。

99. ［爱尔兰］肖恩·麦克布莱德等：《多种声音，一个世界》，中国对外翻译出版公司第二编译室译，教科文组织出版办公室 1981 年版。

二　论文类

1. E. 罗杰斯：《传播学两大学派的对立与交融》，王怡红译，《郑州大学学报》（哲学社会科学版）1994 年第 2 期。

2. 查尔斯·莱特：《大众传播的正负功能》，陈乔译述，《新闻大学》1984 年第 1 期。

3. 耿步健：《达尔文的"进化论"思想及对人生观的影响》，《求索》2009 年第 12 期。

4. 许正林、钱锋：《马克思传播思想中的四个核心观念》，《上海大学学报》（社会科学版）2007 年第 14 卷第 1 期。

5. 刘家林：《传学东渐考——纪念施拉姆来华讲学 30 周年》，《暨南学报》（哲学社会科学版）2013 年第 4 期。

6. 殷晓蓉：《社会转型与杜威的传播思想》，《新闻大学》2008 年第 3 期。

7. 殷晓蓉：《库利：生性腼腆的传播思想家》，《今传媒》2008 年第 1 期。

8. 殷晓蓉：《香农—传播技术编年史的里程碑》，《今传媒》2010 年第 1 期。

9. 殷晓蓉：《战后美国经验主义传播学的演变及启示》，《新闻大学》1999 年第 2 期。

427

10. 殷晓蓉：《E. M. 罗杰斯和他的〈传播学史〉》，《广播电视大学学报》（哲学社会科学版）2002 年第 2 期。

11. 殷晓蓉：《传播学方法论的第一次冲突及其后果》，《新闻与传播研究》2002 年第 4 期。

12. 殷晓蓉：《传播学思想的"激情"演进——从传播学角度解读鲍德里亚的〈消费社会〉》，《新闻记者》2006 年第 8 期。

13. 殷晓蓉：《杜威进步主义传播思想初探》，《杭州师范大学学报》（哲学社会科学版）2009 年第 5 期。

14. 殷晓蓉：《社会转型与杜威的传播思想》，《新闻大学》2008 年第 3 期。

15. 殷晓蓉：《法兰克福学派与美国传播学》，《学术月刊》1999 年第 2 期。

16. 殷晓蓉：《麦克卢汉的传播思想与当今时代——纪念麦克卢汉诞辰 100 周年》，《新闻记者》2011 年第 11 期。

17. 殷晓蓉：《麦克卢汉对美国传播学的冲击及其现代文化意义》，《复旦学报》（社会科学版）1999 年第 2 期。

18. 殷晓蓉：《芝加哥学派的城市交往思想——现代城市人际传播研究的开端》，《杭州师范大学学报》（社会科学版）2012 年第 4 期。

19. 邵培仁：《论库利在传播研究史上的学术地位》，《杭州师范学院学报》（人文社会科学版）2001 年第 3 期。

20. 潘忠党：《传播媒介与文化：社会科学与人文学研究的三个模式》，《现代传播》1996 年第 4 期。

21. 黄旦：《美国早期的传播思想及其流变——从芝加哥学派到大众传播研究的确立》，《新闻与传播研究》2005 年第 12 卷第 1 期。

22. 黄旦：《媒介是谁：对大众媒介社会定位的探讨——兼论大众传播研究的社会学框架》，《新闻与传播研究》1997 年第 2 期。

23. 黄旦：《舆论：悬在虚空的大地？——李普曼〈公众舆论〉阅读札记》，《新闻记者》2005 年第 11 期。

24. 孙玮、黄旦：《超越结构功能主义：中国传播学的前世、今生与未来》，《新闻大学》2012 年第 2 期。

25. 陈力丹、陆亨：《鲍德里亚的后现代传媒观及其对当代中国传媒的启示——纪念鲍德里亚》，《新闻与传播研究》2007 年第 14 卷第 3 期。

26. 陈力丹：《试论传播学方法论的三个学派》，《新闻与传播研究》2005年第 2 期。

27. 陈力丹：《谈谈传播学批判学派》，《新闻与传播研究》2000 年第 2 期。

28. 陈力丹：《新闻传播学：学科的分化、整合与研究方法创新》，《现代传播》2011 年第 4 期。

29. 陈力丹、孙江波：《2011 年中国的新闻传播学研究》，《国际新闻界》2012 年第 1 期。

30. 陈力丹、毛湛文：《2012 年中国的新闻传播学研究》，《国际新闻界》2013 年第 1 期。

31. 陈力丹、毛湛文：《媒介环境学在中国接受的过程和社会语境》，《现代传播》2013 年第 10 期。

32. 熊澄宇：《传播学十大经典解读》，《清华大学学报》（哲学社会科学版）2003 年第 5 期第 18 卷。

33. 李彬：《略论批判学派的产生与发展》，《郑州大学学报》（哲学社会科学版）1994 年第 1 期。

34. 李彬：《传统学派与批判学派的比较研究》，《新闻大学》1995 年第 2 期。

35. 李彬：《批判学派纵横谈》，《国际新闻界》2001 年第 2 期。

36. 李彬：《从西方的没落到批判学派——兼论批判学派的思想渊源》，《北京广播学院学报》1994 年第 1 期。

37. 龚文庠：《论施拉姆与中国传播学》，《国际新闻界》2007 年第 10 期。

38. 李金铨：《传播研究的典范与认同》，《书城》2014 年第 2 期。

39. 陈卫星：《西方当代传播学学术思想的回顾与展望》（上），《国外社会科学》1998 年第 1 期。

40. 何道宽：《加拿大传播学派的双星——伊尼斯与麦克卢汉，《深圳大学学报》（人文社会科学版）2002 年第 19 卷。

41. 何道宽：《异军突起的第三学派——媒介环境学评论之一》，《深圳大学学报》（人文社会科学版）2003 年第 23 卷第 6 期。

42. 何道宽：《媒介环境学辨析》，《国际新闻界》2007 年第 1 期。

43. 何道宽：《麦克卢汉的昨天、今天和明天：纪念麦克卢汉百年诞辰》，《国际新闻界》2011 年第 7 期。

44. 何道宽：《麦克卢汉在中国》，《深圳大学学报》（人文社会科学版）2000 年第 6 期。

45. 何道宽：《媒介即文化——麦克卢汉媒介理论批评》，《现代传播》2000 年第 6 期。

46. 林文刚：《媒介生态学在北美之起源简史》，《中国传媒报告》2003 年第 2 期。

47. 戴元光、夏寅：《莱文森对麦克卢汉媒介思想的继承与修正——兼论媒介进化论及理论来源》，《国际新闻界》2010 年第 4 期。

48. 戴元光、尤游：《媒介角色研究的社会学分析》，《上海大学学报》（社会科学版）2007 年第 6 期。

49. 丁未：《电报的故事——詹姆斯·凯瑞〈作为文化的传播〉札记》，《新闻记者》2006 年第 3 期。

50. 石义彬、纪莉、杨喆：《鲍德里亚后现代传播理论的历史谱系》，《新闻与传播评论》2003 年第 11 期。

51. 石义彬、单波：《20 世纪西方新闻与大众传播理论概观》，《国外社会科学》2000 年第 4 期。

52. 石义彬、单波：《西方新闻与大众传播理论表述活动的历史与逻辑》，《新闻与传播研究》2000 年第 2 期。

53. 展江：《哈贝马斯的"公共领域"理论与传媒》，《中国青年政治学院学报》2002 年第 2 期。

54. 胡翼青：《传播学四大奠基人神话的背后》，《国际新闻界》2007 年第 4 期。

55. 胡翼青：《美国传播学传统学派形成的学理探究》，《当代传播》2009 年第 4 期。

56. 胡翼青：《传播学科的兴起：一段重新阐释的历史》，《中国地质大学学报》（社会科学版）2009 年第 1 期。

57. 胡翼青、戎青：《生态传播学的学科幻象——基于 CNKI 的实证研究》，《中国地质大学学报》（社会科学版）2011 年第 3 期。

58. 胡翼青、吴雷：《谁是批判学派：对传播研究范式二元框架的批判》，《当代传播》2012 年第 3 期。

59. 郭镇之：《对"四种理论"的反思与批判》，《国际新闻界》1997
年第 1 期。

60. 郭镇之：《席勒——传播政治经济学的批判领袖》，《国际新闻界》
2002 年第 1 期。

61. 戴元光、夏寅：《莱文森对麦克卢汉思想的人继承与修正——兼论
媒介进化论及理论来源》，《国际新闻界》2010 年第 4 期。

62. 李明伟：《媒介环境学派的理论分析框架》，《北京理工大学学报》
（社会科学版）2008 年第 10 卷第 3 期。

63. 李明伟：《作为一个研究范式的媒介环境学派》，《国际新闻界》2008
年第 1 期。

64. 李明伟：《凡勃伦对伊尼斯传播理论的影响研究》，《北京理工大学
学报》（社会科学版）2009 年第 10 期。

65. 李明伟：《媒介环境学派与"技术决定论"》，《国际新闻界》2006
年第 11 期。

66. 李明伟：《文学新批评派对麦克卢汉传播研究的影响》，《深圳大学
学报》（人文社会科学版）2009 年第 5 期。

67. 支庭荣：《传播逻辑中的人类自省——马克思对西方传播学理论的
贡南献与影响》，《新闻与传播研究》2011 年第 3 期。

68. 李庆林：《传播研究的多维视角——马克思、哈贝马斯、麦克卢汉
的传播观比较》，《新闻与传播研究》2005 年第 4 期。

69. 曹晋、赵月枝：《传播政治经济学的学术脉络与人文关怀》，《南开
学报》（哲学社会科学版）2008 年第 5 期。

70. 刘海龙：《传播研究的哥伦比亚学派及其批评者》，《国际新闻界》
2010 年第 4 期。

71. 刘海龙：《西方宣传概论的变迁：从旧宣传到新宣传》，《国际新闻
界》2007 年第 9 期。

72. 徐耀魁：《传播学的发展》，《北京理工大学学报》（社会科学版）
2003 年第 2 期。

73. 陈功：《保罗·莱文森的媒介演进线路图谱》，《当代传播》2012

431

年第 2 期。

74. 王华：《透过玻璃看到的明亮世界——刘易斯·芒福德传播思想及其学科价值》，《国际新闻界》2012 年第 11 期。

75. 蔡骐：《传播研究范式与中国传播学的发展》，《国际新闻界》2005 年第 4 期。

76. 樊水科：《从"传播的仪式观"到"仪式传播"：詹姆斯·凯瑞如何被误读》，《国际新闻界》2011 年第 11 期。

77. 樊水科：《是否可能？如何可能？——李普曼与舒德森就新闻与民主关系问题的分歧》，《国际新闻界》2012 年第 5 期。

78. 贺剑平：《仿真世界中的媒介权力：鲍德里亚传播思想解读》，《西南政法大学学报》2003 年第 6 期。

79. 韩瑞霞：《格罗斯伯格和凯瑞的差异——美国传播的文化路径的两种选择》，《国际新闻界》2011 年第 9 期。

80. 葛本成：《〈普通语言学教程〉介评》，《河南大学学报》（社会科学版）2000 年第 6 期。

81. 聂志平：《索绪尔〈普通语言学教程〉中的语言符号学思想》，《浙江大学学报》（社会科学版）2001 年第 6 期。

82. 陈全黎：《现代性的两副面孔——论传媒批判学派与经验学派的分野》，《文艺理论与批评》2003 年第 5 期。

83. 陈世华：《媒介帝国主义和思想管理：重读赫伯特·席勒》，《国际新闻界》2013 年第 2 期。

84. 王怡红：《资本主义媒介神话批判——兼评席勒的〈思想管理者〉》，《新闻与传播研究》1995 年第 9 期。

85. 李晖：《论〈多种声音，一个世界〉在发展新闻学理论建构中的重要作用》，《新闻研究导刊》2012 年第 1 期。

86. 邵培仁：《论传播学研究的欧洲渊源》，《黔南民族师专学报》（哲学社会科学版）1996 年第 4 期。

87. 邵培仁：《论库利在传播研究史上的学术地位》，《杭州师范学院学报》（人文社会科学版）2001 年第 3 期。

88. 邵培仁：《论媒介生态的五大观念》，《新闻大学》2001 年第 4 期。

89. 邵培仁：《媒介生态学研究的基本原则》，《新闻与写作》2008 年第 1 期。

90. 邵培仁：《媒介生态学研究的新视野——媒介作为绿色生态的研究》，《徐州师范大学学报》（哲学社会科学版）2008 年第 1 期。

91. 曹卫东：《从"公私分明"到"大公无私"》，《读书》1998 年第 6 期。

92. 杨茵娟：《从冲突到对话——评传播学研究典范：结构功能主义、政治经济学与文化研究》，《国际新闻界》2004 年第 6 期。

93. 崔保国：《媒介生态分析的理论框架》，《2005 东北亚国际传播研讨会——东北亚的文化交流论文或提要集》。

94. ［法］路易·阿尔都塞：《论马克思与弗洛伊德（1977）》，赵文译，《当代国外马克思主义评论》2010 年第 8 期。

95. 陈共德：《政治经济学的说服——美国传播学者赫伯特·I·席勒的媒介批评观》，《新闻与传播研究》2000 年第 2 期。

96. 陆玉胜：《哈贝马斯的公共领域概念探析》，《山西大同大学学报》（社会科学版）2013 年第 2 期。

97. 刘东莱：《我们忽略了什么：英尼斯传播思想的再发现》，《湖北大学学报》（哲学社会科学版）2011 年第 3 期。

98. 蔡帼芬、郭之恩：《李普曼新闻思想的变迁》，《国际新闻界》2007 年第 3 期。

99. 唐晓群：《哈贝马斯的交往行为理论》，《中国社会科学院研究院学报》1997 年第 6 期。

100. 冯炜：《哈贝马斯交往行为理论对传播学的影响》，《山东大学学报》（哲学社会科学版）2002 年第 6 期。

101. 王润：《论麦克卢汉与芒福德"媒介"延伸观》，《国际新闻界》2012 年第 11 期。

102. 杨伯溆、李凌凌：《艺术的视角——理解麦克卢汉》，《现代传播》2001 年第 6 期。

103. 刘永谋：《媒介技术与文化变迁：尼尔·波兹曼论技术》，《天津社会科学》2010 年第 6 期。

104. 梅琼林、连水兴：《论鲍德里亚的后现代媒介思想———种哲学层面的审视和反思》，《东南大学学报》（哲学社会科学版）2007年第5期。

105. 梅琼林：《批判学派与经验学派方法论的比较分析》，《当代传播》2008年第5期。

106. 梅琼林：《架筑传播学方法论的桥梁——浅析拉扎斯菲尔德的经验主义研究》，《青年记者》2004年第11期。

107. 梅琼林：《区域性与普遍性：关于传播学学科性质的深入思考——兼与陈力丹教授商榷》，《学术界》2005年第4期。

108. 张小元：《大众传播：观念的变迁——哈贝马斯传播思想的贡献与局限》，《西南民族大学学报》（哲学社会科学版）2003年第1期。

109. 田中初：《电子媒介如何影响社会行为——梅罗维茨传播理论述评》，《浙江师范大学学报》2006年第1期。

110. 华艳红：《自由与理性：哈贝马斯传媒思想述评》，《浙江社会科学》2007年第2期。

111. 汤文辉：《略论英尼斯与麦克卢汉学术思想的差异》，《广西师范大学学报》（哲学社会科学版）2012年第2期。

112. 毛峰：《文明传播的偏向与当代文明的危机——伊尼斯传播哲学中的历史智慧》，《史学理论研究》2005年第2期。

113. 王文元：《评索绪尔〈普通语言学教程〉》，《学术界》2007年第5期。

114. 梁颐：《媒介是人性主导的技术——媒介环境学者芒福德、莱文森解析》，《宁波广播电视大学学报》2014年第1期。

115. 周艳艳：《语言相对论的多维度思考》，《湖北广播电视大学学报》2010年第12期。

116. 梁颐：《尼斯特洛姆和斯特雷特论"媒介环境学是什么"》，《新闻界》2014年第5期。

117. 王勇：《"双峰对峙"还是"三足鼎立"——传播学派刍议》，《新闻界》2007年第4期。

118. 齐昱辉：《媒介生态学思想的形成与流变》，《新闻爱好者》2011年第2期。

119. 李晓云：《尼尔波兹曼的媒介生态学研究》，《世界文学评论》2010
年第2期。

120. 刘婷：《芒福德的媒介思想及其对媒介环境学派的影响——基于
人文主义的视角》，《东南传播》2012年第7期。

121. 李明伟：《媒介形态理论研究》，博士学位论文，中国社会科学研
究生院，2005年。

122. 许多湖：《罗伯特·金·默顿传播思想及其影响研究》，博士学位
论文，吉林大学，2012年。

123. 周鸿雁：《仪式华盖下的传播——詹姆斯·W.凯瑞传播思想研
究》，博士学位论文，上海大学，2011年。

124. 周葆华：《大众传播效果研究的历史考察》，博士学位论文，复旦
大学，2005年。

125. 高海波：《拉斯韦尔战时传播理论研究》，博士学位论文，华中科
技大学，2010年。

126. 武桂杰：《斯图亚特·霍尔的文化理论研究》，博士学位论文，北
京语言大学，2007年。

127. 李敏：《传播学视域下的米歇尔·福柯》，博士学位论文，上海大
学，2012年。

128. 陆丽青：《弗洛伊德的宗教思想研究》，博士学位论文，中央民族
大学，2009年。

129. 刘瑾璐：《论弗洛伊德的社会群体传播思想》，硕士学位论文，吉
林大学，2009年。

130. 黄蕊：《论刘易斯·芒福德的社会传播观》，硕士学位论文，吉林
大学，2012年。

131. 贺婷婷：《李普曼舆论学思想及其影响研究》，硕士学位论文，山
东大学，2008年。

132. 熊楚：《尼尔·波兹曼媒介环境学思想研究》，硕士学位论文，中
南大学，2011年。

133. 杨晓帆：《保罗·莱文森媒介环境理论研究》，硕士学位论文，河
南大学，2010年。

435

134. 杨程：《鲍德里亚媒介思想研究》，硕士学位论文，河北大学，2014 年。

135. 赵志浩：《论阿多诺的文化工业批判理论》，硕士学位论文，郑州大学，2007 年。

136. 杨先起：《数字时代的麦克卢汉——保罗·莱文森媒介思想研究》，硕士学位论文，兰州大学，2006 年。

137. 周恩娟：《语言相对论思想的内核解读——从批判话语分析视角入手》，硕士学位论文，上海师范大学，2011 年。

后　　记

　　本书受到了西北民族大学教学建设项目——传播理论教学团队（编号12SFJXTD-16706104）、西北民族大学研究生示范性课程建设项目（《传播学理论专题研究》）和西北民族大学2012年中央高校基本科研业务费专项资金项目"延安时期陕甘宁边区新闻体制流变研究"（项目编号ZYZ2012028）的资金支持，系项目成果。在写作过程中还得到西北民族大学外国语学院刘福生副教授的指导，在此表示感谢。

　　由于编者水平所限，错误和不当之处在所难免，垦请专家和读者批评指正。

2016年7月